JURA Übungen

JURA

Juristische Ausbildung

Übungen

herausgegeben von

Prof. Dr. Dagmar Coester-Waltjen, München
Prof. Dr. Dirk Ehlers, Münster
Prof. Dr. Klaus Geppert, Berlin
Prof. Dr. Jens Petersen, Potsdam
Prof. Dr. Dr. Helmut Satzger, München
Prof. Dr. Friedrich Schoch, Freiburg i. Br.
Prof. Dr. Klaus Schreiber, Bochum

W DE G
RECHT

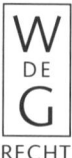

De Gruyter Recht · Berlin

Philip Kunig
Robert Uerpmann-Wittzack

Übungen
im Völkerrecht

2., neu bearbeitete Auflage

De Gruyter Recht · Berlin

Dr. jur. *Philip Kunig,*
Universitätsprofessor am Fachbereich Rechtswissenschaft
der Freien Universität Berlin
Dr. jur. *Robert Uerpmann-Wittzack,*
maître en droit (Aix-Marseille III), Universitätsprofessor an der Juristischen
Fakultät der Universität Regensburg

♾ Gedruckt auf säurefreiem Papier,
das die US-ANSI-Norm über Haltbarkeit erfüllt.

ISBN-13: 978-3-89949-213-2
ISBN-10: 3-89949-213-7

Bibliografische Information der Deutschen Bibliothek

*Die Deutsche Bibliothek verzeichnet diese Publikation
in der Deutschen Nationalbibliografie; detaillierte bibliografische Daten
sind im Internet über* http://dnb.ddb.de *abrufbar.*

© Copyright 2006 by De Gruyter Rechtswissenschaften Verlags-GmbH,
D-10785 Berlin

Dieses Werk einschließlich aller seiner Teile ist urheberrechtlich geschützt. Jede
Verwertung außerhalb der engen Grenzen des Urheberrechtsgesetzes ist ohne
Zustimmung des Verlages unzulässig und strafbar. Das gilt insbesondere für
Vervielfältigungen, Übersetzungen, Mikroverfilmungen und die Einspeicherung
und Verarbeitung in elektronischen Systemen.

Printed in Germany
Einbandgestaltung: Iris Farnschläder, D-34131 Kassel
Datenkonvertierung/Satz: WERKSATZ Schmidt & Schulz GmbH,
D-06773 Gräfenhainichen
Druck und Bindung: Druckhaus »Thomas Müntzer« GmbH, Bad Langensalza

Ingo von Münch gewidmet

Vorwort

Dieses Buch möchte den Studierenden des Völkerrechts dabei helfen, ihr Wissen über den Rechtsstoff bei der Begutachtung von Fällen umzusetzen. Es enthält eine Einführung, 21 Fälle (davon 19 Klausuren unterschiedlichen Schwierigkeitsgrades, dazu das Beispiel zweier „Examensgespräche") sowie Materialien (Normvorschläge der Völkerrechtskommission der Vereinten Nationen zur „Staatenverantwortlichkeit", eine Aufstellung wichtiger völkerrechtlicher Spruchpraxis mit Anmerkungen).

Unsere Lösungsvorschläge zu den Klausuren suchen die Nähe zu Texten, wie sie tatsächlich unter Klausurbedingungen erstellt werden können. Sie verstehen sich – das ist selbstverständlich angesichts der Bandbreite für im Rahmen des „Vertretbaren" mögliche unterschiedliche Sichtweisen – keineswegs als „Musterlösungen" mit Verbindlichkeitsanspruch. Sie behandeln nur solche Fragen, welche Bearbeiter, die Grundveranstaltungen im (Friedens-)Völkerrecht besucht haben, mit Hilfe von Normtexten bewältigen können. In Fußnoten werden Hinweise auf weiterführende Literatur gegeben, meist auf in Deutschland gängige Lehrdarstellungen, aber auch auf solche Abhandlungen, von denen wir meinen, ihre Lektüre sei für Studierende empfehlenswert.

Thematisch steht im Vordergrund, was auch die akademische Ausbildung prägt: „Allgemeine Lehren" des Völkerrechts, seine Grundprinzipien insbesondere, das Recht der Vereinten Nationen, ferner Menschenrechte, Gesandtschaftsrecht, aber auch weitere Teilbereiche des Besonderen Völkerrechts. Besonders wichtige Probleme kommen bei mehreren Fällen vor, was Querverweise jeweils kenntlich machen. Das Kriegsvölkerrecht haben wir am Rande berücksichtigt. „Internationales Wirtschaftsrecht" kommt vor, steht aber zurück. Von innereuropäischen Völkerrechtsbeziehungen ist nicht aus dem Blickwinkel des Europarechts die Rede, wohl aber von EU und EG als völkerrechtlichen Akteuren.

Gegenüber der ersten Auflage haben wir neue Aufgaben aufgenommen und die Bearbeitung der bisherigen aktualisiert.

Für wertvolle Hilfe danken wir unseren Mitarbeiterinnen und Mitarbeitern, insbesondere in Berlin der Wissenschaftlichen Mitarbeiterin Anja Türmer sowie Frau Assessorin Helga Krisch.

Berlin/Regensburg, Sommer 2005
Philip Kunig   *Robert Uerpmann-Wittzack*

Inhalt

Abkürzungsverzeichnis	XIII
Verzeichnis der abgekürzt zitierten Literatur und Vertragssammlungen	XXI

Einleitung: Die völkerrechtliche Verantwortlichkeit in der Fallbearbeitung ... 1

I. Vorbemerkungen ... 1

II. Vorschlag zum Aufbau der Prüfung eines Anspruchs aus völkerrechtlicher Verantwortlichkeit ... 3

III. Begriffliche Fragen: Verantwortlichkeit, Haftung, Delikt ... 3

IV. Die Merkmale der völkerrechtlichen Verantwortlichkeit im Einzelnen ... 7
  1. Völkerrechtssubjektivität ... 7
  2. Zurechenbares Verhalten und Normverstoß ... 13
    a) Völkerrechtsquellen ... 13
    b) Zurechenbarkeit ... 17
  3. Rechtfertigung ... 20
    a) Allgemeines ... 20
    b) Gegenmaßnahme ... 22
    c) Einwilligung ... 25
  4. Verursachung eines Schadens ... 25
  5. Verschuldenshaftung, Erfolgshaftung ... 26
  6. Rechtsfolgen völkerrechtlicher Verantwortlichkeit ... 27

Fall 1: Der Gletschermann ... 29
Schwerpunkt: Grundfragen der völkerrechtlichen Verantwortlichkeit, ungerechtfertigte Bereicherung

Fall 2: Kulturarbeit mit Hindernissen ... 38
Schwerpunkt: Diplomatenrecht, Auslegung völkerrechtlicher Verträge, Recht der Gegenmaßnahme mit seinem Verhältnis zum Vertragsrecht

Fall 3: Der verschleppte Diplomat 50
Schwerpunkt: Zurechnung, *due diligence*, Rechtsfolgen völkerrechtlicher Verantwortlichkeit, Recht der Gegenmaßnahmen

Fall 4: Falschparker in New York 58
Schwerpunkt: Konsular- und Diplomatenrecht, Vertretungen bei Internationalen Organisationen (UNO), Vertrag zugunsten Dritter

Fall 5: Anerkennung in Diffusien 68
Schwerpunkt: Anerkennung von Staaten, „Staatenehre"

Fall 6: Intervention in Bogona 78
Schwerpunkt: Recht der Friedenssicherung, humanitäres Völkerrecht, Aufständische, Staatskontinuität

Fall 7: Demonstration in Arkadien 92
Schwerpunkt: Diplomatenrecht, Nichteinmischungsprinzip

Fall 8: Der kanadisch-peskarische Fischereistreit ... 105
Schwerpunkt: Seerecht

Fall 9: Trail-Smelter heute 114
Schwerpunkt: Grundlagen des Umweltvölkerrechts

Fall 10: Der 11. September und danach 131
Schwerpunkt: Selbstverteidigungsrecht, Zurechenbarkeit privaten Handelns, humanitäres Völkerrecht, Auslieferung

Fall 11: Happy Cola 154
Schwerpunkt: Diplomatischer Schutz, Internationales Wirtschaftsrecht

Fall 12: Freier Handel und Arkadien 163
Schwerpunkt: Internationales Wirtschaftsrecht, Umweltrecht, Immunität

Fall 13: Die Ix-Indianer 176
Schwerpunkt: Zuständigkeit des Internationalen Gerichtshofes, Verbot des Völkermordes

Fall 14: Der Streit um die Vautourinseln 186
Schwerpunkt: Streitentscheidung durch internationale Gerichte

Inhalt

Fall 15: **Atomwaffen vor dem IGH** 193
Schwerpunkt: Gutachtenverfahren nach Art 96 CVN, Recht der Internationalen Organisationen (Aufgaben, Verfahren), Kriegsverhütungsrecht und humanitäres Völkerrecht

Fall 16: **Cicero & Töchter** 209
Schwerpunkt: Menschenrechtsschutz nach der EMRK einschließlich EMRK-Beschwerde

Fall 17: **Straßburg v Luxemburg** 220
Schwerpunkt: Schnittstelle von Völker- und Europarecht, insbes EG und EMRK

Fall 18: **Der deutsche Ladenschluss vor dem UN-Menschenrechtsausschuss** 233
Schwerpunkt: Vorbehalte zu Verträgen, Zulässigkeit einer Mitteilung zum UN-Menschenrechtsausschuss

Fall 19: **Das Konsulat im reinen Wohngebiet** 245
Schwerpunkt: Völkerrecht und staatliches Recht, Staatenimmunität

Fall 20: **Für ein freies Padanien!** 258
Schwerpunkt: Anerkennung von Staaten, Prinzip der Nichteinmischung, Zurechnungsfragen

Fall 21: **Prüfungsgespräch zur Internationalen Strafgerichtsbarkeit** 269
Schwerpunkt: IStGH, Internationale Organisationen, Völkervertragsrecht, Immunität

Anhang I: Die ILC-Entwurfsartikel zur Staatenverantwortlichkeit von 2001 283

Anhang II: Wichtige völkerrechtliche Judikatur 296

Zum Schwierigkeitsgrad der Aufgaben: Die Fälle 1 bis 5 könnten in universitären Übungen auf der Basis von Einführungsveranstaltungen in das Völkerrecht zur Bearbeitung gestellt werden. Die übrigen Fälle sind als Gegenstand von Examensklausuren mit vier- bis fünfstündiger Bearbeitungszeit denkbar. Die Fälle 20 und 21 werden nicht im Sinne von Gutachten, sondern von Examensgesprächen behandelt (s die Vorbem auf S 259).

Abkürzungsverzeichnis

aA	anderer Ansicht
aaO	am angegebenen Ort
abgedr	abgedruckt
ABl	Amtsblatt
Abs	Absatz
Abschn	Abschnitt
aE	am Ende
aF	alte Fassung
AFDI	Annuaire Français de Droit International
AG	Aktiengesellschaft
AJIL	American Journal of International Law
allgem	allgemein
allgM	allgemeine Meinung
Anh	Anhang
Anm	Anmerkung
AöR	Archiv des öffentlichen Rechts
Art	Artikel
Aufl	Auflage
ausf	ausführlich
AVR	Archiv des Völkerrechts
BauGB	Baugesetzbuch
BauNVO	Baunutzungsverordnung
BauO	Bauordnung
BayObLGSt	Entscheidungen des Bayerischen Obersten Landesgerichts in Strafsachen
Bd, Bde	Band, Bände
Begr, begr	Begründung, begründet
ber	berichtigt
BerDGVR	Berichte der Deutschen Gesellschaft für Völkerrecht
betr	betreffend
BGB	Bürgerliches Gesetzbuch
BGBl	Bundesgesetzblatt
BGH	Bundesgerichtshof
BImSchG	Bundesimmissionsschutzgesetz
BMI	Bundesministerium des Innern
BMJ	Bundesministerium der Justiz

Bsp	Beispiel
BT-Drucks	Bundestags-Drucksache
Buchst	Buchstabe
BVerfG	Bundesverfassungsgericht
BVerfGE	Entscheidungen des Bundesverfassungsgerichts
BVerwG	Bundesverwaltungsgericht
BVerwGE	Entscheidungen des Bundesverwaltungsgerichts
bzgl	bezüglich
bzw	beziehungsweise
ca	circa
CETS	Council of Europe Treaty Series (abrufbar unter http://conventions.coe.int/)
CVN	Charta der Vereinten Nationen 26.6.1945 (BGBl 1973 II, 431; 1974 II, 770; 1980 II, 1252 = *Randelzhofer* Nr 1 = *Sartorius* II Nr 1 = *Tomuschat* Nr 1)
dens	denselben
ders	derselbe
dh	das heißt
Doc	Document
DÖV	Die Öffentliche Verwaltung
EA	Europa Archiv
ebd	ebenda
ECU	European Currency Unit
EG	Europäische Gemeinschaft: Vertrag zur Gründung der Europäischen Gemeinschaft v 25.3.1957 (ABl EG 1992 Nr C 340, 1; 2003 Nr L 236, 33 = *Sartorius* II Nr 150)
EGMR	Europäischer Gerichtshof für Menschenrechte
Einf	Einführung
Einl	Einleitung
EJIL	European Journal of International Law
EKMR	Europäische Menschenrechtskommission
EMRK	Europäische Menschenrechtskonvention v 4.11.1950 (BGBl 2002 II, 1055 = *Randelzhofer* Nr 16 = *Sartorius* II Nr 130 = *Tomuschat* Nr 13)
Entsch	Entscheidung
entspr	entsprechend
EU	Europäische Union; Vertrag über die Europäische Union v 7.2.1992 (ABl EG 1992 Nr C 191, 1; 2003 Nr L 236, 33 = *Sartorius* II Nr 145)

Abkürzungsverzeichnis

EuG	Europäisches Gericht erster Instanz
EuGH	Europäischer Gerichtshof
EuGRZ	Europäische Grundrechtezeitschrift
EuZW	Europäische Zeitschrift für Wirtschaftsrecht
EWG	Europäische Wirtschaftsgemeinschaft, jetzt: EG
EWR	Europäischer Wirtschaftsraum
f, ff	für, folgend, folgende
Fn	Fußnote
FP	Fakultativprotokoll
FS	Festschrift für
G	Gesetz
GA	Goltdammer's Archiv für Strafrecht
GAbk III	III. Genfer Abkommen über die Behandlung der Kriegsgefangenen vom 12.8.1949 (BGBl 1954 II, 838 = *Sartorius* II Nr 53 = auszugsweise *Tomuschat* Nr 37)
GAbk IV	IV. Genfer Abkommen zum Schutz der Zivilpersonen in Kriegszeiten vom 12.8.1949 (BGBl 1954 II, 917 = *Sartorius* II Nr 54 = auszugsweise *Tomuschat* Nr 38)
GAOR	General Assembly Official Records
GATT	Allgemeines Zoll- und Handelsabkommen/General Agreement on Tariffs and Trade (Fundstellen s S 165 Fn 5)
gem	gemäß
GewArch	Gewerbearchiv
GG	Grundgesetz
ggf	gegebenenfalls
GMBl	Gemeinsames Ministerialblatt
GS	Gedächtnisschrift für
GV	Generalversammlung, Gemeinsame Verfügung (mehrerer Ministerien)
GVBl	Gesetz- und Verordnungsblatt
GVG	Gerichtsverfassungsgesetz
GYIL	German Yearbook of International Law
Halbs	Halbsatz
Hdb	Handbuch
HILJ	Havard International Law Journal
HRLJ	Human Rights Law Journal
Hrsg, hrsg	Herausgeber, herausgegeben
HV-I	Humanitäres Völkerrecht – Informationsschriften

ICJ Rep	International Court of Justice, Reports of Judgments, Advisory Opinions and Orders
ICLQ	International and Comparative Law Quarterly
idF	in der Fassung
ids	in diesem Sinne
iErg	im Ergebnis
ieS	in engerem Sinne
IGH	Internationaler Gerichtshof
ILC	International Law Commission
ILC-Entwurf	Verantwortlichkeit der Staaten für völkerrechtswidrige Handlungen v 12.12.2001 (UN Doc A/RES/56/83 = *Sartorius* II Nr 6 = *Tomuschat* Nr 9)
ILM	International Legal Materials
ILO	Internationale Arbeitsorganisation/International Labour Organization
ILR	International Law Reports
insbes	insbesondere
insges	insgesamt
IPbpR	Internationaler Pakt über bürgerliche und politische Rechte v 19.12.1966 (BGBl 1973 II, 1534 = *Randelzhofer* Nr 19 = *Sartorius* II Nr 20 = *Tomuschat* Nr 16)
IPR	Internationales Privatrecht
iR(v)	im Rahmen (von)
iS(d)	im Sinne (der/des)
iSe	im Sinne eines
iS(v)	im Sinne (von)
IStGH	Internationaler Strafgerichtshof
iVm	in Verbindung mit
iwS	in weiterem Sinne
JK	Jurakartei (Beilage zur Zeitschrift Jura)
JR	Juristische Rundschau
Jura	Juristische Ausbildung
JuS	Juristische Schulung
JZ	Juristenzeitung
Kap	Kapitel
krit	kritisch
LSchlG	Ladenschlußgesetz
lt	laut
m	mit

m (krit) Anm	mit (kritischer) Anmerkung (von)
m(w)N	mit (weiteren) Nachweisen
maW	mit anderen Worten
Nachw	Nachweis(e)
NAFO	Organisation für die Fischerei im Nordwestatlantik/Northwest Atlantic Fisheries Organization
nF	neue Fassung
NILR	Netherlands International Law Review
NJW	Neue Juristische Wochenschrift
No	Nr (number)
Nr	Nummer
NuR	Natur und Recht
NYIL	Netherlands Yearbook of International Law
o	oben
O	Ordnung
oä	oder ähnlich
OLG	Oberlandesgericht
OVG	Oberverwaltungsgericht
OWiG	Gesetz über Ordnungswidrigkeiten
ÖZöRV	Österreichische Zeitschrift für öffentliches Recht und Völkerrecht (jetzt ZÖR)
PCIJ	Permanent Court of International Justice (= StIGH)
RdC	Recueil des Cours
Rdschr	Rundschreiben
Reg	Regierung
Res	Resolution
RGBl	Reichsgesetzblatt
RGDIP	Revue Générale de Droit International Public
RIAA	Reports of International Arbitral Awards
RIW	Recht der internationalen Wirtschaft
Rn	Randnummer (-ziffer)
RSIStGH	Römisches Statut des IStGH vom 17.7.1998 (BGBl 2000 II, 1394 = *Randelzhofer* Nr 45 = *Sartorius* II Nr 35 = *Tomuschat* Nr 36)
Rspr	Rechtsprechung
S	Seite, Satz
s	siehe
s a	siehe auch
s o	siehe oben

s u	siehe unten
Sess	Session
Slg	Sammlung
sm	Seemeilen
sog	sogenannte(n)
SR	Sicherheitsrat
SRÜ	Seerechtsübereinkommen der Vereinten Nationen v 10.12. 1982 (BGBl 1994 II, 1799 = *Randelzhofer* Nr 22 = *Sartorius* II Nr 350 = *Tomuschat* Nr 20)
StGB	Strafgesetzbuch
StIGH	Ständiger Internationaler Gerichtshof
StPO	Strafprozeßordnung
Suppl	Supplement
u	unten
ua	unter anderem, und andere
Überbl	Überblick
Übk	Übereinkommen
UN	Vereinte Nationen/United Nations
UN-MRA	Menschenrechtsausschuß der Vereinten Nationen
UNO	Organisation der Vereinten Nationen/United Nations Organization
UNTS	United Nations Treaties Series
Urt	Urteil
uU	unter Umständen
v	von; vom; versus (= gegen)
VerfO	Verfahrensordnung
vgl (a)	vergleiche (auch)
VN	Vereinte Nationen
VO	Verordnung
Vorbem	Vorbemerkung
VRÜ	Verfassung und Recht in Übersee
VVE	Vertrag über eine Verfassung für Europa v 29.10.2004 (ABl EU 2004 Nr C 310, 1)
VwGO	Verwaltungsgerichtsordnung
WHO	Weltgesundheitsorganisation/World Health Organization
WTO	Welthandelsorganisation/World Trade Organization
WÜD	Wiener Übereinkommen über diplomatische Beziehungen v 18.4.1961 (BGBl 1964 II, 958 = *Randelzhofer* Nr 12 = *Sartorius* II Nr 325 = *Tomuschat* Nr 4)

Abkürzungsverzeichnis

WÜK	Wiener Übereinkommen über konsularische Beziehungen v 24. 4. 1963 (BGBl 1969 II, 1587 = *Sartorius* II Nr 326)
WVK	Wiener Konvention über das Recht der Verträge v 23. 5. 1969 (BGBl 1985 II, 927 = *Randelzhofer* Nr 13 = *Sartorius* II Nr 320 = *Tomuschat* Nr 5)
WVKIO	Wiener Konvention über das Recht der Verträge zwischen Staaten und internationalen Organisationen oder zwischen internationalen Organisationen v 21. 3. 1986 (BGBl 1990 II, 1415)
ZaöRV	Zeitschrift für ausländisches öffentliches Recht und Völkerrecht
zB	zum Beispiel
ZfBR	Zeitschrift für Baurecht
ZfRV	Zeitschrift für Rechtsvergleichung
zit	zitiert
ZÖR	Zeitschrift für Öffentliches Recht (zuvor ÖZöRV)
ZP	Zusatzprotokoll
ZUR	Zeitschrift für Umweltrecht
zust	zustimmend
zutr	zutreffend

Verzeichnis der abgekürzt zitierten Literatur und Vertragssammlungen

Berber, VR	*F. Berber*, Lehrbuch des Völkerrechts, 2. Aufl, Bd I 1975, Bd II 1969, Bd III 1977
Dahm/Delbrück/Wolfrum, VR I/1	*Dahm, G./Delbrück, J./Wolfrum, R.*, Völkerrecht, Band I/1, 2. Aufl, 1989
Dahm/Delbrück/Wolfrum, VR I/2	*Dahm, G./Delbrück, J./Wolfrum, R.*, Völkerrecht, Band I/1, 2. Aufl, 2002
Dahm/Delbrück/Wolfrum, VR I/3	*Dahm, G./Delbrück, J./Wolfrum, R.*, Völkerrecht, Band I/3, 2. Aufl, 2002
Ehlers, EuGR	D. Ehlers (Hrsg.), Europäische Grundrechte und Grundfreiheiten, 2. Aufl, 2005
EPIL	Bernhardt, R. (Hrsg), Encyclopedia of Public International Law, Bd I–IV, 1992–2000
Fleck, HdbHVR	D. Fleck (Hrsg), Handbuch des humanitären Völkerrechts in bewaffneten Konflikten, 1994
Frowein/Peukert, EMRK	*J. A. Frowein/W. Peukert*, Europäische MenschenRechtsKonvention, EMRK-Kommentar, 2. Aufl, 1996
Grabenwarter, EMRK	*C. Grabenwarter*, Europäische Menschenrechtskonvention, 2. Aufl, 2005
Herdegen, VR	*M. Herdegen*, Völkerrecht, 4. Aufl, 2005
Hobe/Kimminich, Einf	S. Hobe/O. Kimminich, Einführung in das Völkerrecht, 8. Aufl, 2004
Ipsen, VR	K. Ipsen (Hrsg), Völkerrecht, 5. Aufl, 2004
v. Münch/Kunig, GGK	I. v. Münch/Ph. Kunig (Hrsg), Grundgesetzkommentar, Bd I: 5. Aufl, 2000; Bd II: 5. Aufl, 2001; Bd III: 5. Aufl, 2003
Nowak, CCPR-Kommentar	*M. Nowak*, UNO-Pakt über bürgerliche und politische Rechte / CCPR-Kommentar, 1989

Randelzhofer	A. Randelzhofer *(Hrsg)*, Völkerrechtliche Verträge, 10. Aufl, 2004
Richtsteig, WÜD/WÜK	M. Richtsteig, Wiener Übereinkommen über diplomatische und konsularische Beziehungen, 1994
Sartorius II	Sartorius, Bd II, Internationale Verträge – Europarecht
Simma, Charta der VN	B. Simma (Hrsg), Charta der Vereinten Nationen, 1991
Stein/v. Buttlar, VR	T. Stein/C. v. Buttlar, Völkerrecht, 11. Aufl, 2005
Tomuschat	C. Tomuschat *(Hrsg)*, Völkerrecht, 3. Aufl, 2005
Verdross/Simma, VR	A. Verdross /B. Simma, Universelles Völkerrecht, 3. Aufl, 1984
Graf Vitzthum, VR	W. Graf Vitzthum (Hrsg), Völkerrecht, 3. Aufl, 2004
Wolfrum, HdbVN	R. Wolfrum (Hrsg), Handbuch der Vereinten Nationen, 2. Aufl, 1991

Einleitung: Die völkerrechtliche Verantwortlichkeit in der Fallbearbeitung

I. Vorbemerkungen

Im Mittelpunkt völkerrechtlicher Fallaufgaben steht zumeist die Frage nach der völkerrechtlichen Verantwortlichkeit. Das wird manchmal bereits an der Aufgabenstellung deutlich, zB: Prüfen Sie die völkerrechtliche Verantwortlichkeit Arkadiens[1] wegen seines Verhaltens gegenüber den USA.

Auch anders formulierte Fragestellungen können zu einer Prüfung der völkerrechtlichen Verantwortlichkeit führen: Wenn gefragt würde, ob Peru von Brasilien aufgrund eines bestimmten Vorganges Schadensersatz verlangen kann, lässt sich dies als Frage danach verstehen, ob eine völkerrechtliche Verantwortlichkeit Brasiliens für sein Verhalten gegenüber Peru besteht und

---

1 Viele Fälle in diesem Buch handeln von fiktiven Staaten. Das kommt auch in der Übungs- und Examenspraxis oft vor. Es erklärt sich daraus, dass existierende Staaten Assoziationen an deren innere oder äußere Befindlichkeit auslösen oder auch an historische Vorgänge und dies mitunter zu Schwierigkeiten bei der Sachverhaltserfassung führen kann, etwa zu die Aufgabenstellung verändernden „Ergänzungen" verleitet. Von Arkadien wissen wir demgegenüber nur, was uns der jeweilige Sachverhalt dazu sagt (von der Vermutung abgesehen, dass es sich dort mutmaßlich – noch?, vgl Fall 12 – „gut" leben lässt; oder doch nicht?, vgl Fall 7). Maßgeblich und ausreichend ist – insbesondere bei Fällen mit tatsächlich existenten Staaten – grundsätzlich der vorgegebene Sachverhalt. Allerdings wird es statthaft sein, konkretisierende Ergänzungen vorzunehmen, sofern das im Rahmen des Sachverhalts bleibt. Wer zB weiß, wann der im Sachverhalt genannte, tatsächlich existierende frühere Kolonialstaat unabhängig wurde, ist nicht gehindert, diesen Umstand bei der Feststellung der Staatsqualität zu erwähnen. Derartiges wird praktisch bei Klausuren allerdings kaum in Betracht kommen.
Werden in einem Sachverhalt historische Vorgänge geschildert bzw konkrete Daten angegeben, so ist dem Gutachten die seinerzeit geltende Rechtslage zugrunde zu legen. Fälle ohne zeitliche Angaben sind im Zweifel nach dem zum Zeitpunkt der Bearbeitung geltenden Recht zu lösen. Natürlich sind insoweit etwaige Bearbeitervermerke entscheidend. Für Fälle des innerstaatlichen Rechts wird etwa oft gesagt, dass für die materielle Rechtslage der Zeitpunkt des Fallgeschehens maßgeblich, hingegen das Prozessrecht im Zustand zZ der Bearbeitung heranzuziehen sei (Reflexionen zu „Zeit und Völkerrecht" bei *Higgins*, Time and the Law: International Perspectives on an Old Problem, ICLQ 46 (1997), 501 ff).

ob dies zur Rechtsfolge der Verpflichtung einer Leistung von Schadensersatz führt.

Natürlich werden völkerrechtliche Fälle auch mit anderen Fragen verbunden, solchen nach den Erfolgsaussichten eines Verfahrens vor einem internationalen Gericht etwa (angesichts der nach wie vor nur ansatzweise ausgeprägten internationalen Gerichtsbarkeit im engeren Sinne eher selten, zunehmend aber im Bereich des europäischen Menschenrechtsschutzes).

Es kommt auch vor, dass Aufgaben nach der Schilderung einer „Geschichte" nur auf einzelne Fragen einer in einem übergreifenden Sinne als Prüfung der völkerrechtlichen Verantwortlichkeit anzusprechenden Fragenfolge zielen, zB: Hat die Ukraine gegenüber Moldawien das Völkerrecht verletzt?

Festzuhalten ist, dass die Berechtigung eines auf Völkerrecht gestützten Anspruchs und auch die Rechtmäßigkeit eines völkerrechtlich erheblichen Handelns oder Unterlassens davon abhängen kann, ob eine völkerrechtliche Verantwortlichkeit eines anderen Völkerrechtssubjekts für ein vorangegangenes Ereignis besteht: Ansprüche auf Einräumung tatsächlicher Gewalt über Personen, Sachen, Gebiete, Ansprüche auf Geldleistungen können als Rechtsfolgen völkerrechtlicher Verantwortlichkeit entstehen. Ein die völkerrechtliche Verantwortlichkeit begründendes Verhalten eines Völkerrechtssubjekts kann auch den rechtlichen Grund abgeben für die Rechtfertigung einer „an sich" völkerrechtswidrigen Handlungsweise eines anderen Völkerrechtssubjekts (s dazu u S 20).

Ungeachtet der Vielzahl vorkommender Fallfragen haben die Probleme, denen sich die Lehre von der völkerrechtlichen Verantwortlichkeit zuwendet, eine erhebliche Bedeutung für Ausbildung und Prüfungsgeschehen im Völkerrecht. Im Hinblick darauf ist diese Einleitung darum bemüht, ein Grundschema für die völkerrechtliche Fallbearbeitung zu entwerfen und im Zusammenhang damit solche Fragen anzusprechen, die sich im Zuge der Begutachtung von Fällen immer wieder stellen. Sie bilden gleichsam die Arbeitsgrundlage für die in diesem Buch sodann ausformulierten Lösungsvorschläge zu einzelnen Fällen und sollen diese Falldarstellungen zugleich entlasten, indem dort auf diese Einleitung verwiesen und die Gestalt der Lösungsvorschläge damit der „Klausurrealität" angenähert wird. Unbedingt zu beachten ist: Sklavische Abarbeitung von Schemata führt zu hölzernen, oft substanzlosen und repetitiven Ausführungen. Angemessene Schwerpunktbildung, wie sie jede gelungene Fallbearbeitung auszeichnet, gelingt nur denjenigen, die ein Schema der konkreten Fallsituation anzuverwan-

Einleitung

deln, es zu variieren wissen. Immerhin: Die Erinnerung an das Schema kann verhüten, dass Wesentliches unter den Tisch fällt[2].

Die allgemeinen Regeln der völkerrechtlichen Verantwortlichkeit werden oft als solche „*sekundärer*" Natur bezeichnet. Sie bestimmen die Rechtsfolgen von Verstößen gegen „*Primärrecht*"[3]. Besondere Schwierigkeiten bereitet das wechselseitige Verhältnis der in diesem Sinne primären und sekundären Regeln bei Zurechnungsfragen (s u S 17).

II. Vorschlag zum Aufbau der Prüfung eines Anspruchs aus völkerrechtlicher Verantwortlichkeit

1. Zwei Völkerrechtssubjekte
   a) aktiv: handlungsfähiges Völkerrechtssubjekt
   b) passiv: Völkerrechtssubjekt
   (unproblematisch bei Staatenverantwortlichkeit)
2. zurechenbares Verhalten
3. Normverstoß
   - völkerrechtlicher Vertrag
   - Völkergewohnheitsrecht
   - allgem Rechtsgrundsätze
4. keine Rechtfertigung
5. Rechtsfolgen

III. Begriffliche Fragen: Verantwortlichkeit, Haftung, Delikt

Zur Bezeichnung allgemeiner Regeln betreffend die Voraussetzungen (und die Folgen) von Verletzungen des Völkerrechts wird unterschiedliche Terminologie verwendet. Vor allem seit Beginn der Arbeiten der *International*

---

[2] Ähnliche Ziele wie diese Einleitung verfolgte bereits der Beitrag von *Kunig*, Das völkerrechtliche Delikt, Jura 1986, 344 ff.
[3] Vgl dazu *Kunig*, Völkerrecht und Risiko, Jura 1996, 593 ff sowie *Ipsen*, in: ders, VR, § 39 Rn 6; der Unterschied zur Verwendung der genannten Begriffe im europäischen Gemeinschaftsrecht, wo sie auf eine Normhierarchie verweisen, ist offensichtlich; s dazu *Epping*, Grundstrukturen der Europäischen Union, Jura 1995, 449 (455 f); *Magiera*, Die Rechtsakte der EG-Organe, Jura 1989, 595 ff.

Law Commission an dem Thema in den 50er Jahren hat sich im internationalen Sprachgebrauch der Begriff „Verantwortlichkeit" als Oberbegriff durchgesetzt (*responsibility, responsabilité*).

Die ILC, die Völkerrechtskommission der Vereinten Nationen, wurde durch die Resolution 174 (II) der Generalversammlung vom 21.11.1947 als deren Unterorgan eingerichtet, um der Generalversammlung die Wahrnehmung der ihr in Art 13 Abs 1 Buchst a CVN überwiesenen Aufgabe, die fortschreitende Entwicklung des Völkerrechts sowie seine Kodifizierung zu begünstigen, zu erleichtern[4]. Sie hat für verschiedene Teilbereiche des Völkerrechts Kodifikationsentwürfe vorgelegt, so mit Nachhall etwa für das Vertragsrecht und das Diplomatenrecht. Zur völkerrechtlichen Verantwortlichkeit von Staaten verabschiedete die ILC im August 2001 die „Draft Articles on Responsibility of States for internationally wrongful acts"[5]. Der ILC-Entwurf besteht aus vier Teilen. Im ersten Teil wird die völkerrechtswidrige Handlung eines Staates (The internationally wrongful act of a state), im zweiten die Rechtsfolgen völkerrechtswidrigen Verhaltens (Content of the international responsibility of a state) und im dritten Teil die Durchsetzung der völkerrechtlichen Verantwortlichkeit (Implementation of the international responsibility of a state) behandelt. Der vierte Teil enthält „General Provisions". Die ILC befasst sich gesondert auch mit der Verantwortlichkeit für „Injurious Consequences" solcher Akte, die als solche nicht völkerrechtswidrig sind, dies unter dem Terminus einer „International Liability"[6].

---

[4] Eingehend dazu *I. McT. Sinclair*, The International Law Commission, 1987.
[5] Report of the International Law Commission, Fifty-third session, Chapter IV; UN Doc A/56/10. Die dortige Einleitung gibt einen Überblick zur Entstehungsgeschichte des Entwurfs. Abgedr im Anhang I sowie *Sartorius* II Nr 6 = *Tomuschat* Nr 9; zum Entwurf von 2001 s *J. H. Crawford*, The International Law Commission's articles on state responsibility: introduction, text and commentaries, 2002; *Crawford/Peel/Olleson*, The ILC's Articles on Responsibility of States for Internationally Wrongful Act: Completion of the Second Reading, EJIL 12 (2001), 963–991; ferner die Beiträge zum Symposium: The ILC's State Responsibility Articles in AJIL 96 (2002) No 4, 773–890, abrufbar unter: http://www.asil.org/ajil/ajil024.pdf; zur Vorgeschichte s etwa *Simma*, Grundfragen der Staatenverantwortlichkeit in der Arbeit der International Law Commission, AVR 24 (1986), 357ff; *C. Tomuschat*, Gegenwartsprobleme der Staatenverantwortlichkeit in der Arbeit der Völkerrechtskommission der Vereinten Nationen, 1994.
[6] Dazu etwa *Erichsen*, Das Liability Project der ILC, ZaöRV 51 (1991), 94ff; eingehend *R. Harndt*, Völkerrechtliche Haftung für die schädlichen Folgen nicht verbotenen Verhaltens, 1993.

Einleitung

Ebenso wenig wie die von der ILC formulierten Normen – es sind teils bestandsaufnehmend gemeinte, teils auf eine Fortentwicklung des Völkerrechts zielende Vorschläge für eine durch Vertragsabschluß umzusetzende Kodifikation[7] – verlässliche Auskunft über das derzeit geltende Recht geben, vermögen die Begriffsprägungen dieses Gremiums das wissenschaftliche Gespräch zu binden. Es kann dennoch keinem Zweifel unterliegen, dass die einschlägige Arbeit der ILC, insbesondere jetzt da sie nach über 50 Jahren einen Abschluss gefunden hat, große Aufmerksamkeit verdient. Der in der ILC versammelte und dort fruchtbar gewordene Sachverstand verschafft den Normvorschlägen zwar nicht den förmlichen Rang einer völkerrechtlichen Rechtsquelle (zu diesen sogleich u). Doch handelt es sich um Formulierungsvorschläge für bislang ungeschriebenes Recht, welche für dessen weiterhin zu leistende Herleitung aus der Staatenpraxis Richtungen angeben. Für die Begriffsprägungen der ILC wird sich sagen lassen, dass hier gleichsam eine hohe Darlegungslast für denjenigen besteht, der sich im Diskurs über das Völkerrecht anderer Begriffe bedienen möchte. Dafür spricht schon das grundsätzliche Interesse an möglichst einheitlicher Begriffsverwendung im vielsprachigen internationalen Gespräch über das Völkerrecht. Ein einheitliches Begriffsverständnis erleichtert im Übrigen die Herausarbeitung unterschiedlicher Sichtweisen in der Sache.

Hinzu kommt im speziellen Fall eines Übungsbuches die Berücksichtigung des Wunsches der Studierenden, in der Klausur etwas Greifbares wie die von der ILC formulierten Normen zur Staatenverantwortlichkeit, die mittlerweile auch Eingang in die einschlägigen Vertragssammlungen gefunden haben[8], nutzen zu können. Ein Übungsbuch sollte daher mit den entsprechenden Normen und insbesondere der Begrifflichkeit vertraut machen.

Vor diesem Hintergrund erscheint die Übernahme des Begriffs der Verantwortlichkeit sinnvoll. Als Oberbegriff sollte er an die Stelle desjenigen der „Haftung" treten, zumal die üblich gewordene Unterscheidung von Regeln, welche Konsequenzen völkerrechtswidrigen Verhaltens einerseits, völkerrechtsgemäßen Verhaltens andererseits bezeichnen (im letzteren Bereich wird, wie erwähnt, von „Liability" gesprochen), dies nahe legt.

Gerade in Deutschland hat allerdings der Begriff des völkerrechtlichen Delikts Tradition[9]. Im Sinne einer „Lehre vom völkerrechtlichen Delikt"

---

7 S dazu auch u S 22 zum Recht der Gegenmaßnahmen.
8 *Sartorius* II Nr 6; *Tomuschat* Nr 9.
9 Vgl *K. Strupp*, Das völkerrechtliche Delikt, 1920; *I. v. Münch*, Das völkerrecht-

sind Einzelfragen des Delikts voneinander abgeschichtet und Vorschläge für eine Prüfungsreihenfolge im Einzelfall entwickelt worden. Andererseits besteht auch im deutschen Sprachraum insoweit keine Einheitlichkeit, werden von manchen etwa vor allem Kriegsverbrechen als „Delikte" bezeichnet und der Gegenstand der Deliktslehre dann als das „völkerrechtliche Unrecht"[10]. Hinzu kommt, dass der Begriff des völkerrechtlichen Delikts Parallelen zum nationalen Recht nahe legt, die in die Irre führen können[11]. So besteht die Gefahr einer Verwischung der Unterschiede zu den Deliktsbegriffen des innerstaatlichen Strafrechts sowie des Zivilrechts: Der strafrechtliche Delikts- oder besser Verbrechensbegriff ist ganz auf die Ahndung individueller Schuld abgestellt, was im Völkerrecht lediglich in gerade aus dem völkerrechtlichen Deliktsbegriff ausgegrenzten Sonderbereichen einiger unmittelbar auf das Verhalten natürlicher Personen zielender Regelungen eine Parallele findet[12]. Vom zivilrechtlichen Deliktsbegriff unterscheidet sich der völkerrechtliche vor allem dadurch, dass er auch Vertragsverletzungen miteinbezieht und es im Übrigen am übergeordneten, den Rechtsunterworfenen ohne ihre Mitwirkung autoritativ vorgegebenem Gesetz (auf das sich das zivilrechtliche Deliktsrecht bezieht) weitgehend fehlt. Das Völkerrecht ist wesentlich eine konsensual entstandene Ordnung unter rechtlich Gleichen und ist, wie teilweise gesagt wird, im Ausgangspunkt „genossenschaftlich"[13] geprägt; es weist ein „koordinationsrechtliches Gefüge" auf[14].

Nicht zuletzt muss eine wesentliche Änderung des ILC-Entwurfs von 2001 im Vergleich zu demjenigen von 1996 berücksichtigt werden: Im 1996er Entwurf wurde noch zwischen *International Crimes* und *International Delicts* unterschieden; beide Begriffe waren ausdrücklich unter den Oberbegriff des „Internationally Wrongful Act" gestellt. Diese Differenzierung und das Konzept des internationalen Verbrechens waren besonders umstritten[15], was vor allem darauf beruht, dass hiermit ein Grundelement

---

liche Delikt in der modernen Entwicklung der Völkerrechtsgemeinschaft, 1963; *Schlochauer*, Die Entwicklung des völkerrechtlichen Deliktsrechts, AVR 16 (1974/75), 239 ff.
10 Vgl die Terminologie bei *Seidl-Hohenveldern/Stein*, Völkerrecht, 10. Aufl, Rn 1645 ff.
11 *Schröder*, in: Graf Vitzthum, VR, Rn VII 5.
12 „Völkerstrafrecht ieS", s *Schröder*, in: Graf Vitzthum, VR, Rn VII 38.
13 So insbes *Berber*, VR I, 16 ff.
14 So *Graf Vitzthum*, in: ders, VR, Rn I 4; s a *Kunig*, Völkerrecht als öffentliches Recht, GS Grabitz, 1995, 325 (327 ff).
15 Überbl bei *Schröder*, in: Graf Vitzthum, VR, Rn VII 16 ff; *Ipsen*, in: ders, VR, § 39

Einleitung

der Völkerrechtsordnung modifiziert wird, wonach aus völkerrechtlichem Unrecht grundsätzlich ein bilaterales Rechtsverhältnis erwächst: Der Schädiger muss dem Geschädigten einstehen, nicht aber der internationalen Gemeinschaft als Rechtsgemeinschaft. Zwar sieht auch Art 48 Abs 1 Buchst b des Entwurfs von 2001 eine Geltendmachung der Verantwortlichkeit eines Staates durch einen anderen Staat als den verletzten Staat im Falle der Verletzung von Verpflichtungen, die gegenüber der gesamten internationalen Gemeinschaft bestehen, vor. Das oben angesprochene Problem bleibt also aktuell. Mit der Änderung der Begrifflichkeiten entfällt aber ein wesentliches Argument für das Festhalten am deutschen Begriff des völkerrechtlichen Delikts.

Anders als in der Vorauflage werden daher in diesem Übungsbuch nunmehr die Begrifflichkeiten des ILC-Entwurfs verwendet.

IV. Die Merkmale der völkerrechtlichen Verantwortlichkeit im Einzelnen

1. Völkerrechtssubjektivität

Es bietet sich an, zwischen dem Verursacher des völkerrechtlichen Unrechts und demjenigen, dessen Rechtsposition durch dieses Unrecht beeinträchtigt worden ist oder wird, zu unterscheiden. Beide müssen *Völkerrechtssubjekte* sein, wenn es um die völkerrechtliche Verantwortlichkeit geht. Wird auf die Völkerrechtssubjektivität und also nicht allein „auf Staatlichkeit" abgestellt, so erfasst das Recht der völkerrechtlichen Verantwortlichkeit auch andere internationale Akteure als die Staaten. Denn der Kreis der Völkerrechtssubjekte geht über diese hinaus. Der ILC-Entwurf befasst sich zwar ausdrücklich nur mit der Verantwortlichkeit von Staaten, die dort niedergelegten Grundsätze können aber auch bei anderen Völkerrechtssubjekten herangezogen werden[16].

Völkerrechtssubjekt ist, wer *völkerrechtsfähig* ist, also Träger von Rechten und/oder Pflichten aus dem Völkerrecht. Diese Eigenschaft kommt den

---

Rn 21–26; vgl ferner *Kaul*, Auf dem Weg zum Weltstrafgerichtshof, VN 1997, 177 ff; ein „Draft Code of Crimes against the Peace and Security of Mankind" der ILC findet sich in HRLJ 18 (1997), 96.
16 Speziell zur Verantwortlichkeit Internationaler Organisationen s *Schröder*, in: Graf Vitzthum, VR, Rn VII 34–36; *Ipsen*, in: ders, VR, § 41.

Staaten als sog geborenen Völkerrechtssubjekten zu. Staatsgewalt, Staatsgebiet und Staatsvolk konstituieren die Staatlichkeit unmittelbar. Ein faktischer Befund entscheidet also über den Status; rechtsgeschäftlicher Anerkennung durch andere bedarf es nicht. Das förmliche Absprechen der Eigenschaft als Staat durch andere bleibt ebenfalls ohne Konsequenz für den Status. In diesem Sinne gilt die dennoch ausgesprochene Anerkennung als Staat für „deklaratorisch" (in Gegenüberstellung zu einer „konstitutiven" Wirkung). Wurde dies früher teilweise auch anders gesehen, so setzte sich in der Staatenpraxis die Perspektive der allein faktischen Staatswerdung durch[17]. Gerade in jüngerer Zeit ist indes vermehrt zu beobachten, dass vorhandene Staaten die Anerkennung solcher Gebilde, die Staatlichkeit für sich reklamieren, von Kriterien abhängig machen, etwa auch von der Beschaffenheit der dortigen inneren Ordnung (die nach dem Grundsatz der Souveränität allein „innere" Angelegenheit sein soll). Und diejenigen, die anerkannt werden möchten, fügen sich solchen Begehren mitunter (obwohl sie der Anerkennung doch „an sich" gar nicht bedürften). Es ist daher zweifelhaft, ob an der Lehre von der allein „deklaratorischen" Erklärung des Phänomens Anerkennung gänzlich strikt festgehalten werden kann[18].

Für die bei der Prüfung der völkerrechtlichen Verantwortlichkeit zu klärende Vorfrage nach der Völkerrechtssubjektivität als Staat ergibt sich, dass hinsichtlich solcher Gebilde, die entweder Mitglied der Vereinten Nationen[19] sind (denen nach Art 4 Abs 1 CVN nur Staaten angehören können) oder auch ohne diesen Status unzweifelhaft und unangefochten die drei Elemente der Staatlichkeit erfüllen, eine nähere Untersuchung in einem Gutachten nicht veranlasst ist[20]. Anders liegt es zunächst bei solchen Gebilden, die auf dem Gebiet eines anderen Staates „neue" Staatlichkeit erstreben, darüber hinaus auch dort, wo seit längerem verschiedene Prätendenten auftreten. Auch in solchen Lagen kann sich freilich in relativ kurzer Zeit Klarheit über die Staatlichkeit einstellen, wie nach dem Zerfall der Sowjetunion hinsichtlich der weit überwiegenden Anzahl der Nachfolgestaaten.

17 Es wird demzufolge auch von „originären" Völkerrechtssubjekten gesprochen, s *Hailbronner*, in: Graf Vitzthum, VR, Rn III 8.
18 Vgl näher Fall 5, auch Fall 20 mwN.
19 Nach dem Beitritt der Schweiz am 10.09.2002 gehören 191 Staaten und damit fast alle Staaten der Welt den Vereinten Nationen an. Nicht zu den Mitgliedern gehören der Staat der Vatikanstadt und Taiwan.
20 Das gilt grundsätzlich auch, wenn ein Sachverhalt von einem Phantasiegebilde als „Staat" spricht, s o S 1 Fn 1, oder auf andere Weise – etwa durch den Hinweis auf eine Mitgliedschaft in der UNO – keinen Zweifel lässt, dass es sich um einen Staat handeln soll.

Einleitung

Präsentiert ein Sachverhalt Informationen, welche am Vorliegen eines der drei Elemente der Staatlichkeit zweifeln lassen oder berichtet er von einem Streit über Anerkennungen und deren Wirkungen, so wird dies gutachtlich näher zu beleuchten sein. Generell ist dabei der bewahrende Charakter des Völkerrechts zu beachten[21], der sich im vorliegenden Zusammenhang daran zeigt, dass ein einmal als solcher etablierter Staat trotz Verlustes wesentlicher Eigenschaften der Souveränität seinen rechtlichen Status nicht verliert – wie diejenigen Staaten Afrikas, welche faktisch nicht in der Lage sind, nachhaltig Staatsgewalt auf dem gesamten von ihnen in Anspruch genommenen (und ihnen durch die Staatengemeinschaft als solche auch nicht abgesprochenen) Staatsgebiet auszuüben.

Ohne einen Akt der Anerkennung von Seiten anderer Völkerrechtssubjekte erlangen auch sog *de-facto*-Regime die Völkerrechtssubjektivität[22]. Hierunter versteht man Regime, die – mit einer anderen Staatsgewalt konkurrierend – auf fremdem Staatsgebiet eine effektive Herrschaft durchgesetzt haben, ohne dass (bereits) sicher sein könnte, ob diese Herrschaft nicht wieder verdrängt wird. Als ein solches *de-facto*-Regime konnte in ihrer Anfangsphase zB die Deutsche Demokratische Republik angesehen werden. Derzeit befindet sich der nördliche Teil Zyperns in der Hand eines *de-facto*-Regimes, wobei sich hier erneut zeigt, dass die „reine" Lehre von der Entstehung von Staatlichkeit ohne Anerkennung brüchig ist: Dass das gegenwärtig wohl allein von der Türkei als Staat behandelte Nord-Zypern diesen Status nicht erlangt hat, lässt sich nur damit begründen, dass der Sache nach auf Nord-Zypern (dann ggf widerrechtlich) türkische Staatsgewalt ausgeübt werde.[23]

---

21 Vgl dazu *v. Münch*, Bewahrung und Veränderung im Völkerrecht, AVR 20 (1982), 266 ff; s a *Epping*, in: Ipsen, VR, § 5 Rn 12–19 zur völkerrechtlichen Kontinuität der Staaten.
22 Eingehend: *J. A. Frowein*, Das de-facto-Regime im Völkerrecht, 1968; wenn *A. Ross*, Lehrbuch des Völkerrechts, 1951, von „*de-facto*-Staaten" sprach, wollte er damit – zutr s o – sagen, dass Staaten auch ohne Anerkennung Völkerrechtssubjekte sind.
23 Nach der Besetzung Nord-Zyperns durch türkische Truppen 1974, wurde 1975 der Türkische Bundesstaat von Zypern ausgerufen. Im November 1984 erfolge die Proklamation der Türkischen Republik Nordzypern, die jedoch von keinem Mitglied der Vereinten Nationen außer der Türkei anerkannt wird (siehe ua Res 541 des Sicherheitsrates vom 8.11.1983). Im Zusammenhang mit dem Beitritt Zyperns zur EU wurde eine Wiedervereinigung von Nord- und Südteil der Insel angestrebt. Diese scheiterte aber einer einer Volksabstimmung am 24. 4. 2004. Somit trat am 1. 5. 2004 nur der griechische Teil Zyperns der EU bei.

Beim Umgang mit der Kategorie des *de-facto*-Regimes ist zu berücksichtigen, dass das Völkerrecht hiermit die Eingliederung auch eines solchen Akteurs in die Rechtsordnung erstrebt, der die Staatlichkeit nicht erreicht hat, um ihn in die Pflicht zu nehmen, beispielsweise also etwa einen Ansprechpartner für die Ausübung diplomatischen Schutzes zugunsten auf dem Territorium eines *de-facto*-Regimes befindlicher Staatsangehöriger zu erreichen. Zugleich ermöglicht die Einbeziehung von *de-facto*-Regimen in den Kreis der Völkerrechtssubjekte deren Schutz gegenüber dritten Staaten. In der Staatenpraxis hat sich die Einsicht entwickelt, dass die Anknüpfung der Entstehung von Rechten und Pflichten an das Vorliegen von Tatsachen in derartigen Situationen der objektiven Interessenlage besser gerecht werde als das Erfordernis der Anerkennung (das insoweit die Rechtslage bis vor dem 2. Weltkrieg mit der Kategorie der „anerkannten Aufständischen" prägte)[24].

Abgesehen von den Staaten und den *de-facto*-Regimen und einzelnen historischen Sonderfällen entsteht Völkerrechtssubjektivität im Übrigen nur durch Rechtsgeschäft. Das gilt zum einen für *internationale Organisationen*[25]. Sie werden (regelmäßig durch Staaten, denkbar auch: durch schon bestehende internationale Organisationen) durch Vertrag geschaffen und erlangen hierdurch eine (regelmäßig inhaltlich begrenzte) Völkerrechtssubjektivität jedenfalls im Verhältnis zu ihren Gründern (und in der Folge ggf zu hinzutretenden weiteren Mitgliedern). Eine solche Völkerrechtssubjektivität ist also „partiell", womit bezeichnet werden soll, dass dieser Status nur einen Ausschnitt aus der Rechtsstellung der staatlichen Völkerrechtssubjekte umgreift. Maßgeblich hierfür ist die jeweilige Satzung, angesichts eines inhaltlich begrenzten Aufgabenbereichs die Völkerrechtssubjektivität dann nur insoweit entstanden. Die Völkerrechtssubjektivität internationaler Organisationen ist des Weiteren regelmäßig „partikulär" in dem Sinne, dass sie nur im Verhältnis zu einem Teil der übrigen Völkerrechtssubjekte besteht: Über die Mitgliedstaaten hinaus kann eine internationale Organisation durch ausdrückliche oder stillschweigende Anerkennung (Vertragsschluss, auch allein durch die Aufnahme von Beziehungen) auch im Verhältnis zu

---

24 Vgl dazu *Verdross/Simma*, VR, §§ 404 ff; *Herdegen*, VR, § 11.
25 Dazu allgem *Epping*, in: Ipsen, VR, § 6 Rn 5 ff; *Klein*, in: Graf Vitzthum, VR, Rn IV 93 ff; *I. Seidl-Hohenveldern/G. Loibl*, Das Recht der Internationalen Organisationen einschließlich der Supranationalen Gemeinschaften, 7. Aufl, 2000, Rn 0301 ff; s a das WHO-Nuklearwaffen-Gutachten des IGH, ICJ Rep 1996, 66 (78 f) sowie u Fall 15.

Einleitung

weiteren Staaten Völkerrechtssubjekt sein. Die Vereinten Nationen sind insofern über partikulare Völkerrechtssubjektivität hinausgewachsen, dies unabhängig davon, ob sie diesen Status bereits zu dem Zeitpunkt erlangt hatten, als ihnen der IGH im sog Bernadotte-Fall dieses bescheinigte[26].

Auch solche, gewaltsame Befreiung von kolonialer Abhängigkeit erstrebende Bewegungen, die faktisch den Stand des *de-facto*-Regimes nicht erreicht haben, können Völkerrechtssubjektivität nur durch Anerkennung erlangen, wofür die von einigen Staaten – und also partikulär – in den Status eines Völkerrechtssubjekts erhobene Befreiungsfront für Palästina (PLO) ein Beispiel bietet[27]. Ein Abhängigkeitsstatus wie derjenige der Kolonie, des Protektorats, des Treuhandgebiets kann nicht allgemein innerhalb oder außerhalb des Kreises der Völkerrechtssubjekte geführt werden. Derartige Statusbegriffe haben keinen trennscharfen Inhalt[28], vielmehr ist vom Einzelfall her zu bestimmen, ob und welche Rechte und Pflichten aus dem Völkerrecht mit dem jeweiligen Status verbunden sind.

Auch *Individuen* können Völkerrechtssubjektivität nur durch Rechtsgeschäft erlangen, nämlich durch solche menschenrechtlichen Verträge zwischen Staaten, die den Einzelnen nicht nur als Destinatär menschenrechtlicher Verbürgungen ansprechen, sondern ihm eigene Rechtsmacht zur selbständigen Wahrnehmung übertragen[29]. Das ist dann anzunehmen, wenn ein Individuum eigenständige Verfahrensrechte zur Einforderung seiner Menschenrechte eingeräumt erhält. Solange das Völkergewohnheitsrecht keine entsprechende Individualberechtigung verbürgt, bewendet es bei dieser – partiellen und partikularen – Völkerrechtssubjektivität des Einzelnen im Menschenrechtsbereich.

Soweit das Kriegsrecht (auch das Seerecht: Piraterie) Verbrechenstatbestände enthält, die den Einzelnen bereits völkerrechtlich und also ohne Ansehung von Vorschriften des nationalen Strafrechts in die Pflicht nehmen, handelt es sich um eine Völkerrechtssubjektivität, welche außerhalb der für

---

26 S dazu Fall 4, S 61 sowie Fall 6, S 90 f.
27 Zum gegenwärtigen Status etwa *Benvenisti*, The Israeli-Palestinian Declaration of Principles: A Framework of Future Settlement, EJIL 4 (1993), 542 ff; vgl a *Benedek*, Die Anerkennung der PLO durch Österreich, ZaöRV 40 (1980), 841 ff; *Heintze*, in: Ipsen, VR, § 27 Rn 14 f.
28 Vgl etwa *Verdross/Simma*, VR, § 947.
29 Vgl Art 34 EMRK und dazu *Hailbronner*, in: Graf Vitzthum, VR, Rn III 17 sowie zum Umbau der europäischen Menschenrechtsgerichtsbarkeit Rn III 238 ff. S a die Fälle 16 bis 18.

das Recht der völkerrechtlichen Verantwortlichkeit relevanten Kategorien verbleibt[30].

Soweit sich im geltenden Völkerrecht kollektive Menschenrechtspositionen nachweisen lassen (was für das Selbstbestimmungsrecht der Völker weitgehend anerkannt ist[31], aber etwa auch für das Recht auf Entwicklung in Betracht kommt[32]), lassen sich insoweit berechtigte *Völker* – nach historischen, kulturellen, sprachlichen, ethnischen Gesichtspunkten abgrenzbar – ebenfalls dem Kreis der Völkerrechtssubjekte zuordnen.

Der Verursacher des völkerrechtlichen Unrechts muss nicht nur Völkerrechtssubjekt, sondern darüber hinaus auch völkerrechtlich *handlungsfähig* sein. Eine völkerrechtliche Pflicht kann nur verletzen, wer über seine sich aus der Völkerrechtsubjektivität ergebende Fähigkeit, Träger von Rechte und Pflichten zu sein, hinaus auch fähig ist, entsprechend diesen Rechten und Pflichten zu handeln.[33] Da bereits zur Definition des Staates dessen Handlungsfähigkeit gehört bzw durch das Begriffsmerkmal der „Ausübung von Staatsgewalt" vorausgesetzt ist, bedarf es hierzu bei Staaten keiner besonderen Ausführungen. Auf „tatsächliche" Handlungsfähigkeit kommt es bei Staaten grundsätzlich nicht an. Rechtlich fehlt die Handlungsfähigkeit – für Handlungen im Außenverhältnis – einem Gebilde, dessen Außenpolitik von einem anderen Staat wahrgenommen wird (wie wohl Bhutan, dessen Außenpolitik aufgrund vertraglicher Festlegung Indien gestaltet). Internationale Organisationen, die nur partielle Völkerrechtssubjekte sind, verfügen außerhalb dessen nicht über Handlungsfähigkeit, allerdings, wie gesagt, bereits auch nicht über Rechtssubjektivität. Auch deswegen ist es zweifelhaft, ob eine gesonderte Prüfung der völkerrechtlichen Handlungsfähigkeit Sinn macht. Denn der Umfang der Handlungsfähigkeit ist im Ausgangspunkt nach den gleichen Kriterien zu bestimmen, die bereits über die Völkerrechtssubjektivität befinden.

30 Vgl zur Terminologie schon o S 6.
31 Vgl dazu *Hobe/Kimminich*, Einf, S 111 ff; *Thürer*, Das Selbstbestimmungsrecht der Völker, AVR 22 (1984), 133 ff; *B. R. Elsner*, Die Bedeutung des Volkes im Völkerrecht, 2000.
32 Vgl bereits *Kunig*, Die „innere Dimension" des Rechts auf Entwicklung – Zur völkerrechtlichen Inpflichtnahme von Entwicklungsländern, VRÜ 1986, 383 ff; eingehend und aktuell *G. Odendahl*, Das Recht auf Entwicklung – The Right to Development, 1997.
33 Zur Unterscheidung zwischen Handlungsfähigkeit und Völkerrechtsfähigkeit/Völkerrechtssubjektivität im Allgemeinen s *Epping*, in: Ipsen, VR, § 5 Rn 9 f; speziell für das Recht der völkerrechtlichen Verantwortlichkeit *Ipsen*, in: ders, VR, § 39 Rn 28–30.

Einleitung

Die ILC hat aus einem weiteren, allerdings nicht überzeugenden Grunde auf den Begriff verzichtet[34]: Es sei nicht sachgerecht, einem Rechtssubjekt die Fähigkeit zu bescheinigen, gegen Rechte zu verstoßen, weil dies zum Rechtsverstoß einlade. Dieses Argument geht fehl, würde gleichsinnig etwa auch gegen die Abgrenzung von Mündigkeiten im Bereich der Strafverfolgung gerichtet werden können.

Der Hinweis auf die Notwendigkeit völkerrechtlicher Handlungsfähigkeit auf Seiten des Verursachers der Völkerrechtsverletzung macht insofern Sinn, als er verdeutlicht: Bei einer sich aus einer Völkerrechtsverletzung ergebenden Rechtsbeziehung stehen sich ein handlungsfähiges Völkerrechtsubjekt, dessen Verhalten gegen Völkerrecht verstoßen hat, und ein – nicht notwendigerweise handlungsfähiges – Völkerrechtssubjekt, das durch den Völkerrechtsverstoß betroffen ist, gegenüber.

2. Zurechenbares Verhalten und Normverstoß

Zur völkerrechtlichen Verantwortlichkeit gehört zweierlei: Die Zurechenbarkeit eines Vorgangs (einschließlich eines Unterlassens) zu einem Völkerrechtssubjekt und der Umstand, dass sich hieran eine Völkerrechtsverletzung zeigt. In diesem Sinne definiert auch Art 2 des ILC-Entwurfs den „Internationally Wrongful Act": „There is an internationally wrongful act of a State when conduct consisiting of an act or omission: a) Is attributable to the State under international law; and b) Constitutes a breach of an international obligation of the State.". Wenn von einem „zurechenbaren Völkerrechtsverstoß" gesprochen wird, dann verknüpft dies die zwei genannten Aspekte. Der Grund dafür ist, dass eine klare Trennung zwischen dem Normverstoß und der Zurechenbarkeit nicht immer möglich ist, was sogleich näher auszuführen sein wird.

a) Völkerrechtsquellen

Als Verbots- oder Gebotsnorm, deren Verletzung zu völkerrechtlicher Verantwortlichkeit führt, kommen vertragliche oder gewohnheitsrechtliche Normen oder allgemeine Rechtsgrundsätze im Sinne des Völkerrechts in Betracht, sind also die in *Art 38 Abs 1 IGH-Statut* genannten *Völkerrechtsquellen* angesprochen[35]. Weitere eigenständige Rechtsquellen kennt das Völkerrecht nicht. Die internationale Politik hat zwar, teilweise auch auf

---

34 Vgl dazu näher, der ILC zust, *Ipsen*, in: ders, VR, § 39 Rn 29.
35 Eingehender Überbl bei *Graf Vitzthum*, in: ders, VR, Rn I 113 ff.

rechtsförmiger Grundlage, verschiedene Typen von Verhaltensbefehlen hervorgebracht, die sich einerseits nicht als vertraglich vereinbarte oder gewohnheitsrechtlich geltende Normen darstellen, andererseits aber in dem Sinne wie solche Normen behandelt werden, dass sie entweder durchgängig oder jedenfalls weitgehend befolgt werden bzw ihre Nichteinhaltung gerügt wird. Solange jedoch entweder die Normeinhaltung nicht in der Vorstellung erfolgt, hierzu rechtlich verpflichtet zu sein, oder aber die Nichteinhaltung der Norm von anderen Völkerrechtssubjekten nicht mit den für die Geltendmachung von Rechtsverstößen typischen Maßnahmen beantwortet wird – etwa: Protest, Repressalie –, handelt es sich nicht um Völkergewohnheitsrecht.

Regelmäßig wird es sich anbieten, *Verträge* „vor" dem Gewohnheitsrecht heranzuziehen, weil sie ihm gegenüber spezieller und inhaltlich ergiebiger sein werden. Beides ist indessen nicht immer der Fall: Die vertragliche Vereinbarung, dass die Staaten einander als souveräne Gleiche gegenüberstehen (Art 2 Nr 1 CVN), bleibt allgemein; soweit es um die Frage geht, ob die Einflussnahme eines Staates auf ein anderswo sich ereignendes Bürgerkriegsgeschehen die souveräne Gleichheit des Bürgerkriegsstaates verletzt, ist erst das zu dieser Frage entstandene Völkergewohnheitsrecht ergiebig. Hier liegt es nahe, nach der Feststellung des mangelnden Konkretheitsgrades der vertragsrechtlichen Norm gesondert das Völkergewohnheitsrecht zu prüfen. Denkbar ist aber auch, dass eine bestimmte Praxis gerade in Ansehung einer vertraglichen Norm erfolgt und daher gem Art 31 Abs 3 Buchst b WVK für deren Auslegung berücksichtigungsfähig ist[36].

Dass die Prüfung *allgemeiner Rechtsgrundsätze* (auch hier sei betont: nicht im Sinne einer Rechtsquellenhierarchie, sondern pragmatisch) erst nach der Prüfung von Vertragsrecht bzw Gewohnheitsrecht erfolgen sollte, liegt schon angesichts der Definition der allgemeinen Rechtsgrundsätze nahe: Es handelt sich dabei entweder um solche Rechtssätze, die in den (innerstaatlichen) Rechtssystemen gleichermaßen nachweisbar (und nur in diesem Sinne „anerkannt") sind, oder aber um solche, die von der Völkerrechtsordnung ohne weiteres, „strukturell" als gültig vorausgesetzt werden[37]; damit in jedem Fall um eher abstrakte und konkretisierungsbedürftige Normen, denen der Sache nach eher eine lückenschließende Funktion zukommt. Im Zuge der Ermittlung von Vertrags- und Gewohnheitsrecht

---

36 Zu den ihrerseits gewohnheitsrechtlich geltenden Auslegungsregeln etwa *Berber*, VR I 477, 481 f.
37 S *Graf Vitzthum*, in: ders, VR, Rn I 142 ff.

Einleitung

kann sich daher vorab zeigen, ob überhaupt solche Lücken bestehen. Angesichts dieser Funktion der allgemeinen Rechtsgrundsätze bedürfen sie umgekehrt oft keiner Erwähnung – nämlich dann, wenn der Bestand an Vertrags- und Gewohnheitsrecht von vornherein den Anlass nimmt, auf allgemeine Rechtsgrundsätze zurückzugreifen.

Dass bilaterale regelmäßig „vor" multilateralen Verträgen zu prüfen sind, liegt ebenfalls in der Natur der Sache. Zu berücksichtigen ist aber, dass auch den bilateralen Verträgen kein prinzipieller Anwendungsvorrang vor den multilateralen Verträgen zukommt. Vielmehr bestimmt sich das Verhältnis von Verträgen zueinander nach allgemeinen Regeln über deren Konkurrenz und Kollision[38].

Was die Normauffindungsarbeit und die Feststellung der Normgeltung anlangt, sind bei Verträgen das Erfordernis des Inkrafttretens für die jeweils in Rede stehenden Vertragsparteien, das Problem der (oft mehreren) Vertragssprachen, auch die Frage nach eventuell angebrachten einseitigen Vorbehalten und deren Gültigkeit zu beachten. Auch unterscheiden sich die Grundsätze der völkerrechtlichen Vertragsauslegung von den Auslegungsregeln, die im innerstaatlichen Recht zur Anwendung kommen[39]. Speziell für Menschenrechtsverträge wird etwa der Gedanke einer „dynamischen", entwicklungsoffenen Auslegung postuliert[40]; im Bereich der Auslegung von Satzungen internationaler Organisationen wird Wert darauf gelegt, dabei deren Funktionsfähigkeit gebührend Raum zu geben[41].

Völkergewohnheitsrecht setzt, allen diesbezüglichen Meinungsstreit vernachlässigend (bei näherem Hinsehen zeigt sich, dass es oft lediglich um unterschiedliche Akzente geht)[42], die Beschäftigung mit einem subjektiven

---

38 S im Überbl *Verdross/Simma*, VR, §§ 786 ff.
39 Übersicht zu Art 31 ff WVK und weiteren Auslegungsregeln für völkerrechtliche Verträge bei *Graf Vitzthum*, in: ders, VR, I Rn 123 f; s ferner *Brötel*, Die Auslegung völkerrechtlicher Verträge im Lichte der Wiener Vertragsrechtskonvention, Jura 1988, 343 ff.
40 *Frowein*, in: Frowein/Peukert, EMRK, Einf, Rn 7 ff; *Grabenwarter*, EMRK, § 5 Rn 12–14 (S 39 f).
41 Vgl bei *Klein*, in: Graf Vitzthum, VR, Rn IV 39 f; s ferner *Köck*, Die „implied powers" der EG als Anwendungsfeld der „implied powers" internationaler Organisationen überhaupt, FS Seidl-Hohenveldern, 1988, 279 ff.
42 Überbl zum Theorienstreit bei *Verdross/Simma*, §§ 549 ff; *Kunig/Uerpmann*, Der Fall des Postschiffes Lotus, Jura 1994, 186 (190 f); aktuell *G. M. Danilenko*, Law-Making in the International Community, 1993; *M. Byers*, Custom, Power and the Power of Rules, 1999; s a *K. Wolfke*, Custom in Present International Law, 2. Aufl, 1993. Aus dem älteren Schrifttum etwa *H. Günther*, Zur Entstehung von Völkergewohnheitsrecht, 1970.

und einem objektiven Aspekt voraus: Die Redeweise vom „subjektiven Element" steht für das Erfordernis der Rechtsüberzeugung, das „objektive Element" meint die Tatsache eines bestimmten Verhaltens. Es kommt also darauf an, ob die Völkerrechtssubjekte – mit einer gewissen Einheitlichkeit und über einen längeren Zeitraum hinweg – sich „aus Rechtsgründen" in bestimmter Weise verhalten haben – eine „Wertungsfrage"[43]. Maßgeblich ist, ob aus solchem Verhalten, ggf auch der Auseinandersetzung darüber, also in kommunikativer Interaktion (im „wechselseitigen Verkehr der Staaten")[44] Verhaltenserwartungen für die Zukunft geweckt wurden. Da zutreffender Ansicht nach ein jedes Völkerrechtssubjekt an Völkergewohnheitsrecht nur gebunden ist, wenn der Nachweis eines entsprechenden Bindungswillens geführt werden kann[45], kann der Rechtsauffassung der an einer potentiell Verantwortlichkeitsfragen aufwerfenden Konstellation beteiligten Rechtssubjekte besondere Bedeutung zukommen, etwa dann, wenn sie im Sinne der Lehre vom „Persistent Objector" die Erstreckung einer Normbindung auf sich selbst rechtswirksam verhindert haben[46]. Davon abgesehen ist aber zu beachten, dass das Fehlen entsprechenden Abwehrverhaltens oder allgemein auch die Nichtmitwirkung an einer bestimmten „Praxis" nicht gegen die Einbeziehung eines internationalen Akteurs in das durch die Interaktion anderer geschaffene Völkergewohnheitsrecht sprechen. Der rechtstheoretisch zu fordernde Bindungswille des einzelnen Rechtsunterworfenen artikuliert sich regelhaft durch Schweigen, durch konkludente Hinnahme. So ist auch zu erklären, dass neu entstandene Staaten an vor ihrer Entstehung herausgebildetes Völkergewohnheitsrecht gebunden sind, wenn sie sich nicht sogleich und nachhaltig dem widersetzen[47].

Oft erfordert die Ermittlung von Völkergewohnheitsrecht die Auseinandersetzung mit Präzedenzfällen und setzt eine Analyse der Argumentation, die im internationalen Verkehr zur Stützung von Ansprüchen, zur Begründung von Protesten, zur Rechtswahrung vertreten wird, voraus. In der Klausursituation ist dies naturgemäß schwierig, sofern einer Aufgabe kein ent-

---

43 Vgl *Bernhardt*, Customary International Law, EPIL I (1992), 899 (901).
44 So *P. Heilborn*, Grundbegriffe des Völkerrechts, 1912, 39.
45 Vgl dazu *Kunig*, in: Graf Vitzthum, VR, Rn II 133 ff, dort aus dem Blickwinkel des Art 25 GG.
46 S *Graf Vitzthum*, in: ders, VR, Rn I 133; eingehend *R.-F. Unger*, Völkergewohnheitsrecht – objektives Recht oder Geflecht bilateraler Beziehungen: Seine Bedeutung für einen „persistent objector", 1978.
47 Näher *Ph. Kunig*, Das völkerrechtliche Nichteinmischungsprinzip, 1981, 209 ff (221 ff).

Einleitung

sprechendes Material beigefügt ist. Eine gewisse Anzahl „berühmter" Präzedenzfälle führt dieses Buch im Zusammenhang mit einzelnen Lösungsvorschlägen an[48].

b) Zurechenbarkeit

Es war schon betont worden, dass die beiden Elemente völkerrechtlicher Verantwortlichkeit – der Normverstoß einerseits, die Frage der *Zurechenbarkeit* andererseits – einen engen Zusammenhang aufweisen. Das erklärt sich daraus, dass häufig die konkret in Rede stehende, als verletzt in Betracht kommende Norm des Primärrechts[49] selbst Aufschluss darüber gibt, in welchem Umfang ein Völkerrechtssubjekt von ihr in die Verantwortung genommen sein soll, dies im Blick auf das Tun oder Unterlassen natürlicher Personen.

Die Problematik stellt sich analog für alle als Verursacher der relevanten Völkerrechtsverletzung in Betracht kommenden, also handlungsfähigen Völkerrechtssubjekte, die – wie gesehen (s o S 7 ff) – sämtlich eine Verbandsstruktur aufweisen. Da Verbände nicht als solche handeln, sondern sich ihr Handeln nur in demjenigen von Menschen ausdrücken kann, stellt sich die Frage der Zurechenbarkeit. Sie wird oft als „objektive" Zurechenbarkeit bezeichnet, um den Unterschied zu der weiteren Frage nach Anforderungen an Sorgfaltsmaßstäbe („Verschulden") zu betonen.

Herkömmlich wird für die Frage der objektiven Zurechenbarkeit danach unterschieden, ob ein *Organwalter* (für den Staat ein „Staatsorgan", für ein *de-facto*-Regime entsprechend ein Funktionsträger, für internationale Organisationen deren Organe oder Bedienstete) gehandelt hat oder aber eine *„Privatperson"*[50]. Im Ausgangspunkt haben Staaten, auf die die nachfolgenden Bemerkungen insofern beschränkt sind, für das Verhalten ihrer Organe uneingeschränkt einzustehen, für das Verhalten von Privatpersonen indessen nur dann, wenn sich hierfür ein besonderer normativer Grund finden lässt; für Letzteres bestehen allgemeine, also sekundärrechtliche Regeln, doch mag auch die in Rede stehende Verhaltensnorm darüber Aufschluss geben.

---

48 Vgl a die u auf S 283 ff gegebenen Informationen zu „klassischen Entscheidungen" der internationalen Gerichtsbarkeit.
49 Begriffliche Erinnerung: s o S 3.
50 Vgl zur Zurechnungsproblematik *Schröder*, in: Graf Vitzthum, VR, Rn VII 22 ff mit Hinweisen auf einzelne Abgrenzungs- und Streitfragen sowie *Ipsen*, in: ders, VR, § 40 Rn 2 ff.

Über den Kreis der *Staatsorgane* im Sinne des Rechts der Staatenverantwortlichkeit entscheidet das Völkerrecht durch Verweis auf das innerstaatliche Recht des jeweiligen Staates, Art 4 Abs 2 des ILC-Entwurfs. Wer danach den Status eines Staatsorganes innehat, dessen Verhalten ist dem Staat zurechenbar. Die funktionelle Zuordnung nach Legislative, Exekutive oder Judikative ist belanglos, Regierung und Staatsoberhaupt sind ebenso einbezogen wie Funktionsträger von Gliedstaaten. Auch der Rang eines Organs spielt keine Rolle, Art 4 Abs 1 des ILC-Entwurfs. Es kommt auch nicht darauf an, wie viel oder wie wenig Hoheitsgewalt dem Betreffenden übertragen worden ist.

Ebenfalls zugerechnet wird den Staaten das Verhalten von Personen oder Stellen, die zwar nicht Organ im soeben beschriebenen Sinne sind, denen aber durch den Staat bestimmte *hoheitliche Aufgaben übertragen* wurden, Art 5 des ILC-Entwurfs. Beispiele hierfür aus dem deutschen Recht sind Körperschaften, Anstalten, Stiftungen und „Beliehene".

Weder bei den Staatsorganen iSv Art 4 des ILC-Entwurfs noch bei den Stellen iSv Art 5 des ILC-Entwurfs kommt es darauf an, ob der Betreffende im *Rahmen seiner Zuständigkeiten* verblieben ist, ggf etwa auch gegen Weisungen verstoßen hat, Art 7 des ILC-Entwurfs. Vorausgesetzt ist aber immer, dass in der Eigenschaft als Organ bzw Inhaber bestimmter hoheitlicher Aufgaben gehandelt wurde (Art 7 des ILC-Entwurfs: „in that capacity"[51]). Ist außerhalb der Organeigenschaft gehandelt worden, so richtet sich die Zurechenbarkeit nach den Grundsätzen, die für Privatpersonen Anwendung finden[52].

Geht es um die *„personale" Reichweite einer Norm des Primärrechts*, so ist zunächst zu untersuchen, ob diese Norm selbst entsprechende Schlüsse ermöglicht, also gleichsam bereits in ihren Unrechtstatbestand aufgenommen hat. Das ist zB hinsichtlich des zwischenstaatlichen Gewaltverbots insofern der Fall, als dieses auch die Unterstützung von Privaten begangener Gewalt erfassen kann[53]. Ungeschriebene Völkerrechtsnormen betreffend den Ehrenschutz fremder Staatsoberhäupter bemessen ebenfalls „aus sich heraus", also normspezifisch, das Verhalten welchen Personenkreises zurechenbar ist, dies hier in der Variante des Einstehenmüssens für eine völkerrechts-

---

51 S dazu auch Fall 6, S 85 f.
52 S Art 8-11 ILC-Entwurf.
53 S näher *Randelzhofer*, in: Simma ua, Charta der VN, Art 2 Nr 4 Rn 21 ff sowie Fall 10.

Einleitung

widrige Schmähung im Falle fehlender innerstaatlicher strafrechtlicher Sanktionierung[54].

Lässt sich der jeweils zu prüfenden Verhaltensnorm keine Aussage zur Zurechenbarkeit des Verhaltens Privater entnehmen, kann nur auf diesbezügliche sekundärrechtliche Grundsätze zurückgegriffen werden[55]. Gem Art 8 des ILC-Entwurfs muss sich ein Staat das Verhalten von Personen oder Gruppen zurechnen lassen, die *tatsächlich im Auftrag oder unter Leitung oder Kontrolle dieses Staates* handeln. Es ist zweifelhaft, ob mit der Wendung „on the instructions, or under the direction or control" alle diejenigen Konstellationen einbezogen werden, in welchen eine Zurechnung angemessen erscheint. Nicht nur die faktische Beauftragung einer Privatperson mit der Wahrnehmung staatlicher Interessen führt die Zurechnung herbei; dies ist ferner denkbar auch bei bloßer Ermunterung, kann uU auch bei Duldung in Betracht kommen. Hier wird man ggf auf das Verhalten von („echten") Organen gegenüber der Privatperson abstellen müssen. Es kommt dann auf die Frage an, inwieweit die jeweilige Verhaltensnorm Organe in die Pflicht nimmt, auf Privatpersonen einzuwirken.

Art 9 des ILC-Entwurfs regelt den Fall der Übernahme hoheitlicher Aufgaben durch Private im Falle der Abwesenheit oder des Ausfalls der staatlichen Stellen, also in *„Notstandssituationen"*, die man auch mit der Rechtsfigur einer „Geschäftsführung ohne Auftrag" erklären mag.

Der ILC-Entwurf enthält im Übrigen auch Vorschriften über die Zurechenbarkeit etwa bei der *Organleihe* (Art 6) sowie in Fällen, in denen eine aufständische Bewegung erfolgreich zur Regierung wird (Art 10 Abs 1) oder eine *aufständische oder andere*[56] Bewegung einen neuen Staat formieren (Art 10 Abs 2).

Systematisch verwandt mit der Frage der objektiven Zurechenbarkeit ist die Frage nach der Verantwortlichkeit eines Staates im Zusammenhang mit der *Handlung eines anderen Staates*. Hierher gehören Fällen, in denen ein Staat einem anderen bei der Verletzung von Völkerrecht Hilfe leistet (Art 16 des ILC-Entwurfs)[57], in denen ein Staat einen anderen bei der Begehung einer völkerrechtswidrigen Handlung leitet oder kontrolliert (Art 17 des ILC-Entwurfs) oder ihn dazu zwingt (Art 18 des ILC-Entwurfs).

---

54 Vgl dazu Fall 7, S 102 f.
55 Dazu allgem *A. Epiney*, Die völkerrechtliche Verantwortlichkeit von Staaten für rechtswidriges Verhalten im Zusammenhang mit Aktionen Privater, 1992.
56 Hiermit soll die tatsächliche Bandbreite der Möglichkeiten der Entstehung neuer Staaten berücksichtigt werden.
57 S dazu *Klein*, Beihilfe zum Völkerrechtsdelikt, FS Schlochauer, 1981, 425 ff.

3. Rechtfertigung

a) Allgemeines

Eine Rechtfertigung von Verstößen gegen Völkerrecht ist durch Normen aller Quellenkategorien möglich. Allerdings ergeben sich Rechtfertigungsgründe eher selten aus dem Völkervertragsrecht. Das insofern wichtigste Beispiel bietet Art 51 CVN, wonach bei Vorliegen verschiedener Voraussetzungen die an sich durch Art 2 Nr 4 CVN (und entsprechendes Völkergewohnheitsrecht) verbotene zwischenstaatliche Gewaltanwendung im Fall der Selbstverteidigung erlaubt sein kann. Rechtfertigungen ergeben sich etwa auch aus Art 111 SRÜ (Recht der „Nacheile" nach fremden Schiffen); hieraus können Eingriffe in die Freiheit der Schifffahrt (vgl Art 87 Abs 1 Buchst a SRÜ) gerechtfertigt werden[58]. Auch Art 22 Abs 1 S 2 WÜD lässt sich als Rechtfertigungsgrund einordnen: Liegt die Zustimmung des Missionschefs zum Betreten der Räumlichkeiten der Mission vor, steht dies der Annahme einer Verletzung des Art 22 Abs 1 S 1 WÜD entgegen. Das letztgenannte Beispiel erweist, dass die Grenzen der dogmatischen Zuordnung fließend sind. Es ließe sich nämlich auch vertreten, in Art 22 Abs 1 WÜD insgesamt die Beschreibung des (Unrecht-)Tatbestandes zu sehen.[59]

Art 22 Abs 1 WÜD belegt im Übrigen, dass vertragliche Festlegungen allgemeinen Rechtfertigungsgründen den Raum nehmen können: Die Vorschrift muss – das deutet bereits ihr Wortlaut an („nur") und wird im Übrigen auch durch die Entstehungsgeschichte belegt – abschließend verstanden werden; sie lässt eine anderweitige Rechtfertigung des ohne Zustimmung des Missionschefs erfolgenden Betretens der Räumlichkeiten der Mission durch Organe des Empfangsstaates oder solche Personen, deren Verhalten dem Empfangsstaat zurechenbar ist (s o), nicht zu[60]. Auch der erwähnte Art 51 CVN stellt sich – zutreffender Ansicht nach[61] – als abschließende Regelung der Rechtfertigung von Art 2 Nr 4 CVN verbotener

---

58 S dazu Fall 8.
59 Dies entspricht der aus dem deutschen Strafrecht bekannten Unterscheidung zwischen tatbestandsausschließendem Einverständnis und rechtfertigender Einwilligung.
60 Das Wiener Übereinkommen über die konsularischen Beziehungen und die Konvention über Spezialmissionen enthalten dagegen spezielle Ausnahmevorschriften. Zum Ganzen s *Fischer*, in: Ipsen, VR, § 35, Rn 60 f.
61 S zB *Randelzhofer*, in: Simma ua, Charta der VN, Art 2 Abs 4 Rn 35; *Kunig*, Völkerrecht als Öffentliches Recht, GS Grabitz, 1995, 325 (334 f).

Einleitung

Gewalt dar, sieht man von der Möglichkeit des Sicherheitsrates ab, zur Ausübung von Gewalt zu ermächtigen.[62]

Art 51 CVN hat sich aufgrund von Rechtfertigungsgedanken des allgemeinen Völkerrechts entwickelt, deren Geltung bereits vor der Gründung der Organisation angenommen wurde. Zusammenfassend lässt sich insoweit von „*Notrechten*" sprechen, nämlich dem Recht zur Notwehr, dem Recht, in einer Situation des Notstandes rechtswahrend zu handeln[63], und dem Recht, Maßnahmen zur Nothilfe (für andere Völkerrechtssubjekte) zu ergreifen. Diese Rechtfertigungsgründe folgen dem Prinzip der Subsidiarität und der Proportionalität. Subsidiarität steht hier gleichsam für die Kehrseite des im Zusammenhang mit den vertraglichen Rechtfertigungsgründen angesprochenen Umstandes einer möglichen Exklusivität vertraglicher Rechtfertigung. Das Erfordernis der Proportionalität ergibt sich bereits aus dem Regel-Ausnahme-Verhältnis von Normverstoß und Rechtfertigung. Berühmt geworden ist der diplomatische Notenwechsel anlässlich des Caroline-Falles aus dem Jahre 1837, in welchem die Rechtsauffassung formuliert wurde, eine Berufung auf Notwehr könne nur zur Rechtfertigung führen, wenn sie auf einen Akt reagiere, der „instant" und „overwhelming" sei und auch keine anderweitige Abwehrmöglichkeit bestehe („leaving no choice of means")[64]. Es lässt sich sagen, dass die Ausübung von Notrechten „verhältnismäßig" sein muss, wobei auch eine Abwägung zwischen dem Gewicht der zu wahrenden und der „in Not" beeinträchtigten Interessen zu erfolgen hat.

Der ILC-Entwurf greift die Problematik der Rechtfertigung in Kap V des ersten Teils auf, dies unter der Überschrift „*Circumstances precluding wrongfulness*" (was keinen Anlass bieten sollte, die Kategorie der Rechtfertigung durch diejenige der „Präklusion" zu ersetzen). Das Regelungsanliegen der Notrechte wird hier aufgenommen in Vorschriften über „Distress" (Art 24) als persönliche Notsituation der handelnden natürlichen Person, deren Verhalten einem Völkerrechtssubjekt zurechenbar ist, „Necessity" (Art 25) und „Self-defence" (Art 21). In engem Zusammenhang damit steht die Rechtfertigung durch höhere Gewalt oder „Zufall" („*Force majeure*", Art 23)[65].

---

62 S dazu Fall 6.
63 Vgl die Zusammenfassung unter dem Gesichtspunkt „erlaubter Selbsthilfe" bei *Verdross/Simma*, VR, §§ 1334 ff; eingehend *D. W. Bowett*, Self-Defence in International Law, 1958.
64 S dazu *Jennings*, The Caroline and McLeod Cases, AJIL 32 (1938), 82 ff.
65 Eingehend *A. Gattini*, Zufall und force majeure im System der Staatenverantwortlichkeit anhand der ILC-Kodifikationsarbeit, 1991.

b) Gegenmaßnahme

Gem Art 22 des ILC-Entwurfs ist die Rechtswidrigkeit der Handlung eines Staates, die mit einer völkerrechtlichen Verpflichtung nicht im Einklang steht, ausgeschlossen, wenn es sich um eine Gegenmaßnahme („countermeasure") gegen einen anderen Staat handelt. Das Recht der Gegenmaßnahme wird in einem eigenen Kapitel im systematischen Zusammenhang mit der Durchsetzung der völkerrechtlichen Verantwortlichkeit gesondert behandelt (Kapitel II des Dritten Teils des ILC-Entwurfs). Trotzdem kann die eventuelle Berechtigung zu Gegenmaßnahmen iR einer möglichen Rechtfertigung des Normverstoßes geprüft werden.

Zulässigkeit von Gegenmaßnahmen (Art 49 ff des ILC-Entwurfs)

1. Kein Ausschluss (Art 50)
2. Gegenmaßnahmengrund
   - Anspruch aus völkerrechtlicher Verantwortlichkeit nach Art 28 ff
   - Autor der Gegenmaßnahme = Anspruchsinhaber
   - Gegner der Gegenmaßnahme = Anspruchsgegner
3. Gegenmaßnahmenzweck
   - Durchsetzung des Anspruchs aus völkerrechtlicher Verantwortlichkeit (Art 49 Abs 1)
4. Abmahnung, Ankündigung, Verhandlungsangebot (= Versuch der friedlichen Streitbeilegung) (Art 52)
5. Verhältnismäßigkeit (Art 51)

Die Gegenmaßnahme – oder auch Repressalie[66] – ist der praktisch wichtigste Rechtfertigungsgrund[67]. Dieses Rechtsinstitut weist ein an sich normwidriges Verhalten als erlaubt aus, das in Reaktion auf eine Rechtsbeeinträchtigung von Seiten des Adressaten der Gegenmaßnahme erfolgt:

---

66 Zur Begrifflichkeit s *Ipsen*, in: ders, VR, § 40 Rn 55.
67 *Verdross/Simma*, VR, §§ 1342 ff; *Ipsen*, in: ders, VR, § 40 Rn 55–57; *B. Dzida*, Zum Recht der Repressalie im heutigen Völkerrecht, 1997; *Partsch*, Reprisals, EPIL IV (2000), 200 ff; *Zemanek*, The Unilateral Enforcement of International Obligations, ZaöRV 47 (1987), 32 (36 ff); *Doehring*, Die Selbstdurchsetzung völkerrechtlicher Verpflichtungen, ZaöRV 47 (1987), 44 ff; *Malanczuk*, Zur Repressalie im Entwurf der International Law Commission zur Staatenverantwortlichkeit, ZaöRV 45 (1985), 293 ff; aus dem älteren Schrifttum *K. Strupp*, Das völkerrechtliche Delikt, 1920, S 186 ff.

Einleitung

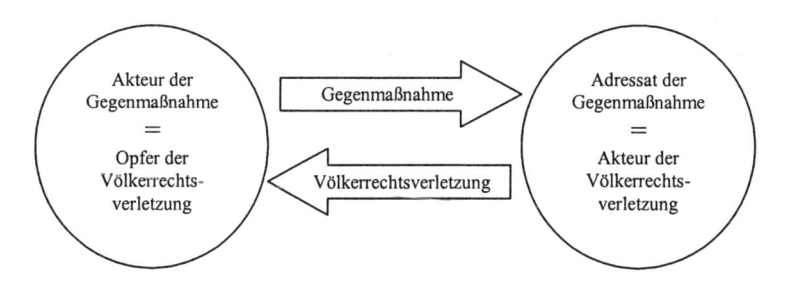

```
┌─────────────┐                          ┌─────────────┐
│ Akteur der  │      Gegenmaßnahme       │ Adressat der│
│Gegenmaßnahme│    ═══════════════▶      │Gegenmaßnahme│
│      =      │                          │      =      │
│  Opfer der  │   ◀═══════════════       │  Akteur der │
│Völkerrechts-│   Völkerrechtsverletzung │Völkerrechts-│
│  verletzung │                          │  verletzung │
└─────────────┘                          └─────────────┘
```

Häufig wird der Akteur der Gegenmaßnahme auf den Bruch einer bilateralen Verpflichtung reagieren, die gerade ihm gegenüber bestand. Gegenmaßnahmengrund kann aber auch die Verletzung einer sog *erga-onmes*-Verpflichtung sein, die dem Gegner der Gegenmaßnahme gegenüber allen Mitgliedern der Völkerrechtsgemeinschaft obliegt. Hier stellt sich die Frage, ob nur der direkt verletzte Staat Gegenmaßnahmen ergreifen darf oder auch dritte Staaten[68]. Art 54 des ILC-Entwurfs lässt die Frage angesichts unzureichender Staatenpraxis ausdrücklich offen[69]. Fall 13 veranschaulicht die Problematik am Beispiel des Völkermordverbots.

Auch eine Gegenmaßnahme muss verhältnismäßig sein, Art 51 des ILC-Entwurfs. Ihre Folgen dürfen nicht außer Verhältnis zu denjenigen des Verhaltens stehen, auf das mit einer Gegenmaßnahme reagiert wird. Die Gegenmaßnahme muss insgesamt von dem Ziel geprägt sein, ihren Adressaten zu (nunmehr) rechtmäßigem Verhalten zu veranlassen (sog Gegenmaßnahmenzweck, Art 49 Abs 1 des ILC-Entwurfs). Deshalb bedarf es auch einer vorherigen Abmahnung, nach den Umständen des Einzelfalls ggf unter Fristsetzung, Art 52 Abs 1 Buchst a des ILC-Entwurfs. Zudem muss der Staat, der Gegenmaßnahmen ergreifen will, diesen Entschluss dem anderen Staat notifizieren und Verhandlungen anbieten, Art 52 Abs 1 Buchst b des ILC-Entwurfs. Art und Ausmaß einer Gegenmaßnahme müssen indessen nicht angekündigt werden.

Auch bei der Gegenmaßnahme ist zu beachten, ob womöglich anderes Völkerrecht einer Inanspruchnahme als Rechtfertigungsgrund entgegensteht. Art 51 des ILC-Entwurfs nennt die Verpflichtungen, die von Gegenmaßnahmen nicht berührt werden: das Gewaltverbot, grundlegende Men-

---

68 Zu dieser Problematik s *Schroeder*, in: Graf Vitzthum, VR, Rn VII 113 sowie *Fischer*, in: Ipsen, VR, § 59 Rn 46 mit jeweils wN.
69 So der Kommentar der ILC, UN Doc A/56/10, S 355.

schenrechte, Normen des humanitären Völkerrechts, die Gegenmaßnahmen verbieten[70], sowie andere Verpflichtungen aus zwingendem Völkerrecht. Auch vertragliche Abreden können Vorrang genießen. Ferner erfordert das Diplomatenrecht grundsätzlich Vorrang und Ausschließlichkeit der von ihm vorgesehenen Reaktionen auf die Verletzung diplomatenrechtlicher Normen[71].

Nicht alle Normvorschläge des ILC-Entwurfs zum Recht der Gegenmaßnahme/Repressalie geben bereits geltendes Völkergewohnheitsrecht wieder. Teilweise entwickelte die ILC das Völkerrecht auch weiter[72], wie es ihrem Auftrag entspricht. Besonders deutlich wurde das noch im ILC-Entwurf von 1996. Der damalige Art 48 machte die Anwendung von Gegenmaßnahmen im Einklang mit Stimmen im neueren Schrifttum[73] davon abhängig, dass die Wiederherstellung des völkerrechtsgemäßen Zustandes mit Mitteln der friedlichen Streitbeilegung erfolglos versucht worden ist. Die Materialien der ILC[74] lassen keinen Zweifel daran, dass es sich insoweit um eine „fortschreitende Entwicklung des Völkerrechts" iSv Art 13 Abs 1 Buchst a CVN handelte. Dem klassischen Völkerrecht ist eine entsprechende Voraussetzung fremd[75]. Angesichts der Kontroversen um dieses Erfordernis wurde es von der ILC in den Entwurf von 2001 nicht mehr aufgenommen und stattdessen der Generalversammlung überlassen, die Rolle der friedlichen Streitbeilegung im Recht der Gegenmaßnahmen zu bestimmen[76]. Ein Anklang findet sich noch in Art 52 Abs 1 Buchst b aE des Entwurfs von 2001, wenn es heißt, ein Staat, der Gegenmaßnahmen ergreift, habe dem anderen Staat Verhandlungen anzubieten.

---

70 S zB Art 51 Abs 6 des 1. Zusatzprotokolls zu den Genfer Rotkreuzkonventionen und dazu Fall 15, S 203.
71 Vgl dazu Fall 2, S 45 f, Fall 7.
72 Eingehend *Dzida* (Fn 67); s ferner *Fiedler/Klein/Schnyder*, Gegenmaßnahmen, BerDGVR 37 (1998).
73 S etwa *Schröder*, in: Graf Vitzthum, Rn VII 114; aus die Beiträge von *Arangio-Ruiz, Vereshchetin, Bennouna, Crawford, Tomuschat, Bowett, Simma* und *Condorelli* zu dem Symposium „Counter-measures and Dispute Settlement: The Current Debate within the ILC", EJIL 5 (1994), 20 ff.
74 S den Bericht der ILC über ihre 45. Sitzung, ILC-Yearbook 1993 II/2, UN Doc A/CN 4/SER A/1993/Add 1 (Part 2), Rn 221 ff.
75 *Dzida* (Fn 67), S 134 ff.
76 S dazu *Bodansky/Crook*, Symposium: The ILC's State Responsibility Articles. Introduction and Overview, AJIL 96 (2002), 773 (787).

Einleitung

c) Einwilligung

Schließlich lässt sich als Rechtfertigungsgrund der Gesichtspunkt der „*Einwilligung*" ansprechen, wobei dogmatisch allerdings auch die Möglichkeit besteht, angesichts einer Willensbekundung, aus der sich entnehmen lässt, dass der Inhaber einer Rechtsposition sich einem Eingriff nicht widersetzt, zu folgern, es fehle bereits an einem Normverstoß. Stimmt etwa ein Staat dem Tätigwerden von Sicherheitskräften eines anderen Staates auf dem eigenen Staatsgebiet zu (etwa im Zusammenhang des Katastrophenschutzes oder zur Beendigung eines Terroraktes) oder lädt ausdrücklich dazu ein, fehlt es bereits an einer Verletzung der territorialen Souveränität. Zu beachten ist, dass eine Einwilligung jeweils früher als das als Rechtsverstoß in Betracht kommende Verhalten erklärt sein muss. Erfolgt sie nachträglich (wie im Falle der „nachträglichen Einladung" sowjetischer Streitkräfte zur Intervention in Afghanistan seitens der von dieser Intervention profitierenden Regierung im Jahre 1976), so fehlt es an rechtfertigender Wirkung, mag die Erklärung allerdings als Verzicht auf die Geltendmachung von Ansprüchen aus völkerrechtlicher Verantwortlichkeit eingeordnet werden.

Auch der ILC-Entwurf kennt den Rechtfertigungsgrund der Einwilligung („Consent", Art 20). Wie für alle im Entwurf enthaltenen Rechtfertigungsgründe gilt auch für die Einwilligung, dass sie einen Verstoß gegen zwingende Verbotsnormen[77] nicht rechtfertigen kann, Art 26 des ILC-Entwurfs. Das ist zB ohne weiteres zutreffend, wenn Verletzungen von Menschenrechten in Rede stehen, zweifelhaft aber in Ansehung des zwischenstaatlichen Gewaltverbots: Ein Staat hat die Möglichkeit, in ihm gegenüber vorgenommene tatbestandliche Gewalt einzuwilligen (etwa zur Niederschlagung eines Aufstandes); hier wird die Ebene der „Rechtfertigung" gar nicht erreicht, sofern die entsprechende Willensbekundung der Qualifikation des erbetenen Verhaltens als Normverstoß entgegensteht.

4. Verursachung eines Schadens

Im heutigen Schrifttum wird vielfach die Auffassung vertreten, für die Feststellung der Staatenverantwortlichkeit komme es auf das Merkmal des Schadens nicht an[78]. Auch in den ILC-Entwürfen wird ein solches Merkmal nicht gebildet. Das hat auch zum Hintergrund, dass jeder Völkerrechtsver-

---

77 Eingehend: *St. Kadelbach*, Zwingendes Völkerrecht, 1993.
78 S nur *Ipsen*, in: ders, VR, § 39 Rn 43.

stoß den Rechtsinhaber zumindest in einem immateriellen Sinne schädigt. Es ist aber nicht zu verkennen, dass die Art und Weise eines eingetretenen Schadens, konkreter: die Feststellung der rechtlichen Bedeutung von als Folge von Rechtsverstößen eingetretenen tatsächlichen Auswirkungen, aussagekräftig für die Rechtsfolgen von Normverstößen ist. So mag die Schadensverursachung zwar nicht zum „Tatbestand" völkerrechtlicher Verantwortlichkeit gehören, bleibt eine diesbezügliche Prüfung aber unabhängig davon sinnvoll, soweit im Zusammenhang einer Prüfung der völkerrechtlichen Verantwortlichkeit auch zu den Rechtsfolgen Stellung genommen werden soll. Etwa die Verpflichtung zu Naturalrestitution oder zur Leistung von Schadensersatz setzen – über die immaterielle Schädigung hinaus – den Eintritt eines materiellen Schadens voraus[79].

Ansprüche aus völkerrechtlicher Verantwortlichkeit können nur für solche Schäden geltend gemacht werden, die adäquat *verursacht* worden sind, es sich also um einen Schaden handelt, der nach dem gewöhnlichen Lauf der Dinge eintritt und der typischerweise mit dem schadensstiftenden Ereignis verbunden ist. Das beurteilt sich nicht allein nach Tatsachen, sondern ist in normativer Anleitung durch die verletzte Rechtsnorm zu entscheiden, nämlich unter Würdigung von deren Schutzzweck. Wenn zB Art 10 Abs 1 des Montrealer Übereinkommens über die Flugsicherheit – erkennbar an der Präambel und an Art 1 des Übereinkommens – Sicherheitsvorkehrungen allein zu dem Zweck verlangt, Straftaten gegen die Sicherheit an Bord eines Flugzeugs vorzubeugen, dann bewirkt ein Verstoß gegen die genannte Vorschrift keine Verantwortlichkeit für „alle" weiteren Folgen, etwa: Straftaten, die nach Landung einer entführten Maschine in einem anderen Staat begangen werden. Finanzieller „Schaden" durch Aufwendungen für die Suche eines abgestürzten Satelliten auf dem eigenen Staatsgebiet befinden sich demgegenüber innerhalb des Schutzzwecks des Übereinkommens über die völkerrechtliche Haftung für Schäden durch Weltraumgegenstände.

5. Verschuldenshaftung, Erfolgshaftung

Nach herkömmlicher Auffassung gehört zur Prüfung völkerrechtlicher Verantwortlichkeit auch der Prüfungspunkt „Verschulden". Dagegen ist angeführt worden, dass die aus dem innerstaatlichen Recht bekannten haftungs-

---

[79] Vgl a *H. Weber/H. v. Wedel*, Grundkurs Völkerrecht, 1977, 128; *Jiménez de Aréchaga*, International Responsibility, in: M. Sørensen (Hrsg), Manual of Public International Law, 1968, 565 ff.

Einleitung

begründenden Schuldformen des Vorsatzes und der Fahrlässigkeit bereits ihrem Wesen nach allein auf natürliche Personen zugeschnitten sind und ihre Anwendung auf Völkerrechtssubjekte als fiktiv erscheine[80]. Die ILC auf die Formulierung entsprechender Normvorschläge von vornherein verzichtet.

Ungeachtet dessen ist jedoch festzuhalten, dass im Völkerrecht (zwar oft, aber) nicht durchweg allein die objektive Normverletzung die Verantwortlichkeit auslöst, es vielmehr auch darauf ankommen kann, ob denjenigen Einzelpersonen, welche durch ihr Verhalten den einem Völkerrechtssubjekt zurechenbaren Normverstoß bewirken, die Missachtung von Sorgfaltsmaßstäben vorzuhalten ist oder nicht[81]. Hier zeigt sich (erneut), dass das Sekundärrecht im Bereich der Staatenverantwortlichkeit nicht allen primärrechtlichen Konstellationen gerecht werden kann.

Im Rahmen einer gutachtlichen Prüfung, die auf die Vollständigkeit der Problemerfassung angelegt sein muss, ist ein Prüfungspunkt „Verschuldens- oder Erfolgshaftung" also durchaus ratsam. Dabei wäre es verfehlt, den womöglich (früher bestehenden) Theorienstreit[82] allgemein vorzuführen, also die Frage aufzuwerfen, ob „das" (Delikts-)Völkerrecht von der einen oder anderen Variante „ausgehe". Sinnvoll ist es aber, im Blick auf die jeweilige Verbotsnorm zu erörtern, ob und welchen Ausmaßes diese die Aufwendung von Sorgfalt verlangt.

6. Rechtsfolgen völkerrechtlicher Verantwortlichkeit

Auch ohne ausdrücklichen Anhalt verlangt eine Fallfrage nach dem Vorliegen der Voraussetzungen der völkerrechtlichen Verantwortlichkeit üblicherweise auch (abschließende) Bemerkungen zur Rechtsfolge. Im Ausgangspunkt ist der Verantwortliche zur Erfüllung der verletzten (Primär-) Pflicht verpflichtet (vgl Art 29 des ILC-Entwurfs). Eine fortdauernde völkerrechtswidrige Handlung ist zu beenden, dh beispielsweise ein völkerrechtswidrig vorenthaltener Gegenstand herauszugeben, eine Person zu überstellen, der Betrieb einer Anlage, welche rechtswidrig Beeinträchtigungen eines anderen Staates hervorruft, einzustellen[83], und darf sich nicht

---

[80] Vgl *Ipsen*, in: ders, VR, § 39 Rn 34.
[81] Ebenso *Verdross/Simma*, VR, § 1266; s a – nach wie vor lesenswert – *Ross* (Fn 22), § 54.
[82] Nachw bei *Verdross/Simma*, VR, § 1265.
[83] Vgl Fall 9.

wiederholen, Art 30 des ILC-Entwurfs. Insofern geht es nicht im engeren Sinne um die Rechtsfolgen völkerrechtlicher Verantwortlichkeit, sondern schlicht um den Inhalt der verletzten Primärpflicht.

Aus seiner völkerrechtlichen Verantwortlichkeit ergibt sich für den Verantwortlichen gem dem entsprechendes Völkergewohnheitsrecht wiedergebenden Art 31 des ILC-Entwurfs die Verpflichtung, volle *Wiedergutmachung* für alle durch eine völkerrechtswidrige Handlung verursachten Schäden zu leisten. Hier kommt es, wie schon gesagt wurde, auf die Art des festgestellten Schadens an. Es ist die Wiederherstellung des früheren Zustandes geschuldet, wo dies möglich ist, Art 35 des ILC-Entwurfs. Kann der Schaden durch Naturalrestitution nicht wiedergutgemacht werden, besteht entsprechend Art 36 des ILC-Entwurfs ein Anspruch auf Schadensersatz in Geld, der auch den entgangenen Gewinn mitumfasst. Schadensersatz kann wohl durchweg auch anstelle von Naturalrestitution verlangt werden[84]. Ist ein materieller Schaden nicht messbar, kann Genugtuung verlangt werden, Art 37 des ILC-Entwurfs. Diese kann etwa in einer förmlichen Entschuldigung, zB auch in der Bestrafung schuldiger Individuen, aber auch ihrerseits in einer Geldzahlung bestehen.

---

[84] Zu unterschiedlichen Sichtweisen *Thomsen*, Restitution, EPIL IV (2000), 229 ff.

Fall 1: Der Gletschermann

Sachverhalt[1]

Am Similaungletscher im österreichisch-italienischen Grenzgebiet werden die mumifizierten Überreste eines Menschen aus der Bronzezeit gefunden. Die gut erhaltene Leiche war 4000 Jahre lang im Eis eingeschlossen. Einmal freigelegt und der Witterung ausgesetzt, würde sie in kürzester Zeit zerfallen. Deshalb bergen Spezialisten im Auftrag der österreichischen Denkmalschutzbehörden den Körper und bringen ihn nach Innsbruck. Vier österreichische Polizisten werden auf den Gletscher entsandt, um den Fundort zu bewachen. Die Beamten führen ihre Dienstwaffen bei sich.

Nach einigen Tagen tauchen Zweifel auf, ob sich der Fundort auf österreichischem oder italienischem Staatsgebiet befindet. Da der komplizierte Grenzverlauf nur durch genaue Vermessungen bestimmt werden kann, werden Vermessungsingenieure auf den Gletscher geschickt. Als diese feststellen, dass der Fundort auf italienischer Seite liegt, zieht Österreich seine Polizisten ab.

Unter Berufung auf das Vermessungsergebnis protestiert die italienische Regierung gegen die Verletzung ihrer Staatsgrenze durch Österreich. Sie verlangt Wiedergutmachung und namentlich die Herausgabe der Leiche. Die österreichische Regierung weist jeden Vorwurf zurück. Sie erklärt, der Grenzverlauf sei nicht erkennbar gewesen. Es habe im Interesse aller gelegen, die Leiche unverzüglich zu bergen. Im Übrigen werde Österreich die Leiche, die der ganzen Menschheit gehöre, nicht herausgeben. Allenfalls sei an eine Entschädigung zu denken. Um Österreich zur Herausgabe zu bewegen, erwägt die italienische Regierung, wertvolle Handschriften der österreichischen Nationalbibliothek zu beschlagnahmen, die sich aufgrund einer Vereinbarung der Kulturverwaltungen beider Länder anlässlich einer Ausstellung in Rom befinden.

Sind die italienischen Forderungen berechtigt? Wäre die Beschlagnahme der Handschriften mit dem Völkerrecht vereinbar?

---

1 Der Sachverhalt greift eine reale Begebenheit aus dem Jahr 1991 auf, die für Klausurzwecke mit erfundenen Details angereichert und fortgesponnen wird.

Lösung

Vorbemerkung: *Die Aufgabe zeigt, wie an unterschiedlichen Stellen der Falllösung Fragen auftreten können, die in einem weiteren Sinne dem Verschulden zuzuordnen sind. Auch wenn die Ergebnisse relativ eindeutig sind, bereitet eine schulmäßige Lösung erhebliche Schwierigkeiten.*

A. Die Forderungen Italiens

I. Wiedergutmachungsanspruch wegen des Bergens der Mumie

Ein Anspruch Italiens auf Herausgabe der Mumie könnte als Form der Wiedergutmachung Inhalt einer völkerrechtlichen Verantwortlichkeit Österreichs sein. Da Österreich und Italien souveräne Staaten sind, finden die Regeln der Staatenverantwortlichkeit ohne weiteres Anwendung.

a) Zurechenbares Verhalten

Die völkerrechtliche Verantwortlichkeit Österreichs kann nur durch ein Verhalten ausgelöst werden, das diesem Staat zurechenbar ist[2]. Der ILC-Entwurf zur Staatenverantwortlichkeit listet die verschiedenen Zurechnungsgründe in Art 4ff auf. Zwar ist dieser Text, den die UN-Generalversammlung den Staaten lediglich zur Berücksichtigung empfohlen hat[3], für sich genommen völkerrechtlich nicht verbindlich. Er spiegelt aber als gelungener Kodifikationsentwurf in großen Teilen Völkergewohnheitsrecht wider. Das gilt namentlich für die Zurechnungstatbestände, die daher als Ausdruck geltenden Völkergewohnheitsrechts herangezogen werden können. Entsprechend Art 4 Abs 1 ILC-E ist in erster Linie das Verhalten von Staatsorganen zurechenbar, insbesondere auch das von Verwaltungsbehörden. Da das Bergen der Leiche von den österreichischen Denkmalschutzbehörden angeordnet und aufgrund dieser Anordnung durchgeführt worden ist, ist es Österreich zuzurechnen.

---

2   Zur Zurechnung allgem Einl, S 17 ff.
3   UN-GV Resolution Nr 56/83 v. 12.12.2001.

b) Normverstoß

Österreich könnte mit der Bergung die territoriale Integrität Italiens verletzt haben, die durch das Völkergewohnheitsrecht geschützt wird[4]. Es ist Österreich grundsätzlich verboten, auf fremdem Staatsgebiet zu handeln. Die Leiche ist objektiv auf italienischem, also für Österreich fremdem Staatsgebiet geborgen worden. Zu den verbotenen Handlungen gehören nicht nur Hoheitsakte im technischen Sinn, sondern auch das unerlaubte Eindringen und Verweilen von Personen in staatlichem Auftrag sowie das unerlaubte Entfernen von Gegenständen aus dem Gebiet des anderen Staates. Das Entsenden von Spezialisten über die italienische Grenze zur Bergung archäologischen Kulturguts ohne Zustimmung Italiens ist mithin geeignet, dessen territoriale Integrität zu verletzen.

Fraglich ist, wie der Umstand zu bewerten ist, dass die beteiligten österreichischen Stellen bis zum Abschluss der Bergung nicht wussten, dass es sich um italienisches Staatsgebiet handelte. Das Völkerrecht kennt Tatbestände, die von einem Staat von vornherein nur die Anwendung der „gebührenden Sorgfalt" („*due diligence*") verlangen. Das gilt insbesondere dort, wo der Staat für ein Unterlassen verantwortlich gemacht wird[5], etwa weil er ein Verhalten Privater nicht verhindert hat[6]. Hier geht es jedoch um die Verantwortlichkeit für positives Tun. Ein Staat ist nicht nur verpflichtet, „möglichst" nicht auf fremdem Staatsgebiet zu handeln, sondern dieses Verbot gilt, vorbehaltlich einer denkbaren Rechtfertigung, absolut.

c) Rechtfertigung

Allerdings sieht das Völkerrecht Rechtfertigungsgründe vor, die das völkerrechtliche Unrecht ausschließen können[7]. Zu ihnen gehört der Zufall[8]. Der ILC-Entwurf spricht den Zufall zwar nicht ausdrücklich an. Art 23 Abs 1 ILC-Entwurf fasst aber unter den Begriff der höheren Gewalt neben der unwiderstehlichen Gewalt auch ein unvorhergesehenes Ereignis, das außerhalb der Sphäre des Staates liegt und das es den staatlichen Organen unmöglich macht, einen Völkerrechtsverstoß zu erkennen. Damit wird der Zufall als Unterfall der höheren Gewalt normiert[9]. Als „Ereignis" iSv Art 23

---

4 Dazu *Verdross/Simma*, VR, § 456; s a *Herdegen*, VR, § 23 Rn 3.
5 *Schröder*, in: Graf Vitzthum, VR, Rn VII 12.
6 *Verdross/Simma*, VR, § 1281.
7 Dazu allgem Einl, S 20 ff.
8 S *Ipsen*, in: ders, VR, § 40 Rn 53; *Schröder*, in: Graf Vitzthum, VR, Rn VI 27.
9 Krit zu dieser Systematisierung *Ipsen*, in: ders, VR, § 40 Rn 61, 63.

Abs 1 ILC-Entwurf ist hier die Unvorhersehbarkeit des Grenzverlaufes vor Ort anzusehen. Man mag erwägen, ob die österreichischen Stellen nicht zumindest Zweifel am Grenzverlauf gehabt haben müssten. Indessen musste die Leiche schnellstmöglich geborgen werden, so dass selbst bei Zweifeln am Grenzverlauf keine Zeit für aufwendige Vermessungen war. Damit greift der Rechtfertigungsgrund des Zufalls ein.

Man mag überlegen, ob Art 27 Buchst b ILC-Entwurf dieses Ergebnis in Frage stellt mit der Folge, dass Italien dennoch Schadensersatz nach den Regeln der Staatenverantwortlichkeit fordern könnte. Nach dieser Vorschrift berührt der Rechtfertigungsgrund des Zufalls bzw der höheren Gewalt nicht die Frage der Entschädigung. Die Konstruktion der Vorschrift als Unberührtheitsklausel macht deutlich, dass hier nicht auf die Rechtsfolgen verwiesen wird, die der ILC-Entwurf an völkerrechtswidriges Handeln knüpft, sondern auf Ansprüche, die außerhalb des Regelungsgegenstandes des ILC-Entwurfs bestehen können[10]. In der deutschen Übersetzung wird dies zusätzlich daran deutlich, dass Art 27 ILC-Entwurf von Entschädigung spricht, Art 34, 36 ILC-Entwurf hingegen von Wiedergutmachung und Schadensersatz. Die Übersetzung ist freilich nicht verbindlich, und das englische sowie das französische Original bezeichnen Entschädigung und Schadensersatz gleichermaßen als *compensation* bzw *indemnisation*.

Als zusätzliche Rechtfertigung lässt sich überdies an eine Geschäftsführung ohne Auftrag denken. Auch dieser Rechtfertigungsgrund ist im Völkerrecht anerkannt[11]. Voraussetzung ist allerdings, dass Österreich ein Geschäft für Italien führen wollte. Daran fehlt es hier, weil Österreich die Bergung in Unkenntnis des Grenzverlaufs für eine eigene Angelegenheit hielt. Der Rechtfertigungsgrund der Geschäftsführung ohne Auftrag greift daher nicht ein.

d) Ergebnis

Das Bergen der Mumie auf italienischem Staatsgebiet ist durch den Rechtfertigungsgrund der höheren Gewalt in Form des Zufalls gedeckt und löst daher keine Staatenverantwortlichkeit aus. Ein Anspruch auf Wiedergutmachung scheidet insoweit aus.

---

10 So auch der Kommentar der ILC, UN-Doc A/56/10, S 210.
11 S *G. Dahm*, Völkerrecht III, 1961, 163 f; *Verdross/Simma*, VR, § 663.

II. Herausgabeanspruch aus ungerechtfertigter Bereicherung

Die Forderung nach Herausgabe der Mumie könnte jedoch unter dem Gesichtspunkt der ungerechtfertigten Bereicherung begründet sein[12]. Das Rechtsinstitut der ungerechtfertigten Bereicherung existiert als allgemeiner Rechtsgrundsatz im Sinne von Art 38 Abs 1 Buchst c IGH-Statut auch im Völkerrecht[13]. Bereicherungsgegenstand ist die Mumie, die zunächst der Gebietshoheit Italiens unterlag und durch das Verbringen nach Innsbruck unter österreichische Hoheit gelangt ist. Für die Bereicherung Österreichs müsste ein Rechtsgrund fehlen. Als Rechtsgrund könnte allein der oben geprüfte und bejahte Rechtfertigungsgrund des Zufalls in Betracht kommen. Dieser Rechtfertigungsgrund schließt aber allein das Unrecht aus, das grundsätzlich in der Entfaltung staatlicher Aktivität auf fremdem Staatsgebiet liegt. Eine andere Frage ist es, ob Österreich die Leiche behalten darf, nachdem die Herkunft von italienischem Staatsgebiet feststeht. Dafür besteht kein Anlass. Sinn und Zweck des Rechtfertigungsgrundes des Zufalls ist es vielmehr ausschließlich, dem Staat die Verantwortlichkeit für Völkerrechtsverstöße zu nehmen, die er mangels Kenntnis der Völkerrechtswidrigkeit sinnvollerweise nicht vermeiden konnte. Die Rechtfertigung beschränkt sich, wie der bereits angesprochene Art 27 ILC-Entwurf klarstellt, auf den Bereich der Staatenverantwortlichkeit. Sie stellt keinen Rechtsgrund im bereicherungsrechtlichen Sinn dar. Österreich ist somit ungerechtfertigt bereichert.

Anspruchsinhalt ist die Herausgabe des Erlangten, hier also der Mumie. Für einen Geldersatz, wie ihn Österreich vorziehen würde, könnte allenfalls Raum bestehen, wenn die Herausgabe des Erlangten selbst unmöglich wäre[14]. Das ist nicht der Fall.

---

12 Zu dem hier berührten Bereich der Rückführung von Kulturgütern s allgem *R. Dolzer*, Kulturgüterschutz im Friedensvölkerrecht, in: ders/E. Jayme/R. Mußgnug, Rechtsfragen des Internationalen Kulturgüterschutzes, 1994, 149 ff; *Hugger*, Rückführung nationaler Kulturgüter und internationales Recht am Beispiel der Elgin Marbles, JuS 1992, 997 (1002 f); *G. Reichelt*, Internationaler Kulturgüterschutz, 1988; *B. Walter*, Rückführung von Kulturgütern im Internationalen Recht, 1988.
13 So speziell für die Rückführung von Kulturgütern *Walter* (Fn 12), 150; allgem *Dahm* (Fn 11), 274 f; *Verdross/Simma*, VR, § 614.
14 Entspr für die Wiedergutmachung beim völkerrechtlichen Delikt *Verdross/Simma*, VR, §§ 1295 f.

Im Ergebnis hat Italien gegen Österreich einen Anspruch auf Herausgabe der Mumie aus ungerechtfertigter Bereicherung.

III. Wiedergutmachungsanspruch wegen des Entsendens der Polizisten

Italien könnte zudem ein Wiedergutmachungsanspruch wegen des Entsendens der Polizisten zustehen. Dann müsste das Entsenden die völkerrechtliche Verantwortlichkeit Österreichs auslösen.

1. Verstoß gegen das Gewaltverbot

In Betracht kommt ein Verstoß gegen das Gewaltverbot der Charta der Vereinten Nationen, an die Österreich und Italien gebunden sind. Art 2 Nr 4 CVN verbietet die Anwendung und die Androhung von Gewalt. Da die Beamten ihre Dienstwaffen nicht benutzt und auch sonst keinerlei Zwang auf dem Gletscher ausgeübt haben, scheidet die Alternative der Gewaltanwendung aus. Im Entsenden der Polizisten könnte immerhin eine konkludente Drohung mit Gewalt zu sehen sein. Hier fehlte den Polizisten allerdings erkennbar das Bewusstsein, sich auf fremdem Staatsgebiet zu befinden. Ein wie auch immer gearteter Einsatz gegen italienische Staatsorgane war offenkundig zu keiner Zeit geplant. Unter diesen Umständen kann das Entsenden der Polizisten nicht als Drohung verstanden werden. Das Gewaltverbot ist nicht verletzt.

2. Verletzung der territorialen Integrität

Der bloße Aufenthalt der Polizisten in hoheitlichem Auftrag stellt jedoch grundsätzlich eine Verletzung der territorialen Integrität Italiens dar. Im Übrigen gilt das oben zur Bergung der Leiche Gesagte entsprechend. Auch hier greift der Rechtfertigungsgrund des Zufalls ein. Ein völkerrechtswidriges Verhalten liegt somit nicht vor. Damit scheidet ein Anspruch auf Entschuldigung nach Art 34, 37 ILC-Entwurf aus.

IV. Ergebnis

Italien kann von Österreich die Herausgabe der mumifizierten Leiche unter dem Gesichtspunkt der ungerechtfertigten Bereicherung verlangen. Weitergehende Ansprüche bestehen nicht.

B. Die Beschlagnahme der Handschriften

Eine Beschlagnahme der österreichischen Handschriften durch Italien könnte die österreichisch-italienische Vereinbarung über die Ausstellung verletzen. Dies wäre völkerrechtlich relevant, wenn die Vereinbarung völkerrechtlicher Natur wäre[15]. Daran könnte man aus formalen Gründen zweifeln, weil die Vereinbarung nicht durch die Staatsoberhäupter ratifiziert worden ist. Art 7 und 11 WVK, die hier zumindest als Ausdruck parallelen Völkergewohnheitsrechts herangezogen werden können[16], zeigen jedoch, dass völkerrechtliche Verträge auch durch andere Staatsorgane und in anderen Formen als durch Ratifikation in Kraft gesetzt werden können. Maßgebend für die Qualifikation als völkerrechtlicher Vertrag ist allein, ob Österreich und Italien die Vereinbarung inhaltlich dem Völkerrecht unterstellt haben. Es ist nicht erkennbar, dass die beiden Parteien die Vereinbarung nach dem nationalen Recht eines der beiden Staaten abschließen wollten. Damit ist zu vermuten, dass sie in ihrer Eigenschaft als gleichgeordnete, souveräne Staaten gehandelt haben. Diese Handlungsebene regelt das Völkerrecht. Es handelt sich mithin um einen völkerrechtlichen Vertrag.

Auch wenn der Inhalt der Vereinbarung nicht bekannt ist, ist anzunehmen, dass sich die beiden Staaten über die Überlassung der Handschriften für die Zeit der Ausstellung geeinigt haben. Der Vertrag enthält damit zumindest konkludent die Verpflichtung, die Handschriften nach dem Ende der Ausstellung zurückzugeben. Eine Beschlagnahme, durch die die Handschriften bis auf weiteres in Italien festgehalten würden, verletzt mithin die Vereinbarung.

Eine Beschlagnahme könnte darüber hinaus das Eigentum Österreichs an den Handschriften verletzen. Der völkerrechtliche Eigentumsschutz[17] bezieht sich in erster Linie auf Privateigentum. Man wird allerdings annehmen dürfen, dass Staatseigentum grundsätzlich keinen geringeren Schutz genießt als Privateigentum[18]. Das gilt jedenfalls dann, wenn sich die frag-

---

15 Zum Begriff des völkerrechtlichen Vertrages s *Graf Vitzthum*, in: ders, VR, Rn I 115; *Heintschel von Heinegg*, in: Ipsen, VR, § 9 Rn 1 ff.
16 Tatsächlich sind Österreich und Italien Vertragsstaaten der WVK, so daß sie unmittelbar anwendbar ist; zur gewohnheitsrechtlichen Geltung der Art 7 und 11 s *Verdross/Simma*, VR, §§ 687; 696–699.
17 Dazu allgem *Dolzer*, in: Graf Vitzthum, VR, Rn VI 42 ff.
18 *R. Jennings/A. Watts*, Oppenheim's International Law, 9. Aufl, 1992, Bd I/1, § 111.

lichen Objekte wie hier im beiderseitigen Einvernehmen in dem anderen Staat befinden.

Eine Beschlagnahme wäre demnach völkerrechtswidrig, sofern sie nicht als Gegenmaßnahme gerechtfertigt ist[19].

I. Statthaftigkeit der Gegenmaßnahme

Ein Ausschluss von Gegenmaßnahmen ist nicht ersichtlich; insbesondere handelt es sich beim Staatseigentum nicht um ein Individualrecht, das entsprechend Art 50 Abs 1 Buchst b als Menschenrecht vor Gegenmaßnahmen geschützt sein könnte.

II. Gegenmaßnahmengrund und -zweck

Die Gegenmaßnahme müsste entsprechend Art 49 Abs 1 ILC-Entwurf der Durchsetzung eines Anspruchs Italiens aus der völkerrechtlichen Verantwortlichkeit Österreichs dienen. Nach dem oben zu A II Gesagten ist Österreich zur Herausgabe der Leiche an Italien verpflichtet. Mit seiner ungerechtfertigten Weigerung, diese Pflicht zu erfüllen, begeht Österreich einen völkerrechtswidrigen Akt gegenüber Italien, so dass Italien von Österreich entsprechend Art 28, 30 Buchst a ILC-Entwurf fordern kann, dass die Leiche endlich herausgegeben wird. Der Durchsetzung dieses Anspruchs soll die Beschlagnahme dienen.

III. Abmahnung, Ankündigung und Verhandlungsangebot

Der Gegenmaßnahme muss entsprechend Art 52 Abs 1 Buchst a ILC-Entwurf eine Abmahnung vorausgehen. Das ist der Fall, da Italien von Österreich die Herausgabe der Leiche gefordert hat. Fraglich ist, ob entsprechend Art 52 Abs 2 Buchst b ILC-Entwurf eine weitergehende Ankündigung der konkreten Gegenmaßnahme erforderlich ist. Jedenfalls muss Italien Österreich mit einer Ankündigung nicht die Gelegenheit geben, die Handschriften vor dem Wirksamwerden einer Beschlagnahme schnell noch außer Landes zu bringen, da das Recht, Gegenmaßnahmen zu ergreifen, dadurch entwertet würde. Im Übrigen erscheint eine über die Abmahnung hinausgehende Drohung mit konkreten Gegenmaßnahmen hier auch deshalb entbehrlich, weil mit der Beschlagnahme keine irreparablen Schäden eintreten.

---

19 Dazu allgem Einl, S 22 ff.

Durch Herausgabe der Leiche kann Österreich jederzeit die Freigabe der Handschriften erreichen. Daher reicht es, Österreich die Beschlagnahme zu notifizieren, sobald sie vollzogen wird. Nach Art 52 Abs 2 Buchst b ILC-Entwurf muss Italien zudem Verhandlungsbereitschaft erkennen lassen, was man als gelungene Fortentwicklung des früheren Repressalienrechts ansehen kann.

IV. Verhältnismäßigkeit

Die Gegenmaßnahme muss entsprechend Art 51 ILC-Entwurf verhältnismäßig sein. Eine Beschlagnahme der Handschriften führt nicht zu irreparablen Schäden. Auch der kurzfristige Schaden ist gering, da die Handschriften ausgeliehen waren, also offensichtlich nicht jederzeit in Österreich verfügbar sein müssen. Es kommt hinzu, dass zwischen der Forderung nach der Herausgabe archäologischen Kulturguts und der Beschlagnahme anderer Kulturgüter ein gewisser innerer Zusammenhang besteht. Es soll annähernd Gleiches mit Gleichem vergolten werden[20]. Innerhalb Österreichs würde der kulturwissenschaftlich-museale Bereich getroffen, der auch den Nutzen aus dem völkerrechtswidrigen Zurückbehalten der Leiche zieht. Unter diesen Umständen wäre die Beschlagnahme verhältnismäßig.

V. Ergebnis

Eine Beschlagnahme der Handschriften wäre als Gegenmaßnahme gerechtfertigt und daher mit dem Völkerrecht vereinbar.

---

20 Gegenmaßnahmen sind allerdings grundsätzlich auch dann zulässig, wenn sie nicht gleichartig mit der vorangehenden Rechtsverletzung sind; s *Hobe/Kimminich*, Einf, S 236 f.

Fall 2: Kulturarbeit mit Hindernissen

Sachverhalt[1]

K, der Kulturreferent der deutschen Botschaft in Iran, hat gute Beziehungen zur iranischen Opposition. Eines Abends empfängt er in seiner Teheraner Wohnung einige oppositionelle Schriftsteller. Kräfte des iranischen Geheimdienstes, der von dem Treffen erfahren hat, stürmen die Wohnung und nehmen die anwesenden Iraner fest. K wird in einem Zimmer seiner Wohnung eingeschlossen und mehrere Stunden lang verhört. Außerdem beschlagnahmen die Sicherheitskräfte seine Privatbibliothek.

Als der Vorfall in Deutschland publik wird, werden verschiedene Gegenmaßnahmen vorgeschlagen und diskutiert, nämlich

(1) der Abbruch der diplomatischen Beziehungen zu Iran,

(2) ein Verbot für den iranischen Botschafter in Bonn, Deutschland vor der Rückgabe von K's Privatbibliothek zu verlassen, wobei für diesen Zweck das Wiener Übereinkommens über diplomatische Beziehungen im Verhältnis zu Iran suspendiert werden soll,

(3) die Suspendierung einer bilateralen Vereinbarung von 1988 über den Studentenaustausch; bis zur Rückgabe der Privatbibliothek soll es iranischen Studenten verwehrt werden, ihr Studium vereinbarungsgemäß in Deutschland fortzusetzen.

Wie sind das Vorgehen Irans und die vorgeschlagenen Gegenmaßnahmen völkerrechtlich zu beurteilen?

Bearbeitungsvermerk: Es ist davon auszugehen, dass Deutschland und Iran Vertragspartner des Wiener Übereinkommens über diplomatische Beziehungen und seit 1987 auch der Wiener Vertragsrechtskonvention sind[2].

---

1 Der erste Teil der Aufgabe ist einem Vorfall in Teheran Ende Juli 1996 nachempfunden, vgl Frankfurter Allgemeine Zeitung vom 30.11.1996 sowie Der Tagesspiegel vom 1.9.1996.
2 In Wirklichkeit ist Iran nicht Vertragspartei der WVK.

Fall 2: Kulturarbeit mit Hindernissen

Lösung

A. Das Vorgehen Irans

I. Stürmung der Privatwohnung des K

Das Stürmen der Wohnung könnte die völkerrechtliche Verantwortlichkeit Irans gegenüber Deutschland begründet haben. Da Iran und Deutschland souveräne Staaten sind, finden die Regeln der Staatenverantwortlichkeit ohne weiteres Anwendung.

1. Zurechenbarer Normverstoß

Die Kräfte des Geheimdienstes sind Bedienstete des Staates Iran, mithin Staatsorgane im Sinne der Zurechnungskategorien. Ihr Verhalten ist Iran entsprechend Art 4 des ILC-Entwurfs zur Staatenverantwortlichkeit[3] zuzurechnen, ohne dass es auf die Ausgestaltung des Innen- (Dienst-)Verhältnisses ankäme. Der ILC-Entwurf ist zwar als solcher nicht völkerrechtsverbindlich. Er gibt aber als gelungener Kodifikationsentwurf soweit geltendes Völkergewohnheitsrecht wieder, dass er als Ausdruck gewohnheitsrechtlich anerkannter Rechtssätze herangezogen werden kann[4].

Die Erstürmung der Wohnung, die dem Iran, wie festgestellt, zurechenbar ist, könnte gegen Art 30 Abs 1 iVm Art 22 Abs 1 WÜD verstoßen. Dazu müsste es sich um die Privatwohnung eines Diplomaten handeln. Als Kulturreferent der Botschaft ist K Diplomat im Sinne von Art 1 Buchst e WÜD. Seine Privatwohnung genießt damit den Schutz des Art 30 Abs 1 WÜD. Art 22 Abs 1 WÜD, auf den Art 30 Abs 1 WÜD verweist, verbietet nur das Betreten ohne Zustimmung des Missionschefs. Ob für die Privatwohnung ebenfalls auf die Zustimmung des Missionschefs abzustellen ist oder aber auf die Zustimmung des konkret betroffenen Diplomaten, kann offen bleiben[5], da weder der eine noch der andere dem Eindringen der Geheim-

---

3 *Sartorius* II Nr 6.
4 S Fall 1, S 30.
5 Jedenfalls kann der Entsendestaat auch gegen den Willen seines Bediensteten auf den Schutz verzichten, da es sich nicht um ein Individualrecht des Diplomaten handelt; s *Richtsteig*, WÜD/WÜK, Art 30 WÜD Anm 3c (S 67); ferner *G. Hildner*, Die Unterworfenheit des ausländischen Diplomaten unter die Verwaltungshoheit des Empfangsstaats, 1992, 156f; *J. Salmon*, Manuel de Droit diplomatique, 1994, § 397 (S 298).

dienstkräfte zugestimmt hat. Das Erstürmen der Wohnung verstößt somit gegen das WÜD.

2. Rechtfertigung

Vertragliche Rechtfertigungsgründe sind nicht ersichtlich. In Betracht kommen allein solche des Völkergewohnheitsrechts, wie sie namentlich in Art 20 ff ILC-Entwurf niedergelegt sind. So ließe sich an eine Gegenmaßnahme oder an Selbsthilfe denken. Das Erstürmen der Wohnung könnte danach unabhängig von der Frage, ob das WÜD überhaupt Gegenmaßnahmen zulässt, nur gerechtfertigt sein, wenn der Empfang der oppositionellen Schriftsteller seinerseits völkerrechtswidrig wäre.

Nach Art 41 Abs 1 S 2 WÜD darf K sich als Diplomat nicht in die inneren Angelegenheiten Irans einmischen[6]. Als verbotene Einmischung stellen sich jedenfalls nicht solche Verhaltensweisen dar, welche zur zulässigen Aufgabenwahrnehmung nach Art 3 WÜD gehören. Zu den Aufgaben der Mission gehört nicht nur der in Art 3 Abs 1 Buchst c WÜD genannte Kontakt mit der Regierung des Empfangsstaates, sondern nach Buchst d der Vorschrift allgemein die Unterrichtung über Verhältnisse und Entwicklungen im Empfangsstaat mit allen rechtmäßigen Mitteln. Kontakte zu Schriftstellern des Gastlandes sind ein geeignetes Mittel, sich über die dortige Lage zu informieren, gerade auch wenn die Personen der politischen Opposition angehören. Mit dem Begriff der Rechtmäßigkeit verweist Art 3 Abs 1 Buchst d WÜD in erster Linie auf das innerstaatliche Recht. Es ist nicht ersichtlich, dass das iranische Recht den Kontakt mit Schriftstellern oder Oppositionellen verbietet. Im Übrigen enthält Art 3 Abs 1 Buchst d WÜD die Entscheidung für eine grundsätzlich freie Informationsbeschaffung. Zwar darf der Empfangsstaat etwa den Einsatz geheimdienstlicher Mittel verbieten, nicht aber generell die offenen und allgemein üblichen Mittel wie das Gespräch mit seinen Einwohnern[7]. Unzulässig wäre erst eine über die bloße Kontaktpflege und Informationsbeschaffung hinausgehende Einflussnahme auf das politische Geschehen in Iran. Dafür gibt es jedoch keine Anhaltspunkte. K hat sich demnach nicht völkerrechtswidrig verhalten. Schon deshalb kann das Stürmen der Wohnung nicht als Gegenmaßnahme gerechtfertigt sein[8].

---

6 Dazu auch Fall 7 sowie Fall 20, S 267.
7 S dazu auch *Richtsteig*, WÜD/WÜK, Art 3 WÜD, Anm 2 (S 22 ff); speziell zu Kontakten mit der Opposition *Dahm/Delbrück/Wolfrum*, VR I/1, § 34 I 4, S 271.
8 Im Ergebnis ist das Stürmen der Wohnung eindeutig nicht gerechtfertigt. Zum einen können die Garantien der WÜD nicht im Wege der Gegenmaßnahme oder der

3. Ergebnis

Das Erstürmen der Wohnung zieht die völkerrechtliche Verantwortlichkeit Irans gegenüber Deutschland nach sich.

II. Festnahme der Iraner[9]

Die Festnahme der Iraner könnte gegen Art 30 Abs 1 iVm Art 22 Abs 3 WÜD verstoßen, wonach die Vornahme von Vollstreckungshandlungen in der Wohnung des K unzulässig ist. Es ist allerdings zweifelhaft, ob das WÜD unter „Vollstreckung" auch die Festnahme von Personen oder nur die Zwangsvollstreckung in Gegenstände versteht. Der (unverbindliche) deutsche Wortlaut läßt beide Auslegungen zu, ebenso wie die Ausdrücke „execution" und „exécution" in der englischen und französischen Fassung, die nach Art 53 WÜD zu den verbindlichen Vertragstexten gehören.

Für die Auslegung des Vertragstextes ist nach Art 31 Abs 1 WVK auch der Regelungszusammenhang wichtig. Die WVK ist auf das ältere WÜD nach ihrem Art 4 zwar nicht direkt anwendbar. Soweit Art 31 WVK eine systematische Auslegung vorsieht, kann er aber als Ausdruck parallelen Völkergewohnheitsrechts herangezogen werden[10]. Eine systematische Auslegung hat Art 31 Abs 3 WÜD in den Blick zu nehmen, wo mit Vollstreckung ein-

---

Selbsthilfe eingeschränkt werden (dazu unter B II). Zum anderen fehlt es, wie dargelegt, ohnehin an einem Völkerrechtsverstoß Deutschlands, der Grund für eine Gegenmaßnahme sein könnte. Da sich Iran auch nicht auf Rechtfertigungsgründe beruft, wäre es sogar vertretbar, im Rahmen der Fallösung lediglich festzustellen, daß Rechtfertigungsgründe nicht ersichtlich seien. Möglich ist es auch, eine Rechtfertigung hier unter Hinweis auf die Gegenmaßnahmenfestigkeit des WÜD abzulehnen. Dann ist allerdings das Gleichgewicht der einzelnen Klausurteile gefährdet. Um den Ausschluss von Gegenmaßnahmen durch das WÜD geht es vor allem bei der zweiten Gegenmaßnahme Deutschlands, dem Festhalten der iranischen Botschafter. Dort muß das Verbot der Gegenmaßnahme näher begründet werden. Unangemessen wäre es, die Gegenmaßnahmenfestigkeit im ersten Teil der Arbeit kurz zu behaupten und später die Begründung nachzuschieben. Zieht man aber den Punkt vor und setzt sich schon im ersten Teil eingehend mit der Gegenmaßnahmenfestigkeit des WÜD auseinander, behandelt man eine Frage, die an dieser Stelle letztlich kaum interessiert, weil das Ergebnis ohnehin feststeht.

9 Nachdem unter A I alle Prüfungsstationen der völkerrechtlichen Verantwortlichkeit behandelt worden sind, ist es hier und im folgenden entbehrlich, auf die unproblematischen Punkte nochmals einzugehen.

10 S *Brötel*, Die Auslegung völkerrechtlicher Verträge im Lichte der Wiener Vertragsrechtskonvention, Jura 1988, 343 (344); *Verdross/Simma*, VR, §§ 775–777; *Graf Vitzthum*, in: ders, VR, Rn I 123.

deutig nur Maßnahmen in Hinblick auf Vermögenswerte gemeint sind. In Art 22 Abs 3 stellt das WÜD die Vollstreckung neben Beschlagnahme und Pfändung, die sich ebenfalls nur auf Gegenstände beziehen können. Das spricht dafür, dass Art 22 Abs 3 Zwangsmaßnahmen gegen Personen wie die Festnahme der Iraner insgesamt nicht erfasst.

Schließlich ist der Sinn und Zweck der Regelung zu beachten. Art 22 Abs 3 ist eine besondere Ausprägung der allgemeinen Unverletzlichkeit der Räume, wie sie Art 22 Abs 1 S 1 für die Mission und Art 30 Abs 1 für die Wohnung des K gewährleisten. Diese Unverletzlichkeit ist umfassend. Sind sogar Maßnahmen gegen Gegenstände verboten, liegt es nahe, dass erst recht die Verhaftung einer Person in den Räumen unzulässig sein wird. So ist im Ergebnis unstreitig, dass dem Empfangsstaat in den von Art 22 Abs 1 bzw Art 30 Abs 1 WÜD geschützten Räumen jede Art von Hoheitsakten verboten ist[11]. Das könnte dafür sprechen, Art 22 Abs 3 weit auszulegen. Allerdings besteht für eine weite Auslegung kein Bedürfnis, weil die Festnahme dann, wenn sie durch die Spezialvorschrift nicht erfasst wird, schon nach Art 30 Abs 1 iVm Art 22 Abs 1 WÜD unzulässig ist. Der Vollstreckungsbegriff des Art 22 Abs 3 WÜD ist daher seinem Zusammenhang entsprechend eng auszulegen. Die Festnahme der Iraner wird von der Vorschrift nicht erfasst. Sie verstößt aber gegen die in Art 30 Abs 1, 22 Abs 1 WÜD garantierte Unverletzlichkeit der Wohnung des K und ist damit völkerrechtswidrig.

III. Festhalten des K und Verhör

Das Festhalten des K verletzt das Festnahme- und Haftverbot des Art 29 S 2 WÜD. Das Verhör könnte die Unverletzlichkeit des K nach Art 29 S 1 WÜD verletzen. Der Begriff der Unverletzlichkeit lässt zunächst an physische Beeinträchtigungen denken[12], zu denen das bloße Stellen von Fragen mit der Aufforderung, sie zu beantworten, nicht gehört. Schon Art 29 S 3 WÜD, der die Achtung des Diplomaten anspricht, zeigt aber, dass sich die Unverletzlichkeit, die Art 29 S 1 WÜD ganz allgemein gewährleistet, auch auf immaterielle Beeinträchtigungen erstreckt[13]. Zudem ist die in Art 31 WÜD ge-

---

11 *Dahm/Delbrück/Wolfrum*, VR I/1, § 38 II 2, S 289; *Verdross/Simma*, VR, § 895; *Richtsteig*, WÜD/WÜK, Art 22 WÜD Anm 2, S 47.
12 *Hildner* (Fn 5), 117 ff.
13 S a *Hildner* (Fn 5), 118; speziell zum Ehrschutz als Ausprägung der diplomatischen Unverletzlichkeit BVerwGE 64, 55 (59 f).

währleistete Immunität von der Gerichtsbarkeit als eine weitere besondere Ausprägung der Unverletzlichkeit des Diplomaten in den Blick zu nehmen. Nach Art 31 Abs 2 WÜD ist der Diplomat nicht verpflichtet, als Zeuge auszusagen. Diese Vorschrift gilt zwar nur für den Sonderfall des „Verhörs" im Rahmen eines gerichtlichen Verfahrens zwischen anderen Beteiligten. Sie macht aber deutlich, dass das WÜD auch die bloße Befragung mit Antwortzwang als Beeinträchtigung der diplomatischen Unverletzlichkeit ansieht. Soweit ein derartiges staatliches Verhör nicht von der Sonderregelung des Art 31 WÜD erfasst wird, ist es unmittelbar nach Art 29 S 1 WÜD unzulässig. Das Verhör des K durch die Geheimdienstkräfte verstößt somit gegen Art 29 S 1 WÜD.

IV. Beschlagnahme der Privatbibliothek

Die Beschlagnahme der Privatbibliothek könnte Art 30 Abs 2 WÜD verletzen. Die Bücher zählen zwar nicht zu den Papieren des K, da es sich nicht um individuelle Aufzeichnungen handelt. Sie gehören aber zu seinem ebenfalls geschützten Vermögen. Ein Ausnahmefall, in dem nach Art 31 Abs 1 iVm Abs 1 WÜD auf das Vermögen zugegriffen werden darf, liegt nicht vor. Die Beschlagnahme verstößt mithin gegen Art 30 Abs 2 WÜD.

Gleichzeitig verstößt die Beschlagnahme gegen Art 30 Abs 1 iVm Art 22 Abs 3 WÜD, weil sie in der Wohnung des K stattgefunden hat (s o zu A II).

B. Gegenmaßnahmen

I. Abbruch der diplomatischen Beziehungen

Ein Abbruch der diplomatischen Beziehungen durch Deutschland wäre völkerrechtswidrig, wenn Iran einen Anspruch auf Aufrechterhaltung der Beziehungen hätte. Ausweislich Art 2 WÜD erfolgt die Aufnahme diplomatischer Beziehungen im gegenseitigen Einvernehmen. Daran zeigt sich, dass das Völkerrecht jedenfalls keinen Anspruch auf Aufnahme diplomatischer Beziehungen kennt. Das WÜD enthält auch keine Bestimmungen, die zur Fortsetzung einmal aufgenommener diplomatischer Beziehungen verpflichten. Vielmehr regelt Art 45 WÜD die Folgen eines Abbruchs der Beziehungen und setzt damit die Möglichkeit eines Abbruchs voraus, ohne für dessen Zulässigkeit Einschränkungen vorzusehen.

Entsprechend Art 31 Abs 3 Buchst b WVK sind völkerrechtliche Verträge zudem im Lichte der nachfolgenden Vertragspraxis auszulegen. Auch diese

Regel ist Ausdruck parallelen Völkergewohnheitsrecht[14] und findet damit auf das WÜD Anwendung. Nach einer ständigen, von der Rechtsüberzeugung der Staaten getragenen und vom IGH im Teheraner Geiselfall[15] bestätigten Praxis, können diplomatische Beziehungen jederzeit ohne besondere Rechtfertigung abgebrochen werden[16]. Ein Abbruch der diplomatischen Beziehungen wäre damit als sog Retorsion[17] ohne weiteres zulässig[18].

II. Ausreiseverbot für den iranischen Botschafter[19]

Ein Verbot für den Botschafter Irans, Deutschland zu verlassen, könnte gegen die Ausreisefreiheit des Diplomaten nach dem WÜD verstoßen. Die Freiheit, den Empfangsstaat jederzeit zu verlassen, ist zwar nicht ausdrücklich normiert, sie lässt sich aber möglicherweise mittelbar aus dem WÜD ableiten. Nach Art 44 muss Diplomaten sogar im Falle eines bewaffneten Konfliktes ermöglicht werden, das Land so bald wie möglich zu verlassen. Dies muss erst recht in Friedenszeiten gelten. Auch die umfassende Unverletzlichkeit des Diplomaten nach Art 29 WÜD sowie die in Art 26 grundsätzlich gewährte Bewegungsfreiheit innerhalb des Empfangsstaates deuten darauf hin, dass das WÜD die Ausreisefreiheit als selbstverständlich voraussetzt. Schließlich setzt Art 9 Abs 2 WÜD voraus, dass der zur *persona non grata* erklärte Diplomat frei ausreisen kann. All dies zeigt, dass das WÜD eine umfassende Ausreisefreiheit gewährleistet, die es für Sonderlagen lediglich bekräftigt bzw weiter ausgestaltet.

Ein Festhalten des iranischen Botschafters wäre mit dem Völkerrecht mithin nur dann zu vereinbaren, wenn Deutschland das WÜD wirksam suspendieren oder einen Rechtfertigungsgrund für den Eingriff in das WÜD erfolgreich geltend machen könnte.

---

14 Umfassend *W. Karl*, Vertrag und spätere Praxis im Völkerrecht, 1983, 123 ff; s a *Verdross/Simma*, VR, §§ 775, 778.
15 ICJ Rep 1980, 3 (40).
16 *Dahm/Delbrück/Wolfrum*, VR I/1, § 39 II 2b, S 293 f; *Fischer*, in: Ipsen, VR, § 35 Rn 11.
17 Dazu *Doehring*, VR, Rn 1025 ff; *Schröder*, in: Graf Vitzthum, VR, Rn VI 107.
18 S a Fall 7, S 98 zur (bloßen) Abberufung eines Missionschefs.
19 Die Suspendierung des WÜD dient nach dem Sachverhalt ausschließlich der Rechtfertigung des Ausreiseverbotes und muss deshalb nicht als eigenständiger Völkerrechtsverstoß behandelt werden. Ob die Suspendierung rechtlich möglich ist, ist inzident bei der Würdigung des Ausreiseverbots zu prüfen.

Fall 2: Kulturarbeit mit Hindernissen 45

1. Suspendierung des WÜD nach vertragsrechtlichen Grundsätzen

Auf die allgemeinen gewohnheitsrechtlichen Regeln über die Suspendierung ist nur zurückzugreifen, soweit der betroffene Vertrag, hier das WÜD, keine speziellen Regelungen enthält. Diesen Vorrang vertraglicher Spezialregelungen stellt Art 60 Abs 4 WVK nunmehr ausdrücklich klar. Das WÜD eröffnet den Vertragsstaaten Möglichkeiten, auf das vertragswidrige Verhalten eines anderen Staates zu reagieren. Insbesondere kann der Empfangsstaat einen Diplomaten nach Art 9 WÜD zur *persona non grata* erklären oder die diplomatischen Beziehungen abbrechen. In beiden Fällen muss er dem Diplomaten aber, wie gesehen, die Ausreise ermöglichen. Damit errichtet das WÜD ein System, das der IGH im Teheraner Geiselfall als *self-contained régime* qualifiziert hat[20]. Es gibt den Vertragsstaaten bestimmte Mittel an die Hand, um auf Vertragsverletzungen eines anderen Staates zu reagieren. Zugleich schließt es zum Schutz des diplomatischen Verkehrs alle anderen Sanktionen gegen Diplomaten aus. Für eine Suspendierung mit der Folge, dass den im Empfangsstaat befindlichen Diplomaten die Ausreise verwehrt wird, ist damit kein Raum.

2. Rechtfertigung als Gegenmaßnahme

Das Festhalten des Botschafters könnte als Gegenmaßnahme gerechtfertigt sein[21]. Das Recht, im Rahmen der staatlichen Verantwortlichkeit Gegenmaßnahmen zu ergreifen, und die vertragsrechtliche Beendigung oder Suspendierung stehen ausweislich Art 73 WVK als selbständige Institute nebeneinander. Während mit den vertragsrechtlichen Instrumenten auf Fälle reagiert wird, in denen durch die Vertragsverletzung einer Partei das Gegenseitigkeitsverhältnis gestört ist, so dass es der anderen Partei nicht zugemutet werden soll, den Vertrag ihrerseits zu erfüllen, geht es bei Gegenmaßnahmen darum, dass ein Staat durch ein an sich völkerrechtswidriges Verhalten einen anderen Staat zur Einhaltung des Völkerrechts bewegen möchte[22].

---

20 ICJ Rep 1980, 3 (38–40).
21 Dazu allgem Einl, S 22 ff.
22 *Verdross/Simma*, VR, § 811; *Heintschel v. Heinegg*, Probleme der Vertragsbeendigung in der völkerrechtlichen Fallösung: Vertragsbruch und die grundlegende Änderung der Umstände, Jura 1992, 289 f.

Ein Vertrag kann jedoch Gegenmaßnahmen ausdrücklich oder konkludent ausschließen. Das WÜD ist derart gegenmaßnahmenfest. Indem es, wie oben ausgeführt, die Erklärung zur *persona non grata* und den Abbruch der diplomatischen Beziehungen als einzige Sanktionsmittel vorsieht, schließt es Gegenmaßnahmen gegen Diplomaten aus, wie es der IGH im Teheraner Geiselfall herausgearbeitet hat[23]. Art 50 Abs 2 Buchst b ILC-Entwurf bestätigt dies, indem er Gegenmaßnahmen, die die Unverletzlichkeit von Diplomaten berühren, ausdrücklich verbietet.

3. Ergebnis

Es wäre danach unzulässig, den iranischen Botschafter festzuhalten. Eine Suspendierung des WÜD zu diesem Zweck ist nicht möglich.

III. Suspendierung der Vereinbarung von 1988 und vorläufiger Ausschluss iranischer Studenten

Der Ausschluss iranischer Studenten könnte die deutsch-iranische Vereinbarung von 1988 verletzen. Bei der erfahrungsgemäß schriftlich abgeschlossenen Vereinbarung, mit der die beiden Staaten öffentlich-rechtliche Fragen, nämlich solche der Aufnahme und Ausbildung von Studenten, auf der Ebene souveräner Gleichheit regeln, handelt es sich um einen Vertrag iSv Art 2 Abs 1 Buchst a WVK[24]. Der Ausschluss der Studenten ist daher nur zulässig, wenn Deutschland die Vereinbarung nach vertragsrechtlichen Regeln suspendieren kann oder wenn er sonst gerechtfertigt ist[25].

---

23 IGH, aaO (Fn 20).
24 Zum Begriff des völkerrechtlichen Vertrages s a Fall 1, S 35 sowie Fall 3, S 55 f.
25 Die mögliche Vertragsverletzung lässt sich begründen, ohne dass auf Art 26 WVK oder einen entsprechenden gewohnheitsrechtlichen Satz: „pacta sund servande", zurückgegriffen werden müsste. Die Vereinbarung von 1988 stellt eine Völkerrechtsquelle iS von Art 38 Abs 1 Buchst a IGH-Statut dar und trägt ihren Geltungsanspruch in sich. Die WVK und die Vereinbarung von 1988 sind formal gleichrangig, so dass Art 26 WVK nicht den Geltungsgrund für die Vereinbarung darstellt. Auch Vertragsrecht und Gewohnheitsrecht sind, wie Art 38 IGH-Statut zeigt, grundsätzlich gleichrangig (s Vitzthum, in: ders, VR, Rn I 154), so dass der Geltungsgrund der Vereinbarung nicht im Gewohnheitsrecht zu suchen ist. Eine unberechtigte Lossagung von der Vereinbarung von 1988 und deren Nichterfüllung verstoßen vielmehr gegen die Vereinbarung selbst.

1. Vertragsrechtliche Suspendierung der Vereinbarung

Eine Suspendierung der Vereinbarung richtet sich in erster Linie nach Art 60 WVK. Die WVK findet auf die Vereinbarung von 1988, die von Vertragsparteien der WVK nach deren Inkrafttreten abgeschlossen wurde, nach Art 4 WVK Anwendung. Art 60 Abs 1 WVK gestattet nur die Suspendierung desjenigen Vertrages, der von der anderen Vertragspartei verletzt wird. Da Iran die Vereinbarung von 1988 nicht verletzt hat, kommt eine Suspendierung nach Art 60 WVK nicht in Betracht. Darüber hinaus gestattet das allgemeine Völkergewohnheitsrecht auch die Suspendierung eines anderen Vertrages, wenn die beiden Verträge in einem Gegenseitigkeitsverhältnis stehen[26]. Ein solches Gegenseitigkeitsverhältnis zwischen dem WÜD und der Studienvereinbarung ist aber nicht erkennbar. Daher scheidet eine Suspendierung nach vertragsrechtlichen Regeln aus.

2. Rechtfertigung als Gegenmaßnahme

In Betracht kommt eine Rechtfertigung als Gegenmaßnahme[27].

a) Ausschluss von Gegenmaßnahmen

Es darf kein Verbot von Gegenmaßnahmen eingreifen. Es ist nicht ersichtlich, dass die Vereinbarung von 1988 Gegenmaßnahmen ausschlösse. Ein Verbot könnte sich aber aus dem WÜD ergeben. Das WÜD wird seit der schon oben[28] herangezogenen Entscheidung des IGH im Teheraner Geiselfall regelmäßig als *self-contained régime* bezeichnet. Das könnte so verstanden werden, als dürften Verstöße gegen das WÜD ausschließlich mit dem speziellen Instrumentarium des WÜD beantwortet werden. Dem verletzten Staat bliebe dann nur die Wahl zwischen einer Abberufung eigener Diplomaten[29], der Erklärung von fremden Diplomaten zu *personae non gratae*[30] und einem vollständigen Abbruch der diplomatischen Beziehungen[31]. Es ist allerdings nicht einsichtig, warum ein Staat bei einem so bedeutenden Vertrag wie dem WÜD auf die relativ stumpfen Reaktionsmittel beschränkt

---

26 *Heintschel v. Heinegg* (Fn 22), Jura 1992, 289 (291), bei und in Fn 44; *Verdross/Simma*, VR, § 816.
27 Dazu Einl, S 22 ff.
28 Bei Fn 20.
29 Dazu Fall 7, S 98.
30 Dazu Fall 4, S 64.
31 Dazu o B I.

sein soll, die das WÜD selbst bereitstellt. Könnte ein Verstoß gegen das WÜD zum Anlass genommen werden für Gegenmaßnahmen gegen Rechtsgüter außerhalb des WÜD, würde dies das WÜD nur stärken. Tatsächlich hatte der IGH im Teheraner Geiselfall auch nicht über derartige Gegenmaßnahmen gegen andere Rechtsgüter zu entscheiden. Es ging ihm allein darum zu begründen, dass das WÜD selbst gegenmaßnahmenfest ist und dass Verstöße gegen das WÜD keine Gegenmaßnahmen gegen Diplomaten rechtfertigen, wie es nun Art 50 Abs 2 Buchst b ILC-Entwurf festschreibt. Demnach darf ein Staat einen Verstoß gegen das WÜD zum Anlass für eine Gegenmaßnahme nehmen, die einen anderen, nicht gegenmaßnahmenfesten Rechtsbereich trifft[32], hier die Vereinbarung von 1988.

b) Gegenmaßnahmengrund und -zweck

Entsprechend Art 49 Abs 1 ILC-Entwurf müsste Deutschland, das die Gegenmaßnahme gegen Iran anwenden will, gegen diesen Staat Ansprüche aus Staatenverantwortlichkeit haben. Nach den Ausführungen oben zu A IV zieht die Beschlagnahme der Bibliothek des K die völkerrechtliche Verantwortlichkeit Irans nach sich. Gemäß Art 35 ILC-Entwurf ist Iran Deutschland gegenüber zur Rückgabe der Bibliothek verpflichtet. Die geplante Gegenmaßnahme hat zum Ziel, gerade diesen Anspruch durchzusetzen.

c) Abmahnung, Ankündigung und Verhandlungsangebot

Entsprechend Art 52 Abs 1 ILC-Entwurf müsste Deutschland von Iran zunächst die Rückgabe der Privatbibliothek verlangen. Die Suspendierung der bilateralen Vereinbarung wäre Iran zu notifizieren und Deutschland müsste Verhandlungsbereitschaft erkennen lassen.

d) Verhältnismäßigkeit

Die Schäden, die eine Gegenmaßnahmen verursacht, dürfen nach Art 51 ILC-Entwurf nicht in einem unangemessenen Verhältnis stehen zu dem Zweck, der mit ihr erreicht werden soll. Der vorläufige Ausschluss der Iraner vom Studium in Deutschland ist für den Staat unmittelbar keine allzu große Belastung. Er bedeutet jedoch eine erhebliche Härte für die betroffe-

---

[32] So auch *Zemanek*, The Unilateral Enforcement of International Obligations, ZaöRV 47 (1987), 32 (40f); ferner *E Klein*, Gegenmaßnahmen, BerDGVR 37 (1998), 39 (50).

Fall 2: Kulturarbeit mit Hindernissen

nen Studenten. Indem Deutschland Sanktionen gegen iranische Staatsangehörige ergreift, trifft es mittelbar zugleich den iranischen Staat, dem die Studenten angehören[33]. Es kommt hinzu, dass das moderne Völkerrecht mit der Entwicklung des Menschenrechtsschutzes den einzelnen selbst zum partiellen Völkerrechtssubjekt macht[34] und seine Belange damit stärker gewichtet. Das bedeutet nicht, dass Sanktionen, die in erster Linie Individuen treffen, unzulässig geworden wären. Die vom Sicherheitsrat der VN gegen einzelne Staaten verhängten Wirtschaftssanktionen zeigen das deutlich[35]. Die Härte, die eine Unterbrechung des Studiums für die Betroffenen bedeutet, ist aber in die Prüfung der Verhältnismäßigkeit einzustellen. Auf der anderen Seite steht zunächst der materielle Wert der Bibliothek des K. Dieser dürfte für K erheblich ins Gewicht fallen. Für den deutschen Staat handelt es sich demgegenüber um eine verhältnismäßig geringe Summe. Indessen geht es bei der Beschlagnahme der Privatbibliothek vorrangig nicht um materielle Fragen, sondern um die Unverletzlichkeit des Diplomaten bzw seiner Räumlichkeiten und seines Vermögens als Voraussetzung für die Funktionsfähigkeit des diplomatischen Verkehrs. Die Verletzung hat damit erhebliches Gewicht. Berücksichtigt man schließlich, dass die Gegenmaßnahme nur dann Erfolg verspricht, wenn sie für Iran spürbar ist, erscheint der vorläufige Ausschluss der iranischen Studenten nicht unverhältnismäßig.

e) Ergebnis

Der vorläufige Ausschluss der iranischen Studenten vom Weiterstudium in Deutschland wäre nach einer Abmahnung Irans als Gegenmaßnahme völkerrechtlich gerechtfertigt.

---

33 Zu dieser fremdenrechtlichen Perspektive des klassischen Völkerrechts, die im Individuum nur den Angehörigen des fremden Staates erblickt, s *Kunig/Uerpmann*, Der Fall des Postschiffes Lotus, Jura 1992, 186 (188); *Verdross/Simma*, VR, § 47.
34 *Kunig/Uerpmann* (Fn 33), Jura 1992, 186 (189); *Verdross/Simma*, VR, §§ 423 ff.
35 Krit zu diesen Embargos gerade unter dem Blickwinkel der Folgen für die betroffenen Individuen *Kulessa*, Von Märchen und Mechanismen – Gefahren und Chancen der Sanktionen des Sicherheitsrats, VN 1996, 89 ff.

Fall 3: Der verschleppte Diplomat

Sachverhalt

Minorien ist die nördliche Provinz des zentralasiatischen Staates Abistan. Sie ist Wohnort der Minoriten, einer christlichen Minderheit in dem ansonsten islamisch geprägten Abistan. Minorien besteht im Wesentlichen aus einem weiten, fruchtbaren Tal, das von Berggegenden umschlossen wird. Die abistanische Regierung möchte einen Staudamm errichten, durch den ein Teil des Tales überflutet würde. Das Vorhaben stößt in Minorien auf erbitterten Widerstand. Auch einige ausländische Regierungen, darunter die französische, äußern sich kritisch zu dem Projekt, das die Wasserversorgung Abistans sicherstellen soll.

Der französische Geheimdienst erhält davon Kenntnis, dass minoritische Untergrundorganisationen ausländische Diplomaten, darunter Franzosen, in Abistan entführen wollen, um die abistanische Regierung zur Aufgabe des Staudammprojektes zu zwingen. Frankreich leitet die Informationen an die abistanische Regierung weiter und bittet zugleich um verstärkten Schutz für seine Diplomaten. Abistan verstärkt daraufhin den Schutz für einige andere Missionen, lehnt aber besondere Maßnahmen zugunsten Frankreichs ab, da Frankreich „angesichts seiner ausgezeichneten Kontakte zum minoritischen Untergrund" nichts zu befürchten habe. Frankreich protestiert energisch gegen diese „Unterstellungen".

Kurze Zeit später wird ein französischer Diplomat beim Verlassen seiner Dienstwohnung überwältigt und in den Norden verschleppt. Die Entführer kündigen an, den Diplomaten erst freizulassen, wenn das Staudammprojekt gestoppt wird. Frankreich fordert Abistan auf, umgehend für die Freilassung des Diplomaten zu sorgen und dazu namentlich auf das Staudammprojekt zu verzichten. Abistan lehnt es ab, in der Sache tätig zu werden, und erklärt, Frankreich könne ja „seinen Einfluss auf die minoritischen Terroristen" geltend machen. Auch die Drohung mit Gegenmaßnahmen bleibt erfolglos.

Bei einer Besprechung über das weitere Vorgehen im französischen Außenministerium weist ein Referent auf einen französisch-abistanischen Notenwechsel betreffend die Weiterbildung von Diplomaten von 1992 hin. In diesem Notenwechsel hatte sich Frankreich verpflichtet, jedes Jahr zwei abistanische Diplomaten in einem neunmonatigen Kurs in Frankreich weiterzubilden. Der französische Außenminister fordert daraufhin zwei abista-

Fall 3: Der verschleppte Diplomat

nische Diplomaten, die ihren Fortbildungskurs vor zwei Monaten angetreten hatten, auf, Frankreich binnen 48 Stunden zu verlassen, sofern Abistan nicht umgehend effektiv mit Frankreich zusammenarbeitet, um einen Weg zur Beendigung der Geiselnahme zu finden.

Hat Frankreich Ansprüche gegen Abistan? Ist die französische Gegenmaßnahme mit dem Völkerrecht vereinbar?

Bearbeitervermerk: Es ist davon auszugehen, dass Abistan und Frankreich sowohl an das Wiener Übereinkommen über diplomatische Beziehungen (WÜD) wie auch die Wiener Vertragsrechtskonvention (WVK) gebunden sind.

Lösung
A. Ansprüche Frankreichs gegen Abistan
I. Ansprüche aus Staatenverantwortlichkeit

Ansprüche Frankreichs könnten sich aus der völkerrechtlichen Verantwortlichkeit Abistans ergeben. Da Abistan und Frankreich souveräne Staaten sind, finden die Regeln der Staatenverantwortlichkeit unproblematisch Anwendung.

1. Zurechenbares Verhalten

Es müsste ein Verhalten vorliegen, das Abistan zuzurechnen ist. Möglicherweise kann Abistan die Entführung selbst zugerechnet werden. Die Zurechnung ist in Art 4ff des ILC-Entwurfs zur Staatenverantwortlichkeit[1] in einer Weise geregelt, die dem geltenden Völkergewohnheitsrecht im Wesentlichen entspricht[2]. Zurechenbar ist nach Art 5 ILC-Entwurf zunächst das Verhalten von Staatsorganen, zu denen die Entführer nicht gehören. Es könnte sich jedoch um sog *de-facto*-Organe handeln, deren Verhalten dem Staat nach Art 8 ILC-Entwurf ebenfalls zuzurechnen ist. Bei zahlreichen Unsicherheiten in der Abgrenzung[3] lassen sich als *de-facto*-Organe jedenfalls solche Personen definieren, die formal nicht in den Staats- und Verwal-

---

[1] *Sartorius* II Nr 6.
[2] S dazu im einzelnen Einl, S 17 ff.
[3] S dazu *Ipsen*, in: ders, VR, § 40 Rn 15–17; *A. Epiney*, Die völkerrechtliche Verantwortlichkeit von Staaten für rechtswidriges Verhalten im Zusammenhang mit Aktionen Privater, 1992, 100–106.

tungsaufbau eingegliedert sind und deshalb nicht als dessen Organe im technischen Sinn angesehen werden können, die aber dennoch vom Staat gelenkt werden[4], so dass es sich faktisch um ein Verhalten des Staates handelt. Anzeichen dafür, dass Abistan die minoritischen Entführer kontrolliert, bestehen nicht. Vielmehr handelt es sich um politische Gegner, mit deren Verhalten Abistan sich gerade nicht identifiziert. Daher kann auch keine Rede davon sein, dass Abistan sich das Verhalten im Sinne von Art 11 ILC-Entwurf zu eigen gemacht hätte[5]. Die Entführung ist Abistan mithin nicht zuzurechnen.

Zurechenbar ist aber das Verhalten der abistanischen Behörden, die nichts zum Schutz des französischen Diplomaten unternommen haben.

2. Normverstoß

a) Verstoß gegen Art 29 S 3 WÜD

Als verletzte Norm kommt Art 29 S 3 WÜD in Betracht. Die Bestimmung schützt Diplomaten vor Angriffen auf ihre Person und Freiheit. Durch die Entführung ist der französische Diplomat in seiner Freiheit verletzt worden. Art 29 S 3 WÜD verbietet nicht nur Angriffe auf den Diplomaten, die vom Staat selbst ausgehen, sondern verpflichtet den Staat darüber hinaus zum Schutz vor Angriffen anderer. Verletzt ist die Vorschrift deshalb, wenn Abistan keine oder unzureichende Sicherheitsmaßnahmen getroffen hat. Dies beurteilt sich nach dem Maßstab der „due diligence". Dabei kommt es für die Verhaltenspflichten des Empfangsstaates darauf an, wie sich die Lage *ex ante* darstellte.

Hier wären angesichts der konkreten und schlüssigen Warnungen grundsätzlich besondere Schutzmaßnahmen erforderlich gewesen. Etwas anderes würde gelten, wenn die Warnungen unglaubhaft gewesen wären, es etwa schon mehrfach entsprechende Ankündigungen gegeben hätte, die dann nicht in die Tat umgesetzt wurden oder aber die minoritischen Widerstandskräfte ersichtlich nicht über entsprechende Mittel und Logistik verfügten. Die umgehend erfolgte Verstärkung des Schutzes für andere Missionen zeigt jedoch, dass Abistan die Hinweise durchaus ernst genommen hat. Unter diesen Umständen bedurfte es besonderer Gründe, allein Frankreich

---

4 S dazu ICJ Rep 1980, 3 (30) – Teheraner Geiselfall; ICJ Rep 1986, 14 (62) – Nicaragua.
5 Zu diesem Zurechnungstatbestand s ICJ Rep 1980, 3 (34 f) – Teheraner Geiselfall – sowie *Epiney* (Fn 3), 179 ff.

Fall 3: Der verschleppte Diplomat

einen besonderen Schutz nicht zu gewähren. Abistans Behauptung, Frankreich habe gute Beziehungen zum minoritischen Untergrund, so dass aus diesem Grunde die Entführung eines französischen Diplomaten unwahrscheinlich sei, ist nicht durch Tatsachen untermauert. Auch wenn nach dem Sachverhalt nicht auszuschließen ist, dass solche Beziehungen bestehen, und der Informationsstand des französischen Geheimdienstes möglicherweise auf sie schließen lässt, durfte Abistan sich nicht mit Vermutungen begnügen, um auf einen Schutz der französischen Mission zu verzichten. Der hohe Rang, der der persönlichen Unverletzlichkeit des Diplomaten für die Funktionsfähigkeit der zwischenstaatlichen Beziehungen zukommt, verlangt, dass der Empfangsstaat in Zweifelslagen eher zuviel Schutz gewährt als zuwenig. Unter diesen Umständen verstieß die Untätigkeit Abistans gegen Art 29 S 3 WÜD.

b) Verstoß gegen Art 47 Abs 1 WÜD

Abistan könnte darüber hinaus das Diskriminierungsverbot des Art 47 Abs 1 WÜD verletzt haben. Indem Abistan Frankreich den Schutz verweigerte, den es anderen Staaten gewährte, behandelte es die Staaten, welche mit ihm diplomatische Beziehungen pflegen, ungleich. Eine derartige Ungleichbehandlung ist nur zulässig, wenn dafür ein sachlicher Grund vorliegt. Nach dem oben Gesagten bestand aber kein sachlicher Grund, Frankreich von dem verstärkten Schutz auszunehmen. Abistan hat somit gegen Art 47 Abs 1 WÜD verstoßen.

3. Rechtfertigung

Rechtfertigungsgründe sind nicht ersichtlich.

4. Art der Wiedergutmachung

Als Rechtsfolge der völkerrechtlichen Verantwortlichkeit kann Frankreich nach Art 31, 34 ff ILC-Entwurf Wiedergutmachung fordern. Darin, dass der französische Diplomat festgehalten wird, liegt ein fortdauernder Schaden für den französischen Staat. Entsprechend Art 35 ILC-Entwurf kann Frankreich deshalb verlangen, dass Abistan den Zustand wiederherstellt, der bestehen würde, wenn Abistan sich völkerrechtskonform verhalten, den Diplomaten also ausreichend geschützt hätte. Frankreich hat also einen Anspruch darauf, dass Abistan sich um die Freilassung des Diplomaten bemüht.

Fraglich ist, ob Frankreich auch die Aufgabe des Staudammprojekts als ein bestimmtes Mittel zur Beendigung der Entführung verlangen kann.

Abistan schuldet Frankreich grundsätzlich nur ein Ergebnis, nicht aber ein bestimmtes Verhalten. Jedenfalls solange verschiedene Maßnahmen zur Befreiung des Diplomaten denkbar sind, kann Frankreich Abistan nicht auf eine dieser Maßnahmen festlegen, steht deren Auswahl vielmehr im Ermessen Abistans. Hier ist nicht ersichtlich, dass das von Frankreich geforderte Eingehen auf die Forderung der Entführer die einzige Möglichkeit ist, die Entführung zu beenden. Verhandlungen Abistans mit den Entführern mögen andere Lösungswege eröffnen. Zudem erscheint eine gewaltsame Befreiung nicht von vornherein ausgeschlossen.

Die Erfolgsaussichten und das Risiko sind bei den einzelnen Maßnahmen unterschiedlich. Abistan hat grundsätzlich ein Mittel zu wählen, das zügig zur Freilassung des Diplomaten führt, ohne dessen Leib und Leben zu gefährden. Es spricht einiges dafür, dass die Aufgabe des Staudammprojektes der schnellste und ungefährlichste Weg ist, die Freilassung zu bewirken, da sich der Konflikt offenbar allein an diesem Projekt entzündet hat. Allerdings wird man Abistan nicht vollkommen verwehren dürfen, bei der Auswahl bis zu einem gewissen Grad eigene Interessen mitzuberücksichtigen. Diese Sicht liegt auch Art 35 Buchst b ILC-Entwurf zugrunde, wonach eine Naturalrestitution im Falle vollkommen unverhältnismäßiger Belastung nicht gefordert werden kann. Die Entscheidung, einen Staudamm zu errichten, hat eine erhebliche Tragweite für die wirtschaftliche Entwicklung eines Landes. Sie liegt grundsätzlich allein bei dem jeweiligen Staat. Es fehlen im übrigen hinreichend konkrete Anhaltspunkte dafür, dass es sich hier um ein Projekt handeln würde, das aus sonstigen Gründen völkerrechtswidrig wäre, etwa wegen des Menschenrechtsschutzes der in ihrem Lebensraum möglicherweise empfindlich getroffenen Minoriten. Würde Abistan auf die Forderungen der Entführer eingehen, könnte es zudem einen Präzedenzfall schaffen und Wiederholungen provozieren. Unter diesen Umständen ist es ihm nicht zuzumuten, die Forderungen der Entführer zu erfüllen. Das gilt jedenfalls solange, bis nicht alle anderen Möglichkeiten zur Befreiung des Diplomaten versucht worden und fehlgeschlagen sind[6].

II. Primäranspruch aus Art 29 S 3 WÜD

Neben dem Anspruch aus völkerrechtlicher Verantwortlichkeit könnte sich unmittelbar aus Art 29 S 3 WÜD ein Primäranspruch Frankreichs darauf

---

[6] Gegen eine Verpflichtung des Empfangsstaates, die Forderungen von Entführern zu erfüllen, auch *E. Denza*, Diplomatic Law, 1976, 137; *Richtsteig*, WÜD/WÜK, Art 29 WÜD Anm 2a, S 65.

Fall 3: Der verschleppte Diplomat

ergeben, dass Abistan nach der Entführung des Diplomaten Maßnahmen zu seiner Freilassung ergreift[7]. Art 29 ILC-Entwurf stellt klar, dass die Regeln der Staatenverantwortlichkeit einen daneben fortbestehenden Primäranspruch unberührt lassen. Wenn Art 29 S 3 WÜD den Empfangsstaat verpflichtet, Angriffe auf die Freiheit des Diplomaten zu verhindern, ist damit ein umfassender Freiheitsschutz bezweckt. Der Empfangsstaat ist daher nicht nur gehalten, neue Angriffe von vornherein auszuschließen, sondern er muss auch andauernde Angriffe beenden. Bei der Entführung des Diplomaten handelt es sich um solch einen fortdauernden Angriff. Nach Art 29 S 3 WÜD muss Abistan daher alle geeigneten Maßnahmen ergreifen, um die Freilassung des Diplomaten zu erreichen. Zum Inhalt des Anspruchs gilt das oben Gesagte entsprechend. Abistan ist also auch hier nicht auf eine bestimmte Maßnahme, wie die Aufgabe des Staudammprojektes, festgelegt.

B. Die Ausweisung der zwei abistanischen Diplomaten

I. Verstoß gegen den Notenwechsel[8]

Die Ausweisung der abistanischen Diplomaten durch Frankreich könnte gegen den Notenwechsel von 1992 verstoßen. Der Notenwechsel ist ein völkerrechtlicher Vertrag, sogar in der Form des schriftlichen Vertrages, wie

---

7 Zur terminologischen Unterscheidung von Primäranspruch und Sekundäranspruch s Einl, S 3. An sich läge es nahe, den Primäranspruch vor dem Sekundäranspruch zu prüfen. Wenn hier die umgekehrte Reihenfolge vorgeschlagen wird, hat das zwei Gründe. Zum einen entspricht der gewählte Aufbau, der sich am äußeren Geschehensablauf orientiert, der Chronologie des abistanischen Verhaltens. Bei der Prüfung des Anspruchs aus Staatenverantwortlichkeit wird daran angeknüpft, wie sich Abistan vor der Entführung verhalten hat. Bei dem Primäranspruch wird demgegenüber gefragt, welches Verhalten Abistan unabhängig von seinem Vorverhalten nach der Entführung schuldet. Es kommt hinzu, dass sich die primäre Verhaltenspflicht nach der Entführung rechtlich nicht vollständig von dem Vorverhalten lösen lässt. Erscheint die Entführung selbst als staatliches Handeln, weil die Entführer staatliche Organe oder de-facto-Organe sind, wird die Pflicht zur Freilassung weitergehen, als wenn es sich um nichtstaatliche Gruppen handelt, die unabhängig vom Staat operieren. Die Frage, wieweit Abistan die Entführung zugerechnet werden kann, lässt sich aber am besten im Rahmen der Prüfung der Staatenverantwortlichkeit klären.
8 Verstöße gegen das WÜD liegen so fern, dass sie in der Lösung nicht angesprochen werden müssen. Die beiden Ausgewiesenen gehören zwar dem Auswärtigen

ihn Art 2 Abs 1 Buchst a WVK definiert[9]. Aus ihm ergibt sich die völkerrechtliche Pflicht Frankreichs, die beiden abistanischen Diplomaten volle neun Monate lang auszubilden. Für die Zulässigkeit einer Suspendierung des Vertrages nach Art 60 Abs 1 WVK[10] besteht kein Anhalt, da Abistan jedenfalls keine Verpflichtungen aus diesem Notenwechsel verletzt hat. Der Abbruch der Ausbildung der Diplomaten bedeutet somit tatbestandlich eine Verletzung des Völkerrechts.

2. Rechtfertigung als Gegenmaßnahme

Die Ausweisung könnte aber als Gegenmaßnahme gerechtfertigt sein[11]. Das Recht der Gegenmaßnahmen steht ausweislich Art 73 WVK neben den vertragsrechtlichen Suspendierungsvorschriften, wird durch diese also nicht verdrängt[12]. Dass der Notenwechsel Gegenmaßnahmen verböte, ist nicht ersichtlich. Soweit das WÜD nach der Entscheidung des IGH im Teheraner Geiselfall als *self-contained régime* anzusehen ist[13], bedeutet das nur, dass Verletzungen des WÜD nicht zum Anlass genommen werden dürfen, um im Wege von Gegenmaßnahmen in den konventionsrechtlichen Status der Diplomaten einzugreifen. Eine Gegenmaßnahme, die andere Rechte, hier ein solches aus dem Notenwechsel, trifft, ist hingegen nicht ausgeschlossen[14].

Frankreich darf eine Gegenmaßnahme entsprechend Art 49 Abs 1 ILC-Entwurf grundsätzlich nur zur Durchsetzung eines eigenen Anspruchs aus

---

Dienst Abistans an. Das WÜD schützt als „Diplomaten" nach seinem Art 1 Buchst e aber nur Mitglieder der Mission des Entsendestaates. Die Ausgewiesenen, die nicht die Aufgaben von Vertretern Abistans gegenüber Frankreich (vgl Art 3 WÜD und den hieran anknüpfenden Art 25 WÜD) wahrnehmen, sondern sich zu Ausbildungszwecken in Frankreich befinden, werden nicht erfasst. Selbst wenn es sich aber um Diplomaten im Sinne des WÜD handeln würde, wäre ihre Ausweisung von Art 9 WÜD gedeckt.

9 Zur Möglichkeit nicht schriftlicher völkerrechtlicher Verträge s Art 3 WVK sowie *Heintschel v. Heinegg*, in: Ipsen, VR, § 9 Rdn 1; *Verdross/Simma*, VR, § 683–685; *Graf Vitzthum*, in: ders, VR, Rn I 116.
10 Dazu allgem *Heintschel v. Heinegg*, Probleme der Vertragsbeendigung in der völkerrechtlichen Fallösung: Vertragsbruch und die grundlegende Änderung der Umstände, Jura 1992, 289 ff.
11 Dazu allgem Einl, S 22 ff.
12 Dazu schon o Fall, 2 S 45.
13 ICJ Rep 1980, 3 (38–40).
14 Dazu schon o Fall 2, S 47 f.

Fall 3: Der verschleppte Diplomat

völkerrechtlicher Verantwortlichkeit gegen den Verletzerstaat Abistan ergreifen. Nach den Ausführungen zu A I hat Frankreich gegen Abistan Ansprüche aus Staatenverantwortlichkeit. Ziel der Gegenmaßnahme muss es sein, Abistan dazu zu bewegen, seinen Verpflichtungen entsprechend Art 28 ff ILC-Entwurf nachzukommen, also eine fortdauernde Völkerrechtsverletzung zu beenden oder Wiedergutmachung zu leisten. Da Frankreich Abistan veranlassen will, pflichtgemäß für die Freilassung des Diplomaten zu sorgen, ist dies der Fall.

Frankreich hat Abistan in Einklang mit Art 52 Abs 1 Buchst a ILC-Entwurf erfolglos abgemahnt. Art 52 Abs 1 Buchst b ILC-Entwurf verlangt zudem eine Notifikation der Gegenmaßnahmen, verbunden mit einem Verhandlungsangebot. Indem Frankreich Abistan trotz dessen kategorischer Ablehnung, irgendwelche Maßnahmen zu ergreifen, nochmals 48 Stunden Zeit zum Einlenken gibt, hat es die Gegenmaßnahme hinreichend angekündigt und sich verhandlungsbereit gezeigt. Mehr ist von Frankreich nicht zu verlangen, zumal die fortdauernde Entführung ein rasches Handeln verlangt. Schließlich fordert Art 51 ILC-Entwurf, dass die Gegenmaßnahme in einem angemessenen Verhältnis zu dem erlittenen Schaden steht. Da sich ein französischer Diplomat noch immer in Geiselhaft befindet, steht die Gegenmaßnahme nicht außer Verhältnis zum Völkerrechtsverstoß Abistans, zumal zwischen der Verletzung des WÜD durch Abistan und der Weiterbildung von Diplomaten, die durch die Gegenmaßnahme betroffen wird, ein gewisser sachlicher Zusammenhang besteht[15].

3. Ergebnis

Die Ausweisung der beiden abistanischen Diplomaten ist als Gegenmaßnahme mit dem Völkerrecht vereinbar.

---

[15] Zur Berücksichtigung eines inneren Zusammenhangs zwischen Gegenmaßnahmen und vorangehender Rechtsverletzung s schon o Fall 1, S 37.

Fall 4: Falschparker in New York

Sachverhalt[1]

Auf einer Straße in New York sind die Kraftfahrzeuge von D, K und V im Halteverbot abgestellt. D gehört zum diplomatischen Personal der russischen Botschaft in Washington, K ist Konsularbeamter des russischen Konsulats in New York und V Mitglied der ständigen russischen Vertretung bei den Vereinten Nationen. Die Kennzeichen der drei Fahrzeuge lassen den Status ihrer Halter erkennen. Als Polizisten des Bundesstaats New York die Fahrzeugkennzeichen notieren, kehren D, K und V in angeheitertem Zustand von einem Empfang der New Yorker Handelskammer zurück. Es kommt zu einem heftigen Wortwechsel, in dem D, K und V den Polizisten völkerrechtswidrige Schikanen vorwerfen und sie wüst beschimpfen. Als D, K und V handgreiflich werden, artet der Streit in eine Prügelei aus. Schließlich werden D, K und V vorläufig festgenommen.

Am folgenden Tag werden sie wieder freigelassen. D und V werden vom US-Außenminister ohne Vorankündigung aufgefordert, das Land unverzüglich zu verlassen. K wird wegen Beleidigung und Körperverletzung angeklagt. Zudem werden gegen alle drei Verwarnungsgelder wegen falschen Parkens verhängt. D und V werden aufgefordert, die Verwarnungsgelder noch vor ihrer Ausreise zu zahlen.

Sind die USA, Russland und die UNO in ihren völkerrechtlichen Rechten verletzt?

Auszug aus dem Agreement Between the United Nations and the United States of America Regarding the Headquarters of the United Nations vom 26.6.1947 („Headquarters Agreement")[2]:

Section 11. The federal, state or local authorities of the United States shall not impose any impediments to transit to or from the headquarters district of (1) representatives of Members or officials of the United Nations ...

---

1 Den Hintergrund des Falles bilden Bestrebungen der Stadt New York, die hohe Anzahl von Verkehrsverstößen ausländischer Missionsmitglieder bei den Vereinten Nationen einzudämmen. Im Dezember 1996 griffen zwei betrunkene Missionsmitglieder aus Russland und Weißrussland Polizisten an, die ihnen wegen Falschparkens Strafmandate ausgestellt hatten. S dazu Frankfurter Allgemeine Zeitung vom 12.3.1997, 12.
2 UNTS Bd 11, 11 = *Berber*, Völkerrecht, Dokumentensammlung I, 1967, 50.

Section 13 (b). Laws and regulations in force in the United States regarding the residence of aliens shall not be applied in such manner as to interfere with the privileges referred to in Section 11 and, specifically, shall not be applied in such manner as to require any such person to leave the United States on account of any activities performed by him in his official capacity. In case of abuse of such privileges of residence by any such person in activities in the United States outside his official capacity, it is understood that the privileges referred to in Section 11 shall not be construed to grant him exemption from the laws and regulations of the United States regarding the continued residence of aliens, provided that:

(1) no proceedings shall be instituted under such laws or regulations to require any such person to leave the United States except with the prior approval of the Secretary of State of the United States. Such approval shall be given only after consultation with the appropriate Member in the case of a representative of the Member ...; (2) ...

(3) Persons who are entitled to diplomatic privileges and immunities under Section 15 ... shall not be required to leave the United States otherwise than in accordance with the customary procedure applicable to diplomatic envoys accredited to the United States.

Section 15. (1) Every person designated by a Member as the principal resident representative to the United Nations of such Member or as a resident representative with the rank of ambassador or minister pleni-potentiary,

(2) such resident members of their staffs as may be agreed upon between the Secretary General [of the United Nations], the Government of the United States and the Government of the Member concerned,

...,

shall, whether residing inside or outside the headquarters district, be entitled in the territory of the United States to the same privileges and immunities, subject to corresponding conditions and obligations, as it accords to diplomatic envoys accredited to it. ...

Section 21 (a). Any dispute between the United Nations and the United States concerning the interpretation or application of this agreement ..., which is not settled by negotiation or other agreed mode of settlement, shall be referred for final decision to a tribunal of three arbitrators ...

Section 25. Wherever this agreement imposes obligations on the appropriate American authorities, the Government of the United States shall have the ultimate responsibility for the fulfillment of such obligations by the appropriate American authorities.

Section 27. This agreement shall be construed in the light of its primary purpose to enable the United Nations at its headquarters in the United States, fully and efficiently to discharge its responsibilities and fulfill its purposes.

Lösung

A. Die Festnahmen

I. Festnahme des D

Mit der Festnahme des D könnten die USA Russland in seinen Rechten aus Art 29 S 2 WÜD verletzt haben. D ist nach Art 1 Buchst e WÜD Diplomat im Sinne der Konvention. Art 29 S 2 WÜD schützt vor Festnahmen durch den Empfangsstaat. Hier haben Organe des Bundesstaates New York gehandelt, deren Verhalten den Vereinigten Staaten als Gesamtstaat nach allgemeinem Völkergewohnheitsrecht zuzurechnen ist[3]. Die Festnahme des D verstieß damit gegen Art 29 WÜD. Ausnahmen von dem Festnahmeverbot sieht die Konvention nicht vor. Der IGH deutet im Teheraner Geiselfall eine gewohnheitsrechtliche Einschränkung dahingehend an, dass ein Diplomat unter Umständen kurzfristig festgenommen werden könne, um ihn an der Vornahme einer strafbaren Handlung zu hindern[4]. Es ist aber nicht ersichtlich, dass D ohne die Festnahme weiter randaliert oder anderweit Straftaten begangen hätte. Russland ist mithin in seinen Rechten verletzt.

II. Festnahme des K

Mit der Festnahme des K könnten die USA Russland in seinen Rechten aus Art 41 Abs 1 WÜK verletzt haben. K ist Konsularbeamter. Soweit er sich durch einen verbalen und physischen Angriff auf die Polizisten strafbar gemacht hat, handelt es sich nicht um eine schwere Straftat, sondern allenfalls um eine Straftat mittleren Gewichts[5]. Er durfte daher nicht festgenommen werden. Russland ist auch insoweit in seinen Rechten verletzt.

---

[3] S dazu Einl, S 18.
[4] ICJ Rep 1980, 3 (40); dazu *Dahm/Delbrück/Wolfrum*, VR I/1, § 34 III 2, S 275 f; *Fischer*, in: Ipsen, VR, § 35 Rn 39 f; s a BVerfGE 96, 68 (82–84).
[5] S a *Richtsteig*, WÜK/WÜD, Art 41 WÜK Anm 3, S 213, wo als schwere Straftaten solche genannt werden, die nach deutschem Recht mit einer Mindestfreiheitsstrafe von drei Jahren bedroht sind.

III. Festnahme des V

1. Verletzung der UNO

Mit der Festnahme des V könnten die USA die UNO in ihren Rechten aus Section 15 des Headquarters Agreement verletzt haben. Um einen Völkerrechtsverstoß[6] kann es sich dabei nur handeln, soweit die UNO Völkerrechtssubjekt, also Trägerin völkerrechtlicher Rechte und Pflichten ist. Anders als ein Staat ist die UNO kein „geborenes" Völkerrechtssubjekt[7]. Völkerrechtssubjektivität kommt ihr nur zu, wenn und soweit sie ihr von den Gründerstaaten in der Satzung verliehen worden ist. Die Völkerrechtsfähigkeit der UNO ist nicht ausdrücklich geregelt; Art 104 CVN betrifft nur die Rechtsfähigkeit im innerstaatlichen Recht der Mitgliedstaaten[8]. Die Organisation ist aber zumindest soweit völkerrechtsfähig, wie ihr die CVN völkerrechtliche Handlungsfähigkeit verliehen hat[9]. Nach Art 105 CVN genießt die Organisation gegenüber ihren Mitgliedern Vorrechte und Immunitäten und Art 105 Abs 3 CVN sieht diesbezügliche Abkommen mit den Mitgliedstaaten vor[10]. Damit besitzt die UNO jedenfalls insoweit Völkerrechtssubjektivität, wie es um entsprechende Abkommen geht. Das hier fragliche Headquarters Agreement ist demnach ein völkerrechtlicher Vertrag der UNO mit ihrem Mitglied USA.

Fraglich ist, ob Section 15 Headquarters Agreement der UNO eigene Rechte einräumt. Denkbar wäre auch, dass es in dieser Vorschrift nur um Rechte des jeweiligen Entsendestaates geht. Allerdings ist die UNO Vertragspartnerin des Abkommens, an dem die Entsendestaaten nicht beteiligt sind. Damit spricht bereits eine Vermutung dafür, dass Section 15 ihr eigene Rechte verleiht. Diese Vermutung wird durch Section 27 bestärkt, wonach die Immunitäten in erster Linie die Funktionsfähigkeit der Vereinten Nationen sichern sollen, eine Begünstigung der Entsendestaaten also allenfalls sekundärer Zweck ist. Die UNO kann somit eigene Rechte aus Section 15 Headquarters Agreement geltend machen.

V ist Mitglied des Personals einer ständigen Vertretung bei den Vereinten Nationen im Sinne von Section 15 (2) Headquarters Agreement. Es ist

---

6 Nur Völkerrechtsverletzungen sind nach der Aufgabenstellung zu prüfen.
7 Dazu allgem Einl, S 7 ff, 10 f.
8 *Seidl-Hohenveldern/Rudolph*, in: Simma ua, Charta der VN, Art 104 Rn 3.
9 S dazu auch das Reparation-for-Injuries-Gutachten des IGH, ICJ Rep 1949, 174 (178–180); zu einer weitergehenden Völkerrechtssubjektivität der VN s u Fall 6, S 84 f.
10 S dazu *Gerster*, in: Simma ua, Charta der VN, Art 105 Rn 4 f.

davon auszugehen, dass eine entsprechende Vereinbarung zwischen dem UN-Generalsekretär und der US-amerikanischen sowie der russischen Regierung vorliegt. Damit genießt V dieselben Immunitäten, die einem russischen Diplomaten nach dem WÜD zustehen. Das zu D Gesagte gilt daher entsprechend. Die Verantwortlichkeit der Vereinigten Staaten für das Verhalten der Organe des Bundesstaates New York ergibt sich, wie oben [11] dargelegt, bereits aus allgemeinem Völkerrecht und wird in Section 25 Headquarters Agreement ausdrücklich bestätigt. Die Festnahme verletzt somit die UNO in ihren Rechten aus Section 15 Headquarters Agreement iVm Art 29 S 2 WÜD.

2. Verletzung Russlands

Fraglich ist, ob auch Russland aus Section 15 Headquarters Agreement eigene Rechte herleiten kann. Grundsätzlich binden und berechtigen völkerrechtliche Verträge nur die Vertragsschließenden, zu denen Russland hier nicht gehört. Das Völkerrecht kennt allerdings Verträge zugunsten Dritter. Sie sind in Art 34, 36 WVK und, inhaltlich weitgehend übereinstimmend, in Art 34, 36 der Wiener Konvention über das Recht der Verträge zwischen Staaten und internationalen Organisationen oder zwischen internationalen Organisationen (WVKIO)[12] geregelt. Zwar sind die beiden Abkommen schon aus zeitlichen Gründen auf das ältere Headquarters Agreement nicht anzuwenden (Art 4 WVK/WVKIO); die letztgenannte Konvention ist noch nicht einmal in Kraft getreten. Ihre Art 34, 36 können aber zumindest in ihren Grundzügen als Ausdruck parallelen Völkergewohnheitsrechts herangezogen werden[13].

Maßgebend ist nach Art 36 Abs 1 S 1 WVK/WVKIO, ob die Vertragsparteien, also die USA und die UNO, Drittstaaten, die Vertretungen bei den Vereinten Nationen errichten, über eine faktische Begünstigung hinaus Rechte einräumen wollten. Dagegen könnte Section 27 Headquarters Agreement sprechen, wonach die Funktionsfähigkeit der Vereinten Nationen im Vordergrund steht und nicht die Interessen dritter Staaten. Auch Section 21 (a) Headquarters Agreement, der ein besonderes Streitschlich-

---

11 Bei Fn 3.
12 Konvention v 21. 3. 1986, BGBl 1990 II, 1414.
13 *Neuhold*, Völkerrechtlicher Vertrag und „Drittstaaten", BerDGVR 28 (1988), 51 (52 ff); allgem zu völkerrechtlichen Verträgen zugunsten Dritter auch *Verdross/Simma*, VR, §§ 757 ff; *Graf Vitzthum*, in: ders, VR, Rn I 120.

Fall 4: Falschparker in New York

tungsverfahren zwischen der UNO und den USA vorsieht, deutet auf eine rein bilaterale Rechtsbeziehung hin. Wenn Section 27 Headquarters Agreement allein die Interessen der Vereinten Nationen betont, schließt das allerdings nicht aus, dass Dritten Rechte eingeräumt werden. Eine Berechtigung Dritter liegt vielmehr jedenfalls dann nahe, wenn dadurch wiederum die Funktionsfähigkeit der UNO gestärkt wird. Es liegt offenkundig im Interesse der Vereinten Nationen, dass Drittstaaten ohne Zurückhaltung Vertretungen an ihrem Sitz errichten. Dazu werden Drittstaaten nur bereit sein, wenn sie ihre Vertreter rechtlich geschützt wissen. Da die Internationale Organisation nicht über ein Gebiet verfügt, das ihrer ausschließlichen Hoheit unterworfen wäre, gehört dazu auch der Schutz gegenüber dem Sitzstaat. Dabei wird es für Drittstaaten wichtig sein, eigene Rechte gegenüber dem Sitzstaat zu besitzen. Anderenfalls könnte die Situation eintreten, dass die Vereinten Nationen gegen den Willen des Drittstaates gegenüber den USA auf die Immunität eines Missionsmitgliedes verzichten und den Drittstaat so schutzlos stellen. Sinn und Zweck von Section 15 sprechen daher dafür, dass Drittstaaten ein eigener Anspruch eingeräumt werden sollte. Zudem sieht Section 15 (2) bei Missionsmitgliedern eine trilaterale Vereinbarung vor, die den Drittstaat einbezieht. Hier bestätigt sich, dass der Drittstaat nicht vollständig außerhalb der vertraglichen Beziehung zwischen der UNO und den USA steht. Im Ergebnis ist somit davon auszugehen, dass Drittstaaten, hier Russland, ein eigener Anspruch auf Schutz seiner Missionsmitglieder zukommen soll.

Art 36 Abs 1 WVK/WVKIO verlangt zudem, dass der Drittstaat seiner Berechtigung zugestimmt hat, wobei aber gemäß Satz 2 der Vorschrift die Zustimmung zu vermuten ist[14]. Hier ist Russland ohnehin durch das Entsenden des V und die Vereinbarung nach Section 15 (2) Headquarters Agreement selbst in Kontakt zu den USA und der UNO getreten. Sein Einverständnis mit der Berechtigung steht danach außer Zweifel.

Die USA haben somit auch Rechte Russlands nach Section 15 (2) Headquarters Agreement iVm Art 29 S 2 WÜD verletzt.

---

14 S dazu Neuhold (Fn 13), BerDGVR 28 (1988), 51 (56f); *Verdross/Simma*, VR, § 760.

B. Die Ausreiseaufforderung gegenüber D und V

I. Ausreiseaufforderung gegenüber D

Nach Art 9 Abs 1 WÜD können die USA den russischen Diplomaten D jederzeit ohne Angabe von Gründen zur nicht genehmen Person (*persona non grata*) erklären mit der Folge, dass Russland ihn abberufen oder seine Tätigkeit bei der Botschaft beenden muss. Nach Art 9 Abs 2, Art 43 Buchst b sowie Art 39 Abs 2 WÜD sind die USA berechtigt, den D mit Ablauf einer von ihnen gesetzten angemessenen Frist nicht mehr als Missionsmitglied anzuerkennen, seine dienstliche Tätigkeit so zu beenden und ihm dann die diplomatischen Vorrechte und Immunitäten zu versagen. Das bedeutet auch, dass die USA den Aufenthalt des D nach Fristablauf zwangsweise beenden können.

In der Ausreiseaufforderung liegt wenigstens konkludent die Erklärung, dass D den USA als Diplomat nicht mehr genehm sei. Zudem müsste die gesetzte Ausreisefrist angemessen sein. Eine Frist von 24 Stunden ist zwar knapp bemessen. Sie reicht aber für eine Ausreise aus und bewegt sich im Rahmen des international Üblichen. Unter diesen Umständen kann sie nicht als unangemessen gelten. Damit liegt in der Ausreiseaufforderung allenfalls ein unfreundlicher Akt der Vereinigten Staaten, aber keine Völkerrechtsverletzung gegenüber Russland[15].

II. Ausreiseaufforderung gegenüber V

Die Ausreiseaufforderung gegenüber V könnte Rechte der UNO und Russlands aus Section 13 (b) Headquarters Agreement verletzen[16].

Section 13 (b) S 1 verbietet die Ausweisung wegen Handlungen, die in Ausübung der amtlichen Tätigkeit vorgenommen wurden. Das Beschimpfen und Schlagen von Polizisten gehört dazu nicht, so dass es nicht darauf ankommt, ob die Teilnahme an dem Empfang sich als amtliche Tätigkeit des V darstellt[17].

---

[15] In gleicher Weise hätten die USA den Konsularbeamten K nach Art 23 Abs 1, 2 und 4, Art 25 Buchst c sowie Art 53 Abs 3 S 1 WÜK zum Verlassen des Landes auffordern können. Insoweit stimmt die Rechtslage nach dem WÜK mit der nach dem WÜD überein.
[16] Zur Anwendung dieser Vorschrift in der Praxis s *L. Dembinski*, The Modern Law of Diplomacy, 1988, 146–148.
[17] Vgl dazu u D II zur Rechtlage nach dem WÜK.

Fall 4: Falschparker in New York

Section 13 (b) S 2 lässt die Ausweisung nur bei einem Missbrauch der Privilegien zu. Ein Missbrauch liegt vor, wenn das Missionsmitglied Pflichten verletzt, die ihm ungeachtet seiner Immunität obliegen[18]. Section 15 Headquarters Agreement verweist nicht nur für die Immunitäten auf das WÜD, sondern auch für korrelierende Bedingungen und Verpflichtungen. Dazu gehört nach Art 41 Abs 1 S 1 WÜD die Pflicht, das Recht des Empfangsstaates zu beachten. V hat durch sein Verhalten gegenüber den Polizisten gegen amerikanisches Strafrecht[19] verstoßen und so seine Privilegien missbraucht.

Die Ausweisung darf nach Section 13 (b) (1) S 1 nur mit Zustimmung des US-Außenministers verfügt werden. Dem steht der Fall gleich, dass – wie hier – der Außenminister selbst gehandelt hat. S 2 der Vorschrift macht die Entscheidung des Außenministers von einer Konsultation mit dem jeweiligen UN-Mitglied abhängig. Da Russland vor der Ausweisung nicht konsultiert worden ist, widerspricht die Ausweisung Section 13 (b) (1) S 2. Man könnte erwägen, ob Nr 3 von Section 13 (b) der Nr 1 als Spezialvorschrift vorgeht. Nr 3 verweist für die Ausweisung von Missionsmitgliedern auf Art 9 WÜD, der die Erklärung zur *persona non grata* nicht von einem vorherigen Konsultationsverfahren abhängig macht. Nr 1 ordnet die Konsultationspflicht jedoch ausdrücklich gerade auch für Vertreter der Mitgliedstaaten an, die stets den besonderen Schutz von Section 15 genießen. Würde sich die Ausweisung des Vertreters eines Mitgliedstaates allein nach Nr 3 beurteilen, verlöre die Konsultationspflicht insoweit entgegen der ausdrücklichen Erstreckung jedes Anwendungsfeld. Nr 3 stellt somit keine Spezialregelung dar, sondern eine zusätzliche Garantie, die neben dem in Section 13 (b) (1) geregelten Konsultationserfordernis steht[20].

Damit ist die UNO in ihrem Recht aus Section 13 (b) (1) S 2 Headquarters Agreement verletzt.

Wie bei der Festnahme ist auch hier davon auszugehen, dass der Verstoß gegen das Headquarters Agreement zugleich eine Verletzung der Rechte Russlands bedeutet, zumal Section 13 (b) (1) S 2 Headquarters Agreement gerade auf die Mitwirkung des Entsendestaates Russland abstellt.

---

18 Zu einem entspr Missbrauchsverständnis s IGH, ICJ Rep 1980, 3 (38f) – Teheraner Geiselfall.
19 Dafür ist unerheblich, ob es sich um Bundesrecht oder solches des Staates New York gehandelt hat.
20 IErg ebenso *Gerster*, in: Simma ua, Charta der VN, Art 105 Rn 39; zur entspr Praxis s *Dembinski*, aaO (Fn 16); *Rousseau*, Chronique des faits internationaux, RGDIP 82 (1978), 1118f.

C. Die Anklage gegen K

Die Anklage gegen K könnte Rechte Russlands aus Art 43 Abs 1 WÜK verletzen. Danach beschränkt sich die Immunität von Konsularbeamten allerdings auf die Wahrnehmung konsularischer Aufgaben. Dazu gehört weder das Beschimpfen noch das Verprügeln von Polizisten in Zusammenhang mit dem Straßenverkehr. Im Übrigen genießen Konsularbeamte, wie Art 41 Abs 3 und Art 42 WÜK deutlich zeigen, keine Immunität von der Strafgerichtsbarkeit des Empfangsstaates[21]. Die Anklage gegen K verletzt keine Rechte Russlands.

D. Der Verhängung der Verwarnungsgelder

I. Verwarnungsgeld gegen D

Die Verhängung des Verwarnungsgeldes gegen D könnte Russland in seinen Rechten aus Art 31 WÜD verletzen. Nach Art 31 Abs 1 WÜD genießt der Diplomat eine umfassende Immunität von der Gerichtsbarkeit des Empfangsstaates, die insbesondere das Strafrecht umfasst und nur für die Zivil- und Verwaltungsgerichtsbarkeit enge, hier nicht einschlägige Ausnahmen kennt. Das Verwarnungsgeld ist zwar nicht von einem Gericht im formellen Sinn verhängt worden. Art 31 Abs 1 WÜD stellt aber nicht darauf ab, ob eine Aufgabe einem Organ zugewiesen ist, das formal der rechtsprechenden Gewalt zugeordnet ist. Vielmehr soll die Vorschrift einen umfassenden Schutz namentlich vor solchen Hoheitsakten gewähren, die Sanktionscharakter haben. Daher stellt auch die Verhängung des Verwarnungsgeldes eine Maßnahme der Strafgerichtsbarkeit dar, die Art 31 S 1 WÜD verbietet[22]. In zeitlicher Hinsicht erstreckt sich die Immunität über die Erklärung zur persona non grata hinaus nach Art 39 Abs 2 WÜD mindestens bis zur Ausreise oder dem Ablauf einer Ausreisefrist. Die Verhängung des Verwarnungsgeldes ist daher mit Art 31 Abs 1 S 1 WÜD unvereinbar und verletzt Russland in seinen Rechten.

---

21 Darin unterscheidet sich die konsularische Immunität von der diplomatischen nach Art 31 I 1 WÜD.
22 Zur entspr deutschen Praxis s das BMI-Rdschr betr Diplomaten ua bevorrechtigte Personen v 17.8.1993, GMBl 1993, 591 (596) sowie *Richtsteig*, WÜD/WÜK, Art 31 WÜD Anm 3a, S 72; zu einem Auseinanderfallen des Strafrechtsbegriffs im nationalen und im Völkerrecht s a Fall 17, S 223 f.

II. Verwarnungsgeld gegen K

Die Immunität des K beschränkt sich nach Art 43 Abs 1 WÜK, wie erörtert[23], auf Handlungen, die in Wahrnehmung konsularischer Aufgaben vorgenommen worden sind. Das Parken eines Autos ist keine spezifische konsularische Tätigkeit. Zu den konsularischen Aufgaben gehört zwar nach Art 5 Buchst b WÜK die Teilnahme des K an dem Empfang der Handelskammer. Art 43 Abs 1 WÜK greift bei Verkehrsverstößen aber nur ein, wenn der Gebrauch des Kraftfahrzeuges in einem engen Zusammenhang mit der wirksamen Wahrnehmung konsularischer Aufgaben steht[24]. Hier ist nicht ersichtlich, dass K ohne das falsche Parken an einer Teilnahme an dem Empfang gehindert gewesen wäre, so dass kein hinreichend enger Zusammenhang besteht[25]. Die Verhängung des Verwarnungsgeldes gegen K verletzt Russland demnach nicht in seinen Rechten aus Art 43 Abs 1 WÜK.

III. Verwarnungsgeld gegen V

Da Section 15 Headquarters Agreement für die Immunität des V auf das WÜD verweist, gilt das zu D Gesagte entsprechend. Die Verhängung des Verwarnungsgeldes verletzt die Vereinten Nationen und Russland in ihren Rechten aus Section 15 Headquarters Agreement iVm Art 31 Abs 1 S 1 WÜD.

---

23 O zu C.
24 BayObLGSt 1973, 191 (192); *Fischer*, in: Ipsen, VR, § 38 Rn 12; ebenso das BMI-Rdschr (Fn 22), GMBl 1993, 591 (595).
25 Die gegenteilige Ansicht wäre ebenfalls vertretbar, wenn man allein auf das dienstliche Fahrtziel abstellt und nicht danach fragt, ob K auch ohne Verkehrsverstoß zu dem Empfang hätte gelangen können.

Fall 5: Anerkennung in Diffusien

Sachverhalt[1]

Diffusien war ein föderal organisierter, europäischer Vielvölkerstaat, der in der ersten Hälfte des 20. Jahrhunderts aus verschiedenen, einander geographisch benachbarten Einzelstaaten zusammengefügt wurde. Für diesen Einigungsprozess war wesentliche Triebkraft eine Wirtschafts- und Gesellschaftsdoktrin gewesen, welche seinerzeit große Anziehungskraft besaß und die bestimmenden politischen Kräfte der Region erfasst hatte. Aufgrund dessen war das Einigungswerk trotz erheblicher ethnischer, sprachlicher und kultureller, insbesondere auch religiöser Unterschiede zwischen verschiedenen Bevölkerungsgruppen gelungen. Nach etwa 40jähriger Geschichte geriet Diffusien in nahezu katastrophale wirtschaftliche Schwierigkeiten. Es kam zu sozialen Unruhen, und in Anknüpfung an die zuvor bestehenden, seinerzeit in Diffusien aufgegangenen Einzelstaaten begann ein Erosionsprozess. Lediglich der Gliedstaat Dominien, dessen Eliten in der Endphase Diffusiens im Gesamtstaat wesentliche Schlüsselstellungen innehatten, widersetzte sich. Er wollte in Fortführung des bisherigen Staates möglichst viel von dessen Gebiet bewahren.

Bereits kurze Zeit nach dem Ausbruch gewaltsamer Unruhen in verschiedenen Teilen Diffusiens ziehen sich die am Fortbestand interessierten Teile der Armee aus dem Gebiet des Gliedstaats Fortunien zurück, woraufhin Fortunien sich für unabhängig erklärt; die dortige Territorialgewalt übt seitdem eine faktisch unangefochtene Herrschaft aus.

Im Gliedstaat Identistan, in welchem die Bevölkerungsmehrheit einem anderen religiösen Bekenntnis folgt als die Bevölkerung Dominiens, aber

---

1 Der Fall greift – stark vereinfachend – Vorgänge in und um Jugoslawien auf; vgl einige Hinweise auf die Realität in nachfolgenden Fn 7, 9, 21 u 23. Zur Problematik fiktiver und realer Sachverhalte s Einl, S 1; Zur Situation im Kosovo: *F. Rauert*, Das Kosovo. Eine völkerrechtliche Studie, 1999; *R. Merkel*, Der Kosovo-Krieg und das Völkerrecht, 2000; *Quane*, A right to self-determination for the Kosovo-Albanians?, LJIL 13 (2000), 219–227; in Tschetschenien: *H. Bischof*, Sturm über Tschetschenien. Rußlands Krieg im Kaukasus, 1995; *Gazzini*, Some considerations on the conflict in Chechnya, HRLJ 17 (1996), 93 ff; in Abchasien: *Potier*, Conflict in Nagorno-Karabakh, Abkhazia and South Ossetia: a legal appraisal, 2001; in Ost-Timor: *P. Münch-Heubner*, Osttimor und die Krise des indonesischen Vielvölkerstaates in der Weltpolitik, 2000; *P. Escarameia*, Formation of concepts in international law: subsumtion under self-determination in the case of East Timor, 1993; *P. Hilpold*, Der Osttimor-Fall: eine Standortbestimmung zum Selbstbestimmungsrecht der Völker, 1996.

Fall 5: Anerkennung in Diffusien

eine starke dominische Minderheit vorhanden ist, zieht sich die frühere diffusische Armee ebenfalls bald zurück, doch unterstützt die dominische Regierung auf verschiedenen Wegen Milizen der Minderheit. Es kommt zu Auseinandersetzungen von außerordentlicher Brutalität mit denjenigen Kräften, die eine Eigenstaatlichkeit Identistans erstreben. Die Zivilbevölkerung beider Seiten wird Gräueltaten ausgesetzt.

In Alexandrien schließlich stellt sich die militärische Lage ebenso dar wie in Fortunien. Alexandrien war vor Jahrhunderten in einem Staatswesen mit dem benachbarten Archaien vereint gewesen. Seit der Auflösung dieses Staates hat sich eine deutlich abweichende kulturelle und politische Entwicklung ergeben; auch die Sprachen sind unterschiedlich. In beiden Staaten spielt indes die Erinnerung an das einstige Staatswesen, das seinerzeit eine Vormachtstellung in der Region innehatte und auch bedeutende kulturelle Errungenschaften hervorgebracht hat, eine identitätsstiftende, den Anteil der jeweils „anderen" Seite in den Hintergrund stellende Rolle. In Archaien besteht eine an Alexandrien grenzende Provinz gleichen Namens und etwa gleicher Größe.

Fortunien, Identistan und Alexandrien begehren nunmehr – etwa ein Jahr nach Ausbruch der Unruhen – von anderen Staaten die völkerrechtliche Anerkennung als selbständige Staaten. Sie möchten auch eine Erklärung der EU derartigen Inhalts erhalten. Deren Mitgliedstaaten und Organe der EU haben über einen längeren Zeitraum hinweg in öffentlichen Erklärungen und auf diplomatischen Kanälen verlangt, die Staaten auf dem Gebiet des zerfallenen Diffusien sollten sich im Innern in einer Weise organisieren und verhalten, welche den „gemeinsamen rechtsstaatlichen und demokratischen Traditionen Europas" entspreche. Sie haben daraus recht detaillierte Anforderungen hergeleitet, welchen Fortunien und Alexandrien nunmehr entsprechen, Identistan indes nicht.

Dominien – in der internationalen Öffentlichkeit oft als „Rest-Diffusien" bezeichnet – lässt wissen, dass es für Anerkennungen keine Grundlage sieht und derartige Akte als ihm gegenüber völkerrechtswidrig betrachten würde. Archaien tritt der Anerkennung Alexandriens durch andere Staaten entgegen, solange dieses keinen abweichenden Staatsnamen wähle.

Anlässlich einer bevorstehenden internationalen Konferenz werden Sie von dem Vertreter eines bisher an den Vorgängen nicht beteiligten Staates um eine Einschätzung zu den folgenden Fragen gebeten:
1. Treffen die Rechtsauffassungen Dominiens und Archaiens zu?
2. Besteht eine völkerrechtliche Verpflichtung, dem Begehren Fortuniens, Identistans und Alexandriens zu entsprechen?

Lösung

Vorbemerkung: Bei dieser Aufgabe zeigt sich in deutlicher Weise, was auch sonst häufig gilt: Art und Umfang einer Fallbearbeitung werden entscheidend bestimmt auch durch ihre Modalitäten. Der Fall würde „als" Hausarbeit eine intensivere Auseinandersetzung namentlich mit dem Völkergewohnheitsrecht und dem diesbezüglichen Schrifttum erfordern. Er könnte auch Gegenstand einer Examensklausur sein, weil hinsichtlich der hier im Mittelpunkt stehenden Grundfragen Wissen über Staatenpraxis und Meinungsstände vorausgesetzt werden darf. Die nachfolgende Bearbeitung geht demgegenüber von einer nur zweistündigen Bearbeitungszeit aus. Das nötigt zu einer Beschränkung auf das Wesentliche und legt auch einen Aufbau nahe, der von etwaigen Möglichkeiten, Streitfragen „offenzulassen", weitestgehend Gebrauch macht. Die Fallfrage ermuntert dazu.

Frage 1

I. Verletzungen von Rechten Dominiens durch eine völkerrechtliche Anerkennung Fortuniens, Identistans und Alexandriens

Dominien ist ein unabhängiger Staat. Die völkerrechtliche Anerkennung der drei Staaten auf dem Gebiet des früheren Diffusien durch andere Staaten würde Rechte Dominiens verletzen, wenn das von den drei Staaten in Anspruch genommene Gebiet nach dem Völkerrecht Dominien zugehörig ist. Die Anerkennungserklärungen würden dann als Eingriff in die territoriale Souveränität Dominiens zu qualifizieren sein und die Schutznorm für die Souveränität, das insoweit völkergewohnheitsrechtlich geltende Nichteinmischungsprinzip verletzen[2]. Das würde auch für eine Erklärung der EU derartigen Inhalts gelten, sofern auch diese das Nichteinmischungsprinzip zu wahren hat[3].

Jedenfalls zu Beginn des im Sachverhalt geschilderten Erosionsprozesses hat Dominien für sich in Anspruch genommen, trotz des Wechsels des

---

[2] Zum Zusammenhang von Souveränität und Nichteinmischung s etwa *Stein/v. Buttlar*, VR, Rn 522 ff, 631 ff; *Oeter*, Selbstbestimmungsrecht im Wandel: Überlegungen zur Debatte zur Selbstbestimmung, Sezessionsrecht und „vorzeitige Anerkennung", ZaöRV 52 (1992), 741.
[3] Mit dieser Wendung wird vermieden, an dieser Stelle die Völkerrechtssubjektivität der EU erörtern zu müssen.

Fall 5: Anerkennung in Diffusien

Staatsnamens mit Diffusien identisch zu sein. Es ist nicht erkennbar, dass Diffusien zuvor als Staat untergegangen wäre. Ein Staat geht unter, wenn er Gebiet oder Bevölkerung gänzlich verliert, wenn seine Hoheitsgewalt erlischt, dies mit oder gegen den Willen dieses Staates[4]. Hier kommt ein Auseinanderfallen gegen den Willen Diffusiens durch Zerfall in mehrere neue Staaten, eine Dismembration[5] (oder aber durch gewaltsame Abspaltung, Sezession[6]) in Betracht. Das unfreiwillige Erlöschen eines Staates muss eine gewisse Endgültigkeit aufweisen. Die vorübergehende Ausschaltung der früheren Staatsgewalt, hier offenbar ohnehin nur für einen Teil des Staatsgebiets eingetreten, ist nicht ausreichend.

Dominien nimmt offensichtlich für sich in Anspruch, die womöglich vorübergehend zusammengebrochene diffusische Staatsgewalt reorganisiert bzw aktiviert zu haben. Geht man davon aus, was der Sachverhalt nahe legt, dass hierfür eine hinreichende tatsächliche Basis insofern vorhanden war, als die Funktionsträger Diffusiens, im Wesentlichen dem früheren Gliedstaat Dominien zugehörige Eliten, in dem Gesamtgebiet um die weitere Ausübung von Hoheitsmacht bemüht waren, dies aber nur im Gliedstaat selbst effektiv durchsetzen konnten, dürfte von einer Identität Dominiens mit Diffusien auszugehen sein[7]; zu fragen ist aber, ob angesichts der tatsächlichen Entwicklungen in den übrigen Gliedstaaten von deren Sezession auszugehen ist. Dies hätte zur Folge, dass Diffusien als Dominien mit verkleinertem Gebiet weiter besteht und sich im Übrigen neue Staaten gebildet haben. Deren Anerkennung durch andere könnte dann Rechte des nunmehrigen Dominiens von vornherein nicht verletzen.

Es ist also nach den einzelnen Teilgebieten zu unterscheiden.

1. Fortunien

Aus Fortunien haben sich die die Sache Dominiens verfechtenden Streitkräfte bereits kurze Zeit nach dem Ausbruch von Unruhen zurückgezogen.

---

[4] Vgl *Dahm/Delbrück/Wolfrum,* VR I/1, § 14 I, S 142; zu Entstehung und Untergang von Staaten s a *Hailbronner,* in: Graf Vitzthum, VR, Rn III 161–167.
[5] S dazu *Schloh,* Dismemberment, EPIL I (1992), 1083f.
[6] S dazu *Haverland,* Secession, EPIL IV (2000), 354ff; *V. Bartkus,* The dynamic of secession, 1999.
[7] Vgl idS mit Blick auf Jugoslawien *Blum,* UN-Membership of the „New" Yugoslavia: Continuity or Break?, AJIL 86 (1992), 830 (833); aA der SR in Res 777 (1992), welche den Untergang der früheren Bundesrepublik Jugoslawien „feststellte"; zur Jugoslawienfrage insgesamt: *S. Baer,* Der Zerfall Jugoslawiens im Lichte des Völkerrechts, 1995.

Seither ist die fortunische Unabhängigkeit faktisch unangefochten geblieben, allerdings hält Dominien offenbar an seinem Rechtsanspruch fest, wie es sich auch an der im Sachverhalt wiedergegebenen Argumentation in Reaktion auf die Bemühungen (auch) Fortuniens um Anerkennung zeigt.

Feste zeitliche Vorgaben für die Zulässigkeit einer Anerkennung lassen sich nicht finden. Vorliegend dürfte nach Lage der Dinge einer Anerkennung Fortuniens nichts im Wege stehen. Dabei ist auch die „Vorgeschichte" von Bedeutung: Alle Gliedstaaten Diffusiens waren offenbar zuvor unabhängige Staaten gewesen, hatten unter ethnischen, sprachlichen und kulturellen Gesichtspunkten eine Identität aufgewiesen und diese auch während des Bestandes des Gesamtstaats bewahrt. Wenn unter diesen Umständen Dominien sich alsbald aus Fortunien zurückzieht, auf dem Staatsgebiet Identistans aber weiterhin um eine Aufrechterhaltung des Status quo mit militärischen Mitteln bemüht ist, deutet dies darauf, dass in Fortunien sich die dortigen Gewaltinhaber endgültig durchgesetzt haben[8].

2. Identistan

Anders liegen die Dinge hier. Zwar zieht sich die frühere diffusische Armee auch aus Identistan bald zurück, doch dauern die gewaltsamen Auseinandersetzungen an. Eine „Klärung" der Machtverhältnisse ist nicht in Sicht, zumal in Identistan eine starke dominische Minderheit vorhanden ist, die für ihre gewaltsamen Bemühungen Unterstützung der dominischen Regierung gefunden hat. Es liegt also eine Bürgerkriegssituation vor. Wegen der früheren Zugehörigkeit Identistans zu dem von Dominien fortgesetzten Diffusien würde sich eine Anerkennung als parteiergreifend zu Lasten des letzteren darstellen[9].

An diesem Ergebnis könnte allenfalls das Prinzip der Selbstbestimmung[10] der Völker etwas ändern. Zum völkergewohnheitsrechtlich gelten-

---

[8] Die Wesentlichkeit dieses Gesichtspunkts zeigt die im vorliegenden Bereich noch bestehende „Primitivität" des Völkerrechts: Die Einstellung militärischer Aktivität trägt zum Rechtsverlust bei. Die Rechtslage könnte also zur Fortsetzung von Gewalt motivieren.

[9] S mN zur Staatenpraxis *Verdross/Simma*, VR, §§ 384, 96f; zur neueren Praxis *Rich*, Recognition of States: The collapse of Yugoslavia and the Soviet Union, EJIL 4 (1993), 36ff; *Hailbronner*, in: Graf Vitzthum, VR, Rn II 171.

[10] S *Doehring*, Das Selbstbestimmungsrecht der Völker, in: Simma ua, Charta der VN, 15ff; Beiträge in: *C. Tomuschat* (Hrsg), Modern Law of Self-determination, 1993.

Fall 5: Anerkennung in Diffusien

den Rechtssatz hatte es sich indessen vor allem als „Befreiungsanspruch" zur Überwindung kolonialer Abhängigkeit entwickelt[11]. Das spielt in Europa keine Rolle. Des Weiteren wirkt das Selbstbestimmungsprinzip mit seiner „inneren" Dimension in Vielvölkerstaaten und dient der Bewahrung von Identität[12]. In Identistan gibt es (mindestens) zwei größere Bevölkerungsgruppen, die identische Mehrheit und die dominische Minderheit. Die erstere kann nichts zu Lasten der letzteren aus dem Selbstbestimmungsrecht herleiten, aber auch nicht gegenüber Dominien. Das Selbstbestimmungsrecht enthält keinen Anspruch auf Sezession[13].

Danach schützt das Prinzip der Nichteinmischung Dominien vor der Anerkennung Identistans als unabhängig.

3. Alexandrien

Da sich die faktischen Machtverhältnisse in Alexandrien ebenso darstellen wie in Fortunien, gilt das dazu Gesagte (s o 1). Die Besonderheiten der alexandrischen Situation betreffen allein sein Verhältnis zu Archaien. Hieraus kann Dominien nichts für sich herleiten.

4. Die EU

Sind die Staaten danach gehindert, Identistan völkerrechtlich anzuerkennen, nicht aber Fortunien und Alexandrien, so fragt sich, was für die EU gilt, welche von den Staaten ebenfalls um Anerkennung ersucht worden ist.

Die Völkerrechtssubjektivität der EU ist umstritten. Jedenfalls ist sie kein Staat[14]. Ihre Zusammenfügung aus den drei Völkerrechtssubjekte darstellenden Gemeinschaften in organisatorisch-institutioneller Erweiterung hat zutreffender Ansicht nach kein Völkerrechtssubjekt „Union" hervorgebracht[15], die Völkerrechtssubjektivität der Gemeinschaften dann beseiti-

---

11 Vgl *Kunig*, Entkolonisierung, in: Wolfrum, HdbVN, Rn 3.
12 Vgl vor allem *A. V. Lombardi*, Bürgerkrieg und Völkerrecht, 1976, 181 ff.
13 S *Schachter*, Micronationalism and Secession, in: FS Bernhardt, 1995, 179 ff; *Hailbronner*, in: Graf Vitzthum, VR, Rn III 118 f, 166 f; eingehend dazu *Murswiek*, Die Problematik eines Rechts auf Sezession – neu betrachtet, AVR 31 (1993), 307 ff; *S. Macedo*, Secession and self-determination, 2003.
14 Vgl *Schwarze*, Das Staatsrecht in Europa, JZ 1993, 585 (588); s aber *Ossenbühl*, Maastricht und das Grundgesetz, DVBl 1993, 629 (631), der von „supranationaler Staatlichkeit" spricht; *Schilling*, Die deutsche Verfassung und die europäische Einigung, AöR 116 (1991), 32 (52), hält den Begriff „Quasi-Staat" für angemessen.
15 Vgl *Lecheler*, Der Rechtscharakter der „Europäischen Union", FS C. Heymanns

gend. In ihrer Rolle als außenpolitischer Akteur handelt die EU durch Organe, welche die völkerrechtliche Verantwortlichkeit dieser Gemeinschaften begründen. Dafür gilt allgemeines Völkerrecht[16]. Ein danach bestehendes Anerkennungsverbot – wie hier hinsichtlich Identistans – ist daher auch insoweit einzuhalten.

II. Die Rechtsauffassung Archaiens

Archaien kann einer Anerkennung Alexandriens keine auf seiner territorialen Souveränität beruhenden Rechte entgegenhalten. In Betracht kommt allein die Verletzung eines ideelle Interessen Alexandriens schützenden Rechts. Insoweit wird teilweise davon ausgegangen, dass zum Bestand der gewohnheitsrechtlich geschützten Grundpositionen der Staaten auch ein Recht auf ideelle Selbstbehauptung gehöre, aus dem wiederum eine Art staatlicher „Ehrenschutz" herzuleiten sei[17]. Das könnte der Namenswahl Alexandriens entgegenstehen, wenn diese Staatsbezeichnung gewissermaßen durch die historische Entwicklung für Archaien, in dem sich eine gleichnamige Provinz befindet, „reserviert" wäre.

Ein Recht (der Staaten) auf Ehre kennt das Völkergewohnheitsrecht nicht in einem allgemeinen Sinne. Seinem Anliegen wird durch Regeln der Courtoisie[18] (unterhalb der Schwelle des rechtlich Einforderbaren), aber auch durch Rechtsvorschriften namentlich des Gesandtschaftsrechts[19] Rechnung getragen. Darüber hinaus mögen auch gewohnheitsrechtliche Regeln für die Kommunikation der Staaten mit- und übereinander bestehen, auch für den Umgang mit Symbolen, wie Flaggen und Hoheitszeichen. Die neuere Staatenpraxis legt insoweit allerdings insgesamt „großzügigere" Maßstäbe an den Tag als etwa diejenige des 19. Jahrhunderts[20]. Ein Verbot,

---

Verlag, 1995, 383ff; *Klein*, in: Graf Vitzthum VR, Rn IV 249 ff; *Dörr*, Zur Rechtsnatur der Europäischen Union, EuR 1995, 334 ff; anders v. *Bogdandy/Nettesheim*, Die Verschmelzung der Europäischen Gemeinschaften in der Europäischen Union, NJW 1995, 2324 ff.
16 S zB *H.-H. Nöll*, Die Völkerrechtssubjektivität der Europäischen Gemeinschaften und deren Bindung an das allgemeine Völkerrecht, 1986.
17 Vgl dazu einerseits *Berber*, VR I, S 205 ff sowie *Epping*, in: Ipsen, VR, § 26 Rn 15 f, andererseits *Kunig*, Staatenehre im Völkerrecht, Jura 1998, 160 ff.
18 S dazu *Graf Vitzthum*, in: ders, Rn I 66, 69.
19 S die Regeln über „Klassen" der Missionschefs in Art 14ff WÜD.
20 Vgl dazu *v. Münch*, Das völkerrechtliche Delikt in der modernen Entwicklung der Völkerrechtsgemeinschaft, 1963, 75 f (194, 233).

einen Staatsnamen zu wählen, welcher in einem angrenzenden Staat für eine Provinz verwendet wird, lässt sich nicht erkennen. Dabei ist auch zu berücksichtigen, dass der „alexandrische Anteil" am ideellen Erbe des im Sachverhalt erwähnten und vor Jahrhunderten aufgelösten Staatswesens sich offenbar von demjenigen Archaiens nicht unterscheidet. In beiden Staaten wird mit diesem Erbe in gleicher Weise umgegangen. Danach kann die ideelle Selbstbehauptung Archaiens nicht durch die Namenswahl Alexandriens beeinträchtigt sein. Archaiens Anliegen ist allein politischer Natur, aber nicht rechtlich begründet[21].

Frage 2

Eine Verpflichtung zur Anerkennung Identistans besteht nach dem zu Frage 1 unter I.2 gefundenen Ergebnis nicht. Denn wenn sich Dominien sogar mit Rechtsgründen einer Anerkennung Identistans widersetzen kann, ist für einen Anerkennungsanspruch von vornherein kein Raum.

Fortunien und Alexandrien dürfen indes anerkannt werden, ohne Rechte Dominiens (Frage 1, I.1 bzw 3) oder Archaiens (II) zu verletzen. In der Nachkriegszeit hat sich – nachdem lange Zeit Streit darüber geführt worden ist, ob die Anerkennung eines Staates deklaratorische oder konstitutive Wirkung habe – allgemein die Auffassung durchgesetzt, eine Anerkennung wirke allein deklaratorisch, woraus folge, dass ein um Anerkennung bemühtes Gebilde keinen Anspruch hierauf habe[22]. Wie die Entscheidung über die Aufnahme diplomatischer Beziehungen (vgl Art 2

---

[21] Zu den Auseinandersetzungen zwischen Mazedonien und Griechenland und dem (politischen) Kompromiss einer Modifizierung des mazedonischen Staatsnamens als Voraussetzung der Aufnahme des Staates in die UNO im April 1993 s SR Res 817 (1993) v 7.4.1993, abgedr in VN 1993, 78; vgl ferner EuGH, EuGRZ 1994, 421: keine einstweilige Anordnung gegen Griechenland wegen Blockade Mazedoniens; Mazedonien wurde schließlich am 8.4.1993 als „Frühere/Ehemalige Jugoslawische Republik Mazedonien" in die UNO aufgenommen. Die BR Jugoslawien ist nach acht Jahren ohne Stimm- und Rederecht seit November 2000 wieder vollberechtigtes Mitglied der UN (Beschluss der VN-Generalversammlung v 1.11.2000, Res A/RES/55/12); am 4.2.2003 Namensänderung in „Serbien und Montenegro".

[22] Würde demgegenüber eine Anerkennung konstitutiv für die Staatseigenschaft sein, läge ein Anspruch nahe, weil anderenfalls der Willkür anderer anheimgestellt wäre, ob derjenige, der materiell die Voraussetzungen der Staatlichkeit erfüllt, diesen Status auch formell erlangt. – Zu den Anerkennungstheorien s *Bindschedler*, Die Anerkennung im Völkerrecht, AVR 9 (1961/92), 377ff; *Verdross/Simma*, VR, § 961; *Epping/Gloria*, in: Ipsen, VR, § 22 Rn 22ff.

WÜD) steht der Ausspruch der Anerkennung eines Staates danach im Ermessen der anderen Staaten.

Angesichts der neueren Staatenpraxis, insbesondere auch in Ansehung der staatlichen Neubildungen in Europa und Asien in den 90er Jahren, drängen sich Zweifel daran auf, ob an dem Dogma einer scharfen Unterscheidung zwischen deklaratorischer und konstitutiver Wirkung als Basis auch der Verneinung eines Anspruchs auf Anerkennung uneingeschränkt festgehalten werden kann[23]. Denn es ist erkennbar, dass die Erlangung von Anerkennungen faktisch insofern „konstituierend" ist, als dass sie eine Voraussetzung für die Akzeptierung von „Neulingen" als Glieder der Völkerrechtsgemeinschaft darstellt[24]. Darüber hinaus zeigt sich, dass eine Anerkennung auch zur (weiteren) inneren Konsolidierung eines Staatswesens beitragen kann. Beides führt dazu, dass sich „Kandidaten" für eine Anerkennung nachdrücklich um eine solche bemühen. Feststellbar ist andererseits auch, dass der Ausspruch einer Anerkennung während eines fortdauernden gewalttätigen Ringens um die Vorherrschaft gleichsam Öl ins Feuer gießen und zu einer Intensivierung von Gewalt führen kann. Alle diese faktischen Auswirkungen werfen die Frage auf, ob auch andere rechtliche Wirkungen mit einer Anerkennung verbunden sind als die bloße „Klarstellung" im Verhältnis des Anerkennenden zum Anerkannten – und damit nach dem Gesagten notwendigerweise auch die Frage nach etwaigen Ansprüchen.

Im vorliegenden Fall könnte sich aber unabhängig von der Dogmatik der Anerkennung von Staaten im Allgemeinen ein Anspruch Fortuniens und Alexandriens bereits aus dem im Sachverhalt geschilderten Vorverhalten der Mitgliedstaaten der Integrationsgemeinschaft und von deren Organen ergeben. Wird man, was weitere Staaten anlangt (und also auch den in der Fallfrage genannten Auftraggeber der vorliegenden Stellungnahme), weiterhin davon ausgehen müssen, dass ein Anerkennungsanspruch auch ihnen gegenüber nicht geltend gemacht werden kann, so besteht für die vorgenannten die Besonderheit, dass diese offenbar nachhaltig und detailliert auf

---

[23] Eingehend im Blick auf Jugoslawien und die Nachfolgestaaten in auch völkerrechtsdogmatischer Perspektive, *Hilpold*, Die Anerkennung der Neustaaten auf dem Balkan, AVR 31 (1993), 387 ff; s ferner *Rich*, Recognition of States: The Collapse of Yugoslavia and the Soviet Union, EJIL 4 (1993), 36 ff; *Simmler*, Kehrt die Staatengemeinschaft zur Lehre von der konstitutiven Anerkennung zurück?, in: Seidl-Hohenveldern, Schriftenreihe der Deutschen Gruppe der AAA, Bd IX, 1994, S 75 ff; *Türk*, Recognition of States: A Comment, EJIL 4 (1993), 66 ff.
[24] Ähnlich *Hailbronner*, in: Graf Vitzthum, VR, Rn III 168 f.

Fall 5: Anerkennung in Diffusien

Fortunien und Alexandrien dahingehend eingewirkt haben, dass diese ihre innerstaatlichen Verhältnisse in Orientierung an denjenigen staatsrechtlichen Grundentscheidungen gestalten, zu denen sich die Mitgliedstaaten der Integrationsgemeinschaft bekennen. Damit dürften die Integrationsgemeinschaft und ihre Mitglieder die Anerkennung beider Adressaten ihrer Forderung für den Fall geradezu in Aussicht gestellt haben, dass die „Anerkennungsvoraussetzungen" erreicht werden[25]. Die so durch iS der völkerrechtlichen Rechtsgeschäftslehre einseitiges Handeln herbeigeführte Erwartungshaltung kann kategorial als Versprechen erfasst werden. Das allgemeine Völkerrecht räumt demjenigen einen Anspruch auf Erfüllung ein, dem diese konkret und unzweideutig für den Fall der Erbringung einer bestimmten Vorleistung in Aussicht gestellt worden ist[26].

Die Organe der Integrationsgemeinschaft und die Mitgliedsstaaten haben daher Fortunien und Alexandrien nunmehr als Staaten anzuerkennen, sofern sich nicht bei einer näheren Analyse ihrer Verhandlungen mit den beiden Staaten herausstellen sollte, dass diesen die Bildung eines Vertrauens auf Anerkennung verwehrt wurde.

---

[25] Vgl – auch zur dogmatischen Unsicherheit in diesem Bereich – die Hinweise bei *Graf Vitzthum*, in: ders, Rn I 149; eingehend *J. P. Müller*, Vertrauensschutz im Völkerrecht, 1971, s ferner *Fiedler*, Zur Verbindlichkeit einseitiger Versprechen im Völkerrecht, GYIL 19 (1976), 35 ff. Grundlegend IGH, ICJ Rep 1974, 267 ff – (French) Nuclear Tests.
[26] Wie anlässlich des Jugoslawien-Konflikts der EG-Ministerrat und die Badinter-Kommission (eine im Zuge der Haager Jugoslawien-Konferenz im Rahmen der Europäischen Politischen Zusammenarbeit eingerichtete Schiedskommission). S dazu mN *Hailbronner*, in: Graf Vitzthum, VR, Rn III 171 f.

Fall 6: Intervention in Bogona

Sachverhalt

In Bogona, einem Mitgliedsstaat der Vereinten Nationen, kommt es nach der Ermordung des Staats- und Regierungschefs zu einem blutigen Bürgerkrieg. Bald kontrolliert der oppositionelle A-Clan den südlichen Teil des Landes. Der Rest Bogonas wird von verschiedenen, untereinander rivalisierenden Gruppen gehalten. Die staatliche Verwaltung ist in Auflösung begriffen. Eine Flüchtlingswelle droht auch die Nachbarstaaten zu destabilisieren.

In dieser Situation verabschiedet der Sicherheitsrat der Vereinten Nationen eine Resolution, in der er eine Bedrohung des Friedens und der Sicherheit in der Region feststellt und einzelne Mitgliedsstaaten (darunter Tertien), die dies zuvor angeboten hatten, unter Berufung auf Kapitel VII CVN ermächtigt, „alle notwendigen Maßnahmen" zu ergreifen, um der Gewalt in Bogona Einhalt zu gebieten und die Voraussetzungen für humanitäre Hilfsaktionen zu schaffen. Der Sicherheitsrat fordert zugleich die Staaten auf, über ihre Aktionen regelmäßig Bericht zu erstatten.

Kurz darauf beginnt auf dieser Grundlage eine Militäroperation, an der auch Truppen Tertiens teilnehmen. Bei der Besetzung eines Dorfes durch tertische Truppen kommt es zu Übergriffen auf die Zivilbevölkerung. Einige bogonische Frauen werden von tertischen Soldaten vergewaltigt.

Nachdem die multinationale Eingreiftruppe die Nordprovinz Bogonas besetzt hat, organisiert das Flüchtlingshochkommissariat der Vereinten Nationen im Auftrag des Sicherheitsrats eine Luftbrücke, um die dortigen Flüchtlingslager mit Lebensmitteln zu versorgen. Dafür werden Transportflugzeuge privater Gesellschaften gechartert. Beim Überflug des Südens Bogonas wird eine der Maschinen von Streitkräften des A-Clans beschossen und getroffen. Das Flugzeug kann notlanden, doch wird der Kopilot – er ist tertischer Nationalität – schwer verletzt.

Schließlich gelingt auf Vermittlung der UNO die Bildung einer „Regierung der nationalen Versöhnung", an der zur Hälfte Mitglieder der alten Regierung und zur Hälfte Führungsmitglieder des A-Clans beteiligt sind. Diese neue Regierung verlangt von Tertien Entschädigung wegen der Vergewaltigung. Tertien verweigert dies und macht geltend, zur Zeit der Besetzung des Dorfes habe ein bogonischer Staat, welcher nun Ansprüche geltend machen könnte, mangels jeder Staatsgewalt nicht bestanden. Zudem

Fall 6: Intervention in Bogona

sei die UNO als Herrin der Operation für deren Folgen allein verantwortlich. Im Gegenzug verlangt Tertien von Bogona Wiedergutmachung für die Verletzung des Kopiloten der abgeschossenen Maschine. Bogona meint, diese Angelegenheit sei allein zwischen der UNO und dem A-Clan zu regeln.

1. Hat der Sicherheitsrat die erwähnte Staatengruppe wirksam zur Ausübung von Gewalt in Bogona ermächtigt?
2. Sind die Forderungen Bogonas und Tertiens berechtigt?
3. Könnte die UNO von Bogona oder dem A-Clan Wiedergutmachung für den Abschuss des Flugzeugs verlangen?

Bearbeitervermerk: Es soll unterstellt werden, dass alle einschlägigen multilateralen Verträge für Bogona und Tertien gelten.

Lösung

Frage 1: Ermächtigung der Staatengruppe durch den Sicherheitsrat

An einer wirksamen Ermächtigung der Staatengruppe zur Ausübung von Gewalt in Bogona könnte es fehlen, wenn diese Ermächtigung in den Vorschriften über die Befugnisse des Sicherheitsrates keine Grundlage findet. Die beteiligten Staaten hätten dann ggf gegen das Verbot zwischenstaatlicher Gewaltausübung nach Art 2 Nr 4 CVN verstoßen[1]. Allerdings ist zweifelhaft, unter welchen Umständen eine Überschreitung von Zuständigkeiten und Befugnissen der Organe einer internationalen Organisation einen hieraus erwachsenden Akt als unwirksam erscheinen lässt bzw welche Konsequenzen sich für Handlungen von Staaten ergeben, die von der Rechtmäßigkeit eines solchen Akts ausgehen[2]. Es wird sogar in Frage gestellt, ob speziell der Sicherheitsrat und jedenfalls im Bereich der Friedenssicherung überhaupt in dem Sinne rechtlichen Bindungen unterliegt, dass eine Überschreitung von Handlungsgrundlagen als rechtswidrig qualifiziert werden kann[3]. Auf eine Auseinandersetzung mit diesen Fragen käme es vor-

---

1 Eingehend zur Rechtfertigung von Gewaltmaßnahmen durch Entscheidungen des Sicherheitsrates *Bothe*, in: Graf Vitzthum, VR, Rn VIII 24.
2 S dazu *Klein*, in: Graf Vitzthum, VR, Rn IV 194 mwN.
3 S dazu *Heinz/Philipp/Wolfrum*, Zweiter Golfkrieg: Anwendungsfall von Kap VII der UN-Charta, VN 1991, 121 ff; *Schachter*, United Nations Law in the Gulf Crisis,

liegend nur an, wenn dem Sicherheitsrat tatsächlich eine derartige Überschreitung anzulasten wäre.

Die Ermächtigung der Staatengruppe zur Ausübung von Gewalt in Bogona kann rechtmäßig nur erfolgt sein, wenn der Sicherheitsrat festgestellt hat, dass eine Bedrohung oder ein Bruch des Friedens oder eine Angriffshandlung vorliegt (Art 39 CVN). Eine solche Feststellung ist hier ausweislich des Sachverhalts getroffen worden. Der Sicherheitsrat verfügt insoweit über eine Einschätzungsprärogative, steht aber jedenfalls nicht außerhalb normativer Bindung. Es ist daher zu prüfen, ob die Vorgänge in Bogona vertretbarerweise als Bedrohung des Friedens angesehen werden konnten[4]. Es handelt sich in dem Sinne um einen internen Konflikt im Staat Bogona, als allein auf dortigem Staatsgebiet militärische Auseinandersetzungen geführt werden. Der Sachverhalt spricht allerdings auch von einem Auflösungsprozess der staatlichen Verwaltung und davon, dass eine Flüchtlingswelle die Nachbarstaaten zu destabilisieren drohe. Der erstgenannte Umstand dürfte das Risiko des zweiten, die Entstehung eines unkontrollierten Flüchtlingsstroms, erhöhen. Damit wohnt dem bisher räumlich auf das Gebiet Bogonas beschränkten Konflikt ein Potential inne, das sich als internationale Dimension betrachten lässt[5]. Selbst wenn man also den Begriff des „Friedens" iS von Art 39 CVN (allein) als zwischenstaatlichen Frieden versteht, wie es bei der Formulierung der CVN der Intention der Gründerstaaten entsprochen haben wird[6], liegt danach eine Friedensbedrohung vor. Auch wenn Art 39 CVN in seinem 2. Halbs auf eine Bedrohung des „Weltfriedens" abstellt, wird man dem keinen Ausschluss regionaler Friedensbedrohungen entnehmen können[7]. Es kommt daher nicht darauf an, ob es angesichts der Resolutionspraxis des Sicherheitsrats der letzten Jahre, die insoweit weitgehend unwidersprochen geblieben ist[8], zu einer Fortentwicklung der Sat-

---

AJIL 85 (1991), 452 ff; eingehend *Martenczuk*, Rechtsbindung und Rechtskontrolle des Weltsicherheitsrats, 1996.
4 Vgl dazu *Frowein*, in: Simma ua, Charta der VN, Art 39 Rn 17.
5 Der vorliegende Fall erinnert insoweit an die Somalia-Krise von 1992/93, s dazu Res 794 des SR v 3.12.1992, UN Yearbook 1992, 209 = VN 1993, 65.
6 S dazu *Randelzhofer*, Der normative Gehalt des Friedensbegriffs im Völkerrecht der Gegenwart – Möglichkeiten und Grenzen seiner Operationalisierung, in: J. Delbrück (Hrsg), Völkerrecht und Kriegsverhütung, 1975, 13 ff.
7 Vgl. *H. Freudenschuß*, Beschlüsse des Sicherheitsrates der Vereinten Nationen nach Kapitel VII: Anspruch und Wirklichkeit, 1995, 15; anders aber *Beyerlin*, Sanktionen, in: Wolfrum, HdbVN, Rn 12 im Blick auf den Falklandkonflikt.
8 Analyse und Nachw bei *Bothe*, in: Graf Vitzthum, VR, Rn VIII 24.

Fall 6: Intervention in Bogona

zung (ohne förmliche Änderung ihres Wortlauts) gekommen ist[9]. Die Feststellung des Sicherheitsrats war rechtmäßig.

Fraglich bleibt, ob auch die vom Sicherheitsrat an diese Feststellung geknüpfte Folgerung, also die Ermächtigung zur Gewaltausübung, ausgesprochen werden durfte. Art 39 CVN gibt dem Sicherheitsrat nicht nur die Befugnis, unverbindliche Empfehlungen auszusprechen, sondern auch die Rechtsmacht zu beschließen, dass Maßnahmen aufgrund der Art 41 und 42 CVN „zu treffen sind", um einer festgestellten Friedensbedrohung abzuhelfen. Art 42 CVN regelt „militärische Sanktionsmaßnahmen". Der Rückgriff auf die Vorschrift setzt nach ihrem eindeutigen Wortlaut voraus, dass der Sicherheitsrat zu dem Schluss kommt, friedliche Sanktionsmaßnahmen (vgl Art 41 CVN) seien unzulänglich. Davon ist vorliegend auszugehen. Es stellt keine rechtserheblichen Mängel der vorliegenden Resolution dar, dass der Sicherheitsrat in seinem Beschluss auf die Stufenfolge von Art 41 und 42 CVN offenbar nicht ausdrücklich eingegangen ist.

Art 42 CVN ermächtigt den Rat zur Durchführung „erforderlicher Maßnahmen" (hier) zur Wahrung des Friedens, wobei als Mittel der Einsatz von Luft-, See- oder Landstreitkräften genannt ist (und S 2 der Vorschrift „Demonstrationen, Blockaden und sonstige Einsätze" nennt, also ein weites Handlungsspektrum eröffnet). Der Wortlaut deutet darauf, dass es sich um militärische Maßnahmen unter der Leitung des Sicherheitsrates handeln soll, denn es ist davon die Rede, dass „er" – der Rat – „mit" Streitkräften Maßnahmen „durchführt". Auf ein solches Verständnis deutet im Sinne systematischer Auslegung auch Art 43 CVN hin, welcher eine Beistandspflicht der Mitgliedstaaten der Vereinten Nationen regelt und zu deren Erfüllung den Abschluss sog Sonderabkommen vorsieht; in der Praxis der Organisation ist es zu derartigen Sonderabkommen indes niemals gekommen. Es wird überwiegend als verfehlt angesehen, hieraus den Schluss zu ziehen, Art 42 CVN sei bis zur Umsetzung des Art 43 CVN inoperabel[10]. Zur Begründung dessen kann teleologisch argumentiert werden: Ohne das Instrument des Art 42 CVN erscheint Kapitel VII der Satzung gleichsam amputiert. Die durch Art 24 CVN dem Sicherheitsrat zugewiesenen Aufgaben würden weitgehend unerledigt bleiben (wie es für die ersten 35 Jahre des Bestehens der Vereinten Nationen aus politischen Gründen weitgehend der

---

9 Zur Problematik *Kunig*, „Verfassungsänderung" in der Staatengemeinschaft, Jura 1997, 337 (340).
10 Vgl *Bothe*, in: Graf Vitzthum, VR, Rn VIII 49f mwN sowie *Stein/v. Buttlar*, VR, Rn 862.

Fall gewesen war). Auch die Resolutionspraxis der letzten Jahre geht davon aus, dass der Sicherheitsrat nicht gehindert ist, militärische Sanktionsmaßnahmen anstelle eigener Durchführung zu ermöglichen, indem er die oder einzelne Mitgliedsstaaten ausdrücklich dazu ermächtigt[11]. Folgerichtig ist es, hieraus den Schluss zu ziehen, die Ermächtigung rechtfertige für solche Staaten – in dem vom Sicherheitsrat eröffneten Umfang – die Begehung tatbestandlicher Gewalt iS des Art 2 Nr 4 CVN; damit tritt neben[12] den (vorliegend nicht einschlägigen) Art 51 CVN eine weitere Möglichkeit der Rechtfertigung zwischenstaatlicher Gewalt.

Da der Satzung keine greifbaren Anforderungen an die Bestimmtheit und die zulässigen Inhalte entsprechender Ermächtigungen zu entnehmen sind – von ihrer Ausrichtung auf das Ziel der Wahrung oder Wiederherstellung von Frieden und internationaler Sicherheit abgesehen –, kann auch nichts gegen den Umstand erinnert werden, dass das vorliegende Mandat nur höchst allgemein umrissen ist („alle notwendigen Maßnahmen")[13]. Danach bestehen keine Bedenken gegen die Rechtmäßigkeit der Resolution und mithin deren Wirksamkeit als Ermächtigung zur Ausübung von Gewalt in Bogona.

Frage 2: Forderungen Bogonas und Tertiens

I. Anspruch Bogonas gegen Tertien wegen der Vergewaltigungen

Die Forderung der neuen Regierung Bogonas, Tertien möge Entschädigung wegen der von den tertischen Soldaten verübten Vergewaltigungen zahlen, könnte nach den Regeln der Staatenverantwortlichkeit begründet sein. Diese Anspruchsgrundlage ergibt sich bereits aus allgemeinem Völkerrecht, wie es im ILC-Entwurf zur Staatenverantwortlichkeit zum Ausdruck

---

11 Vgl dazu *Uerpmann*, Grenzen der zentralen Rechtsdurchsetzung im Rahmen der VN, AVR 33 (1995), 107 (120 ff).
12 Mit diesem dogmatischen Verständnis zB *Partsch*, Von der Souveränität zur Solidarität: Wandelt sich das Völkerrecht?, EuGRZ 1991, 469 ff; s demgegenüber *Bothe*, aaO, Rn VIII 24, welcher von einer „Bestätigung und zugleich Begrenzung" eines aus Art 51 CVN ohnehin folgenden Rechts (auf kollektive Selbstverteidigung) durch den SR ausgeht.
13 Zur rechtspolitischen Kritik s *Kunig*, Völkerrecht als öffentliches Recht, GS Grabitz, 1995, 325 (338 ff).

Fall 6: Intervention in Bogona

kommt[14]. Es kann daher im vorliegenden Zusammenhang dahingestellt bleiben, ob die Vorschrift des Art 91 S 1 des Zusatzprotokolls zu dem Genfer Abkommen vom 12.8.1949 über den Schutz der Opfer internationaler bewaffneter Konflikte (Protokoll I; ZP I) vom 8.6.1977[15] – Schadensersatzverpflichtung einer am Konflikt beteiligten Partei, welche die Abkommen oder das Protokoll verletzt – auf einen Konflikt zur Anwendung gelangt, der dem Kern nach als Bürgerkrieg einzuordnen, aber durch die unter Billigung des Sicherheitsrats durchgeführte Intervention „internationalisiert" worden ist[16].

1. Völkerrechtssubjektivität

Die Regeln der völkerrechtlichen Verantwortlichkeit finden nur zwischen Völkerrechtssubjekten Anwendung[17]. Der ILC-Entwurf befasst sich überhaupt nur mit der Staatenverantwortlichkeit und setzt also Beziehungen zwischen souveränen Staaten voraus. In Hinblick auf Tertien ist dies unproblematisch. Zweifel bestehen indes an der Staatsqualität Bogonas. Hier maßgeblicher Zeitpunkt für die Beurteilung ist derjenige, zu dem die Vergewaltigungen vorgenommen wurden. Zu diesem Zeitpunkt war Bogona von Gewalt überzogen, seine Verwaltung in Auflösung begriffen. Angesichts der Definition des Staates im Völkerrecht, welche fordert, dass eine Staatsgewalt über ein Staatsvolk in einem abgegrenzten Staatsgebiet ausgeübt wird, könnte erwogen werden, wie auch von Tertien vorgebracht, Bogona habe die Staatsqualität eingebüßt gehabt. Allerdings sind unterschiedliche Maßstäbe an die Entstehung von Staaten einerseits, deren Untergang andererseits zu richten, soweit es das Merkmal effektiver Staatsgewalt anlangt. Im Fall der Herausbildung neuer Staatlichkeit muss die Effektivität der Staatsgewalt deutlich sein; ist ein Staat aber einmal entstanden, wie es bei Bogona vor Beginn des Bürgerkrieges anzunehmen war, so werden die Anforderungen an die Effektivität fortdauernder Staatsgewalt relativiert im Interesse der Kontinuität[18]. Es ist hier nicht erforderlich, die Voraussetzungen

---

14 S Einl, S 1 ff, 28.
15 BGBl 1990, II, 1551 = *Randelzhofer* Nr 43 = *Sartorius* II Nr 54a.
16 Diese Frage wird in anderem Zusammenhang anzusprechen sein, s S 85 f. Das korrespondierende Protokoll II (BGBl 1990 II, 1637 = *Randelzhofer* Nr 44 = *Sartorius* II Nr 54b) betreffend nicht internationale bewaffnete Konflikte enthält keine allgemeine Haftungsnorm.
17 S näher Einl, S 7.
18 *Doehring*, VR, Rn 161.

näher zu umreißen, unter denen Mängel der Gewaltwahrnehmung oder gar der Wegfall der Staatsgewalt die Staatseigenschaft beseitigen. Denn zum einen sind in Bogona auch während des Bürgerkriegs noch Rudimente staatlicher Gewalt feststellbar gewesen. Zum anderen ist solche Staatsgewalt nach der Bildung der Regierung der nationalen Versöhnung wieder aufgenommen worden. Selbst bei zeitweiliger „Unterbrechung" der Staatsgewalt bleibt die Staatlichkeit erhalten. Mithin wurde Bogona durch die Regeln der Staatenverantwortlichkeit begünstigt auch zu dem Zeitpunkt, zu dem die Vergewaltigungen verübt wurden.

2. Zurechnung

Das Verhalten der Soldaten müsste Tertien zurechenbar sein.

a) Zuordnung der Truppe zu Tertien

In Betracht kommt eine Zurechnung zu den Vereinten Nationen, da die Entsendung tertischer Truppen nach Bogona auf einer Ermächtigung, wohl auch „Ermutigung" des Sicherheitsrates beruht. Daraus könnte des Weiteren folgen, dass eine alleinige Verantwortlichkeit der UNO besteht[19].

Es wurde bereits o zu Frage 1 festgestellt, dass im vorliegenden Fall die tertischen Truppen dem Sicherheitsrat nicht i S des Art 43 CVN zur Durchführung von militärischen Sanktionsmaßnahmen iS des Art 42 S 1 CVN zur Verfügung gestellt worden sind, was zu einem Einsatz unter UNO-Befehl geführt hätte (vgl Art 47 Abs 3 CVN). Der Sicherheitsrat hat sich auf die Ermächtigung der Mitgliedsstaaten beschränkt, mit ihren Streitkräften tätig zu werden. Nach der Inhaltswiedergabe der Resolution im Sachverhalt ist davon auszugehen, dass die Befehlsgewalt ausschließlich bei den Mitgliedsstaaten lag, nicht beim Sicherheitsrat. Darauf deutet auch hin, dass dieser sich damit begnügt, die Staaten zu regelmäßiger Berichterstattung über ihre Aktionen anzuhalten. Es liegt kein Fall der Organleihe vor[20]. Das Zuordnungssubjekt der Truppen ist danach nicht die UNO, sondern allein Ter-

---

19 An dieser Stelle könnte die Völkerrechtssubjektivität der UNO erörtert werden, doch scheint es vorzugswürdig, dies hier offenzulassen und sogleich zu klären, ob eine Zurechnung zur UNO in Betracht kommt. S in der Sache zu dem Problem u S 90 f.
20 Wie sie Art 6 ILC-Entwurf für die Konstellation anspricht, in der Staaten einem anderen Staat ihre Organe zur Verfügung stellen („placed at the disposal"), s o Einl, S 19 sowie im einzelnen *Ipsen*, in: ders, VR, § 40 Rn 20 ff.

tien, so dass auch keine Erwägungen über eine etwaige Doppelung der Zurechenbarkeit anzustellen sind.

b) Zurechnung von ultra-vires-Handlungen

Wie jeder Staat ist Tertien entsprechend Art 4 ILC-Entwurf grundsätzlich für das Verhalten seiner Organe verantwortlich. Zu den Organen Tertiens gehören auch die Mitglieder seiner Streitkräfte. Verantwortlichkeit besteht jedenfalls für auftragsgemäßes Handeln. Es gibt aber keinerlei Anhaltspunkte dafür, dass die vergewaltigenden Soldaten hierzu womöglich durch ihre Vorgesetzten ermuntert worden wären. Die Verantwortlichkeit für Organhandeln ist jedoch nicht auf „auftragsgemäßes" Handeln beschränkt. So stellt Art 7 ILC-Entwurf, der allgemein anerkanntem Völkergewohnheitsrecht entspricht[21], darauf ab, ob ein Handeln als „privates" Handeln des jeweiligen Amtswalters erscheint oder aber mit dessen Aufgabenkreis derart in Zusammenhang steht, dass es als „staatlich" und mithin zurechenbar qualifiziert werden kann.

Nach dem Entwurfsartikel der ILC ist ein Verhalten schon zurechenbar, wenn ein Staatsorgan in seiner Eigenschaft als Organ („in that capacity") gehandelt hat, selbst wenn es dabei seine Kompetenzen oder einschlägige Weisungen überschritten hat (sog *ultra-vires*-Handlungen). Vergewaltigungen gehören allerdings von vornherein nicht zum Aufgabenbild eines Soldaten. Allein der Umstand, dass Kampfeinsätze Soldaten besondere Gelegenheiten zum Marodieren und für Übergriffe auf Zivilisten eröffnen, würde nach allgemeinen Regeln nicht ausreichen, derartige Übergriffe dem amtlichen Funktionsbereich zuzuordnen.

Es ist aber zu beachten, dass die allgemeinen Zurechnungsgrundsätze für den Bereich des humanitären Völkerrechts modifiziert sind. Der bereits erwähnte Art 91 ZP I[22] erstreckt die Verantwortlichkeit des Staates auf alle Handlungen ihrer Soldaten. Damit wird dem Umstand Rechnung getragen, dass militärische Operationen in besonderer Weise die Gefahr von Übergriffen mit sich bringen. Die Anwendbarkeit des ZP I richtet sich nach dessen Art 1 Abs 3, welcher auf „Situationen" abstellt, die in den (vier) Genfer

---

[21] S a dazu die Einl, S 18.
[22] Fundstelle o Fn 15; ebenso bereits Art 3 S 2 des IV. Haager Abkommens betreffend die Gesetze und Gebräuche des Landkriegs vom 18.10.1907, RGBl 1910, 107 = *Randelzhofer* Nr 41 = *Sartorius* II Nr 46.

Abkommen vom 12.8.1949[23] zum Schutz der Kriegsopfer – dort jeweils übereinstimmend in Art 2 – bezeichnet sind. Art 1 Abs 4 ZP I bezieht auch bewaffnete Konflikte mit ein, in denen Völker gegen Kolonialherrschaft und fremde Besetzung sowie gegen rassistische Regimes in Ausübung ihres Rechts auf Selbstbestimmung kämpfen. Da letzteres hier ohne nähere Angaben im Sachverhalt nicht angenommen werden kann, kommt es auf die Art 2 der genannten Genfer Abkommen von 1949 an. Sie beziehen sich auf Fälle erklärten Krieges (hier nicht vorliegend) und darüber hinaus auf „any other armed conflict which may arise between two or more of the Hague Contracting Parties, even if the state of war is not recognized by one of them".

Der Einbeziehung des Konflikts in Bogona in den so umschriebenen Begriff des bewaffneten Konflikts könnte entgegenstehen, dass die tertischen (und die weiteren) Truppen sich nicht in kriegerischer Absicht in Bogona aufhalten, sondern entsprechend der Ermächtigung des Sicherheitsrates das Ziel verfolgen, die Voraussetzungen für humanitäre Hilfsaktionen zu schaffen. Die Anwendbarkeitsklausel enthält aber keine Beschränkung im Blick auf die Motive eines konfliktbeteiligten Staates. Dem Zweck (auch) des ZP I, nämlich einen umfassenden Schutz für Individuen vor den Folgen militärischer Handlungen zu schaffen, entspricht es, die Anwendung auch im Fall einer militärischen Intervention zur Friedensschaffung zu bejahen. Gerade der vorliegende Fall, aber auch sonstige Ereignisse erweisen, dass dieses Schutzbedürfnis auch dann besteht, wenn keine völkerrechtlich missbilligte kriegerische Auseinandersetzung, sondern ein von der Staatengemeinschaft gebilligter Eingriff zur Erstickung von Gewalt durchgeführt wird. Danach findet Art 91 ZP I Anwendung[24]. Gem S 2 der Vorschrift ist Tertien deshalb für die Handlungen verantwortlich, die von den zu seinen Streitkräften gehörenden Personen begangen wurden[25].

---

23 Abgedr bei *F. Berber*, Völkerrecht, Dokumentensammlung, Bd II, Nr XI 13–16, s a *Sartorius* II Nr 53, 54.
24 Vgl a *Greenwood*, in: Fleck, HdbHVR, Rn 208.
25 Wer zu dem Ergebnis gelangen würde, die Vergewaltigungen seien Tertien nicht zurechenbar, stünde vor der Frage, ob Tertien durch seine Organe, namentlich durch die militärischen Vorgesetzten, eine Pflicht zur Verhinderung von Übergriffen verletzt hat. Grundlage dieser Prüfung wären insbesondere die Art 76 Abs 1, 87 ZP I.

3. Weitere Anspruchsvoraussetzungen und Ergebnis

Die Vergewaltigungen verstoßen gegen Art 76 Abs 1 ZP I, welcher ausdrücklich die Vergewaltigung, die Nötigung zur Prostitution und „jede andere unzüchtige Handlung" anspricht. Ähnlich lautet der gemäß dem oben Gesagten hier ebenfalls zur Anwendung gelangende Art 27 Abs 2 iVm Art 4 Abs 1 der Genfer Konvention über den Schutz von Zivilpersonen in Kriegszeiten vom 12.8.1949[26]. Eine Rechtfertigung kommt nicht in Betracht (vgl auch das Repressalienverbot des Art 33 Abs 3 des zuletzt erwähnten Abkommens). Der jedenfalls eingetretene immaterielle Schaden, welcher hier in der Verletzung von Vorschriften des humanitären Völkerrechts, aber auch der persönlichen Integrität der bogonischen Frauen liegt, muss durch Tertien entsprechend Art 37 ILC-Entwurf im Sinne einer Genugtuung – in Betracht kommen: Entschuldigung, Bestrafung der Soldaten, Geldzahlungen – (in der hier nicht angemessenen Sprache des Völkerrechts) „wiedergutgemacht" werden.

II. Anspruch Tertiens gegen Bogona wegen der Verletzung des Kopiloten

Dieser Anspruch wäre begründet, wenn der Abschuss des Flugzeuges, der die Ursache für die schwere Verletzung des Kopiloten gesetzt hat, sich völkerrechtswidrige Handlung Bogonas gegenüber Tertien darstellt, die die völkerrechtliche Verantwortlichkeit Bogonas begründet.

Nach den unter I. getroffenen Feststellungen muss von der Staatsqualität Bogonas auch für die Zeit der andauernden Wirren ausgegangen werden. Die Schwächen der seinerzeitigen Staatsgewalt in Bogona stehen nicht der Annahme entgegen, dass es sich (auch damals) um ein Völkerrechtssubjekt gehandelt hat. Die Verantwortlichkeit Bogonas für den von Kräften des A-Clans in Südbogona durchgeführten Abschuss des Flugzeuges könnte entgegenstehen, dass in diesem Teil des Landes zum Zeitpunkt des Zwischenfalls der A-Clan (nach dem Sachverhalt offenbar uneingeschränkt) die Kontrolle ausübte. Damit hatte der A-Clan ein sog *de-facto*-Regime etabliert[27]. Anerkennt das Völkerrecht mit dieser Rechtsfigur im Interesse der Rechtssicherheit und in Reaktion auf einen faktischen Befund übergangsweise eine Verantwortlichkeit im Sinne provisorischer Berechtigung und

---

26 *Sartorius* II Nr 54.
27 Vgl Einl, S 9 f.

Verpflichtung für denjenigen, der sich die effektive Gewalt an einem Gebiet verschafft hat, so ist es folgerichtig, denjenigen als entpflichtet anzusehen, welcher die faktische Kontrolle an einem ungeachtet dessen weiterhin von ihm beanspruchten Gebiet verloren hat. Dem trägt auch Art 10 ILC-Entwurf mit der Regel Rechnung, dass das Verhalten eines „insurrectional movement", das sich auf dem Gebiet eines Staates etabliert hat, diesem nur unter bestimmten zusätzlichen Voraussetzungen zugerechnet werden kann. Unberührt bleibt allerdings ausweislich Art 10 Abs 3 ILC-Entwurf die Verantwortlichkeit auch dieses Staates nach den allgemeinen Zurechnungsregeln. Da die Kräfte des A-Clans indes weder als *de-facto*-Organe Bogonas qualifiziert werden können noch sonstige Gründe einer Zurechnung erkennbar sind, scheidet dieser Weg aus.

Art 10 Abs 1 ILC-Entwurf sieht allerdings eine weitere Zurechnungsregel vor, die – mag auch ihre gesonderte Nachweisbarkeit in der Staatenpraxis zweifelhaft sein – jedenfalls als von Gründen der Billigkeit getragene Konsequenz allgemein anerkannter Zurechnungsgrundsätze erscheint[28]. Danach ist das Verhalten einer Aufstandsbewegung, die in dem von ihr angegriffenen Staatswesen zur Regierung gelangt, als Verhalten eben dieses Staates zu behandeln. Die von der ILC gewählte Formulierung („an insurrectional movement which becomes the new government") mag darauf deuten, dass insoweit an eine vollständige Ersetzung einer „alten" durch eine „neue" Regierung gedacht ist[29]. Sachgerecht erscheint eine solche Einschränkung aber nicht. Sie findet ihren Sinn im Schutzinteresse derjenigen, denen durch eine Aufstandsbewegung Rechtsverletzungen zugefügt wurden bzw auch darin, dass ein die Übernahme von Regierungsgewalt erstrebender Akteur, der (auch) für den Fall der Verwirklichung seines Zieles mit der Fortdauer der Verantwortlichkeit rechnen muss, sich zu völkerrechtsgemäßem Verhalten veranlasst sehen kann. Dieser Zielsetzung entspricht es, auch in einem Fall wie dem vorliegenden – die kämpfenden Seiten finden sich in einer Regierung „der nationalen Versöhnung" mit gleicher Teilhabe zusammen – von der Verantwortlichkeit des von dieser Regierung geführten Staates auszugehen. Denn eine derartige Versöhnung darf nicht zu Lasten eines zuvor

---

[28] Allgem ist zweifelhaft, inwieweit aus gewohnheitsrechtlich gesicherten „Obersätzen" solche Regeln abgeleitet werden dürfen, welche für sich genommen nicht im Verhalten der Völkerrechtssubjekte nachweisbar sind, vgl dazu – weitgehend – zB K. M. Meessen, Völkerrechtliche Grundsätze des internationalen Kartellrechts, 1975, 65 ff.

[29] Dahin gehend auch der Kommentar der ILC, UN-Doc A/56/10, S 114.

Fall 6: Intervention in Bogona

verletzten Völkerrechtssubjekt gehen, das anderenfalls des Adressaten eines deliktisch entstandenen Anspruchs verlustig ginge. Dieser Grundgedanke bestätigt sich auch in Art 10 Abs 2 ILC-Entwurf, wonach der Akt einer Aufstandsbewegung, deren Aktivität in der Schaffung eines „neuen" Staates mündet, als Akt des Neustaats angesehen werden soll.

Verletzt durch das Handeln der Kräfte des A-Clans könnte das auch *de-facto*-Regime gegenüber dritten Staaten bindende[30] Gewaltverbot des allgemeinen Völkerrechts sein[31]. Zu beachten ist, dass sich für den Bereich der Ausübung von Gewalt gegenüber Luftfahrzeugen, welche in einen fremden Luftraum unerlaubt einfliegen, eigenständige Regeln herausgebildet haben, wobei die Staatenpraxis Militärluftfahrzeuge und Zivilflugzeuge unterschiedlich behandelt[32]. Das seinen Luftraum kontrollierende *de-facto*-Regime des A-Clans ist auch an diese Regeln gebunden. Der Abschuss eines – wie hier – fremden Zivilflugzeuges ist danach jedenfalls dann unzulässig, wenn er ohne vorherige Kontaktaufnahme und Warnung erfolgt[33] Bogona ist danach gegenüber Tertien zur Wiedergutmachung für die im Zuge des Flugzeugabschusses erfolgte Verletzung des tertischen Staatsangehörigen verpflichtet. Dass möglicherweise insoweit auch die UNO anspruchsberechtigt ist, weil der Pilot in ihrem Auftrag tätig wurde (vgl dazu Frage 3), steht dem Anspruch Tertiens dem Grunde nach nicht entgegen, weil die Passivlegitimation an die Staatsangehörigkeit anknüpft. Der Umstand wäre aber ggf bei Verhandlungen über die Höhe einer Ausgleichszahlung zu berücksichtigen, da eine „Verdoppelung" der Anspruchsberechtigung nicht zu einer Erhöhung der Verpflichtung Bogonas führen kann.

---

30 S *Bothe*, in: Graf Vitzthum, VR, Rn VIII 14.
31 Zu seiner gewohnheitsrechtlichen Geltung s *Bothe*, in: Graf Vitzthum, Rn VIII 8; *Randelzhofer*, in: Simma ua, Charta der VN, Art 2 Nr 4 Rn 59 ff unter Betonung seiner tatbestandlichen Enge im Vergleich mit Art 2 Nr 4 CVN.
32 Überbl bei *Fischer*, in: Ipsen, VR, § 55 Rn 44 ff.
33 *Fischer*, aaO, Rn 47. – Zu dem in seiner Bedeutung umstrittenen Art 3 *bis* des Abkommens über die Internationale Zivilluftfahrt v 7.12.1944 (sog Chicagoer Abkommen), welcher 1984 in Reaktion auf den ein Jahr zuvor erfolgten Abschuß einer koreanischen Verkehrsmaschine durch die Sowjetunion eingefügt wurde, s etwa *Majid*, Jural Aspects of Unauthorized Entry into Foreign Airspace, NILR 1985, 251 ff. Text des Chicagoer Abkommens: BGBl 1956 II, 411.

Frage 3: Ansprüche der UNO wegen des Flugzeugabschusses

Ein Anspruch auf Wiedergutmachung für den Abschuss des Flugzeuges kann der UNO gegenüber Bogona nach den Regeln der völkerrechtlichen Verantwortlichkeit nur zustehen, wenn Bogona völkerrechtliche Pflichten verletzt hat, die dem Staat gegenüber der UNO obliegen. Der A-Clan scheidet als Anspruchsgegner schon mangels Völkerrechtssubjektivität aus. Das von ihm errichtete *de-facto*-Regime ist mit Ende des Bürgerkrieges untergegangen.

In Beantwortung der Frage 2 ergab sich, dass Bogona für den durch Kräfte des A-Clans durchgeführten Abschuss des Flugzeuges verantwortlich ist. Ob die UNO daraus Rechte herleiten kann, hängt zum einen davon ab, ob sie als Völkerrechtssubjekt durch die Regeln der völkerrechtlichen Verantwortlichkeit begünstigt wird, zum anderen davon, ob ihr das Flugzeug rechtlich zugeordnet worden ist.

Der ILC-Entwurf regelt nur die völkerrechtliche Verantwortlichkeit zwischen Staaten, zu denen die UNO nicht gehört. Die gewohnheitsrechtlichen Regeln der völkerrechtlichen Verantwortlichkeit erstrecken sich aber auch auf andere Völkerrechtssubjekte, wobei zur Feststellung dieser Regeln weitgehend auf das im ILC-Entwurf niedergelegte zurückgegriffen werden kann. Voraussetzung ist die Völkerrechtssubjektivität der UNO. Als internationale Organisation kann die UNO nur ein von einem Kreationsakt anderer (hier staatlicher) Völkerrechtssubjekte hervorgebrachtes Völkerrechtssubjekt sein. Sie ist dies im Verhältnis zu ihren Mitgliedsstaaten jedenfalls in dem Umfang, in dem ihr durch die Mitgliedsstaaten Aufgaben zugewiesen und Handlungsbefugnisse eingeräumt wurden[34]. Zu den Mitgliedsstaaten gehört auch Bogona.

Indes wurde der Abschuss von dem (seinerzeitigen) *de-facto*-Regime im Süden Bogona verübt. Die zu Frage 2 angesprochene Überleitung auf Bogona wegen des Umstandes, dass der A-Clan nunmehr Bogona (mit-)regiert, setzt voraus, dass zum Zeitpunkt der Unrechtshandlung zwei Völkerrechtssubjekte einander gegenüberstanden. Denn die zuvor näher erörterte Überleitungsregel bezieht sich nur auf völkerrechtliches Unrecht. Da das *de-facto*-Regime kein Mitglied der UNO war (und angesichts von Art 4 CVN auch nicht sein konnte), und auch keine Anhaltspunkte dafür ersicht-

---

[34] Dazu schon Fall 4, S 61.

Fall 6: Intervention in Bogona

lich sind, dass zwischen der UNO und dem *de-facto-Regime* irgendwelche rechtlichen Beziehungen gepflogen wurden, aus denen sich eine wechselseitige Behandlung als Völkerrechtssubjekt ergibt, kommt es darauf an, ob die UNO unabhängig von alledem anderen Völkerrechtssubjekten als ein ebensolches gegenübersteht.

Von einer solchen Annahme ist der Internationale Gerichtshof im sog Bernadotte-Fall (bezüglich eines Nichtmitglieds) ausgegangen[35]. Diese Sichtweise begegnete jedenfalls nach dem seinerzeitigen Stand des Völkerrechts erheblichen Bedenken. Denn einzelne Staaten können grundsätzlich nicht durch ein auf ihre Beziehungen miteinander beschränktes Rechtsgeschäft zu Lasten Dritter nachteilige Rechtswirkungen hervorbringen[36]. Heute ist dennoch davon auszugehen, dass die UNO angesichts der einzigartigen Reichweite ihres Aufgabenzuschnitts nach einheitlicher Rechtsüberzeugung jedenfalls aller Staaten objektiv und mit Wirkung für alle als Völkerrechtssubjekt zu erachten ist[37]. Das muss sich auch ein *de-facto*-Regime entgegenhalten lassen, das seinen rechtlichen Status der Existenz solcher Regeln des allgemeinen Völkerrecht verdankt, welche aus der Interaktion der Völkerrechtssubjekte gerade in Würdigung des Umstandes hervorgegangen sind, dass auch ein solches Regime (provisorischen) rechtlichen Schutz verdienen kann. Die Akzeptierung von *de-facto*-Regimen im Kreise der Völkerrechtsgemeinschaft impliziert also deren Verpflichtung, den Völkerrechtsstatus der die Völkerrechtsgemeinschaft insgesamt organisatorisch prägenden internationalen Organisation zu respektieren.

Fraglich bleibt danach die rechtliche Zuordnung des Flugzeuges. Der Sachverhalt berichtet, dass dieses von der UNO gechartert worden ist. Anders als bei der Intervention der Staatengruppe (vgl zu Frage 1) handelt es sich bei der Luftbrücke um eine von dem Flüchtlingshochkommissariat der Vereinten Nationen für diese organisierte Aktion in der Verantwortlichkeit der Organisation. Danach ist die UNO berechtigt, Ansprüche wegen völkerrechtswidriger Einwirkung auf das Flugzeug geltend zu machen. Soweit auch der (unbekannte) Registerstaat des Flugzeugs anspruchsberechtigt sein sollte, wäre die Schadensabwicklung anhand des Innenverhältnisses mit dem Vercharterer vorzunehmen.

---

35 „Reparation for Injuries", ICJ Rep 1949, 174 ff.
36 Vgl zur Bedeutung dieses dem Gewohnheitsrecht angehörenden und etwa in Art 34 WKV ausgeformten Satzes im vorliegenden Zusammenhang *Graf Vitzthum*, in: ders, Rn I 120; s aber auch *Klein*, ebd, Rn IV 96, 104.
37 *Ress*, in: Simma ua, Charta der VN, Auslegung, Rn 2.

Fall 7: Demonstration in Arkadien

Sachverhalt[1]

Arkadien ist *de facto*, allerdings nicht nach seiner Gesetzeslage, ein Einparteienstaat. Es dominiert die insbes von Wirtschaftskreisen getragene Sozialistische Einheitspartei Arkadiens (SEA). Die Oppositionsbewegung „Forum zur Wiederherstellung der Demokratie (FORD)" ruft zu einer Demonstration gegen die Verhaftung prominenter Regimekritiker und für die Zulassung der FORD als registrierte politische Partei auf. Die Regierung macht daraufhin von einer gesetzlichen Ermächtigung zum Verbot politischer Versammlungen Gebrauch. Dennoch formiert sich in der Hauptstadt Metropolis ein mehrere Tausend Personen starker Demonstrationszug. Einige Angehörige der deutschen und der US-amerikanischen Botschaft haben sich trotz vorhergehender Warnungen des arkadischen Präsidenten an ausländische Diplomaten am Rande der Kundgebung eingefunden, um das Geschehen zu beobachten. Die bereits gegen die Demonstranten vorgehende Polizei drängt die Gruppe von Diplomaten in eine Nebenstraße ab. Eine deutsche Botschaftsangehörige, die sich unter die Demonstranten gemischt hatte, wird ungeachtet ihres Hinweises auf ihren Diplomatenstatus festgenommen und bis zum Ende der Auflösung der Kundgebung im Polizeihauptquartier in Gewahrsam gehalten.

Deutschland zieht daraufhin seinen Botschafter aus Arkadien ab. Einige Tage später kommt es vor der deutschen Botschaft in Metropolis zu einer länger anhaltenden Demonstration von Mitgliedern der SEA, bei der lautstark gegen „deutsche Einmischung in arkadische Politik" skandiert wird.

Auch die USA weisen das Verhalten der Polizeibehörden am Demonstrationstag als Verstoß gegen völkerrechtliche Verpflichtungen zurück. Daraufhin fordert die arkadische Regierung die USA auf, das Personal ihrer Botschaft auf zwei Drittel des Bestandes zu reduzieren und die Arbeitsverträge der verbleibenden Angehörigen der Mission vorzulegen, damit die Übereinstimmung ihres Tätigkeitsbereichs mit dem Völkerrecht überprüft werden könne. Der arkadische Außenminister erklärt auf einer Pressekonferenz, die USA nutzten ihre Mission zu neokolonialistischer Infiltration und

---

1 Der Fall greift Vorkommnisse in Kenia im Jahre 1991 auf, vgl *Keesing's* Record of World Events 1991, 38136, 38563.

Fall 7: Demonstration in Arkadien

bezichtigt den amerikanischen Botschafter einer „Sklavenhaltermentalität" und unerlaubter Unterstützung von Oppositionellen. In Reaktion hierauf stellen die USA ihre Entwicklungshilfeleistungen an Arkadien einstweilen ein.

Haben sich die beteiligten Staaten durch ihr Verhalten völkerrechtlich verantwortlich gemacht?

Bearbeitervermerk: Es ist davon auszugehen, dass die beteiligten Staaten an alle inhaltlich in Betracht kommenden multilateralen Verträge gebunden sind.

Lösung

Arkadien, Deutschland und die USA kommen sowohl als Verursacher völkerrechtlichen Unrechts wie auch als von einer Völkerrechtsverletzung Betroffene in Betracht. Es handelt sich um drei Staaten und damit um handlungsfähige Völkerrechtssubjekte[2].

I. Völkerrechtliche Verantwortlichkeit der USA und Deutschlands gegenüber Arkadien wegen des Verhaltens der Diplomaten bei der Demonstration

Angehörige der deutschen und der US-amerikanischen Botschaft haben die Demonstration beobachtet. Eine deutsche Botschaftsangehörige hat sich darüber hinaus unter die Demonstranten gemischt[3].

1. Beobachtung der Demonstration

Das lt Sachverhalt für alle drei Staaten verbindliche Wiener Übereinkommen über diplomatische Beziehungen (WÜD) besagt in Art 41 Abs 1, dass alle Personen, die (nach dem Übereinkommen) Vorrechte und Immunitäten genießen, unbeschadet derselben verpflichtet sind, die Rechtsordnung

---

[2] Es empfiehlt sich, diese Feststellungen vorab zu treffen und sie nicht etwa zu Beginn der Begutachtung der verschiedenen einzelnen Konstellationen, die zu einer völkerrechtlichen Verantwortlichkeit geführt haben könnten, zu wiederholen.

[3] Sachverhaltswiedergaben sind „an sich" zu vermeiden. Hier erscheint eine Abweichung von dieser Regel sachgerecht, weil sich daraus der Prüfungsgegenstand, den die Überschrift nur allgemein bezeichnet, konkreter erschließt. Dies könnte kaum in einer Überschrift untergebracht werden, ohne dass diese umständlich wirken würde.

des Empfangsstaats zu beachten und sich nicht in dessen innere Angelegenheiten einzumischen. Die Personen, welche hier gehandelt haben, zählen zum Adressatenkreis dieser Vorschrift: es handelt sich um Diplomaten iSv Art 1 Buchst e WÜD; solchen stehen die Immunitäten und Vorrechte des Art 31 WÜD zu.

Es ist nicht erkennbar, dass sich aus arkadischem Recht eine Pflicht für am Rande einer verbotenen Demonstration befindliche Personen ergäbe, den Schauplatz zu verlassen. Das Verweilen könnte sich aber als Einmischung in innere Angelegenheiten Arkadiens darstellen. Art 41 Abs 1 S 2 WÜD formuliert für den Bereich des Gesandtschaftsrechts vertraglich einen Ausschnitt aus dem allgemein die Souveränität der Staaten vor verbotener gegenseitiger Einwirkung auf ihre Souveränität schützenden Normenbündel „Nichteinmischungsprinzip"[4] spezieller aus[5]. Bei einer bloßen Augenscheinnahme, der selbst kein demonstrativer Charakter zukommt, fehlt es aber bereits an dem vom Nichteinmischungsprinzip in allen seinen Spielarten vorausgesetzten Tatbestandsmerkmal eines erkennbaren Bemühens um Einflussnahme[6]. Daran ändert es nichts, dass sich die Diplomaten mit ihrem Verhalten nicht an eine „Warnung" des arkadischen Präsidenten gehalten haben.

Im Übrigen belegt Art 3 Abs 1 Buchst d WÜD positiv, dass das gesandtschaftsrechtliche Nichteinmischungsgebot eine Beobachtung innenpolitisch relevanter Vorgänge nicht erfasst. Denn es ist danach (auch) Aufgabe einer diplomatischen Mission, sich mit allen rechtmäßigen Mitteln über Verhältnisse und Entwicklungen im Empfangsstaat zu unterrichten[7]. „Verhältnisse und Entwicklungen" im Empfangsstaat iSd Vorschrift sind nicht nur solche, mit deren Wahrnehmung als Berichtsgegenstand ein Empfangsstaat jeweils einverstanden ist. Auch eine Unterscheidung zwischen rechtmäßigen und rechtswidrigen Verhaltensweisen – als Gegenstand des Informationsinteresses – kann insoweit nicht getroffen werden.

---

[4] Zum Nichteinmischungsprinzip s *Fischer* in: Ipsen, VR, § 59 Rn 50–65; *Hobe/Kimminich*, Einf, S 341–350 sowie Fall 20, S 261 f mwN.
[5] Vgl etwa *Dahm/Delbrück/Wolfrum*, VR I/1, S 271, dort auch in den §§ 31–40 ausf Erläuterungen zum Diplomatenrecht allg.
[6] *Richtsteig*, WÜD/WÜK, Art 3 WÜD Anm 2 (S 22).
[7] S dazu auch schon Fall 2, S 40.

2. Die Demonstrationsteilnahme der deutschen Botschaftsangehörigen

Die Versammlung wurde im Einklang mit dem arkadischen Recht verboten. Es kann davon ausgegangen werden, dass eine gleichwohl erfolgende Teilnahme – anders als bloßes „Zuschauen" – sich als Verstoß gegen arkadisches Recht darstellt. Ein „Mischen" unter die Demonstranten, wie es die deutsche Diplomatin unternommen hat, stellt sich demzufolge als Gesetzesverstoß iSd Art 41 Abs 1 S 1 WÜD dar, dies unabhängig davon, ob sie hierzu überwiegend durch ein Beobachtungsinteresse (s o 1) motiviert war.

Es kann danach dahinstehen, ob in diesem Verhalten zugleich eine Einmischung iSv Art 41 Abs 1 S 2 WÜD gelegen hat, was angesichts des Einzelverhaltens und des Umstandes zweifelhaft sein mag, dass die Diplomatin nicht als solche erkennbar gewesen sein dürfte. Denn von einer Einmischung eines einzelnen „Fremden" in die inneren Angelegenheiten kann bei einer Demonstration wohl nur gesprochen werden, wenn die Fremdheit zutage liegt[8].

Das Verhalten der Diplomatin ist Deutschland ohne weiteres als Handeln seiner Organe iSv Art 4 des ILC-Entwurfs zur Staatenverantwortlichkeit, der insoweit geltendes Völkergewohnheitsrecht wiedergibt, zurechenbar. Gründe, die einer völkerrechtlichen Verantwortlichkeit entgegenstehen könnten, sind nicht ersichtlich.

3. Zwischenergebnis

Nicht die USA, wohl aber Deutschland ist völkerrechtlich verantwortlich für das Verhalten anlässlich der Demonstration.

II. Völkerrechtliche Verantwortlichkeit Arkadiens gegenüber den USA und Deutschland wegen des Verhaltens der Polizeiorgane

1. Das Abdrängen der Diplomatengruppe

Arkadien könnte Art 25 WÜD verletzt haben, wonach es als Empfangsstaat diplomatischen Missionen „jede" Erleichterung zur Wahrnehmung ihrer

---

[8] Das schließt selbstverständlich nicht aus, dass auch verdeckte, subversive Betätigung dem Einmischungsverbot unterfallen kann. „Subversive Demonstration" wäre aber eine *contradictio in adiecto*; zur subversiven Intervention s *Fischer*, in: Ipsen, VR, § 59 Rn 60.

Aufgaben zu gewähren hat. Zur Gewährung der Erleichterung der Aufgabenwahrnehmung gehört auch das Unterlassen von Eingriffen in Tätigkeiten, die sich als derartige Aufgabenwahrnehmung darstellen. Die Diplomaten hatten den Versammlungsort aufgesucht, um eine Anschauung von den Vorgängen zu gewinnen und hierüber an die Regierungen ihrer Entsendestaaten berichten zu können. Diese Tätigkeit weist Art 3 Abs 1 Buchst d WÜD als Aufgabe einer diplomatischen Mission aus. Durch das ihm entsprechend Art 4 des ILC-Entwurfs zurechenbare Verhalten seiner Polizeibediensteten hat Arkadien demzufolge gegen Art 25 WÜD verstoßen.

Ein weiterer Normverstoß könnte sich angesichts des Art 26 WÜD ergeben, wonach der Empfangsstaat Arkadien allen Mitgliedern diplomatischer Missionen „volle" Bewegungs- und Reisefreiheit in seinem Hoheitsgebiet zu gewährleisten hat, dies vorbehaltlich etwaiger arkadischer Rechtsvorschriften über Zonen, deren Betreten aus Gründen der nationalen Sicherheit verboten oder eingeschränkt ist[9]. Zur Bewegungsfreiheit, hier zu verstehen im Sinne von Freizügigkeit, gehört auch die Freiheit des Verweilens am Ort. Es ist nicht erkennbar, dass nach arkadischem Recht derjenige Teil Metropolis', in welchem die Demonstration stattfand, nicht oder nur unter bestimmten Voraussetzungen betreten werden dürfte. „Rechtvorschriften über Zonen" erfasst von vornherein nicht ein im Einzelfall ausgesprochenes Versammlungsverbot mit Auflösungsverfügung, sondern lässt – in Ansehung von Versammlungen – etwa an Regelungen nach Art einer Bannmeile denken. Es kann deshalb unerörtert bleiben, ob vorliegend Gründe „nationaler Sicherheit" eingreifen. Arkadien hat daher auch gegen Art 26 WÜD verstoßen.

Rechtfertigungsgründe oder sonstige haftungsausschließende Gründe bestehen nicht.

2. Die Festnahme der deutschen Diplomatin

Nach Art 29 WÜD ist die Person eines Diplomaten unverletzlich (S 1). Diese Aussage wird in S 2 der Vorschrift dahingehend spezifiziert, dass ein Diplomat keiner Festnahme oder Haft „irgendwelcher Art" unterliegt, und in S 3 durch ein Achtungsgebot und eine Schutzverpflichtung ergänzt[10]. Das Festhalten der deutschen Diplomatin im Polizeihauptquartier von Metro-

---

9 S dazu *Hobe/Kimminich*, Einf, S 361.
10 Zu den Vorrechten, Immunitäten und Befreiungen der Diplomaten und des sonstigen Personals statt vieler *Fischer,* in: Ipsen, VR, § 35 Rn 34–59.

polis bis zum Ende der Auflösung der Kundgebung wird kaum eine „Festnahme" im Sinne des arkadischen Strafprozess- oder Polizeirechts sein, doch kommt es darauf für das weit auszulegende gesandtschaftsrechtliche Verhaftungsverbot nicht an. Nicht jedes polizeiliche Anhalten, wohl aber die Verbringung zu einer Polizeidienststelle mit nachfolgendem Festhalten bedeutet Haft iSv Art 29 S 2 WÜD[11].

Fraglich ist, ob sich für dieses Arkadien zuzurechnende Verhalten der Polizeibediensteten eine Rechtfertigung finden lässt, zumal es in Reaktion auf einen Verstoß der Diplomatin gegen arkadisches Recht erfolgte, der sich zugleich als Völkerrechtsverstoß Deutschlands darstellt (s o I 1). Das WÜD kennt verschiedene Vorschriften über zulässige Reaktionen der Empfangsstaaten auf unerwünschtes oder rechtswidriges Verhalten fremder Diplomaten, namentlich die Erklärung zur persona non grata durch Notifikation an den Entsendestaat (vgl Art 9 Abs 1 S 1 WÜD). Eine Rechtfertigung der Inhaftierung von Diplomaten ergibt sich aus dem WÜD aber nicht.

Damit könnte bereits ausgeschlossen sein, dass eine Rechtfertigung anhand anderer Vorschriften des Völkerrechts erfolgen kann, denn das Gesandtschaftsrecht stellt sich, wie namentlich der Internationale Gerichtshof im Teheraner Geiselfall betont hat, als ein in sich geschlossenes Regelwerk („*self-contained régime*") dar[12]. Die Konsequenzen dieser besonderen Regelungsstruktur des Gesandtschaftsrechts bedürfen hier aber keiner näheren Untersuchung. Selbst wenn – wofür viel spricht – auch im „geschlossenen" gesandtschaftsrechtlichen Regime Raum für einen gewohnheitsrechtlich (vgl auch Teil 5 der Präambel des WÜD) geltenden Rechtfertigungsgrund bezüglich eines Einschreitens während einer Rechtsverletzung und zu dessen Beendigung sein sollte[13], so muss seine Inanspruchnahme jedenfalls den Anforderungen der Verhältnismäßigkeit genügen. Ein Einschreiten

---

11 *Dahm/Delbrück/Wolfrum*, VR I/1, § 34 III 1, S 275.
12 Vgl ICJ Rep 1980, 3 (40): „The rules of diplomatic law, in short, constitute a self-contained regime …"; Aufnahme dieses Konzepts in BVerfG, NJW 1998, 50 (52) = EuGRZ 1997, 436 (441) – (Sprengstoff-Anschlag); s dazu auch schon Fall 2, S 45 f, 47 f.
13 Eine entspr Möglichkeit deutet der IGH im Teheraner Geiselfall selbst an: „Naturally the observance of this principle does not mean […] that a diplomatic agent caught in the act of committing an assault or other offence may not, on occasion, be briefly arrested by the police of the recieving State in order to prevent the commission of the paricular crime." (wie Fn 10); vgl *Fischer*, in: Ipsen, VR, § 35 Rn 39 f; *Herdegen*, The Abuse of Diplomatic Privileges and Countermeasures not Covered by the Vienna Convention on Diplomatic Relations, ZaöRV 46 (1986), 434 ff; *Simma*, Self-contained Regimes, NYIL 16 (1985), 111–136.

müsste sich um einen schonenden Ausgleich zwischen – hier – der verletzten Freiheit der Person und dem Interesse an der Durchsetzung der Rechtsordnung darstellen. Daran fehlt es offensichtlich. Denn das „Herausgreifen", Wegführen und Festhalten der Diplomatin stellt sich als erheblicher Eingriff in ein grundlegendes diplomatisches Vorrecht ein, während der Verzicht hierauf objektive arkadische Interessen nur geringfügig beeinträchtigt.

Da die deutsche Diplomatin den einschreitenden Bediensteten ihren Status verdeutlicht hat (und der Sachverhalt nicht etwa anzeigt, dass es Anlass zu Zweifeln gab), haben die arkadischen Organe auch in Kenntnis aller relevanten Umstände gehandelt.

3. Zwischenergebnis

Wegen des Abdrängens der Diplomaten und der Festnahme der deutschen Diplomatin besteht eine völkerrechtliche Verantwortlichkeit Arkadiens gegenüber Deutschland.

III. Die Abberufung des Missionschefs

Der Rückruf des deutschen Botschafters trifft auf keine Verbotsnorm aus dem WÜD. Nach dessen Art 2 erfolgt die Aufnahme diplomatischer Beziehungen „in gegenseitigem Einvernehmen". Daran zeigt sich, dass jedenfalls nach dem WÜD kein Staat einen Anspruch darauf hat, dass ein anderer mit ihm diplomatische Beziehungen unterhält[14]. Liegt es so, dann muss auch eine Verminderung der Intensität der diplomatischen Beziehungen, wie sie in dem Abziehen des Missionschefs liegt, zulässig sein. Es handelt sich um einen – im Übrigen auf dem Felde der diplomatischen Beziehungen völlig gängigen – Schritt, um eine Missbilligung in Reaktion auf fremdes Verhalten zum Ausdruck zu bringen, mithin eine Retorsion[15], die ihrerseits einen Rechtseingriff nicht bedeutet.

---

14 S dazu auch schon Fall 2, S 43 f mN.
15 S dazu *Partsch*, Retorsion, EPIL IV (2000), 232 f; ferner in Abgrenzung zur Gegenmaßnahme/Repressalie (zu ihr allgem o Einl, S 22 ff) *Schröder*, in: Graf Vitzthum, VR, Rn VII 107 f sowie *Hobe/Kimminich*, Einf, S 236 f.

IV. Völkerrechtliche Verantwortlichkeit Arkadiens gegenüber Deutschland wegen des Nichteinschreitens anlässlich der Demonstration vor der deutschen Botschaft

Für das Verhalten Arkadiens gegenüber der Mission gilt vorliegend nicht Art 45 WÜD, der erst im Fall des Abbruchs oder der endgültigen oder vorübergehenden Abberufung der gesamten Mission zur Anwendung kommt, nicht aber bei der bloßen Abberufung des Missionschefs, sondern Art 22 WÜD. Nach dessen Abs 2 hat Arkadien die „besondere" Pflicht, alle geeigneten Maßnahmen zu treffen, um die Räumlichkeiten der Mission (einerseits) vor Eindringen und Beschädigung zu schützen und (andererseits) zu verhindern, dass der Friede der Mission gestört oder ihre Würde beeinträchtigt wird. In der längere Zeit andauernden Demonstration unter skandiertem Vorbringen des Vorwurfs der Einmischung könnte eine derartige Friedensstörung bzw Würdebeeinträchtigung zu sehen sein.

1. Zurechenbares Verhalten

Fraglich ist, ob das Verhalten der Demonstranten Arkadien unmittelbar zurechenbar ist oder aber allein das Unterlassen behördlichen Einschreitens im Zusammenhang mit Handlungen Privater an Art 22 Abs 2 WÜD zu messen ist. Die Demonstranten waren Mitglieder der SEA; offenbar hatte diese Partei zu der Demonstration aufgerufen. Politische Parteien sind keine staatlichen Organe im formellen Sinne. Andererseits dominieren sie staatliche Organe und bestimmen deren Verhalten, dies – je nach staatlichem System – in unterschiedlicher Intensität. Dessen ungeachtet verbleibt es für die Qualifizierung im Sinne der völkerrechtlichen Zurechnungskategorien bei einer formalen Sichtweise. Andernfalls wären dogmatisch gebotene Grenzlinien nicht mit der erforderlichen Genauigkeit zu ziehen. Wenn demzufolge das Verhalten von Parteien und ihrer Mitglieder im Zurechnungszusammenhang als solches „Privater" einzuordnen ist, erlauben die Regeln über die Zurechnung des Verhaltens Privater (vgl Art 8 ff des ILC-Entwurfs zur Staatenverantwortlichkeit) eine angemessene Erfassung des Verhaltens solcher Parteien (oder anderer Akteure), das sich in Ansehung eines konkreten Staates der Sache nach nur schwer von demjenigen seiner Organe unterscheiden lässt. Auch wenn nach dem Sachverhalt im politischen Leben Arkadiens die SEA eine andere Parteien an Entfaltung hindernde Dominanz ausübt, kann daraus nicht geschlossen werden, die von Mitgliedern der SEA getragene Veranstaltung stelle sich als „staatliche" Veranstaltung dar.

2. Normverstoß

Sofern die von der Demonstration ausgehenden Einwirkungen auf die Mission tatbestandlich dem Art 22 Abs 2 WÜD unterfallen sollten, geht es danach nicht um ein Handeln Arkadiens, sondern allein um ein Unterlassen, mithin um die im Wortlaut der Vorschrift genannte Verhinderungspflicht. Diese kann nicht im Sinne einer Garantie gemeint sein, vielmehr ist den Empfangsstaaten abverlangt, nach Maßgabe der im Einzelfall angemessenen Sorgfalt (due diligence) Störungen bzw Beeinträchtigungen abzuwenden[16]. Welcher Aufwand dabei geschuldet ist, müsste nur dann näher untersucht werden, wenn tatsächlich der Friede der Mission bzw die Würde der Mission verletzt worden wäre. Das ist etwa anzunehmen, wenn von Demonstrationen ein Übergreifen auf die Räumlichkeiten der Mission oder auch Übergriffe auf deren Personal oder die Mission aufsuchende Personen zu besorgen ist, bei – wie hier – rein verbalen Angriffen dann, wenn diese beleidigenden Charakter oder auch eine besondere, für sich genommen als störend zu qualifizierende Lärmintensität erreichen[17]. Derartiges kann nicht festgestellt werden. Insbesondere der Vorwurf der „Einmischung" ist wohlfeil und auch im außenpolitischen Diskurs an der Tagesordnung. Seine Darbietung im Sprechchor bedeutet keine Einwirkung funktionsbeeinträchtigender oder herabsetzender Art, wovor Art 22 Abs 2 WÜD schützen will.

3. Zwischenergebnis

Dieser Teil des Sachverhalts beinhaltet danach keinen Völkerrechtsverstoß Arkadiens.

V. Die Aufforderungen Arkadiens gegenüber den USA
1. Reduzierung des Mitgliederbestandes der Mission

Arkadien hat insoweit nicht konkret einzelne Personen bezeichnet, so dass keine Erklärung zur persona non grata (vgl Art 9 WÜD, Art 43 Buchst b WÜD) vorliegt[18]. Es muss davon ausgegangen werden, dass zwischen Arka-

---

16 Vgl *Dahm/Delbrück/Wolfrum*, VR I/1, § 38 II, S 289. Hier zeigt sich, dass die Frage des Verschuldens im Recht der Staatenverantwortlichkeit durchaus eine Rolle spielen kann und zwar bei der Frage, ob ein Normverstoß vorliegt.
17 Vgl *Richtsteig*, WÜD/WÜK, Art 22 WÜD Anm 2 (S 48).
18 Zu den verschiedenen Beendigungsmöglichkeiten der diplomatischen Mission s *Dahm/Delbrück/Wolfrum*, VR I/1, § 39, S 292–296.

dien und den USA keine ausdrückliche Vereinbarung über den Personalbestand der Mission getroffen ist, so dass es gem Art 11 Abs 1 WÜD auf „Angemessenheit" und „Normalität" des Umfangs des Personenbestandes ankommt. Die Vorschrift berechtigt Arkadien zu verlangen, dass der Bestand in den Grenzen gehalten wird, die Arkadien „in Anbetracht der bei ihm vorliegenden Umstände und Verhältnisse", aber auch „der Bedürfnisse" der US-amerikanischen Mission für angemessen und normal hält. An dieser Formulierung ist erkennbar, dass Art 11 Abs 1 WÜD dem Empfangsstaat mindestens eine Einschätzungsprärogative einräumt. Auch die Beurteilung der Bedürfnisse des Entsendestaates USA unterliegt dem Wortlaut nach zwar uneingeschränkt der Einschätzung Arkadiens. Man wird indes davon ausgehen dürfen, dass ein Empfangsstaat bei einer diesbezüglichen Einschätzung jedenfalls das berechtigte, objektive Interesse an einer sachgerechten Wahrnehmung der Aufgaben nach Art 3 Abs 1 WÜD fair in Rechnung stellen muss, wobei es auf die Umstände des Einzelfalles ankommen wird[19]. Etwa ein Empfangsstaat, auf dessen Staatsgebiet eine besonders große Anzahl von Angehörigen eines bestimmten Entsendestaates ansässig ist, wird diesem grundsätzlich einen dem Rechnung tragenden Personalbestand einzuräumen haben. Derartige besondere Umstände sind vorliegend nicht ersichtlich. Da auch in der diplomatischen Praxis hinsichtlich des Umfangs des Personalbestandes den Empfangsstaaten ein weitreichendes Ermessen eingeräumt wird und die Bestandsreduzierung gerade auch ein gebräuchliches Mittel der Reaktion auf zwischenstaatliche Spannungen darstellt, erscheint die Forderung nach einem Abbau von zwei Dritteln des derzeitigen Bestandes als begründet.

2. Einsicht in die „Arbeitsverträge"

Eine Grundlage für einen derartigen Anspruch ist dem WÜD nicht zu entnehmen. Das ist auch folgerichtig, weil ein berechtigtes Interesse der Empfangsstaaten hieran nicht erkennbar ist. Angesichts der im Übrigen auf den Funktionenschutz, etwa auf die Unverletzlichkeit der Räumlichkeiten (Art 22 Abs 1 WÜD), der Archive und Schriftstücke der Mission (Art 24 WÜD) und den Schutz ihres freien Verkehrs einschließlich der amtlichen Korrespondenz und des Kuriergepäcks (Art 27 WÜD) zielenden Vorschrif-

---

[19] S a *Richtsteig*, WÜD/WÜK, Art 11 WÜD Anm 2 (S 35). Typisch ist die Ausweisung einer entsprechenden Anzahl von Diplomaten als Reaktion auf ähnliche Schritte des Empfangsstaates, s *Fischer*, in: Ipsen VR, § 35 Rn 28.

ten müsste sich ein Informationsrecht bezüglich der rechtlichen Ausgestaltung des Innenverhältnisses der Bediensteten der Mission zum Entsendestaat ausdrücklich aus dem WÜD ergeben. Dafür spricht auch Art 10 WÜD, welcher im Sinne einer abschließenden Regelung bestimmte Notifizierungspflichten hinsichtlich der in einer Mission tätigen Personen enthält.

3. Zwischenergebnis

Nur die Forderung Arkadiens auf Reduzierung des Personalbestandes der Botschaft ist begründet.

VI. Die Einlassung des arkadischen Außenministers vor der Presse

Arkadien könnte durch das ihm zuzurechnende, in amtlicher Eigenschaft erklärte Statement des Außenministers die Würde der Person des Botschafters (Art 29 S 3 WÜD) verletzt haben.

Unter Berücksichtigung der diplomatischen Praxis, welche das von dem (kodifikatorischen) WÜD insoweit aufgenommene Völkergewohnheitsrecht geprägt hatte, wird man den Begriff der diplomatischen Würde weiter fassen müssen als den engen, auf Verächtlichmachung und Herabwürdigung „zum Objekt" abstellenden Würdebegriff etwa des Art 1 Abs 1 GG[20]. Darauf deutet auch die in Art 29 S 3 WÜD erscheinende Wendung von der „gebührenden Achtung". Andererseits verpflichtet der diplomatische Würdeschutz nicht schon zur Unterlassung drastischer Kritik. Insbesondere Tatsachen dürfen benannt werden, jedenfalls soweit sie hoheitliches Handeln betreffen. Ihre Äußerung wird auch im Fall der Nichterweislichkeit nicht von vornherein unzulässig sein. Daher kann gegen die Bemerkung, der Botschafter unterstütze Oppositionelle, nichts erinnert werden, auch ohne dass bekannt ist, ob dieser Vorbehalt zutrifft. Auch der Begriff der „neokolonialistischen Infiltration", ein Schlagwort, das bis hinein in die politikwissenschaftliche Sprache verbreitet ist, überschreitet die Schwelle von der Unfreundlichkeit hin zur Rechtswidrigkeit nicht. Als „Sklavenhalter" bzw von entsprechender Mentalität durchdrungen muss sich der Repräsentant eines fremden Staates jedenfalls von dem Außenminister seines Empfangsstaates aber nicht bezeichnen lassen. Hiermit hat Arkadien Art 29 S 3 WÜD verletzt.

---

[20] Vgl zu Art 1 I GG *Kunig*, in: v. Münch/Kunig, GGK I, Art 1 Rn 22 f.

Eine Rechtfertigung oder sonstige, der Annahme einer völkerrechtlichen Verantwortlichkeit entgegenstehende Gründe sind nicht erkennbar, zumal oben (I 1) festgestellt wurde, dass den USA Arkadien gegenüber keine Völkerrechtsverletzung anzulasten ist. Selbst wenn, was der Sachverhalt offen lässt, der Botschafter arkadische Oppositionelle unterstützt hätte und darin Verletzungen des Art 41 Abs 1 S 1 und/oder S 2 WÜD lägen, folgt daraus nicht das Recht, in der geschehenen Weise den Botschafter zu schmähen[21].

Es kann danach dahingestellt bleiben, ob das allgemeine Völkergewohnheitsrecht im Sinne eines Rechts auf „Staatenehre" bzw „ideelle Selbstbehauptung" einen zusätzlichen Verbotstatbestand beinhaltet[22]. Denn dieser würde nicht weiter reichen als seine spezielle Ausformung zum Schutz der Würde eines Diplomaten. Der letztere ist kein subjektives Eigenrecht einer Person, sondern dieser im Interesse des Entsendestaates gewährt (vgl Halbs 4 der Präambel zum WÜD), also selbst unmittelbarer Ausdruck des Interesses der Staaten, ihre Ehre gewahrt zu sehen.

VII. Die Einstellung der Entwicklungshilfe

Die Stornierung der von den USA offenbar bisher geleisteten Entwicklungshilfe an Arkadien kann sich nur dann als Verletzung des Völkerrechts darstellen, wenn Arkadien über einen entsprechenden Anspruch gegenüber den USA verfügt. Eine bilaterale vertragliche Grundlage dafür nennt der Sachverhalt nicht. Es kann also nicht geprüft werden, ob ein solcher Anspruch dem Grunde nach vertraglich eingeräumt ist und ob ggf – etwa – die zeitlichen Modalitäten auf Bedenken stoßen. Auch multilaterale Verträge, aus denen allgemein ein Anspruch auf Leistung von Entwicklungshilfe folgen würde, bestehen nicht. Dass Arkadien ein „Entwicklungsstaat" wäre, mag auch angesichts der Wortwahl des Außenministers nicht fern liegen. Das möglicherweise schon prinziphaft geltende, jedenfalls auf dem Weg zum (kollektiven) Menschenrecht befindliche Recht auf Entwicklung[23]

---

21 Es wäre dies – ungeachtet der Frage, ob die Struktur des Diplomatenrechts als *self-contained régime*, s o Fn 12, für Gegenmaßnahmen/Repressalien überhaupt Raum lässt – jedenfalls deshalb keine gerechtfertigte Gegenmaßnahme/Repressalie, weil die Bemerkung nicht auf eine Beendigung des gerügten Verhaltens gerichtet ist, Art 49 Abs 1 des ILC-Entwurfs.
22 S dazu o Fall 5, S 74.
23 S dazu *Dolzer*, in: Graf Vitzthum, VR, Rn VI 30–36 sowie die Nachw in der Einl, S 12 Fn 32.

trägt aber nicht den konkreten Anspruch eines bestimmten Empfängerlandes gegenüber einem potentiellen Geberland. Die Staaten sind grundsätzlich frei bei der Entscheidung über die Vergabe oder Einstellung von Kapitaltransfer mit dem Ziel der Entwicklungsförderung[24]. Umstände, die auf einen besonderen Vertrauenstatbestand[25] oder auch ein existentielles Angewiesensein Arkadiens auf Hilfeleistungen gerade der USA deuten würden, sind nicht ersichtlich.

VIII. Gesamtergebnis und Rechtsfolgen

Es besteht eine völkerrechtliche Verantwortlichkeit Deutschlands gegenüber Arkadien wegen der Teilnahme der deutschen Diplomatin an der Demonstration. Arkadien ist völkerrechtlich verantwortlich gegenüber Deutschland wegen des Festhaltens dieser Diplomatin sowie gegenüber Deutschland und den USA wegen des Abdrängens der Diplomatengruppe. Materielle Schädigungen durch diese Verhaltensweisen sind nicht eingetreten. Die Staaten werden sich bei einander zu entschuldigen haben.

Das gilt auch für Arkadien gegenüber den USA wegen der Äußerung, der Botschafter verfüge über eine Sklavenhaltermentalität. Die USA können fordern, dass der Außenminister eine offizielle Erklärung des Bedauerns auf einem vergleichbaren Forum wie der Pressekonferenz abgibt.

Arkadien hat einen Anspruch auf die gewünschte Reduzierung des Personalbestandes der US-amerikanischen Botschaft.

Weitere Völkerrechtsverstöße lassen sich nicht feststellen.

---

24 Vgl *Fischer,* in: Ipsen VR, § 59 Rn 60.
25 Etwa iS eines (einseitigen) Versprechens, s Fall 5, S 77.

Fall 8: Der kanadisch-peskarische Fischereistreit

Sachverhalt[1]

Kanada und Peskarien sind Mitglieder der Organisation für die Fischerei im Nordwestatlantik (NAFO), die durch das Übereinkommen über die künftige multilaterale Zusammenarbeit auf dem Gebiet der Fischerei im Nordwestatlantik vom 24.10.1978 errichtet wurde. Das Übereinkommen regelt die Fischerei auf der Hohen See im Nordwestatlantik. Im Rahmen der NAFO sind jedem Mitgliedstaat bestimmte Fangquoten eingeräumt. Darüber hinaus hat Kanada Peskarien Fangquoten für die Fischerei in seiner 200 Seemeilen breiten ausschließlichen Wirtschaftszone eingeräumt.

Kanada verdächtigt die peskarische Fangflotte, ihre Fangquoten systematisch zu überschreiten und dadurch die Fischbestände vor der Küste Neufundlands zu gefährden, die die Lebensgrundlage der Küstenbewohner bilden. Peskarien weist entsprechende Vorwürfe regelmäßig zurück. Daraufhin entschließt sich Kanada, die unter peskarischer Flagge fahrenden Schiffe Castor und Pollux zu überprüfen, um seine Vorwürfe belegen zu können. Ein Schiff der kanadischen Küstenwache fordert die Castor, die 150 Seemeilen vor der kanadischen Küste fischt, zum Beidrehen auf. Die Castor nimmt jedoch Kurs auf die Hohe See. Das kanadische Schiff nimmt die Verfolgung auf und bringt die Castor 230 Seemeilen von der Küste entfernt mit Waffengewalt zum Anhalten. Auch die Pollux, die 250 Seemeilen vor der Küste fischt, wird mit Waffengewalt angehalten. Angehörige der kanadischen Küstenwache begeben sich bewaffnet an Bord der beiden Schiffe und befehlen den Kapitänen, einen kanadischen Hafen anzulaufen. Dort ergibt eine Kontrolle, dass die Schiffe erheblich mehr Fisch gefangen haben als in den Fangbüchern verzeichnet.

---

[1] Der Fall wurde angeregt durch einen transatlantischen Fischereistreit im März 1995, als die kanadische Marine auf Hoher See das spanische Fischereischiff Estai aufbrachte und in den neufundländischen Hafen St. John's leitete; s dazu etwa Frankfurter Allgemeine Zeitung v 15.3.1995 mit einer rechtlichen Würdigung von *Fastenrath*; ferner *Reimann*, Ökologische Intervention im internationalen Recht, NuR 1997, 16 ff. Der Originalfall hat die besondere Schwierigkeit, dass nicht Spanien, sondern nur die EG Mitglied der NAFO ist. Eine Klage Spaniens vor dem IGH scheiterte daran, dass die Streitigkeit von der Unterwerfungserklärung Kanadas nicht gedeckt war, s ICJ Rep 1998, 432.

Sind die kanadischen Maßnahmen mit dem Völkerrecht vereinbar? Dürfte Peskarien entsprechende Maßnahmen in Zukunft mit Waffengewalt verhindern?

Bearbeitervermerk:

1. Es ist davon auszugehen, dass Kanada und Peskarien Mitglieder der Vereinten Nationen und auch an das Seerechtsübereinkommen der Vereinten Nationen vom 10.12.1982 (SRÜ) gebunden sind.

2. Auszug aus dem Übereinkommen über die künftige multilaterale Zusammenarbeit auf dem Gebiet der Fischerei im Nordwestatlantik[2]:

Art XI. (1) Die Fischereikommission, im Folgenden „die Kommission" genannt, ist gemäß den Bestimmungen dieses Artikels mit der Bewirtschaftung und Erhaltung der Fischereiressourcen des Regelungsbereichs beauftragt.

(2) Die Kommission kann Vorschläge für eine gemeinsame Maßnahme der Vertragsparteien zum Zweck einer optimalen Nutzung der Fischereiressourcen des Regelungsbereichs verabschieden. ...

(3) ...

(4) Die von der Kommission angenommenen Vorschläge über die Aufteilung der Fänge im Regelungsbereich müssen den Interessen der Mitglieder der Kommission Rechnung tragen, deren Schiffe traditionell in diesem Bereich gefischt haben; ...

...

(7) Vorbehaltlich des Artikels XII wird jeder von der Kommission gemäß diesem Artikel angenommene Vorschlag von einem von der Kommission festzulegenden Zeitpunkt an zu einer für alle Vertragsparteien verbindlichen Maßnahme.

Art XVII. Die Vertragsparteien kommen überein, die erforderlichen Maßnahmen, einschließlich ausreichender Sanktionen bei Verstößen, zu treffen, um den Bestimmungen des Übereinkommens Wirkung zu verleihen und die Maßnahmen, die nach Art XI Absatz 7 bindend werden ... durchzuführen. ...

Art XVIII. Die Vertragsparteien kommen überein, im Regelungsbereich ein Programm gegenseitiger Inspektion in Kraft zu halten und durchzuführen ... Dieses Programm überträgt den Vertragsparteien gegenseitige Rechte der Überprüfung und Inspektion sowie dem Flaggenstaat das Recht zu gerichtlicher Verfolgung und zu Sanktionen auf der Grundlage der durch diese Überprüfungen und Inspektionen gewonnenen Beweise. ...

---

2 ABl EG 1978 Nr L 378, 2 (30).

Fall 8: Der kanadisch-peskarische Fischereistreit

Lösung

Vorbemerkung: *Eine Hauptschwierigkeit des Falles liegt in einer sauberen Arbeit mit den komplizierten Normtexten. Zur Strukturierung der Falllösung wird es helfen, sich den Sachverhalt zunächst zu veranschaulichen. Eine Skizze könnte etwa so aussehen:*

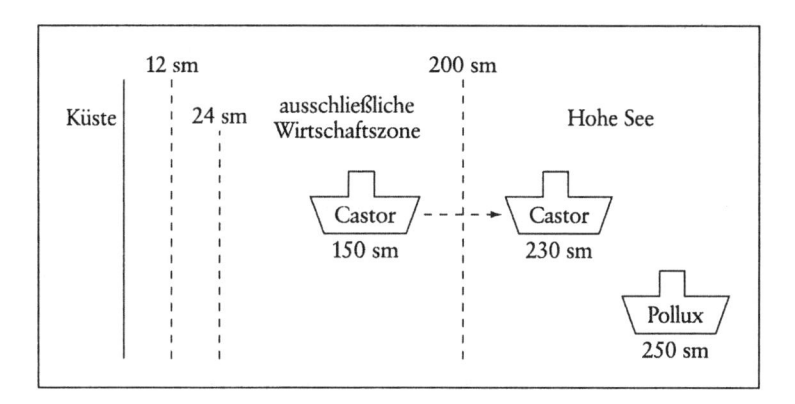

```
         12 sm              200 sm
Küste |  24 sm   ausschließliche  |   Hohe See
      |          Wirtschaftszone  |
      |                           |
      |          Castor /---+--▶ Castor /
      |          150 sm     |    230 sm
      |                     |
      |                     |         Pollux /
      |                     |         250 sm
```

Aufbaumäßig sind die beiden Schiffe Castor und Pollux auf jeden Fall getrennt zu behandeln; denn der Fischfang in der ausschließlichen Wirtschaftszone einerseits und auf Hoher See andererseits unterliegt unterschiedlichen Rechtsregimen. Zudem kann nur das Anhalten der Castor durch das Recht der Nacheile gerechtfertigt sein.

Darüber hinaus sollte hinsichtlich der Castor zwischen der Aufforderung zum Anhalten in der ausschließlichen Wirtschaftszone und dem tatsächlichen Anhalten auf Hoher See unterschieden werden; denn in der Aufforderung kann ein eigenständiger Völkerrechtsverstoß liegen. Zwar könnte das Anhalten auf Hoher See nicht rechtmäßig sein, wenn schon die Aufforderung zum Anhalten in der ausschließlichen Wirtschaftszone rechtswidrig wäre. Denkbar ist aber, dass die Aufforderung zum Anhalten und auch ein gewaltsames Anhalten in der ausschließlichen Wirtschaftszone rechtmäßig wären, ohne dass ein Anhalten auf Hoher See durch das Recht der Nacheile gedeckt wäre. Diese unterschiedlichen Möglichkeiten lassen sich nur erfassen, wenn zunächst die Aufforderung zum Anhalten und dann das Anhalten geprüft werden.

A. Vereinbarkeit der kanadischen Maßnahmen mit dem Völkerrecht

I. Aufforderung der Castor zum Anhalten

Indem das Schiff der Küstenwache die Castor zum Anhalten aufgefordert hat, könnte Kanada Rechte Peskariens aus Art 58 iVm Art 110 SRÜ verletzt haben. Zwar kann nicht allgemein gesagt werden, dass die Aufforderung zu einem Verhalten, auf das möglicherweise kein Anspruch des Auffordernden besteht, bereits die Rechtsstellung des Aufgeforderten berührt[3]. Vorliegend wird die Aufforderung aber erkennbar als Maßnahme tatsächlicher oder vermeintlicher Rechtsdurchsetzung eingesetzt und mit Drohpotential verbunden. Sie ist deshalb rechtswidrig, wenn das in Anspruch genommene Anhalterecht nicht besteht[4].

Die Aufforderung zum Anhalten erging innerhalb der ausschließlichen Wirtschaftszone[5] Kanadas, die in Einklang mit Art 57 SRÜ 200 Seemeilen breit ist. In der ausschließlichen Wirtschaftszone gelten nach Art 58 Abs 1 und 2 SRÜ vorbehaltlich der besonderen Bestimmungen über die ausschließliche Wirtschaftszone die Freiheiten der Hohen See[6]. Zu den Vorschriften, auf die Art 58 Abs 2 SRÜ verweist, gehört auch der Schutz vor dem Anhalten von Schiffen nach Art 110 SRÜ. Art 110 konkretisiert den in Art 87 Abs 1 S 2 Buchst a, 90 SRÜ enthaltenen Grundsatz der Freiheit der Schifffahrt, der nach Art 58 SRÜ ebenfalls für die ausschließliche Wirtschaftszone gilt. Art 110 Abs 1 SRÜ verbietet das Anhalten durch Kriegsschiffe. Dazu gehört das Schiff der Küstenwache nicht. Es handelt sich aber um ein anderes im Staatsdienst stehendes Schiff, das Art 110 Abs 5 SRÜ

---

3 Im Verhältnis der Staaten zueinander, das durch Gleichordnung geprägt ist, stellt die Geltendmachung eines nicht bestehenden Anspruchs sich regelmäßig nicht ihrerseits als rechtswidrig dar. Zu prüfen ist dann allein das Bestehen des Anspruchs.
4 Auch wenn die Castor der Aufforderung nachkäme, würde dies an der Rechtswidrigkeit nichts ändern. Angesichts des Drohpotentials, das mit der Aufforderung verbunden ist, würde es an der Freiwilligkeit fehlen, der eine wirksame Einwilligung bedarf. Zudem könnte eine nachträgliche Einwilligung einen in der Aufforderung liegenden Völkerrechtsverstoß nicht rückwirkend entfallen lassen. Allenfalls könnte es sich um einen Verzicht handeln, die Folgen der Rechtswidrigkeit geltend zu machen. Dabei ist allerdings zu beachten, dass der Kapitän der Castor auf Rechte, die dem Staat Peskarien zustehen, nicht verzichten kann (zu dem entspr Problem der sog Calvo-Klausel beim diplomatischen Schutz s Fall 11, S 157 f).
5 Dazu allgem *Graf Vitzthum*, in: ders, VR, Rn V 51 ff.
6 Zu den Freiheiten der Hohen See allgem *Graf Vitzthum*, in: ders, VR, Rn V 63 ff.

Fall 8: Der kanadisch-peskarische Fischereistreit

einem Kriegsschiff gleichstellt. Die Castor, die unter peskarischer Flagge fährt, besitzt gemäß Art 91 Abs 1 S 2 die peskarische Staatszugehörigkeit[7] und ist demzufolge für Kanada ein fremdes Schiff. Sie durfte damit grundsätzlich nicht angehalten werden.

Ein Grund zum Anhalten nach Art 110 Abs 1 Buchst a–e SRÜ lag nicht vor. Art 73 Abs 1 SRÜ gestattet ein Anhalten in der ausschließlichen Wirtschaftszone aber auch zur Durchsetzung der von Kanada in Übereinstimmung mit dem SRÜ erlassenen Vorschriften. Es kann davon ausgegangen werden, dass die Zuteilung von Fangquoten auf kanadischen Rechtsvorschriften beruht. Eine derartige Zuteilung von Fangquoten sieht Art 62 Abs 2 S 2 SRÜ ausdrücklich vor[8]. Sie ist also mit dem SRÜ vereinbar. Somit ist eine Kontrolle und die damit verbundene Aufforderung zum Anhalten gemäß Art 73 Abs 1 SRÜ zulässig.

II. Anhalten und Festhalten der Castor
1. Verstoß gegen Art 110 SRÜ

Dennoch könnte das Anhalten und Festhalten der Castor 230 Seemeilen vor der Küste, also außerhalb der ausschließlichen Wirtschaftszone, mit dem SRÜ unvereinbar sein. In diesem Bereich, der nach Art 86 SRÜ Hohe See ist, ergibt sich das Verbot des Anhaltens unmittelbar aus Art 110 SRÜ. Art 73 Abs 1 SRÜ rechtfertigt nur das Anhalten innerhalb der ausschließlichen Wirtschaftszone. Das Anhalten könnte aber durch das Recht der Nacheile gemäß Art 111 SRÜ gerechtfertigt sein.

Art 111 Abs 1 SRÜ greift nicht unmittelbar ein, weil sich die Castor zu keiner Zeit in den inneren Gewässern im Sinne von Art 8 SRÜ, dem nach Art 3 SRÜ höchstens 12 Seemeilen breiten Küstenmeer oder der nach Art 33 Abs 2 SRÜ maximal 24 Seemeilen breiten Anschlusszone Kanadas befand[9].

---

7   Dazu *Graf Vitzthum*, in: ders, VR, Rn V 64.
8   Wenn die Vorschrift derartige Vereinbarungen für den Fall vorsieht, dass ein Küstenstaat nicht über die Kapazität zum Fang der gesamten (aufgrund seiner Festlegung bemessenen, s Art 62 Abs 2 S 1 SRÜ) Fangmenge verfügt, so ergibt sich daraus keine Einschränkung. Die genannte Maßgabe steht der Quotenverteilung an andere nicht entgegen; sie führt ggf zu einer Verpflichtung, entsprechende Vereinbarungen einzugehen. Es kommt also nicht darauf an, über welche Fangkapazitäten Kanada verfügt.
9   Zu diesen Gebieten und Zonen *Graf Vitzthum*, in: ders, VR, Rn V 38 ff; welchen Umfangs Kanada sie in Anspruch genommen hat, ist für die Beurteilung des Falles unerheblich.

Die Vorschrift gilt aber nach Art 111 Abs 2 SRÜ ausdrücklich „sinngemäß", weil die Verfolgung innerhalb der ausschließlichen Wirtschaftszone Kanadas begonnen hat. In dieser Zone hat Kanada als Küstenstaat nach dem oben Gesagten das Recht, Peskarien gemäß Art 62 Abs 2 SRÜ Fangquoten zuzuteilen und die Einhaltung dieser Quoten nach Art 73 Abs 1 SRÜ zu überwachen. Dazu durfte Kanada die Castor in der ausschließlichen Wirtschaftszone anhalten, überprüfen und festhalten. Indem sich die Castor dem widersetzte, hat sie gegen kanadische Vorschriften im Sinne von Art 111 Abs 2 SRÜ verstoßen.

Die Nacheile begann in Einklang mit Art 111 Abs 1 S 2, Abs 2 SRÜ innerhalb der ausschließlichen Wirtschaftszone. Wie von Art 111 Abs 1 S 3 SRÜ gefordert, wurde sie ununterbrochen fortgesetzt. Nach dem Sachverhalt spricht alles dafür, dass das Schiff der Küstenwache auch das von Art 111 Abs 4 S 2 geforderte Sicht- oder Schallsignal zum Stoppen gegeben hat[10]. Schließlich war das Schiff der Küstenwache als Staatsschiff nach Art 111 Abs 5 SRÜ zur Nacheile berechtigt. Auf der Rechtsfolgenseite deckt Art 111 SRÜ – insoweit in Fortführung von Völkergewohnheitsrecht[11] – auch den Einsatz von Waffengewalt mit dem Ziel, das verfolgte Schiff zu stoppen. Umstritten ist allein, ob und ggf unter welchen Voraussetzungen ein Schiff im Rahmen der Nacheile sogar versenkt werden darf[12], was hier keiner Entscheidung bedarf.

2. Verstoß gegen Art 2 Nr 4 CVN

Es ist zweifelhaft, ob Waffengewalt gegen ein einzelnes ziviles Schiff wie die Castor als einer „Außenposition" des Staates einen Verstoß gegen das Gewaltverbot des Art 2 Nr 4 CVN bedeuten kann. Die Frage bedarf an dieser Stelle keiner Erörterung, da jedenfalls anerkannt ist, dass im Rahmen der Nacheile auch Waffengewalt gegen ein Schiff ausgeübt werden darf[13].

---

10 Eine andere Auslegung der Sachverhaltsangabe, das Küstenwachschiff habe die Castor zum Beidrehen aufgefordert, wäre wohl lebensfremd.
11 Dazu *Hailbronner*, Die Grenzen des völkerrechtlichen Gewaltverbots, BerDGVR 26 (1986), 49 (60); *Wooldridge*, Hot pursuit, in: EPIL II (1995), 881 (883).
12 Dazu *Verdross/Simma*, VR, § 1130; *P. Seidel*, The I'm Alone, in: EPIL II (1995), 937 (938).
13 Wer in der Gewaltanwendung einen Eingriff in Art 2 Nr 4 CVN sieht, müsste also das Recht der Nacheile neben dem Selbstverteidigungsrecht des Art 51 CVN als weitere Ausnahme vom Gewaltverbot anerkennen. Der Verzicht darauf, das Problem an dieser Stelle zu erörtern, beruht auf einer (nicht unbedingt zwingenden) „klau-

III. Anhalten und Festhalten der Pollux
1. Verstoß gegen Art 110 SRÜ

Auch die Pollux durfte nach Art 110 SRÜ grundsätzlich nicht angehalten oder festgehalten werden. Als Rechtfertigung kommen weder die in Art 110 Abs 1 Buchst a–e aufgelisteten Sachverhalte in Betracht noch das Recht der Nacheile gemäß Art 111 SRÜ, denn der Pollux ist nicht von Küstenmeer, Anschlusszone oder ausschließlicher Wirtschaftszone Kanadas aus nachgeeilt worden. Allein fraglich ist, ob spezielle Verträge im Sinne von Art 110 Abs 1 SRÜ Kanada zum Eingreifen berechtigten. Insoweit ist an das Übereinkommen über die künftige multilaterale Zusammenarbeit auf dem Gebiet der Fischerei im Nordwestatlantik vom 24.10.1978 zu denken. Dessen Art XI sieht die Festsetzung von Fangquoten vor, ermächtigt die Vertragsstaaten aber nicht zu Durchsetzungsmaßnahmen gegenüber den Schiffen anderer Vertragsstaaten. Möglicherweise ergibt sich ein derartiges Recht aber aus Art XVII des Vertrages. Nach dem Wortlaut bleibt offen, ob allein Maßnahmen der Vertragsparteien gegenüber den unter ihrer eigenen Flagge fahrenden Schiffen gemeint sind oder auch Maßnahmen gegenüber den Schiffen anderer Vertragsparteien. Im Rahmen einer systematischen Auslegung ist das Zusammenspiel der Vorschrift mit Art XVIII zu beachten. Art XVIII sieht gegenseitige Inspektionen im Rahmen eines bestimmten Programms vor, behält aber die zwangsweise Durchsetzung von Verpflichtungen dem Flaggenstaat vor[14]. Diese Abschichtung würde überspielt, wenn der allgemein gehaltene Art XVII den Vertragsstaaten weitergehende Rechte gegenüber Schiffen fremder Flagge einräumen würde. Art XVII bezieht sich also nur auf Maßnahmen des Flaggenstaates[15].

Das Anhalten und Festhalten der Pollux ist somit weder durch spezielle Vorschriften des Übereinkommens vom 24.10.1978 gedeckt noch durch die Vorschriften des SRÜ. Es verstößt gegen Art 110 SRÜ.

---

surtaktischen" Erwägung, weil so eine Doppelung (s u bei Fn 17ff zur Pollux) vermieden wird. Wäre der Sachverhalt auf den Vorfall um die Castor beschränkt, müsste an dieser Stelle auf Art 2 Nr 4 CVN eingegangen werden.
14 Das im Rahmen der NAFO geschaffene internationale Inspektionprogramm spiegelt diese Abschichtung deutlich wieder, s ABl EG 1988 Nr L 175, 1.
15 So auch *Reimann* (Fn 1), NuR 1997, 16 (18).

2. Verstoß gegen Art 2 Nr 4 CVN

Das gewaltsame Anhalten der Pollux könnte darüber hinaus das Gewaltverbot des Art 2 Nr 4 CVN verletzen[16]. Es ist weitgehend anerkannt, dass der Angriff auf eine Fischereiflotte in ihrer Gesamtheit (praktisch allerdings kaum vorstellbar) oder auf einen Schiffskonvoi gegen das Gewaltverbot verstößt[17]. Ein solcher Fall liegt hier nicht vor. Häufig wird der Schutz des Gewaltverbots auch auf einzelne zivile Schiffe erstreckt. Die Anwendung von Waffengewalt gegen ein ziviles Schiff fremder Flagge wird sogar[18] als bewaffneter Angriff gewertet[19]. Das hat zur Folge, dass der Flaggenstaat seinerseits von seinem Selbstverteidigungsrecht nach Art 51 CVN Gebrauch machen könnte. Eine entsprechende Befugnis wurde beispielsweise im ersten Golfkrieg von vielen Staaten in Anspruch genommen[20]. Ein derart weites Verständnis erscheint nahe liegend[21], wenn der Angriff auf ein Handelsschiff[22] im Zusammenhang mit einem größeren bewaffneten Konflikt steht. Im vorliegenden Fall hat das Anhalten aber eher gleichsam polizeilichen denn militärischen Charakter. Würde man jede Gewaltanwendung gegen ein Handelsschiff als bewaffneten Angriff werten, so würde schon ein geringfügiges Überschreiten der Befugnisse nach Art 110, 111 SRÜ den Flaggenstaat zu bewaffneter Selbstverteidigung berechtigen. Die Eskalationsgefahr gerade in Fällen, in denen die Voraussetzungen der Nacheile zweifelhaft erscheinen, ist unverkennbar. Zudem müssten Art 110, 111 SRÜ dann als Ausnahmen vom Gewaltverbot interpretiert werden. Dem steht entgegen, dass die Regelungen der CVN zum Gewaltverbot zutreffender

---

16 Die o bei Fn 13 offengebliebene Frage, wieweit zivile Schiffe durch das Gewaltverbot geschützt werden, bedarf nun der Entscheidung.
17 *Bothe*, in: Graf Vitzthum, VR, Rn VIII 12.
18 Zum Stufenverhältnis zwischen Gewaltanwendung und bewaffnetem Angriff *Randelzhofer*, in: Simma ua, Charta der VN, Art 51 Rn 4.
19 *Randelzhofer*, in: Simma ua, Charta der VN, Art 51 Rn 25; *Greenwood*, in: Fleck, HdbHVR, Rn 101, unter 3a; *ders*, Diskussionsbeitrag, in: I. F. Dekker/H. H. G. Post (Hrsg), The Gulf War of 1980–1988, 1992, 212 (213 f); *Bruha*, Selbstverteidigung, in: Wolfrum, HdbVN, S 753 (756), Rn 15; dagegen *Bothe*, Neutrality at Sea, in: Dekker/Post, aaO, 205 (208 f).
20 *Greenwood*, in: Fleck, HdbHVR, Rn 101, unter 3a.
21 *Greenwood*, in: Dekker/Post (Fn 19), 214 spricht insoweit von einem Diktat des *common sense*.
22 Der Begriff umfasst im völkerrechtlichen Sprachgebrauch alle zivilen Schiffe unter Einschluss der Fischereifahrzeuge, s *Hobe/Kimminich*, Einf, S 379, 381.

Ansicht nach als abschließend verstanden werden[23]. Es erscheint daher vorzugswürdig, das Anhalten der Pollux nicht als Gewaltanwendung im Sinne von Art 2 Nr 4 CVN zu qualifizieren[24]. Die Norm ist nicht verletzt.

B. Zulässigkeit gewaltsamer Gegenmaßnahmen

Soweit es um Kontrollen in der ausschließlichen Wirtschaftszone und Fälle anschließender Nacheile geht, scheiden gewaltsame Gegenmaßnahmen schon deshalb aus, weil Kanada völkerrechtsgemäß handelt. In Betracht kommen allein Gegenmaßnahmen, wenn Kanada künftig erneut auf der Hohen See einschreitet und weder Art 110 noch Art 111 SRÜ dies zulassen.

Derartige Gegenmaßnahmen könnten gegen das Gewaltverbot nach Art 2 Nr 4 CVN verstoßen. Es ist anerkannt, dass Kriegsschiffe und vergleichbare Staatsschiffe als „Außenpositionen" des Staates durch das Gewaltverbot geschützt werden[25]. Gegenmaßnahmen könnten also nur dann rechtmäßig sein, wenn sie Ausdruck des Selbstverteidigungsrechts nach Art 51 CVN sind. Das setzt einen bewaffneten Angriff voraus. Wie oben zu A III 2 dargelegt, verstößt das gewaltsame Anhalten eines Fischfangschiffes nicht gegen das Gewaltverbot und stellt damit auch keinen bewaffneten Angriff dar. Gewaltsame Gegenmaßnahmen Peskariens wären daher unzulässig.

---

23 *Randelzhofer*, in: Simma ua, Charta der VN, Art 2 Ziff 4 Rn 35; *Verdross/Simma*, VR, § 469.
24 Für ein derart eingeschränktes Verständnis des Gewaltverbotes im Bereich des Seerechts auch *Schindler*, Die Grenzen des völkerrechtlichen Gewaltverbots, BerDGVR 26 (1986), 11 (15).
25 *Bothe*, in: Graf Vitzthum, VR, Rn VIII 12; *Randelzhofer*, in: Simma ua, Charta der VN, Art 51 Rn 23.

Fall 9: Trail-Smelter heute

Sachverhalt

In Trail – Britisch-Kolumbien – betrieb eine kanadische Gesellschaft eine der größten Schmelzanlagen Nordamerikas, hauptsächlich für zink- und bleihaltige Rohstoffe zur Metallgewinnung. Die Anlage befand sich etwa 11 Meilen nördlich von der Grenze zu den USA. Die Schadstoffemission war beträchtlich. Sie erreichte teilweise ein tägliches Ausmaß von über 600 Tonnen Schwefeldioxid. Hiervon durchsetzte Wolken gelangten aufgrund der physikalischen und meteorologischen Gegebenheiten regelmäßig in den Staat Washington, wo erhebliche Schäden im landwirtschaftlichen Bereich sowie an Gebäuden festgestellt wurden. Dass diese Schäden vom Betrieb der Schmelze herrührten, stand fest.

Diese Geschichte ereignete sich in den 30er Jahren des letzten Jahrhunderts. Sie steht für die Geburtsstunde des Umweltvölkerrechts, soweit es (ungeschriebenes) „Nachbarrecht" ist. Das ergab sich aus Folgendem: Nach länger andauernden Auseinandersetzungen traf ein Schiedsgericht 1938 und 1941 Entscheidungen[1], in welchen es eine Verpflichtung Kanadas zur Entschädigung ausspracht und darüber hinaus eine Verantwortlichkeit Kanadas auch für künftig eintretende Schäden feststellte, daraus eine Unterlassungspflicht ableitend. Es ist bezweifelbar, ob das Schiedsgericht den seinerzeitigen Rechtszustand treffend erkannt hat. Unabhängig davon erscheint der „Trail Smelter Incident" in der Rückschau als ein die Völkerrechtsentwicklung nachhaltig befruchtender Präzedenzfall[2].

1. Würde sich ein vergleichbarer Fall heute ereignen: Unter welchen Voraussetzungen könnte der Staat A, in welchem die Schäden eingetreten sind, aufgrund des Völkerrechts von dem Staat B, auf dessen Gebiet sich die

---

1 Die Schiedssprüche v 16. 4. 1938 u 11. 3. 1941 finden sich in RIAA III, 1905.
2 S aus dem Schrifttum der Zeit *Kuhn*, The Trail Smelter Arbitration, AJIL 32 (1938), 785 u 31 (1941), 656; aus der Sicht der späteren Entwicklung s *P. Schneider*, Trail-Smelter-Fall, in: K. Strupp/H.-J. Schochauer, Wörterbuch des Völkerrechts, Bd II, 1962, 447; *Madders*, Trail Smelter Arbitration, EPIL IV (2000), 900 ff; zum Umweltvölkerrecht in seiner Entwicklung *Randelzhofer*, Umweltschutz im Völkerrecht, Jura 1992, 1 ff; allgem zum Umweltvölkerrecht s *Epiney*, Zur Einführung – Umweltvölkerrecht, JuS 2003, 1066 ff; *Schwarz*, Einführung in das Umweltvölkerrecht, JA 2004, 171; *Graf Vitzthum*, in: ders, VR, Rn V 89 ff.

Fall 9: Trail-Smelter heute

emittierende Anlage befindet, die Einstellung des Betriebs der Anlage verlangen?

2. Unterstellt, der Konflikt ereignet sich an der Grenze zweier Staaten, für welche die EMRK verbindlich ist: Könnte ein Bürger C in A, dessen Wohnqualität durch die Immissionen erheblich beeinträchtigt ist, im Bemühen um die Abwehr dieser Beeinträchtigungen aus dem Völkerrecht etwas für sich herleiten?

Lösung

Vorbemerkung: Die Entscheidungen des Schiedsgerichts zum Trail-Smelter-Fall haben den Rang „klassischer" Entscheidungen zum Völkerrecht, also solcher, die – ungeachtet veränderter Rechtsgrundlagen – jedenfalls deshalb heute noch großes Interesse beanspruchen und damit für die Ausbildung „aktuell" sind, weil sie in juristischen und politischen Auseinandersetzungen zwischen Staaten vielfach in Bezug genommen worden sind und auch im wissenschaftlichen Diskurs über das Völkerrecht eine bedeutende Rolle gespielt haben. Etliche weitere solcher Entscheidungen sind in diesem Buch ab S 296 angeführt und werden dort mit Stichworten vorgestellt.

Der Trail-Smelter-Fall wird im Folgenden aber nicht als klassische Entscheidung umfassend gewürdigt; vielmehr wird sein Sachverhalt in die Jetztzeit übertragen und auf der Grundlage nunmehr geltenden Rechts klausurmäßig bearbeitet. Zu beachten sind Besonderheiten der beiden Fallfragen: Zunächst ist gefragt, „unter welchen Voraussetzungen" Staat A den fraglichen Anspruch gegenüber Staat B hat – angesichts des auf eine nähere Schilderung von technischen Einzelheiten und anderen tatsächlichen Umständen verzichtenden Sachverhalts ist hier teilweise keine „endgültige" Subsumtion möglich, statt dessen dann eine Darlegung der normativen Anforderungen geboten. Auch Frage 2 ist „offen" angelegt: Es ist vom „Bemühen" eines Bürgers um (Beeinträchtigungs-)Abwehr die Rede und davon, ob er aus „dem" Völkerrecht „etwas für sich herleiten" könne; alle diesbezüglichen Möglichkeiten sind also anzusprechen.

Frage 1: Anspruch des Staates A gegenüber Staat B auf Einstellung des Betriebs der Anlage

Als Staaten sind A und B Völkerrechtssubjekte. Es kommt daher in Betracht, dass dem Staat A ein völkerrechtlicher Anspruch gegenüber dem Staat B zusteht. Voraussetzung hierfür ist die Zurechenbarkeit der schädigenden Vorgänge zum Staat B und das Bestehen eines umweltvölkerrechtlichen Abwehranspruchs gegen diese. Danach stellt sich die Frage, welche Rechtsfolgen in Betracht kommen.

I. Zurechnung

Adressat des von A geltend gemachten Anspruchs kann B nur sein, wenn das in Rede stehende Geschehen – die Verursachung von Schäden in A durch den Anlagenbetrieb in B – dem Staat B zurechenbar ist.

Aus dem Sachverhalt geht hervor, dass es sich bei der Anlagenbetreiberin um eine „kanadische Gesellschaft" handelt, also offenbar eine Privatperson, im in die Gegenwart übertragenen Fall also eine solche „aus B". Das Verhalten Privater selbst ist einem Staat aber nur dann zuzurechnen, wenn diese – was hier nicht der Fall ist – öffentliche Funktionen wahrnehmen, sei es, weil sie dazu durch den Staat ermächtigt wurde (Art 5 des ILC-Entwurfs zur Staatenverantwortlichkeit), oder weil sie diese Funktionen rein tatsächlich wahrnehmen (Art 8 und 9 des ILC-Entwurfs). Hinzu kommt noch die Möglichkeit, dass ein Staat das Verhalten Privater als sein eigenes anerkennt oder annimmt (Art 11 des ILC-Entwurfs). Ebenso wenig wie die Staatsangehörigkeit natürlicher Personen vermittelt allein die Nationalität einer juristischen Person die Verantwortlichkeit desjenigen Staates, dessen Rechtsordnung sie ihre Existenz verdankt[3].

Die Verantwortlichkeit von B ergibt sich aber aus dem Grundsatz der Gebietshoheit. Der Betrieb der Anlage erfolgt auf dem Staatsgebiet von B und unterliegt somit dessen Hoheitsgewalt. Aus diesem Betrieb resultie-

---

[3] *Ipsen,* in: ders, VR, § 40 Rn 29, 35; allg zur Frage der Zurechung des Verhaltens von Privatpersonen zu einem Staat: *Schröder,* in: Graf Vitzthum, VR, Rn VII 23, 25; *Ipsen,* in: ders, VR, § 40 Rn 10–19 und 29–36; *Dahm/Delbrück/Wolfrum* I/3, § 177; eingehend *Mössner,* Privatpersonen als Verursacher völkerrechtlicher Delikte, GYIL 24 (1981), 63 ff; *Sperduti,* Responsibility of States for Activities of Private Law Persons, EPIL IV (2000), 216.

rende Auswirkungen auf Güter, die sich in einem anderen Staatsgebiet befinden (ggf auch solche in staatsfreien Räumen), kommen somit für eine Zurechnung grundsätzlich in Betracht. Auf diesem Wege wird nicht etwa das Verhalten der unter seiner Gebietshoheit stehenden Privatperson selbst dem Staat B zugerechnet. Anknüpfungspunkt sind vielmehr die Handlungen oder Unterlassungen des Staates B anlässlich des Verhaltens der Privatperson. Seine Gebietshoheit gibt ihm die ausschließliche Zuständigkeit – abgesehen von anderen, hier nicht ersichtlichen völkerrechtlichen Vereinbarungen –, hoheitlich auf den Anlagenbetrieb einwirken.[4] Je nachdem, welche Anforderungen das einschlägige materielle Recht – hier also betreffend die Verantwortlichkeit für die Herbeiführung von Umweltschäden – an dieses Verhalten stellt, besteht eine völkerrechtliche Verantwortlichkeit des Staates.

An dieser Stelle bedarf es (noch) keiner Erörterung, ob die Verantwortlichkeit beispielsweise nur dann eintritt, wenn der Territorialstaat durch in seiner innerstaatlichen Ordnung vorgesehene Rechtsakte (wie eine Genehmigung zur Errichtung bzw zum Betrieb einer Anlage) eine gesteigerte „Verantwortung" übernommen hat bzw ob und wie es sich auf die rechtliche Beurteilung auswirkt, wenn einschlägiges nationales Recht eine derartige verwaltungsrechtliche Kontrolle nicht oder nur in geringem Umfang ermöglicht oder sicherstellt. Ob und welches Verhalten des Staates eine Verantwortlichkeit begründet lässt sich erst beurteilen, wenn der Umfang der Pflichten eines Staates im Zusammenhang mit durch Privatpersonen veranlassten Umweltbeeinträchtigungen jenseits der Grenzen geklärt ist[5].

II. Umweltvölkerrechtliche Abwehransprüche (Normverstoß)

1. Verträge

Der Sachverhalt berichtet nicht von zur Bewahrung der Umwelt abgeschlossenen bilateralen Verträgen zwischen A und B, wie sie oft für Grenzgewässer[6], aber auch zum Schutz anderer Umweltmedien typischerweise im

---

4 Zum Zusammenhang zwischen Gebietshoheit und dem Verbot grenzüberschreitender Emissionen s *Epping/Gloria*, in: Ipsen, VR, § 23 Rn 84.
5 Das ist u II zu erörtern. Es handelt sich hier um einen Fall, in dem es schwierig ist, Zurechenbarkeit und Normverstoß zu trennen.
6 Derartige Verträge haben Tradition, vgl etwa die Gewässerschutzbestimmungen für den deutsch-belgischen Grenzraum durch die Versailler Festlegungen v 28. 6. 1919; einen Überblick über bestehende bi- und multilateralen Verträge zum Schutz

grenznachbarlichen Verhältnis abgeschlossen werden[7]. Auch von allgemein das nachbarliche Verhältnis regelnden, etwa auf „gute" Nachbarschaft zielenden bilateralen Verträgen, aus denen ggf etwas für die Beurteilung des Konflikts hergeleitet werden könnte, ist nicht die Rede.

Zur Verringerung des Ausmaßes grenzüberschreitender Verunreinigung liegen allerdings multilaterale völkerrechtliche Verträge vor, wie namentlich das Übereinkommen über weiträumige grenzüberschreitende Luftverunreinigung vom 13.11.1979[8] sowie das hier einschlägige Protokoll zu diesem Übereinkommen betreffend die weitere Verringerung von Schwefelemissionen vom 13.6.1994[9]. Unterstellt man die Mitgliedschaft von A und B, so ist die Prüfung gefordert, ob sich aus den genannten Rechtsgrundlagen eine Grundlage für den von A geltend gemachten Anspruch auf Einstellung der Anlage ergibt.

Das erwähnte Übereinkommen enthält einige „Grundprinzipien" (in seinen Art 2 bis 5), aus denen sich jedoch keine Unterlassungsansprüche im Blick auf einzelne Anlagen herleiten lassen. Es beschränkt sich im Übrigen darauf, im Sinn der Errichtung eines sog. Umweltregimes einen institutionellen Rahmen vorzugeben (und für die in diesem Rahmen zu leistende Konkretisierungsarbeit Leitlinien zu setzen[10]).

---

der Binnengewässer und der Meere bietet *Heintschel von Heinegg*, in: Ipsen, VR, § 57, Rn 6–47, s a *B. Rüster/B. Simma/M. Bock* (Hrsg), International Protection of the Environment, 1975 ff, Bd XI, 5495.

7 Einschlägige Verträge Deutschlands mit seinen Nachbarstaaten sind etwa: der Kooperationsvertrag Ems-Dollart mit den Niederlanden v 10.9.1984, BGBl 1986 II, 509; der Vertrag mit der Republik Österreich über Auswirkungen der Anlage und des Betriebes des Flughafens Salzburg auf das Hoheitsgebiet der Bundesrepublik Deutschland v 19.12.1967, BGBl 1974 II, 15; s a die Übersicht über das bestehende Vertragsrecht zum Schutz der Luft, der Atmosphäre und des Klima bei *Heintschel von Heinegg*, in: Ipsen, VR, § 57 48–77, zum Schutz von Flora und Fauna Rn 78–86 sowie zum Schutz vor gefährlichen Stoffen und grenzüberschreitenden Auswirkungen von Industrieabfällen Rn 87–100. Einen wichtigen Schritt iRd internationalen Klimaschutzes bildet das Inkrafttreten des Kyoto-Protokolls (ILM 37 [1998] 22; BGBl 2002 II, 966 = *Tomuschat* Nr 24a) am 16.02.2005, welches den Unterzeichnerstaaten verbindliche Vorgaben zur Reduzierung ihres Ausstoßes an Treibhausgasen macht. Zur Bedeutung des Kyoto-Protokolls für den internationalen Umweltschutz s a *Oberthür*, Das System der Erfüllungskontrolle des Kyoto-Protokolls: ein Schritt zur wirksamen Durchsetzung des Umweltvölkerrechts, ZUR 2002, 81 ff.
8 BGBl 1982 II, 374 = *Randelzhofer* Nr 26 = *Sartorius* II Nr 450.
9 BGBl 1998 II, 131 = *Randelzhofer* 9. Aufl, 2002, Nr 26c.
10 Vgl zu diesem das aktuelle (universelle) Umweltvölkerrecht prägenden Ansatz etwa *Th. Gehring/S. Oberthür* (Hrsg), Internationale Umweltregime. Umweltschutz

Das Protokoll betreffend die weitere Verringerung von Schwefelemissionen setzt vergleichbar an, beinhaltet aber auch „grundlegende Verpflichtungen" (Art 2 iVm Anhang I bis V), welche den Vertragsparteien konkrete Vorgaben für die Verringerung ihrer Schwefelemissionen machen (zB Bestimmung der kritischen Schwefeldeposition, zeitlich gestaffelte Festsetzung von Emissionshöchstmengen). Der Sachverhalt liefert keine Daten, die eine diesbezügliche Beurteilung ermöglichten, insbesondere ist nicht ersichtlich, dass die Verringerungsvorgabe, die sich hier auf den Gesamtausstoß entsprechender Emissionen beziehen müsste, verfehlt worden wäre. Davon abgesehen ist nicht erkennbar, dass es dem Sinn des Protokolls entspräche, einzelnen Vertragspartnern gegenüber anderen Vertragspartnern Unterlassungsansprüche hinsichtlich einzelner Anlagen, welche zur Schwefelemission beitragen, einzuräumen. Es ist vielmehr davon auszugehen, dass die Staaten es insoweit bei den noch anzusprechenden Grundsätzen des allgemeinen Völkerrechts belassen und diese nicht vertraglich modifizieren wollten.

2. Völkergewohnheitsrecht

a) Das Prinzip „guter Nachbarschaft"

Der Einstellungsanspruch könnte sich danach nur aus Völkergewohnheitsrecht ergeben. Insofern ist an ein Prinzip „guter Nachbarschaft" zu denken, das im Schrifttum teilweise als Satz des Völkergewohnheitsrechts ausgewiesen wird, teils auch im Sinne eines allgemeinen Rechtsgrundsatzes erscheint[11]. Die gewohnheitsrechtliche Geltung eines solchen Prinzips kann nicht daraus hergeleitet werden, dass zahlreiche Staaten (offenbar aber nicht A und B, s schon o) in (meist) bilateralen Verträgen sich auf gute Nachbarschaft verpflichten. Die Vereinbarung im Wesentlichen gleichlautender Normen durch eine Vielzahl von Völkerrechtssubjekten und über einen längeren Zeitraum hin führt noch nicht zu deren gewohnheitsrechtlicher Geltung[12]. Es fällt auch schwer, aus dem Umgang benachbarter Staa-

---

durch Verhandlungen und Verträge, 1997; s a *U. Beyerlin/Th. Marauhn*, Rechtsetzung und Rechtsdurchsetzung im Umweltvölkerrecht nach der Rio-Konferenz, 1992, 1997.
11 S *Beyerlin*, Neighbour States, in: EPIL III (1997), 537 ff.
12 *Verdross/Simma*, VR, § 580; *Kunig/Uerpmann*, Der Fall des Postschiffes Lotus, Jura 1994, 186 (191 f); zur Entstehung von Völkergewohnheitsrecht allg vgl nur *Graf Vitzthum*, in: ders, VR, Rn I 131 ff.

ten miteinander, der zweifellos häufig in besonderem Maße von „nachbarlicher" Rücksichtnahme geprägt ist, Regeln abzuleiten, die sich zu einem Prinzip guter Nachbarschaft verdichtet hätten. Es handelt sich hier nicht um eine „vollkommene" Norm[13], sondern um eine solche, die im Sinne einer Auslegungsmaßgabe im Zusammenwirken mit anderen Vorschriften Bedeutung entfalten kann, ohne selbst eigenständige dirigierende Kraft zu besitzen[14]. Daran hat es auch nichts geändert, dass Art 74 CVN (im Zusammenhang mit den Hoheitsgebieten „ohne Selbstregierung") einen „allgemeinen Grundsatz der guten Nachbarschaft" voraussetzt[15].

b) Verbot erheblicher Schadenszufügung

Im Sinne völkergewohnheitsrechtlichen Umweltnachbarrechts ist aber ein Verbot erheblicher Schadenszufügung nachweisbar[16]. Das umweltrechtliche Schädigungsverbot geht zurück auf Staatenpraxis in Auseinandersetzung um konkrete Streitfälle[17]. Eine prominente Rolle dabei spielte der Trail Smelter-Fall[18]. Das amerikanisch-kanadische Schiedsgericht vertrat die Auffassung, dass jeder Staat in der Pflicht stehe, andere Staaten vor rechtswidri-

---

13 So die Formulierung bei *von der Heydte*, Das Prinzip der guten Nachbarschaft im Völkerrecht, FS Verdross, 1960, 133 (134).
14 Vgl etwa *Handl*, Territorial Sovereignty and the Problem of Transnational Pollution, AJIL 69 (1975), 50 (56); kritisch gegenüber diesem Prinzip *Heintschel von Heinegg*, in: Ipsen, VR, § 58, Rn 29.
15 Vgl dazu *Fastenrath*, in: Simma ua, Charta der VN, Art 74 Rn 2.
16 Vgl dazu etwa *Epiney*, Das „Verbot erheblicher grenzüberschreitender Umweltbeeinträchtigungen": Relikt oder konkretisierungsfähige Grundnorm, AVR 33 (1995), 309 ff; *Heintschel von Heinegg*, in: Ipsen, VR, § 58 Rn 17 f. Darüber hinaus besteht ein Gebot zur anliegerverträglichen Gewässernutzung, s *Andrassy*, L'utilisation des eaux de bassins fluviaux internationaux, Revue Egyptienne de Droit Internnational 16 (1960), 37 ff. Zur Frage gewohnheitsrechtlicher Verfahrenspflichten in Ansehung umweltrelevanter Verhaltensweisen s *Kunig*, Nachbarrechtliche Staatenverpflichtungen bei Gefährdungen und Schädigungen der Umwelt, in: BerDGVR 32 (1992), 9 (24 ff) mwN sowie *Heintschel von Heinegg*, in: Ipsen, VR, § 58 Rn 32 ff. Zu Präventionspflichten und einer mgl Haftung auch für völkerrechtsgemäßes Handeln s *Dahm/Delbrück/Wolfrum* I/3 § 175 sowie *Heintschel von Heinegg*, in: Ipsen, VR, § 58 Rn 21–25. Der von der ILC 2001 verabschiedete Entwurf *Draft Articles on Prevention of Transboundary Harm from Hazardous Activities* (Report of the International Law Commission, Fifty-third session (2001) Chapter V; dazu *Dahm/Delbrück/Wolfrum* I/3 § 175 V) basiert auf den Pflichten zur Prävention und Kooperation.
17 Vgl eine Auflistung bei *Heintschel von Heinegg*, in: Ipsen, VR, § 58 Rn 9 ff.
18 Für Nachw s o Fn 1.

Fall 9: Trail-Smelter heute

gen Akten der eigenen Jurisdiktion unterfallender Privatpersonen zu schützen[19]. Einen Staat treffe die völkerrechtliche Verantwortlichkeit für eine den Nachbarstaat schädigende Nutzung, sofern ernsthafte Folgen eintreten und die Beweislage eindeutig ist[20]. Dogmatisch wird man das so verstehen können, dass die im Nachbarstaat eintretenden Auswirkungen sich allein dann als völkerrechtswidrig darstellen sollen, wenn es sich um erhebliche Schädigungen handelt. Die Einschränkung auf eine unzweideutige Beweislage wird man nicht „prozessrechtlich" verstehen müssen, sondern in dem Sinne, dass es sich um eine Tatbestandsvoraussetzung handelt: Solange die Möglichkeit besteht, dass auch andere Ursachen zu dem eingetretenen Schadensergebnis beigetragen haben, besteht keine Verantwortlichkeit des Emissionsstaates.

Die in den Trail-Smelter-Schiedssprüchen formulierten Grundsätze sind nicht als solche subsumtionsgeeignet, sondern haben den Boden bereitet für spätere Normbehauptungen der Praxis. Diese hat erwiesen, dass die Staaten von der Rechtsüberzeugung ausgehen – und ihr entsprechend handeln –, dass die ihrem jeweiligen Territorium zugeordnete Teilumwelt am Schutz der Souveränität teilhat. Beleg dafür ist auch, dass heute wohl kein Staat mehr für sich in Anspruch nimmt, berechtigt zu sein, Umweltgüter unter fremder Souveränität unmittelbar erheblich schädigen zu dürfen. Die Staaten bestreiten nicht (mehr) die Geltung der genannten Verpflichtung, sondern setzen sich in Streitfällen über Fragen der Kausalität oder der Erheblichkeit des Schadens auseinander[21].

Nach dem Sachverhalt ist nicht zweifelhaft, dass durch den Betrieb der Anlage im Staat B erhebliche Schäden an Sachen und eine Beeinträchtigung der Umweltqualität in A verursacht worden sind, dies auch im Sinne „feststehender" Kausalität. Zwar hat nicht der Staat B selbst diese Anlage betrieben. Aufgrund seiner völkerrechtlichen Verpflichtung, der Umwelt seiner Nachbarstaaten durch Vorgänge auf seinem Staatsgebiet keine Schäden zu-

---

19 „A state owes at all time the duty to protect other states against injuries acts by individuals from within its jurisdiction", RIAA III, 1905, 1063.
20 „When the case is of serious consequences and the injury is established by clear and convincing evidence", ebd, 1965.
21 Vgl etwa die bei *Rauschning*, Schutz gegen grenzüberschreitende Umweltbeeinträchtigungen, FS Schlochauer, 1981, 557 (565ff), genannten Beispiele; Kausalitäts- und Beweislastprobleme gibt es insb im Zusammenhang mit dem Schutz der Ozonschicht vgl *Graf Vitzthum*, in: ders, VR. Rn V 161; s a *Kunig*, Völkerrechtsschutz für das Klima – Gedanken zu einem Prozess in: Benedek, Development and developing international and European law, 1999, 251ff.

zufügen, war Staat B aber verpflichtet, den Betrieb der Anlage zu unterbinden bzw sonstige Maßnahmen zur Verhinderung der schädlichen Emissionen zu ergreifen.

Einem sich daraus ergebenden Anspruch des Staates A könnten allerdings Gegenrechte entgegenstehen. Denkbar wäre, dass A die Emissionen über einen dermaßen langen Zeitraum beanstandungslos hingenommen hat, dass hieraus in rechtlich relevanter Weise ein Vertrauensschutz für B entstanden ist bzw sich die nunmehrige Forderung nach Einstellung der Anlage als widersprüchliches Verhalten von A darstellt[22]. Dafür bietet der Sachverhalt keine Anhaltspunkte.

IV. Rechtsfolgen

1. Befugnis zur Geltendmachung der entstandenen Schäden

Grundvoraussetzung der Geltendmachung irgendwelcher Ansprüche gegenüber Staat B ist, dass Staat A befugt ist, als Anspruchsinhaber bezüglich solcher Schäden aufzutreten, welche zwar auf seinem Staatsgebiet, nicht aber an seinem Eigentum (oder sonstigen „eigenen" Rechtsgütern) eingetreten sind. Der Sachverhalt deutet darauf, dass allein an Rechtsgütern von Privatpersonen in A Schäden entstanden sind. Doch ist jeder Staat berechtigt, seinen Staatsangehörigen bzw seiner Rechtsordnung zugehörigen juristischen Personen erwachsene Schäden einem anderen Staat gegenüber aus eigenem Recht geltend zu machen[23]. Soweit man verlangen wollte, dass die staatliche Geltendmachung der Rechtsbeeinträchtigung Privater verfahrensmäßig an die Voraussetzung geknüpft ist, dass etwa zur Verfügung stehende innerstaatliche Rechtsbehelfe (hier: durch private Rechtssubjekte A's in B) ausgeschöpft worden sind[24], muss für die weitere Bearbeitung unterstellt werden, dass dies geschehen ist.

---

22 Vgl zum (allgemeinen) Vertrauensschutz Hinw bei Fall 5, S 77.
23 S dazu *Dahm/Delbrück/Wolfrum* I/3, § 182.
24 Vgl dazu *Herdegen*, Diplomatischer Schutz und die Erschöpfung von Rechtsbehelfen, in: G. Ress/T. Stein (Hrsg), Der diplomatische Schutz im Völker- und Europarecht, 1996, 63 ff; gegen eine Anwendung der local-remiedies-rule im Umweltvölkerrecht *Heintschel v. Heinegg*, in: Ipsen, VR, § 58 Rn 43; allg zur local remedies rule im Zusammenhang mit der Geltendmachung von gegenüber den Staatsangehörigen begangenem Unrecht s *Dahm/Delbrück/Wolfrum* I/3 § 182 IV, S 941–943; zum „klassischen", den Eintritt von Rechtsverletzungen Privater auf fremdem Staatsgebiet betreffenden diplomatischen Schutz s Fall 11.

Soweit es sich bei den eingetretenen Schäden (auch) um solche handeln sollte, die eigentumsrechtlich nicht (oder noch nicht) zugeordnet werden können, etwa im Sinne einer Verminderung der Reinheitsqualität der Luft als Belastung des Ökosystems, kommt Staat A ohne die vorgenannte Einschränkung als Anspruchsinhaber in Betracht, soweit das Völkerrecht eine Zuordnung von Teilbereichen des Ökosystems zur Interessenwahrnehmung durch einzelne Staaten ermöglicht[25]. Jedenfalls wendet sich A nicht gegen ökologische Schäden, die außerhalb seines Staatsgebiets eintreten.

2. Anspruch auf Einstellung des Anlagenbetriebs?

Fraglich ist, ob A von B gerade die hier allein erfragte Rechtsfolge der Einstellung des Anlagenbetriebes verlangen kann. Das umweltrechtliche Schädigungsverbot ist nicht darauf begrenzt, Entschädigungsfolgen auszulösen. Der Verpflichtung, im Falle eingetretener erheblicher Schädigung Ausgleich zu leisten, entspricht ein Unterlassungsanspruch, der auch „vorbeugend" geltend gemacht werden kann, sofern (erneut im Sinne eines strengen Kausalitätserfordernisses) feststeht, dass ein Tun unmittelbar eine erhebliche Schädigung verursachen wird[26]. Davon ist nach dem Sachverhalt auszugehen.

B wird also das Ansinnen von A zu erfüllen haben. Dafür kommt ein zeitlicher Aufschub in Betracht. Aus allgemeinen Grundsätzen nachbarlicher Rücksichtnahme, die zur Auslegung des Anspruchsinhalts in zeitlicher Hinsicht herangezogen werden können[27], ergibt sich, dass B ein angemessener Zeitraum auch zur Berücksichtigung der Interessen der Betreibergesellschaft im Rahmen der völkerrechtlich veranlassten, aber nach innerstaatlichem Recht zu treffenden Entscheidungen einzuräumen ist. Eine Grenze bietet dabei jedenfalls der auch völkerrechtlich gewährleistete Minimalstandard für das Unternehmen in eigentumsrechtlicher Hinsicht sowie im Blick auf die Rechtsschutzgewährung: A kann im zwischenstaatlichen Verhältnis keine Erfüllung des Anspruchs verlangen, die sich ihrerseits als Verletzung völkerrechtlich abgesicherter rechtsstaatlicher Maßstäbe darstellt.

---

25 Zur Problematik des ökologischen Schadens s *S. Erichsen*, Der ökologische Schaden im internationalen Umwelthaftungsrecht, 1993.
26 S *Kunig*, o Fn 16, S 20.
27 Vgl erneut *Handl*, Territorial Sovereignty and the Problem of Transnational Pollution, AJIL 69 (1975), 50 (56).

Frage 2: Die Rechtsverfolgung des betroffenen Bürgers C

C will sich lt Frage 2 um die Abwehr der seine Wohnqualität mindernden Beeinträchtigungen bemühen. Es sind danach alle in Betracht kommenden Rechtsverfolgungschancen in den Blick zu nehmen. C könnte gegen die Betreibergesellschaft, den Territorialstaat des Betriebes, also den Staat B, aber auch den Staat seines Wohnorts, also A, vorgehen. Gefragt ist aber nur danach, ob C aus dem Völkerrecht etwas für sich herleiten kann, so dass die Untersuchung eines Vorgehens gegen die Betreibergesellschaft ausscheidet: Diese wird als Privatrechtssubjekt durch das Völkerrecht nicht in die Pflicht genommen[28]. Maßgeblich hierfür ist allein dasjenige Sach-(Delikts-)Recht, das hier gemäß den Regeln des internationalen Privatrechts des Staates A zur Anwendung gelangt.

I. Ansprüche gegen B
1. (Umwelt-)Völkerrechtliches Schädigungsverbot

Entsprechend den obigen Ausführungen stellt sich auch bei C die Frage nach Ansprüchen aus dem allgemeinen völkerrechtlichen bzw – da es um Umweltbeeinträchtigungen geht – aus dem allgemeinen umweltvölkerrechtlichen Schädigungsverbot. Dass der Staat B für die aus dem Anlagenbetrieb entstehenden Schäden verantwortlich ist, wurde bereits gezeigt. Allerdings ist er es nicht gegenüber C: Als Privatperson kann sich C gegenüber dem Staat B nicht auf das allgemeine (umwelt-)völkerrechtliche Schädigungsverbot berufen. Dieses berechtigt Individuen nicht; als völkerrechtlicher Grundsatz gilt es nur zwischen Völkerrechtssubjekten.

Das kann nicht mit einem Hinweis darauf überspielt werden, dass der allgemeine Rechtsgrundsatz *„sic utere tuo iure ut alienum non laedas"* – „Gehe mit deinen Dingen so um, dass du einen anderen nicht schädigst"[29] –

---

[28] Ganz fernliegend wäre es, hier in Erinnerung an den ILC-Entwurf zu Staatenverantwortlichkeit von 1996, in dessen Art 19 Abs 3 Buchst d besonders schwerwiegender Umweltbeeinträchtigungen als internationale Verbrechen ausgewiesen wurden, zu erörtern, ob und unter welchen Voraussetzungen Privatpersonen hinsichtlich solcher Verbrechenstatbestände Völkerrechtssubjektivität zukommt.
[29] Dieser Grundsatz entstammt ursprünglich dem Privatrecht, s für das deutsche Recht §§ 906, 823, 1004 BGB einerseits und § 903 BGB andererseits. Zu diesem Prinzip s a *Graf Vitzthum*, in: ders, VR, Rn V 95; ausf Erläuterungen insb zur Abgrenzung

„für Staaten nicht weniger als für Menschen" gelte[30]. Zwar ist es zutreffend, dass insofern ein vergleichbarer allgemeiner Rechtsgrundsatz einerseits im Verhältnis der Völkerrechtssubjekte zueinander, andererseits zwischen Individuen (nach Maßgabe innerstaatlichen Rechts) gilt; daraus folgt jedoch nicht sogleich, dass der einzelne sich gegenüber einem anderen Staat auf das zwischenstaatliche Verbot des Rechtsmissbrauchs berufen könnte. Auch wenn der Staat B etwa eine Art 25 GG entsprechende Überführung allgemeinen Völkerrechts in das innerstaatliche Recht kraft verfassungsrechtlicher Weichenstellung kennen sollte, führt das nicht zu einer Berufbarkeit einer allein die Staaten berechtigenden bzw verpflichtenden Regel des allgemeinen Völkerrechts zugunsten des einzelnen[31].

2. Art 8 Abs 1 EMRK

Zu prüfen bleibt danach, ob C gegenüber Staat B aus völkerrechtlich geltenden Menschenrechten etwas für sich herleiten kann. Zu denken ist dabei insbesondere an Rechte aus der EMRK.

a) Anwendbarkeit der EMRK *ratione loci*

Die Konvention verpflichtet die Vertragsstaaten, zu denen B gehört, nach ihrem Art 1 allerdings nur zum Schutz solcher Personen, die ihrer Hoheitsgewalt unterstehen. Daran könnte man hier zweifeln, weil C sich nicht in B befindet und damit nicht der Territorialhoheit von B unterliegt. Es ist auch nicht ersichtlich, dass C zufällig Staatsangehöriger von B wäre und somit von der Personalhoheit dieses Staates erfasst würde. Schließlich übt B auch keine Hoheitsgewalt gegenüber C aus. Die Umweltbeeinträchtigungen gehen vielmehr von einer privat betriebenen Anlage aus. Damit ist bei einem engen Verständnis festzuhalten, dass C nicht der Hoheitsgewalt von B untersteht. Art 1 stellt allerdings nicht auf den einzelnen Vertragsstaat ab, sondern auf die Gesamtheit der Vertragsstaaten. Hier untersteht C der Ge-

---

zum Verbot des Rechtsmissbrauchs und zum Grundsatz der guten Nachbarschaft bei *Hinds*, Das Prinzip „sic utere tuo ut alienum non laedas" und seine Bedeutung im internationalen Umweltrecht, AVR 30 (1992), 298 ff.
[30] So aber unter Berufung auf *L. Oppenheim/H. Lauterpacht*, International Law, Bd I, 8. Aufl, 1955, 346, s a 447 f, ein Rotterdamer Zivilgericht zum sog Rheinversalzungsfall in einer Entscheidung v 8. 1. 1979; s dazu *Rest*, A decision against France?, in: Environmental Policy and Law, 1979, 85; s zu dem Fall ferner *dens*, Internationaler Umweltschutz vor Verwaltungs-, Zivil- und Strafgerichten, ÖZöRV 35 (1984), 225 ff sowie die Anm von *Wenckstern*, RabelsZ 53 (1989), 699.
[31] Vgl dazu *Rojahn*, in: v. Münch/Kunig, GGK II, Art 25 Rn 31 ff.

bietshoheit von A, für den die EMRK ebenfalls gilt. Sieht man dies als maßgeblich an, ist die EMRK anwendbar *ratione loci*. Für ein solches Verständnis von Art 1 EMRK spricht das Ziel der Konvention, einen *ordre public européen*[32] zu schaffen, also einen Standard, der in allen Staaten des Europarates als gemeinsame Menschenrechtsverfassung[33] gelten soll. Unter diesen Umständen kann es für die Anwendung der Konvention keinen Unterschied machen, ob sich Umweltschäden, die in einem Konventionsstaat entstehen, in diesem Staat oder aber jenseits der Grenze in einem anderen Konventionsstaat auswirken. Daher ist trotz des restriktiven Verständnisses von Art 1 EMRK, das der EGMR seiner Banković-Entscheidung zugrunde gelegt hat[34], von der räumlichen Anwendbarkeit der Konvention auszugehen.

b) Eröffnung des Schutzbereichs von Art 8 Abs 1 EMRK

Art 8 Abs 1 EMRK gibt jedermann einen Anspruch auf Achtung seines Privat- und Familienlebens, seiner Wohnung und seiner Korrespondenz[35]. Angesichts des Zusammenhangs, in den diese klassischen Individualrechtsgewährleistungen hier gestellt sind, könnte viel darauf hindeuten, sie in dem Sinne eng zu verstehen, dass hier das Privatleben im Sinne eines Schutzes der engeren Persönlichkeitssphäre sowie die Wohnung im Sinne ihres Schutzes vor „Unverletzlichkeit" also iS einer Abwehrfunktion betreffend der in einer Wohnung sich entfaltenden Intimsphäre gemeint sei.

Der EGMR versteht Art 8 Abs 1 EMRK allerdings in ständiger Rechtsprechung umfassender und entnimmt ihm ein Abwehrrecht auch gegenüber nachhaltigen Beeinträchtigungen der in einer Wohnung erreichbaren Lebensqualität. Diese Sichtweise verbindet sich mit der Annahme, über eine Abwehrfunktion hinaus komme dem so verstandenen Menschenrecht auch eine Schutzfunktion zu[36]. Bei solchem Verständnis dient Art 8 Abs 1 EMRK

---

32 S EGMR, Series A Nr 310 = HRLJ 16 (1995), 15, Rn 75 – Loizidou.
33 Dazu *Grabenwarter*, EMRK, § 2 Rn 3 (S 5 f).
34 EGMR, Entsch v 12.12.2001, NJW 2003, 413, Rn 54 ff; bestätigt durch EGMR, Urt v 08.04.2004, NJW 2005, 2207, Rn 137 ff – Assanidzé. Zu dieser Problematik s u Fall 15, S 206 mN.
35 S dazu auch Fall 16.
36 S EGMR, Urt v 9.12.1994, Series A Nr 303-C = EuGRZ 1995, 530 (533), Rn 51 – López Ostra – und dazu *Kunig*, JK 96, EMRK Art 8/2; *Kley-Struller*, Der Schutz der Umwelt durch die EMRK, EuGRZ 1995, 507 (509, 512 ff); zur Verletzung von Art 8 EMRK durch Nichterfüllung von Umweltinformationspflichten s *EGMR*, Urt

als Anspruchsnorm gegenüber einem das gebotene Schutzniveau durch administratives oder legislatives Unterlassen unterschreitenden Staat. Die Grenzlinie wird einzelfallbezogen durch Abwägungsprozesse bestimmt, wobei man dem auf das Schutzziel verpflichteten Staat Entscheidungsspielräume, insbesondere Einschätzungsprärogativen wird zubilligen müssen[37].
Der Schutzbereich von Art 8 Abs 1 EMRK ist demnach eröffnet.

c) Schutzpflichtverletzung

Ob Staat B tatsächlich den C in seinem Recht aus Art 8 Abs 1 EMRK beeinträchtigt hat, hängt zunächst davon ab, ob die Rechtsordnung dieses Staates hinreichend dafür Sorge trägt, dass aus auf dem Gebiet von B betriebener industrieller Betätigung keine unverhältnismäßigen Beeinträchtigungen von Individualrechtsgütern erwachsen. Sollte die Rechtsordnung von B im Allgemeinen diesen Anforderungen genügen, müsste geprüft werden, ob im Einzelfall der hier in Rede stehenden Anlage eine menschenrechtswidrige Vollzugspraxis vorliegt. Haben die zuständigen Behörden im Einzelfall der hier fraglichen Anlage keine gerechte Abwägung der betroffenen Belange, zu denen auch der Schutz der Umwelt gehört, vorgenommen, so wäre Art 8 Abs 1 EMRK verletzt.

d) Durchsetzung eines möglichen Schutzanspruchs aus Art 8 Abs 1 EMRK

Unabhängig davon, ob Art 8 Abs 1 EMRK tatsächlich verletzt ist, könnte sich C um Inanspruchnahme der Verwaltungsgerichtsbarkeit von B bemühen. Von der Rechtsordnung B's hängt ab, ob materiellrechtlich die Möglichkeit besteht, dass eine Stilllegung der Anlage oder etwa auch eine nachträgliche Begrenzung der Betriebserlaubnis erreicht werden kann[38]. Zu prüfen wäre auch, ob das Recht von B Dritten[39] – und ggf: nicht gebietsansässigen Dritten[40] – insoweit subjektiven Rechtsschutz vermittelt.

---

v 19. 2. 1998, Reports of Judgments and Decisions 1998-I, 210 (Nr 64) = NVwZ 1999, 57 – Guerra ua/Italien; ausf dazu *R. Schmidt-Radefeldt*, Ökologische Menschenrechte, 2000, 105 ff.
37 Zur Prüfung der Schutzpflichtverletzung *Uerpmann-Wittzack*, in: Ehlers, EuGR, § 3 Rn 27.
38 Wie nach §§ 17, 20 BImSchG.
39 Wie § 5 I Nr 1 BImSchG, vgl dazu *Kunig*, „Dritte" und Nachbarn im Immissionsschutzrecht, GS Martens, 1987, 599 ff.
40 Vgl dazu OVG Saarlouis, NVwZ 1995, 97, dazu *Kunig*, JK 95, BImSchG § 5 I/2.

Sollte das Recht von B einen derartigen Rechtsschutz nicht gewähren, könnte dies wiederum menschenrechtswidrig sein und namentlich Rechte der EMRK verletzen. Allerdings beschränken sich die Verfahrensgarantien des Art 6 EMRK auf „zivilrechtliche Ansprüche" und „strafrechtliche Anklagen". Auch wenn die Straßburger Organe diese Begriffe sehr weit auslegen[41], wird sich ein Anspruch auf behördliches Einschreiten gegen schädliche Umwelteinwirkungen nicht als zivilrechtlich ansehen lassen. Daneben verlangt aber Art 13 EMRK eine wirksame innerstaatliche Beschwerdemöglichkeit, sobald ein anderes Konventionsrecht, hier: Art 8 EMRK, „verletzt" ist[42]. Dabei greift Art 13 EMRK bereits ein, wenn eine Verletzung vertretbar behauptet werden kann[43]. Ein Staat wird seiner Verpflichtung aus Art 13 EMRK jedoch schon dann gerecht, wenn er ein effektives behördliches Beschwerdeverfahren einrichtet. Gerichtlichen Rechtsschutz garantiert Art 13 EMRK nicht.

Kann C vor innerstaatlichen Instanzen in B keine Abhilfe erlangen, kann er nach Art 34 EMRK den EGMR mit der Behauptung, durch den Mitgliedsstaat B in seinen Rechten aus der EMRK oder den Protokollen verletzt worden zu sein, anrufen[44].

Daneben könnte sich der Heimatstaat von C, A, der Angelegenheit annehmen und die Straßburger Organe im Wege der Staatenbeschwerde nach Art 33 EMRK in Anspruch nehmen. Auch sie steht aber unter dem Vorbehalt der Erschöpfung etwaiger innerstaatlicher Rechtsbehelfe durch C nach Art 35 Abs 1 EMRK[45].

Möglicherweise kann A zugunsten von C auch außerhalb der in der Konvention vorgesehenen Verfahren im Wege diplomatischen Schutzes[46]

---

41 S dazu *Peukert*, in: Frowein/Peukert, EMRK, Art 6 Rn 15ff; *A. Kley-Struller*, Art 6 EMRK als Rechtsschutzgarantie gegen die öffentliche Gewalt, 1993; zum Begriff der strafrechtlichen Anklage s a Fall 17, S 223 f.
42 EGMR, Urt v 8.7.2003, NVwZ 2004, 1465 – Hatton ua/Vereinigtes Königreich.
43 *Frowein*, in: Frowein/Peukert, EMRK, Art 13 Rn 2.
44 Zu den diesbezüglichen Zulässigkeitsvoraussetzungen s ausf Fall 16. Art 35 Abs 1 EMRK nF steht einer sofortigen Befassung der Straßburger Organe nicht entgegen, soweit das Recht von B keine wirksamen Rechtsbehelfe zur Verfügung stellt. S dazu auch Fall 11, S 157.
45 EGMR Große Kammer, Entscheidung vom 2.6.2004, NJW 2005, 123 (124): „Art. 35 EMRK legt die Zulässigkeitsvoraussetzungen für Beschwerden nach Art. 33 und 34 EMRK fest […]."; s noch bzgl Art 24 EMRK aF (heute Art 33 EMRK) *Frowein* in: Frowein/Peukert, EMRK, Art 24 Rn 10.
46 Dazu etwa *Hailbronner*, in: Graf Vitzthum, VR, Rn III 110–115 sowie Fall 11 mwN.

tätig werden. Allerdings setzt die EMRK dem enge Grenzen. Gem Art 55 EMRK sind Streitigkeiten über Auslegung und Anwendung der Konvention in den in der Konvention vorgesehenen Beschwerdeverfahren zu klären. Dies steht zwar unter dem Vorbehalt besonderer Vereinbarungen, doch trägt die EMRK als Menschenrechtsabkommen mit eigenem Schutzmechanismus Züge eines *self-contained* Regime. Das bedeutet, dass mögliche Konventionsverletzungen zunächst in den Verfahren geltend zu machen sind, die die Konvention vorsieht[47]. Während ein Staat, der diplomatischen Schutz ausübt, grundsätzlich in eigener Verantwortung feststellen darf und muss, ob ein anderer Staat Völkerrecht verletzt hat[48], ist diese Feststellung hier den Straßburger Organen vorbehalten. Erst wenn der EGMR einen Konventionsverstoß festgestellt hat und die in der Konvention vorgesehenen Mittel der Wiedergutmachung und Urteilsdurchführung nicht ausreichen[49], ist eine einseitige Durchsetzung im Wege des diplomatischen Schutzes in Betracht zu ziehen.

II. Ansprüche gegen A

Gegenüber A kann C aus dem Völkerrecht nur in dem Sinne „etwas für sich herleiten", als er sich um die Wahrnehmung diplomatischen Schutzes bemühen kann, soweit er, wie beschrieben, durch die Fortdauer des Anlagenbetriebes eine Staat B anzulastende Menschenrechtsverletzung erleidet. Ob der einzelne gegenüber seinem Heimatstaat einen Anspruch auf diplomatischen Schutz hat, bemisst sich nach dessen Recht[50]. Da auch für A die EMRK gilt, lässt sich überlegen, ob aus deren Schutzfunktion für den einzelnen jedenfalls ein Anspruch darauf folgt, über ein entsprechendes Begehren des C ermessensfehlerfrei und unter angemessener Berücksichtigung einer etwaigen Menschenrechtsverletzung durch B zu entscheiden. Allerdings sind insoweit die engen Grenzen zu beachten, die die Konvention

---

[47] Ähnlich IGH, ICJ Rep 1986, 14 (134), Rn 267 – Nicaragua, zum Amerikanischen Menschenrechtsschutzsystem; s a *Frowein/Peukert*, in: dies, EMRK, Art 62.
[48] Zu den damit verbundenen Nachteilen *Berber*, VR I, 19 f.
[49] S Art 41, 46 EMRK und dazu *J. Polakiewicz*, Die Verpflichtung der Staaten aus den Urteilen des EGMR, 1993; *G. Dannemann*, Schadensersatz bei Verletzung der Europäischen Menschenrechtskonvention: eine rechtsvergleichende Untersuchung zur Haftung nach Art 50 EMRK, 1994; *Meyer-Ladewig/Petzold*: Die Bindung deutscher Gerichte an Urteile des EGMR – Neues aus Straßburg und Karlsruhe, NJW 2005, 15 ff.
[50] Vgl zu dessen grundrechtlicher Fundierung Fall 19, S 253 ff mN.

nach dem o zu I 2c) Gesagten der Ausübung diplomatischen Schutzes setzt. Die Feststellung möglicher Konventionsverstöße durch B ist zunächst Sache des EGMR. Soweit C ein eigenes Beschwerderecht hat, bedarf er dafür nicht der Hilfe seines Heimatstaates. Weitergehende Schritte A's gegen B zur Rechtsdurchsetzung setzen jedenfalls voraus, dass der EGMR einen Konventionsverstoß feststellt.

Fall 10: Der 11. September und danach

Sachverhalt[1]

Am 11. September 2001 flog ein Passagierflugzeug in einen der Türme des World Trade Center in New York und explodierte. Wenig später schlug ein weiteres Passagierflugzeug in den zweiten Turm ein. Beide Hochhäuser befanden sich im dicht bebauten und um diese Zeit von vielen Menschen frequentierten Zentrum. In ihnen arbeiteten zum Zeitpunkt der Einschläge mehrere hundert Beschäftige. Kurz nach den Einschlägen stürzten beide Hochhäuser in sich zusammen und richteten in weitem Umkreis große Schäden an. Etwa zur gleichen Zeit stürzte ein weiteres Passagierflugzeug in Washington, D.C. in das Verteidigungsministerium. Mehr als 3 000 Menschen starben infolge dieser Ereignisse. Es entstanden gewaltige materielle Schäden.

Bereits am Tag nach diesen Geschehnissen erließ der UN-Sicherheitsrat folgende Resolution:

„Der Sicherheitsrat, [...]
entschlossen, Bedrohungen des internationalen Friedens und der Sicherheit durch terroristische Handlungen mit allen Mitteln zu bekämpfen, das Recht auf individuelle oder kollektive Selbstverteidigung im Einklang mit der Charta anerkennend,

1. verurteilt einstimmig und mit größtem Nachdruck die furchtbaren terroristischen Anschläge auf New York und Washington und betrachtet solche Handlungen, wie alle Akte des internationalen Terrorismus, als Bedrohungen des internationalen Friedens und der Sicherheit;
2. ruft alle Staaten auf, zusammenzuarbeiten um die Täter, Organisatoren und Förderer dieser terroristischen Anschläge der Gerechtigkeit zuzuführen und betont, dass die für die Hilfe, Unterstützung und Beherbergung der Täter, Organisatoren und Förderer Verantwortlichen dafür zur Verantwortung gezogen werden;

---

1 Stützt sich ein Sachverhalt wie hier in weiten Teilen auf tatsächliche Ereignisse, so ist stets zu beachten, dass nur das, was im Sachverhalt steht, für die Fallbearbeitung relevant ist. Die Versuchung, eigenes, weiteres (Zeitungs-)Wissen einfließen zu lassen, birgt die Gefahr, den Sachverhalt unzulässigerweise zu verändern. S dazu Einl, Fn 1.

3. bringt seine Bereitschaft zum Ausdruck, alle notwendigen Schritte zur Antwort auf die terroristischen Anschläge auf die USA zu unternehmen und alle Formen des Terrorismus in Übereinstimmung mit seiner Zuständigkeit nach der Charta der Vereinten Nationen zu bekämpfen."[2]

Wenige Tage später bekennt sich eine Organisation namens „Die Basis" (B)[3] zu diesen Anschlägen. Ihre Mitglieder haben die Passagierflugzeuge entführt und zum Absturz gezwungen. Weitere Anschläge würden folgen. B ist eine bekannte Terrororganisation, der bereits mehrere schwere Anschläge in verschiedenen Ländern zur Last gelegt werden. Mitgliederzellen soll es mehreren Ländern geben, der Anführer der B, O, lebt aber seit mehreren Jahren im Staat A.

Der Staat A wird von den T beherrscht. Diese hatten Mitte der 1990er Jahre mit der Eroberung des von heftigen Bürgerkriegen zerrütteten A von dessen Nachbarländern aus begonnen. 2001 stand fast ganz A unter ihrer Kontrolle und die T übten dort die tatsächliche Staatsgewalt aus. Als Regierung wurden sie von der Staatengemeinschaft allerdings nie anerkannt.

Den T ist bekannt, dass sich O und weitere Mitglieder von B in A aufhalten und Terroranschläge überall auf der Welt planen und vorbereiten. Sie wissen auch, dass die B in A Trainingslager unterhält, in denen sie ihre Mitglieder für die Durchführung von Terroranschlägen ausbildet. Gegen keinen dieser Vorgänge unternehmen die T etwas. Es existieren vielmehr Hinweise, dass es hin und wieder zu gegenseitiger finanzieller und auch sonstiger Unterstützung zwischen T-Regime und B gekommen ist.

Bereits vor den Anschlägen im Herbst 2001 hatte der UN-Sicherheitsrat in mehreren auf Kapitel VII der UN-Charta gestützten Resolutionen seine Sorge über die Vorgänge in A zum Ausdruck gebracht und die T dazu aufgefordert, gegen B vorzugehen und O auszuliefern. Die T waren dem nicht nachgekommen. Auch Auslieferungsgesuche der USA nach den Anschlägen wurden abgelehnt.

Der UN-Sicherheitsrat verabschiedete etwas später, handelnd nach Kapitel VII der UN-Charta, eine weitere Resolution im Hinblick auf die Anschläge, in der er diese nochmals verurteilte und sie, wie jeden Akt des internationalen Terrorismus, als Bedrohung des internationalen Friedens und der Sicherheit bezeichnete. Diese Resolution enthält ein umfangreiches

---

[2] Freie und gekürzte Übersetzung von Res 1368 des UN-Sicherheitsrates vom 12. September 2001. Originaltext s *Tomuschat* Nr 44.
[3] Das ist die Übersetzung des arabischen Wortes „Al-Qaida" (sonstige Schreibweisen: al-Qaida, al-Qaeda, Al Kaida, El Kaida, al-Quaida).

Fall 10: Der 11. September und danach

Maßnahmenpaket zur Bekämpfung des internationalen Terrorismus im Allgemeinen. Unter anderem wird die Verpflichtung aller Staaten aufgestellt, terroristische Gruppen in keiner Weise zu unterstützen, ihnen keinen Unterschlupf zu gewähren, ihre Verfolgung sicherzustellen und das Nötige zu Verhinderung terroristischer Anschläge zu tun.

Die USA greifen rund vier Wochen nach den Anschlägen A mit Flugzeugen und Bodentruppen an und berufen sich dabei auf das Selbstverteidigungsrecht nach Art 51 CVN. Die USA gehen zum einen gegen mutmaßliche Stellungen der B vor. Zum anderen sind die militärischen Aktionen gegen die T gerichtet mit dem erklärten Ziel, deren Regime zu stürzen. Nach wenigen Wochen dauernden erbitterten Kämpfen haben die USA die Gewalt über A erlangt.

Entspricht das Vorgehen der USA gegen A dem geltenden Völkerrecht?

Zusatzfragen:

1. Im Verlauf der Kampfhandlungen nehmen die Streitkräfte der USA zahlreiche bewaffnete Mitglieder von B und Kämpfer des T-Regimes gefangen. Die Mitglieder von B treten in kleinen schlagkräftigen Trupps unabhängig von den Kämpfern der T auf. Anders als die Kämpfer der T, die zwar keine Militäruniformen im klassischen Sinne tragen, sich aber durch die einheitliche Farbe ihrer Kleidung, eine besondere Haar- und Barttracht und ihr militärisch geordnetes Auftreten in stets größeren Gruppen mit erkennbaren Anführern deutlich von der Zivilbevölkerung abheben, sind die Mitglieder der B von der Zivilbevölkerung kaum zu unterscheiden.

Sowohl die Mitglieder der B als auch die Kämpfer der T werden von den USA als „rechtswidrige Kombattanten" angesehen und unter Verwehrung jeglicher Kriegsgefangenenrechte auf Militärbasen der USA in A und in den USA selbst interniert. Kontakte zur Außenwelt sind nicht gestattet. Die Ausübung ihrer Religion (die Gefangenen sind ganz überwiegend streng gläubige Moslems) wird ihnen untersagt.

Erörtern Sie die mit dem Verhalten der USA verbundenen völkerrechtlichen Probleme!

Bearbeitervermerk: Die USA und A haben die Zusatzprotokolle zu den Genfer Konventionen nicht ratifiziert. Ansonsten sind sie an alle einschlägigen Verträge gebunden.

2. Einige Monate nach diesen Ereignissen wird der Geheimdienst der USA auf ein Mitglied (M) der B aufmerksam, das sich im Staat R aufhält. Da

zwischen R und den USA keine Auslieferungsverträge bestehen, stellt ein V-Mann des Geheimdienstes der USA in R Kontakt mit M her und bringt ihn mittels einer List (Versprechen finanzieller Zuwendungen für weitere terroristische Aktionen), aber ohne Zwang dazu, nach Deutschland zu reisen. Dort wird er aufgrund eines Haftbefehls eines Gerichtes der USA von deutschen Behörden festgenommen.

Die USA verlangen von Deutschland entsprechend einem geltenden Auslieferungsabkommen die Auslieferung von M zum Zwecke der Strafverfolgung. Die USA sichern zu, M vor einem ordentlichen Gericht zur Verantwortung zu ziehen. Die Todesstrafe ist für die vorgeworfenen Taten nicht vorgesehen.[4]

Bestehen völkerrechtliche Bedenken gegen die Auslieferung?

Lösung

Vereinbarkeit des Vorgehens der USA gegen A mit dem Völkerrecht

I. Verstoß gegen das Gewaltverbot

Gem Art 2 Nr 4 CVN ist den Staaten die Androhung und Anwendung von Gewalt in ihren internationalen Beziehungen verboten[5]. Mit dem Entsenden von Truppen und der Bombardierung haben die USA gegen A Gewalt angewandt. Die Tatsache, dass A von dem in der Staatengemeinschaft nicht anerkannten T-Regime kontrolliert wird, ändert nichts an dessen Staatsqualität. Als Staat genießt A unzweifelhaft den Schutz des Gewaltverbots.

II. Rechtfertigung

1. Ermächtigung durch die Resolutionen des UN-Sicherheitsrates

Die Verletzung des Gewaltverbots durch die USA könnte gerechtfertigt sein, wenn die USA durch den Sicherheitsrat zum Einsatz von Gewalt gegen A ermächtigt wurde. Die USA haben sich zwar zur Rechtfertigung ihres Vorgehens nicht auf die Resolutionen des Sicherheitsrates zu den Anschlägen

---

[4] Nach BVerfGE 109, 13–38 = NJW 2004, 141 ff.
[5] Zum Gewaltverbot s statt vieler *Bothe,* in: Graf Vitzthum, VR, Rn VIII 7–18; *Fischer,* in: Ipsen, VR, § 59 Rn 9–27.

Fall 10: Der 11. September und danach

berufen, sondern vielmehr das Selbstverteidigungsrecht geltend gemacht. Dieses ist allerdings gegenüber den Maßnahmen des Sicherheitsrates subsidiär (Art 51 CVN: „[…] Recht zur […] Selbstverteidigung, bis der Sicherheitsrat die zur Wahrung des Weltfriedens und der internationalen Sicherheit erforderlichen Maßnahmen getroffen hat."),[6] so dass eine Rechtfertigung auf dieser Basis vorrangig zu untersuchen ist.

Eine den Einsatz von Gewalt autorisierende Resolution des Sicherheitsrates kann nur auf der Grundlage von Kapitel VII der CVN ergehen. Dort sieht Art 42 CVN vor, dass militärische Sanktionen von den Vereinten Nationen selbst durchgeführt werden und dies mit Hilfe von Truppen, die ihnen durch die Mitgliedstaaten zu Verfügung gestellt werden (Art 43 CVN). Da es zu letzterem aber nie gekommen ist, ermächtigt der Sicherheitsrat in gefestigter Praxis Mitgliedstaaten der Vereinten Nationen zum Einsatz von Gewalt. Dass dies mit der CVN vereinbar ist, zeigen insbesondere Art 42 S 2 und Art 48 Abs 1 CVN.[7]

Voraussetzung für ein Einschreiten des Sicherheitsrates iRv Kapitel VII der CVN ist gem Art 39 CVN das Vorliegen einer Friedensbedrohung, eines Bruchs des Friedens oder einer Angriffshandlung. Bei dieser Feststellung steht dem Sicherheitsrat ein weiter Entscheidungsspielraum zu[8]. Es entspricht der Praxis des Sicherheitsrates, terroristische Gewalttaten als Bedrohung des Friedens anzusehen[9], so auch in seiner Resolution zu den Anschlägen in den USA. Rechtliche Bedenken dagegen bestehen nicht[10].

Der Sicherheitsrat hat die USA in seinen Resolutionen aber nicht zu militärischen Sanktionen ermächtigt. Er hat zwar die terroristischen Anschläge verurteilt und die Notwendigkeit betont, der Täter habhaft zu werden und sie der Gerechtigkeit zuzuführen. Die in der ersten Resolution betonte Entschlossenheit, Terrorismus mit allen Mitteln zu bekämpfen, bedeutet keine Ermächtigung einzelner Staaten. Die erste Resolution enthält keine echten Entscheidungselemente.[11] In der zweiten Resolution hat der

---

6 *Randelzhofer*, in: Simma, Charta der VN, Art 2 (4), Rn 41.
7 *Bothe*, in: Graf Vitzthum, VR, Rn VIII 50 sowie Fall 6, S 81 f.
8 *D. Kugelmann*, Die völkerrechtliche Zulässigkeit von Gewalt gegen Terroristen, JURA 2003, 376 (377); ausf zu den Voraussetzungen des Art 39 CVN *Bothe*, in: Graf Vitzthum, VR, Rn VIII 43–45.
9 S dazu *Bothe*, in: Graf Vitzthum, VR, Rn VIII 43 mN.
10 Näheres zur Bedrohung des Friedens durch internationalen Terrorismus bei *H.-G. Dederer*, Krieg gegen den Terror, JZ 2004, 421 (422 f).
11 So *C. Tomuschat*, Der 11. September und seine rechtlichen Konsequenzen, EuGRZ 2001, 535 (543) zu Resolution 1368 (2001).

Sicherheitsrat dann zwar konkrete Maßnahmen zur Bekämpfung des Terrorismus beschlossen. Militärische Maßnahmen gegen A gehören aber nicht dazu. A oder die T werden nicht einmal erwähnt, so dass es auch an einem Adressaten möglicher Zwangmaßnahmen fehlt[12].

2. Ausübung des Selbstverteidigungsrechtes gem Art 51 CVN

a) Bewaffneter Angriff

Gewaltanwendung kann nur dann durch das Selbstverteidigungsrecht gem Art 51 CVN bzw seine völkergewohnheitsrechtliche Entsprechung gerechtfertigt werden, wenn ein bewaffneter Angriff stattgefunden hat. Die Anschläge auf New York und Washington könnten einen solchen darstellen.

Der Begriff des „bewaffneten Angriffs" wird nirgends verbindlich definiert. Weitgehend einig ist man sich, dass nicht jede Gewaltanwendung einen bewaffneten Angriff darstellt. Es muss vielmehr eine besondere Intensität zu verzeichnen sein[13]. Dies ist bei den hier fraglichen Anschlägen angesichts des Ausmaßes der verursachten Schäden gegeben. Über weitergehende Voraussetzungen besteht Unsicherheit.

Es entspricht dem bisherigen Verständnis des Selbstverteidigungsrechts, dass Gewalt durch Private nur dann unter den Begriff des bewaffneten Angriffs fällt, wenn sie einem Staat zurechenbar ist[14]. Unmittelbar verübt wurden die Angriffe von B, der als international agierender Terrororganisation keine Staatsqualität zukommt. Möglicherweise rechtfertigen es die Verbindungen zwischen der B und dem T-Regime in A aber, auch A als für die Anschläge verantwortlich anzusehen.

Irrelevant ist dabei zunächst, dass das T-Regime von der Staatengemeinschaft nicht *de jure* als Regierung von A anerkannt wurde. Ein Land ist, jedenfalls im Rahmen des Selbstverteidigungsrechts, auch für bewaffnete Angriffe einer *de facto* Regierung verantwortlich. Weder macht es für die Opfer einen Unterschied, ob die verantwortliche Regierung anerkannt ist, noch

---

12 *U. Häußler*, Der Schutz der Rechtsidee – Zur Notwendigkeit effektiver Terrorismusbekämpfung nach geltendem Völkerrecht, ZRP 2001, 537 (539) zur Resolution 1373 (2001), abgedr in *Tomuschat* Nr 45.
13 Zur hM s ua *Bothe*, in: Graf Vitzthum, VR, Rn VIII 19; *Herdegen*, VR, § 34 Rn 12; aA *Fischer*, in: Ipsen, VR, § 59 Rn 28.
14 Statt vieler *Kugelmann*, JURA 2003, 376 (378); *M. Kotzur*, „Krieg gegen den Terrorismus" – politische Rhetorik oder neue Konturen des „Kriegsbegriffs im Völkerrecht", AVR 40 (2002), 454 (469f).

kann es für die Gewährleistung des Weltfriedens und der internationalen Sicherheit auf die Legitimität staatlicher Herrschaft ankommen.[15]

Im Nicaragua-Fall[16] hat sich der IGH mit der Frage auseinandergesetzt, inwieweit Selbstverteidigung gegen einen Staat möglich ist, der zwar nicht selbst Gewalt angewendet hat, aber in Verbindung zu nichtstaatlichen Gruppierungen steht, welche Gewalt in einer Form ausgeübt haben, die in allem außer der direkten staatlichen Urheberschaft einem bewaffneten Angriff gleichkommt. Der IGH hat zur Klärung dieses Problem die Aggressionsdefinition der Generalversammlung von 1974[17] herangezogen. Diese ist zwar nicht verbindlich, spiegelt aber in weiten Teilen den bestehenden Staatenkonsens wider und ist insofern wertvolle Auslegungshilfe. Mit ihrer Definition der Angriffshandlung iSv Art 39 CVN beschreibt sie auch den Kernbereich des bewaffneten Angriffs iSv Art 51 CVN[18].

Wesentliches Tatbestandsmerkmal der Aggressionsdefinition ist die Zurechenbarkeit der Angriffshandlung zu einem Staat. Bei bewaffnetem Angriff durch nichtstaatliche Akteure ist ein besonderer Zurechnungstatbestand nötig.[19] Gem Art 3 Buchst g ist das Entsenden von bewaffneten Banden, Gruppen, Freischärlern oder Söldnern zur Ausübung von Waffengewalt in einem anderen Staat, die in ihrem Umfang und Auswirkungen einer staatlichen Aggression entspricht, durch oder im Auftrag eines Staates oder unter dessen entscheidendem Einfluss als eine verbotene Aggression zu qualifizieren. Der IGH hat in seiner Nicaragua-Entscheidung betont, dass für die Annahme eines staatlichen bewaffneten Angriffs bei Gewaltanwendung durch Private eine effektive Kontrolle des Staates über die Privaten erforderlich ist[20], dh der Staat muss wesentlichen Einfluss auf die Aktionen der Privaten nehmen können[21]. Zu unterscheiden sei zwischen staatlicher Unterstützung, die lediglich gegen das Gewalt- oder Interventionsverbot verstößt (zB finanzielle, logistische oder sonstige Unterstüt-

---

15 *Tomuschat*, EuGRZ 2001, 535 (541).
16 IGH, *Military and Paramilitary Activities in and against Nicaragua (Nicaragua v. United States of America)*, ICJ Rep 1986, S 14 ff.
17 GV, Resolution 3314 (XXIX) vom 14.12.1974, abgedr in *Sartorius* II, Nr 5 sowie *Tomuschat* Nr 7; s dazu *T. Bruha*, Die Definition der Aggression: Faktizität und Normativität des UN- Konsensbildungsprozesses der Jahre 1968 bis 1974, 1980; *A. Randelzhofer*, Die Aggressionsdefinition der VN, EA 1975, 621 ff.
18 *Kugelmann*, JURA 2003, 376 (378); *Krajewski*, AVR 40 (2002), 185 (187 f).
19 *Krajewski*, AVR 40 (2002), 185 (188 f).
20 IGH (Fn 16), S 64 f, Ziff 115.
21 *Kugelmann*, JURA 2003, 376 (379).

zung), und solcher, die darüber hinaus einen bewaffneten Angriff darstellt (Entsenden von Terroristen)[22].

Zwar standen die Anschläge in den USA in ihren Auswirkungen einem staatlichen Angriff in nichts nach. Für ein Entsenden der B durch die T gibt es aber keine Hinweise. Für Planung, Anleitung und Kontrolle der Anschläge war vielmehr B verantwortlich, welche sich trotz gewisser Verbindungen zum T-Regime als von diesem unterscheidbarer Akteur darstellt. Die Duldung auf dem Staatsgebiet in Kenntnis der terroristischen Ambitionen und die Hinweise auf die gegenseitige Unterstützung zwischen B und T stellen dieses Bild nicht infrage.

Unter Zugrundelegung der bisherigen Rechtsprechung des IGH und der Aggressionsdefinition ist eine Zurechnung der Anschläge in den USA zum T-Regime also nicht möglich.[23] Zum gleichen Ergebnis führt die Anwendung von Art 8 des ILC-Entwurfs, der ähnlich strenge Anforderungen an die Zurechnung des Handelns Privater zu einem Staat stellt. Gem Art 11 des ILC-Entwurfs kann ein Verhalten zwar auch dann als Handlung eines Staates angesehen werden, wenn und soweit der Staat dieses Verhalten als ein eigenes anerkennt und annimmt. Dass die T den Resolutionen des Sicherheitsrates und dem Auslieferungsgesuch der USA nicht nachgekommen sind, heißt aber nicht, dass sie die Anschläge in den USA billigen oder gar als eigene anerkennen.

Ein für die Berufung auf das Selbstverteidigungsrecht vorauszusetzender bewaffneter Angriff kann danach nur angenommen werden, wenn andere Zurechnungskriterien zu Grunde zu legen sind als sie bisher angesprochen wurden und so eine Verantwortung des T-Regimes begründet werden kann oder aber eine „Staatlichkeit" des bewaffneten Angriffs für die rechtfertigende Wirkung des Art 51 CVN nicht vorausgesetzt ist.

Die unterschiedlichen Ausgangssituationen des Nicaragua-Falls und der hier fraglichen Anschläge könnten abweichende Zurechnungsmaßstäbe erfordern. Während im Nicaragua-Fall einem Staat (den USA) aktives Tun auf dem Hoheitsgebiet eines anderen Staates (El Salvador) in Form von Unterstützung von Rebellengruppen vorgeworfen wurde, geht es im vorliegenden Fall um Verhalten des T-Regimes auf dem selbst beherrschten

---

22 IGH (Fn 16), S 103 f, Ziff 195, 228, 230, 247.
23 So für die Anschläge des 11. September 2001 in den USA zB *Tomuschat*, EuGRZ 2001, 535 (542); *Krajewski*, AVR 40 (2002), 185 (195); *T. Bruha*, Gewaltverbot und humanitäres Völkerrecht nach dem 11. September 2001, AVR 40 (2002), 383 (403 f).

Staatsgebiet von A. Dieses Verhalten bestand wiederum vor allem darin, den Aufenthalt und die Tätigkeiten der B in A zu dulden und sich zu weigern, Mitglieder von B auszuliefern.[24]

Von besonderer Bedeutung ist, dass die T gegen konkrete Pflichten aus gem Art 25 CVN auch für A verbindlichen Resolutionen des Sicherheitsrates verstoßen haben, indem sie bewusst den Aufenthalt einer bekannten Terrororganisation, das Betreiben von Ausbildungslagern sowie die Planung und Vorbereitung terroristischer Aktivitäten in A duldeten und Auslieferungsgesuchen nicht entsprachen. Dieses bewusste Auflehnen gegen die Rechtsordnung der internationalen Gemeinschaft ist in seinem Unrechtsgehalt den Kriterien der Nicaragua-Entscheidung vergleichbar.[25]

Zudem wird Terrorismus in der Staatengemeinschaft allgemein geächtet. Staaten haben die Pflicht, sich aller aktiven oder passiven Unterstützung des Terrorismus zu enthalten, sowie Terrorismus effektiv zu bekämpfen. So heißt es beispielsweise in der zwar unverbindlichen, aber für die Erfassung des geltenden Völkergewohnheitsrechts bedeutsamen *Friendly Relations Declaration* der Generalversammlung von 1970[26] zum Gewaltverbot, dass ein Staat die Pflicht habe, die Duldung organisierter Aktivitäten, die auf die Vorbereitung von Terrorakten gerichtet sind, in seinem Hoheitsgebiet zu unterlassen. Die T haben nichts gegen die B unternommen. Auch insofern könnte man ein Unterlassen einer effektiven Kontrolle gleichsetzen. Unterlässt es ein Staat bewusst, gegen Terroristen auf seinem Gebiet vorzugehen, so verletzt er eine völkergewohnheitsrechtliche Handlungspflicht und wird somit zum („Verhaltens-") Verantwortlichen. Der Aufenthalt von Terroristen in einem Staat begründet dagegen keine Zurechnung, wenn der Aufenthaltsstaat selbst effektiv präventiv und repressiv gegen die Terroristen vorgeht und damit die berechtigten Erwartungen der Völkergemeinschaft ihm gegenüber erfüllt. Eine Zurechnung iSe „Zustandsverantwortlichkeit" käme in Betracht, wenn ein Staat zur effektiven Terrorismusbekämpfung nicht in

---

[24] Dies unterschiedlichen Ausgangspositionen betont insb *Kugelmann*, JURA 2003, 376 (380).
[25] *Tomuschat*, EuGRZ 2001, 535 (542); ebenfalls auf die Verletzung von Pflichten aus verbindlichen Sicherheitsratsresolutionen stellen ab *Häußler*, ZRP 2001, 537 (541); *Fischer*, in: Ipsen, VR, § 59 Rn 28; *Kugelmann*, JURA 2003, 376 (380).
[26] GV Resolution 2625 (XXV) vom 24.10.1970, abgedr in: *Sartorius* II Nr 4 sowie *Tomuschat* Nr 6; s dazu *R. Rosenstock*, The Declaration of Principles of International Law Concerning Friendly Relations, AJIL 65 (1971), 713 ff; *U. Scheuner*, Die Auslegung der Charta durch die Generalversammlung, VN 1978, 111 ff.

der Lage ist. Hier ist von Bedeutung, ob der Staat mit eingriffswilligen und -fähigen Staaten zu kooperieren bereit ist.[27]

Schließlich könnte auch die besondere Dimension der Anschläge der B in den USA und die Gefahr weiterer ebenso verheerender Anschläge für die Zurechnung eine Rolle spielen. Der IGH hatte es in der Nicaragua-Entscheidung mit klassischer grenzüberschreitender Guerilla- und Partisanentätigkeit zu tun, während es vorliegend um weltweit operierende Terrornetzwerke geht. Der besonderen Gefahr terroristischer Anschläge, die in ihren Auswirkungen klassischer staatlicher Gewaltanwendung in nichts nachstehen, ist möglicherweise dadurch Rechnung zu tragen, dass man bezüglich der Verantwortung von Hintergrundstaaten nicht formal auf Typen der Unterstützung, sondern materiell auf das Ausmaß der Unterstützung und die Gefahr im konkreten Fall abstellt. Die Bereitstellung einer sicheren Zuflucht kann demnach den Basisstaat als Angreifer erscheinen lassen, wenn eine hinreichend qualifizierte Gefährdungssituation vorliegt, wobei der Basisstaat nur generelle Kenntnisse von den Angriffsabsichten und Angriffszielen der Terroristen haben muss.[28]

Bereits seit längerem akzeptiert das Völkerrecht im Falle zweier Staaten, dass allein das willentliche Überlassen des eigenen Staatsgebiets für Angriffshandlungen eines anderen Staates die Angreifereigenschaft des passiven Basisstaates begründen kann (Art 3 Buchst f der Aggressionsdefinition). Art 16 des ILC-Entwurfs stellt ebenfalls weniger strenge Anforderungen an die Zurechnung im Falle der Verwicklung eines Staates in die rechtswidrigen Handlungen eines anderen, indem er es für die völkerrechtliche Verantwortlichkeit eines Staates ausreichen lässt, dass dieser einem anderen Staat bei der Begehung einer völkerrechtswidrigen Handlung Beihilfe leistet oder Unterstützung gewährt, dies in Kenntnis der Umstände der völkerrechtswidrigen Handlung tut und vorausgesetzt, dass die Handlung, beginge er

---

27 *Dederer*, JZ 2004, 421 (428).
28 *Bruha*, AVR 40 (2002), 383 (403–406); auch *Hobe/Kimminich*, Einf, S 321 haben Zweifel an der Übertragbarkeit der Nicaragua-Kriterien und halten bei Gewährung einer sicheren Zuflucht und Ablehnung jeglicher Kooperation Selbstverteidigungsmaßnahmen gegen den Aufenthaltsstaat für zulässig. Gegen eine Zurechnung des Angriffs allein wegen Duldung terroristischer Gruppen auf dem Staatsgebiet sprechen sich aus: *M. Ruffert*, Terrorismusbekämpfung zwischen Selbstverteidigung und kollektiver Sicherheit – Die Anschläge vom 11.9.2001 und die Intervention in Afghanistan, ZRP 2002, 247 f; *D. Blumenwitz*, Einsatzmöglichkeiten der Bundeswehr im Kampf gegen den Terrorismus, ZRP 2002, 102 (104); auch *Bothe*, in: Graf Vitzthum, VR, Rn VIII 11 will an den Nicaragua-Kriterien festhalten.

Fall 10: Der 11. September und danach

sie selbst, völkerrechtswidrig wäre. Wenn die Gefahr, die von einer privaten Organisation ausgeht, der durch einen staatlichen Angriff gegebenen Gefahr gleichkommt, so könnte es nahe liegen, identische Zurechnungskriterien anzuwenden.[29]

Die Frage der Zurechenbarkeit kann allerdings offen bleiben, wenn es der Staatlichkeit des Angriffs gar nicht bedarf. Der Wortlaut des Art 51 CVN stellt selbst keine Anforderungen an die Urheberschaft eines bewaffneten Angriffs. Zu berücksichtigen ist indessen, dass zum Zeitpunkt der Entstehung dieser Norm davon ausgegangen wurde, dass eine Gewaltanwendung vom Ausmaß eines bewaffneten Angriffs allein von Staaten ausgehen könne[30]. Die CVN steht nach ihrer Entstehungsgeschichte unter der Prämisse, dass das Völkerrecht in erster Linie zwischenstaatliche Verhältnisse betrifft. Die Anschläge in den USA beweisen nunmehr, dass auch nichtstaatliche Organisationen zu Angriffen fähig sind, die in Intensität und Folgen einem bewaffneten Angriff im herkömmlichen Sinne zB durch den Abwurf einer Bombe vergleichbar sind. Bewaffnete Gewalt geht immer stärker und häufiger von nichtstaatlichen Organisationen oder Gruppen aus. Eine enge Auslegung der Ausnahmen vom Gewaltverbot könnte Gefahr laufen, den tatsächlichen Gegebenheiten nicht gerecht zu werden. Die CVN als zentrale Struktur der Friedenswahrung muss aktuellen Entwicklungen entsprechend ausgelegt werden.[31] Menschenrechtspakte, Umweltvölkerrecht und völkerrechtlicher Kulturgüterschutz haben das Individuum, gesellschaftliche Gruppen und nichtstaatliche Kooperationspartner der organisierten Staatlichkeit zunehmend ins Blickfeld gerückt. Völkerrecht kommt schon längst jenseits des ursprünglich rein zwischenstaatlichen Ordnungsmodells zum Tragen.[32]

Auch ist der Sinn des Art 51 CVN, dass sich Staaten vor Angriffen effektiv schützen können, zu berücksichtigen. Von wem der Angriff ausgeht, ist für die Betroffenen irrelevant. Es würde dem Zweck des Selbstverteidigungsrechtes widersprechen, einen Staat, nur weil der Angriff nicht von einem anderen Staat zu verantworten ist, schutzlos zu lassen.[33]

---

29 *Bruha*, AVR 40 (2002), 383 (404).
30 *Tomuschat*, EuGRZ 2001, 535 (540); *J. A. Frowein*, Der Terrorismus als Herausforderung für das Völkerrecht, ZaöRV 62 (2002), 879 (887).
31 Die Notwendigkeit der Anpassung an aktuelle Entwicklungen betonen auch *Bruha*, Gewaltverbot AVR 40 (2002), 383 (390); *Krajewski*, AVR 40 (2002), 185 (196–198); *Kotzur*, AVR 40 (2002), 454 (471).
32 *Kotzur*, AVR 40 (2002), 454 (470f).
33 *Tomuschat*, EuGRZ 2001, 535 (540); *Bruha*, AVR 40 (2002), 383 (394).

Unterstützung findet diese Argumentation möglicherweise durch nähere Betrachtung der Sicherheitsratsresolutionen zu den Anschlägen in New York und Washington. Der Sicherheitsrat hat schon in seiner ersten Resolution zu den Anschlägen in den USA und damit noch bevor Informationen über etwaige Hintergrundstaaten vorlagen das Selbstverteidigungsrecht angesprochen und dieses ausdrücklich anerkannt. Dies deutet auf die Annahme hin, die Anschläge stellten einen bewaffneten Angriff dar[34], wobei dieser Hinweis allerdings nur in der Präambel der Resolution erfolgte und keine ausdrückliche Feststellung einer Selbstverteidigungssituation getroffen wurde[35]. Da aber eine derartige Feststellung durch den Sicherheitsrat auch nicht erforderlich ist, kann die Präambel als geeigneter Ort angesehen werden, um eine Rechtsansicht zum Ausdruck zu bringen[36]. Die Resolution muss zudem in ihrem Kontext gesehen werden: sie erging einstimmig sogleich nach den Anschlägen und es gab auch zuvor Resolutionen, die das Verhältnis von B und dem T-Regime zum Inhalt hatten[37].

Nur private Gewaltanwendung in großem Umfang und mit verheerenden Auswirkungen kann als bewaffneter Angriff qualifiziert werden. Eine Vergleichbarkeit mit staatlichen Angriffen ist erforderlich. Bei den Verantwortlichen muss es sich um eine größere und organisierte Gruppe handeln; Art und Ausmaß der Tat (Zahl der Opfer, Ausmaß der Zerstörung, Mittel der Zerstörung) müssen einem staatlichen Angriff entsprechen. Nur so kann eine nichtsachgemäße Überdehnung des Selbstverteidigungsrechts vermieden werden.[38] Diese Voraussetzungen werden durch die terroristischen Anschläge von B in den USA erfüllt.

b) Gegenwärtigkeit des Angriffs

Terrorakte stellen regelmäßig punktuelle Ereignisse dar, die mit ihrer Durchführung beendet sind. Ist ein Angriff abgeschlossen und droht keine weitere Gefahr mehr, so kann sich der Angegriffene mangels eines gegenwärtigen Angriffs nicht auf ein Recht zur Selbstverteidigung berufen. Es

---

34 *Bruha*, AVR 40 (2002), 383 (393f); auch *Fischer*, in: Ipsen, VR, § 59 Rn 28 geht von einer impliziten Einordnung der Anschläge als bewaffnete Angriffe iSv Art 51 CVN aus.
35 Dies betonen *Blumenwitz*, ZRP 2002, 102 (105) sowie *Dederer*, JZ 2004, 421 (423).
36 *Tomuschat*, EuGRZ 2001, 535 (543).
37 Dies betont *Ruffer*, ZRP 2002, 247 (250).
38 *Krajewski*, AVR 40 (2002), 185 (199f); *Kotzur*, AVR 40 (2002), 454 (472f).

Fall 10: Der 11. September und danach

könnte somit für die Selbstverteidigung an der Gegenwärtigkeit des Angriffs fehlen. Vorliegend geht es allerdings um die Bekämpfung einer Terrorgruppe, die bereits in der Vergangenheit Anschläge ausgeführt hat und weitere Anschläge plant, so dass von einer andauernden Gefährdungslage ausgegangen werden kann. Ein Angriff iSv Art 51 CVN ist noch gegenwärtig, wenn er ein Element einer fortwährenden ernsthaften Bedrohung bildet und damit die Angriffssituation insgesamt fortbesteht.[39]

Selbstverteidigungsmaßnahmen müssen dem Angriff unmittelbar folgen[40]. Allerdings muss dem Opferstaat insbesondere im Falle terroristischer Anschläge zunächst die Zeit eingeräumt werden, Umstände und Hintergründe zu erforschen und abzuwägen, welche Verteidigungsmaßnahmen er ergreift. Vier Wochen, wie im vorliegenden Fall, beseitigen den erforderlichen Unmittelbarkeitszusammenhang wohl noch nicht.[41]

c) Verhältnismäßigkeit der Verteidigungsmaßnahme

Die Ausübung des Rechts auf Selbstverteidigung ist allerdings nur verhältnismäßig, wenn die Maßnahme zur Abwehr des bewaffneten Angriffs erforderlich ist. Es muss um Verteidigung, darf nicht um Vergeltung oder Bestrafung der Täter gehen.[42] Umfang und Auswirkungen des Angriffs und Umfang und Auswirkungen der Verteidigungshandlungen sind miteinander ins Verhältnis zu setzen. Verteidigungshandlungen sind einzustellen, wenn vom Angreifer keine Gefahr mehr ausgeht.[43]

Die Zerstörung der Ausbildungslager der B und anderer der Vorbereitung von Anschlägen dienender Infrastruktur sowie die Verfolgung und Gefangennahme der Terroristen dienen dazu, die Terroristen von weiteren Anschlägen abzuhalten, und ist zur Verteidigung erforderlich.

Zweifelhaft erscheint aber, ob zur Bannung der von B ausgehenden Gefahr darüber hinaus noch die Bekämpfung und der Sturz des T-Regimes im Rechtssinne erforderlich waren.[44] Selbstverteidigung ist nur gegen Angreifer

---

39 *Kugelmann*, JURA 2003, 376 (381); *Dederer*, JZ 2004, 421 (429); *Kotzur*, AVR 40 (2002), 454 (473f); *Tomuschat*, EuGRZ 2001, 535 (542).
40 S dazu statt vieler *Fischer*, in: Ipsen, VR, § 59 Rn 38.
41 So auch *Krajewski*, AVR 40 (2002), 185 (201) konkret für den Zeitraum zwischen 11. September 2001 und dem Beginn des Krieges in Afghanistan. Die Notwendigkeit eines „Planungsspielraum" betonen auch *Kugelmann*, JURA 2003, 376 (381); *Tomuschat*, EuGRZ 2001, 535 (542).
42 *Kugelmann*, JURA 2003, 376 (381); ausf *Fischer*, in: Ipsen, VR, § 59 Rn 39f.
43 *Krajewski*, AVR 40 (2002), 185 (192).
44 S *Krajewski*, AVR 40 (2002), 185 (192).

zulässig. Oben konnte offen gelassen werden, inwieweit eine zu einer Verantwortlichkeit für die Angriffshandlung führende Verwicklung der T in die Machenschaften von B vorliegt, weil es nach dem zutreffenden Verständnis des Art 51 CVN eines staatlichen Beitrages nicht bedarf, um eine das Selbstverteidigungsrecht auslösende Konstellation anzunehmen. Die Frage kehrt aber hinsichtlich des Umfang und Ausmaßes der Selbstverteidigung wieder: Zulässigerweise gegen die B gerichtete Gewalt muss das völkerrechtlich durch das T-Regime repräsentierte A nur hinnehmen, soweit dies mit dem Grundsatz der Verhältnismäßigkeit vereinbar ist. Dies ist nur teilweise der Fall. Geplant und durchgeführt wurden die Anschläge von B und auch nur B hat weitere Anschläge angekündigt. Durch den Sturz des T-Regime wird die Gefahr weiterer Anschläge durch B nicht gebannt. Gäbe es die B nicht mehr, so könnten die T diese auch nicht unterstützen. Hätten sich die Kämpfer der T den Streitkräften der USA entgegengestellt, um die B zu schützen, so wären hiergegen gerichtete Maßnahmen zwar zulässig. Auch dann wäre aber eine darüber hinausgehende Beendigung des T-Regimes nicht erforderlich. Zudem ist nicht ersichtlich, dass die T die B und ihre Stellungen schützen wollten. Da die USA von Anfang an auch das T-Regime stürzen wollten, ist davon auszugehen, dass sich die T vor allem hiergegen zur Wehr setzen wollten. Eine Rechtfertigung der Gewaltanwendung durch die USA gegen A ist dementsprechend insoweit nicht gem Art 51 CVN zu rechtfertigen.

3. Sonstige Rechtfertigungsgründe

Gem Art 25 des ILC-Entwurfs zur Staatenverantwortlichkeit kann die Rechtswidrigkeit eines Verstoßes gegen eine Völkerrechtsverpflichtung im Falle eines Notstandes ausgeschlossen sein, dh wenn es für einen Staat keine andere Möglichkeit gibt, ein wesentliches Interesse vor einer schweren und unmittelbar drohenden Gefahr zu schützen. Allerdings kann ein Verstoß gegen zwingende Normen des Völkerrechts niemals gerechtfertigt werden, Art 26 des Entwurfs. Hierzu gehört das Gewaltverbot. Könnten Verstöße gegen das Gewaltverbot durch einen relativ weiten und mit Ermessensspielraum verbundene Rechtfertigungsgrund wie den Notstand gerechtfertigt werden, so würde das Gewaltverbot grundsätzlich in Frage gestellt.[45] Eine Rechtfertigung durch Notstand ist daher nicht möglich.

---

45 *Tomuschat*, EuGRZ 2001, 535 (539).

Mit den gleichen Gründen wie eine Rechtfertigung durch Notstand ist auch eine Rechtfertigung des Vorgehens der USA als Gegenmaßnahme/Repressalie (Art 22 iVm Art 49 ff des ILC-Entwurfs) abzulehnen.

III. Ergebnis

Der Einsatz militärischer Gewalt seitens der USA verletzt das Gewaltverbot, soweit er sich gegen A richtete und auf den Sturz des T-Regimes zielte.

Zusatzfrage 1

Vorbemerkung: Der Sachverhalt enthält nicht alle für eine abschließende Stellungnahme zum Status der Gefangenen notwendigen Informationen. In der Bearbeitung gilt es, die verschiedenen Möglichkeiten und die damit verbundenen Schwierigkeiten aufzuzeigen und so ein grundlegendes Verständnis der entsprechenden völkerrechtlichen Zusammenhänge zu zeigen.

I. Verletzung humanitären Völkerrechts

U könnte durch die Behandlung der Gefangenen gegen humanitäres Völkerrecht[46] verstoßen. Dessen wichtigste Kodifikationen sind die vier Genfer Abkommen von 1949, bei denen es schwerpunktmäßig um den Schutz von Opfern bewaffneter Konflikt geht. Vorliegend könnten das GAbk III und das GAbk IV einschlägig sein. Beide Abkommen wurden sowohl von A als auch von den USA ratifiziert.

1. Anwendbarkeit der Genfer Abkommen

Voraussetzung für die Anwendbarkeit beider Abkommen ist nach deren jeweils gleich lautenden Art 2 das Vorliegen eines erklärten Krieges oder eines internationalen bewaffneten Konfliktes.

U hat gegenüber A nicht den Krieg erklärt. Allerdings spielen im heutigen Kriegsrecht Kriegserklärungen nur noch eine unterordnete Rolle. Anders könnte dies möglicherweise zu beurteilen sein, wenn ein Staat unter Berufung auf sein Selbstverteidigungsrecht in einen bereits bestehenden Konflikt eingreift.[47] Dies kann jedoch dahinstehen, wenn jedenfalls ein be-

---

[46] Für einen Überblick über das humanitäre Völkerrecht s *Hobe/Kimminich*, Einf, S 495 ff, zu Statusfragen insb S 512–514; ausf *Ipsen*, in: ders, VR, § 63–73.
[47] Diese Frage wirft *J. Wieczorek*, Der aktuelle Fall: Der völkerrechtliche Status der Gefangenen von Guantanamo nach dem III. Genfer Abkommen über die Behand-

waffneter Konflikt vorliegt. Ein solcher ist gegeben, sobald eine Konfliktpartei gegen eine andere Waffengewalt einsetzt[48], was bei dem Konflikt zwischen A und den USA unproblematisch der Fall ist. Dass die USA das bestehende T-Regime nie anerkannt haben, ändert nichts an der Staatsqualität von A, so dass auch die Internationalität des Konflikts[49] gegeben ist.[50]

Zwar ging es bei dem Angriff auf A vor allem um Terrorismusbekämpfung und bei einem Kampf allein gegen Terroristen wäre die Anwendbarkeit humanitären Völkerrechts fraglich. Es ist aber auch ein anderer Staat in den Konflikt verwickelt. Die Bekämpfung des Terrors und die Anwendung von Gewalt gegen ein Volkerrechtssubjekt lassen sich hier nicht trennen.[51]

2. Status und Rechte der Gefangenen

a) Die Kämpfer des T-Regimes

Art 4 des GAbk III bestimmt die Voraussetzungen, unter denen eine Person den Status eines Kriegsgefangenen und die damit verbundenen Rechte erhält. Die Kämpfer der T könnten Mitglieder von Streitkräften iSv Art 4 A Nr 1 GAbk III sein. Was einen Kampfverband zu einer „Streitkraft" macht, wird dort nicht definiert. Angesichts der klaren Trennung zwischen Art 4 A Nr 1 einerseits und Nr 2 andererseits wird man nicht einfach die in Nr 2 aufgezählten Kriterien anwenden können[52]. Als Mindestvoraussetzungen ist allerdings zu fordern, dass es sich um durch rechtlichen oder faktischen Organisationsakt aufgestellte Einheiten und Verbände handelt, die militärisch gegliedert, bewaffnet und besonders gekennzeichnet sind[53].

---

lung der Kriegsgefangenen vom 12. August 1949, HV-I 2002, 88 (89) auf; s dazu a *Ipsen*, in: ders, VR, § 68 Rn 2.
48 *Greenwood*, in: Fleck: HdbHVR, Rn 202.
49 Das Erfordernis der Internationalität ergibt sich aus dem gemeinsamen Art 3 der Abkommen, der besondere Regelung für bewaffnete Konflikte ohne internationalen Charakter vorsieht.
50 *S. Oeter*, Terrorismus und Menschenrechte, AVR 40 (2002), 422 (440); *Wieczorek*, HV-I 2002, 88 (89).
51 *Bruha*, AVR 40 (2002), 383 (415f).
52 Zu dieser durchaus umstrittenen Frage s *A. Götze*, Fragen der Anwendbarkeit des humanitären Völkerrechts unter besonderer Berücksichtigung der sogenannten nationalen Befreiungskriege, 2001, S 108f sowie S 128f; *C. Stahn*, International Law at a Crossroads? The impact of September 11, ZaöRV 62 (2002), 183 (202f).
53 *Ipsen*, in: ders, VR, § 68 Rn 34; *Wieczorek*, HV-I 2002, 88 (90); insb zur Unterscheidbarkeit s *Ipsen*, in: Fleck, HdbHVR, Rn 308.

Fall 10: Der 11. September und danach   147

Der Sachverhalt enthält keine näheren Angaben darüber, wie die Kämpfer der T als Kampfverband aufgestellt wurden. Ihr militärisch geordnetes Auftreten in größeren Gruppen und die Erkennbarkeit von Befehlsstrukturen sprechen jedenfalls für eine militärische Gliederung. Auch die Bewaffnung ist gegeben. Fraglich ist, ob das Fehlen einer echten Uniform eine mangelnde Kennzeichnung als Streitkräfte bedeutet. Mit diesem Erfordernis soll sichergestellt werden, dass die Streitkräfte einer Konfliktpartei von den Mitgliedern feindlicher Truppen und der Zivilbevölkerung unterschieden werden können[54]. Dies ist laut Sachverhalt eindeutig möglich. Eine klassische Militäruniform ist nicht der einzig zulässige Weg der Kennzeichnung[55].

Gegen die Annahme, dass es sich bei den Kämpfern der T um Streitkräfte iSd humanitären Völkerrechts handelt, kann jedenfalls nicht angeführt werden, dass die USA das T-Regime nie anerkannt haben[56]. Wie gezeigt, ist dies für die Anwendbarkeit der Abkommen irrelevant. Zudem folgt unmittelbar aus Art 4 A Nr 3 GAbk III, dass es auf die Anerkennung des Regimes, dem die Streitkräfte folgen, für den Kriegsgefangenenstatus nicht ankommt.[57]

Ebenso wenig führt die der terroristischen Organisation seitens A über die T gewährte Unterstützung dazu, dass die Kämpfer der T selbst nicht mehr als Streitkräfte, sondern als Terroristen zu qualifizieren sind. In Gefangenschaft geraten sind die Kämpfer der T schlicht als Angehörige einer feindlichen Streitkraft.[58]

Den von den USA festgehaltenen Kämpfern der T kommt also der Kriegsgefangenenstatus gem Art 4 A Nr 1 GAbk III mit allen entsprechenden Rechten zu. Etwaige Zweifel müssten gem Art 5 Abs 2 GAbk III durch ein zuständiges Gerichts ausgeräumt werden; bis dahin genießen die Kämpfer der T den Schutz des III. Genfer Abkommens. Sie sind jederzeit mit Menschlichkeit zu behandeln, Art 13 Abs 1. Die Bedingungen einer Internierung sind in den Art 21 ff aufgeführt. Unter anderem ist ihnen die Ausübung ihrer Religion in den Grenzen des Art 34 zu erlauben. Beziehungen zur Außenwelt sind gem Art 69 ff zu ermöglichen. Eine gerichtliche Verfolgung ist nur unter den Bedingungen der Art 82–88 und 99 ff möglich, zu

---

54 *Wieczorek*, HV-I 2002, 88 (91); sa *M.E. Kurth*, Der völkerrechtliche Status der Gefangenen von Guantanamo Bay, ZRP 2002, 404 (406).
55 *Stahn*, ZaöRV 62 (2002), 183 (203).
56 *Kurth*, ZRP 2002, 404 (406).
57 *Stahn*, ZaöRV 62 (2002), 183 (203); *Frowein*, ZaöRV 62 (2002), 879 (895).
58 *Oeter*, AVR 40 (2002), 422 (441).

denen insbesondere auch die Beachtung grundlegender rechtsstaatlicher Verfahrensgrundsätze gehört.

b) Die Kämpfer der B

Die Kämpfer der B operieren unabhängig von den Streitkräften von A. Ihr Kriegsgefangenenstatus könnte sich möglicherweise aus Art 4 A Nr 2 GAbk III ergeben. Die geringeren Anforderungen von Art 44 des 1. Zusatzprotokolls zu den Genfer Abkommen von 1949 über den Schutz der Opfer internationaler bewaffneter Konflikte können mangels Ratifizierung dieses Abkommens durch die USA und A nicht angewendet werden; gewohnheitsrechtliche Geltung kommt dieser Vorschrift nicht zu.[59]

An der Spitze der B müsste eine verantwortliche Person stehen, ähnlich einem Militärführer (Art 4 A Nr 2 Buchst a GAbk III). Eine solche könnte mit O vorhanden sein, wobei allerdings nähere Untersuchungen der Struktur der B erforderlich wären. Dies kann aber dahinstehen, da jedenfalls der Grundsatz der Unterscheidbarkeit gem Art 4 A Nr 2 Buchst b GAbk III nicht erfüllt wird: Die Kämpfer der B tragen keine Armbinden oä, die sie von Zivilisten abhebt. Die Unterscheidbarkeit ist ein zum Schutz der Zivilbevölkerung unabdingbares Kriterium[60]. Zudem lässt sich vermuten, dass eine Organisation, die mit den Anschlägen in den USA bereits bewiesen hat, dass sie Zivilisten brutal zu opfern bereit ist, auch im Rahmen eines bewaffneten Konflikt nicht auf Zivilisten Rücksicht nehmen und damit im Widerspruch zu Art 4 A Nr 2 Buchst d GAbk III eines der wichtigsten Gesetze des Krieges verletzen wird[61]. Da die Kämpfer der B auch nicht die Voraussetzungen der weiteren Kategorien des Art 4 GAbk III erfüllen, kommt ihnen kein Kriegsgefangenenstatus zu.

Wer als natürliche Person in einem internationalen bewaffneten Konflikt nicht Kombattant iSv Art 4 GAbk III ist, gilt als Zivilperson[62]. Gerät eine solche Zivilperson in den Machtbereich einer Konfliktpartei oder Besatzungsmacht und ist sie nicht deren Staatsangehöriger, so genießt sie gem Art 4 Abs 1 GAbk IV den Schutz dieses Abkommens. Dies gilt auch für die

---

59 *Wieczorek*, HV-I 2002, 88 (91).
60 *A. Götze* (Fn 52), S 115 ff.
61 *Kurth*, ZRP 2002, 404 (405 f).
62 *Kurth*, ZRP 2002, 404 (406); *Gasser*, in: Fleck: HdbHVR, Rn 501; *L. Vierucci*, What judicial treatment for the Guantanamo detainees?, German Law Journal 3 (2002), No 9, Rn 17.

Fall 10: Der 11. September und danach

Mitglieder der B. Zivilisten haben sich zwar jeglicher Kampfhandlungen zu enthalten; nur Kombattanten haben die völkerrechtliche Befugnis zu bewaffneten Schädigungshandlungen. Der Status als Zivilpersonen geht aber nicht dadurch verloren, dass diese – wie die Mitglieder der B – an den Feindseligkeiten teilnehmen. Sie dürfen dann allerdings auch bekämpft werden[63].

Fallen an den Kampfhandlungen beteiligte Personen in die Hand des Gegners, dann sind sie als Zivilpersonen zu behandeln und haben deren Rechte. Somit haben die Mitglieder der B ua gem Art 27 GAbk IV einen Anspruch auf Achtung ihrer Person, Ehre und religiösen Überzeugungen und sind mit Menschlichkeit zu behandeln. Eine Internierung ist, solange es noch nicht zur Besetzung gekommen ist, nur unter den Voraussetzungen der Art 41–43 möglich, in besetzen Gebieten auch gem Art 68, 78. Die Behandlung der Internierten richtet sich nach Art 79 ff. Auch hier ist gem Art 93 in gewissen Grenzen die Religionsausübung zu gestatten. Auch Kontakte zur Außenwelt sind gem Art 105 ff zu ermöglichen. Inwieweit eine strafrechtliche Verfolgung durch den Gewahrsamsstaat zulässig ist, ist in Art 64 ff geregelt. Von besonderer Bedeutung ist hier Art 70, der die Verfolgung von vor der Besetzung begangenen Straftaten nur zulässt, wenn es sich um Verstöße gegen humanitäres Völkerrecht handelt. Als weitere Ausnahme von diesem Verfolgungsverbot wird man ferner Verbrechen gegen den Frieden und die Menschlichkeit und andere Verstöße gegen das Völkerstrafrecht anzuerkennen haben[64]. Verfahren müssen rechtsstaatlichen Grundsätzen genügen, Art 67, 69–75.

Eine wichtige Ausnahme erfährt der Schutz von Zivilpersonen im Falle des Art 5 Abs 1 GAbk IV. Hat eine Konfliktpartei wichtige Gründe anzunehmen, dass eine Zivilperson unter dem begründeten Verdacht steht, eine die Sicherheit des Staates abträgliche Tätigkeit zu betreiben bzw tut sie dies tatsächlich, so kann sich die betreffende Person nicht auf die im IV. Genfer Abkommen eingeräumten Rechte berufen, wenn dies der Sicherheit des Staates abträglich wäre. Allerdings sind auch diese Zivilisten gem Art 5 Abs 3 mit Menschlichkeit zu behandeln und haben im Falle der gerichtlichen Verfolgung einen Anspruch auf ein gerechtes und ordentliches Verfahren.

---

63 *Kurth*, ZRP 2002, 404 (406); *Gasser*, in: Fleck, HdbHVR, Rn 501.
64 *Gasser*, in: Fleck, HdbHVR, Rn 574; *Oeter*, AVR 40 (2002), 422 (447).

3. Ergebnis

Die Behandlung der Gefangenen durch die USA entspricht in weiten Teilen nicht den Anforderungen des humanitären Völkerrechts.

II. Verletzung von Menschenrechten

Fraglich ist, ob die USA darüber hinaus auch die Menschenrechte der Gefangenen verletzt haben. Da die USA nicht Vertragsstaat der EMRK sind, ist vor allem an den IPbpR zu denken. In Betracht kämen hier zunächst das Recht auf Freiheit (Art 9, 10 IPbpR), prozessuale Rechte (Art 14 IPbpR) sowie die Religionsfreiheit (Art 18 IPbpR).

Soweit es um das Verhalten der USA in A geht, ließe sich bereits an der Anwendbarkeit des IPbpR *ratione loci* zweifeln. Man wird Art 2 Abs 1 IPbpR allerdings dahin zu verstehen haben, dass die USA die Garantien des Paktes auch dann zu beachten haben, wenn sie ihre Staatsgewalt gegenüber Personen in A ausüben[65].

Des Weiteren ist das Verhältnis von humanitärem Völkerrecht und Menschenrechten zu klären. Grundsätzlich kommen beide Rechtsgebiete im Falle eines bewaffneten Konflikts zur Anwendung. Insbesondere führt die Verübung terroristischer Taten nicht zum Verlust von Menschenrechten[66]. Allerdings enthält das humanitäre Völkerrecht einige spezielle Regeln im Hinblick auf die besondere Situation eines bewaffneten Konflikts, die insoweit den allgemeinen Menschenrechten vorgehen. Hiervon sind insbesondere Art 9, 10 IPbpR und Art 14 IPbpR, aber auch die Religionsfreiheit betroffen.[67] Insofern sind den USA also über die Verletzung humanitären Völkerrechts hinaus keine Vorwürfe zu machen.

Ansonsten bleibt es vorliegend bei der Anwendbarkeit des IPbpR. Insbesondere haben die USA nicht von der Notstandsklausel (Art 4 IPbpR) Gebrauch gemacht.[68] Inwieweit im Hinblick auf Gefangennahme und Internierung weitere Menschenrechte verletzt wurden, kann angesichts der knappen Sachverhaltsangaben nicht abschließend beurteilt werden.

---

65 Dazu ausf Fall 15, S 206 f.
66 *Stahn*, ZaöRV 62 (2002), 183 (206); *Oeter*, AVR 40 (2002), 422 (432 f.).
67 *Oeter*, AVR 40 (2002), 422 (449); *Stahn*, ZaöRV 62 (2002), 183 (206).
68 Dies betonen *Oeter*, AVR 40 (2002), 422 (448); *Stahn*, ZaöRV 62 (2002), 183 (207–208).

Zusatzfrage 2

Eine Auslieferung könnte zunächst wegen der Umstände, die zu der die Auslieferung ermöglichenden Festnahme geführt haben, völkerrechtlich bedenklich sein. Wenn die Auslieferung aufgrund dieser Umstände einer allgemeinen Regel des Völkerrechts zuwiderliefe, wäre Deutschland gem Art 25 GG gehindert, M an die USA auszuliefern. Die deutschen Behörden sind durch Art 25 GG grundsätzlich verpflichtet, alles zu unterlassen, was einer unter Verstoß gegen allgemeine Regeln des Völkerrechts vorgenommenen Handlung nichtdeutscher Hoheitsträger – hier also der des V-Mannes des Geheimdienstes der USA – im Geltungsbereich des Grundgesetzes Wirksamkeit verschafft.[69]

U hat einen V-Mann seines Geheimdienstes auf dem Territorium von R auf M angesetzt. Damit könnten die USA die Gebietshoheit von R verletzt haben, die grundsätzlich hoheitliches Tätigwerden eines Staates auf dem Gebiet eines anderen Staates verbietet. Dies könnte zu einer völkerrechtlichen Verantwortlichkeit der USA gegenüber R führen. Deutschland liefe daher Gefahr, mit der Auslieferung einen völkerrechtswidrigen Akt der USA zu unterstützen und sich damit möglicherweise selbst gegenüber R völkerrechtlich verantwortlich zu machen. Gem Art 16 des zwar nicht verbindlichen, aber insoweit Völkergewohnheitsrecht widerspiegelnden ILC-Entwurfs zur Staatenverantwortlichkeit kann auch die Unterstützung fremder Völkerrechtsverstöße zur Staatenverantwortlichkeit führen. Allerdings ist zu berücksichtigen, dass Deutschland mit dem Herauslocken des M aus R nichts zu tun hatte.

Es stellt sich die Frage, ob eine allgemeine Regel des Völkerrechts verbietet, jemanden auszuliefern, der zur Umgehung von Auslieferungsschwierigkeiten mittels einer List in einen auslieferungsbereiten Staat gelockt wird. Hätten die USA direkt in R versucht, des M habhaft zu werden, um ihn vor ein Gericht in den USA zu bringen, so hätte dies nach überwiegender Auffassung und Praxis nicht zur Unzulässigkeit eines Verfahrens in den USA geführt (*male captus, bene detentus*)[70]. Hätte man M in einem solchen Fall erst nach Deutschland gebracht und dann um Auslieferung ersucht, so bestünde auch kein Auslieferungshindernis[71].

---

69 BVerfGE 109, 13 (25f) = NJW 2004, 141 (143); BVerfGE 75, 1 (18f) = NJW 1987, 2155 (2157). Vgl auch *Kunig*, in: Graf Vitzthum, VR, Rn II 131–161.
70 *Hailbronner*, in: Graf Vitzthum, VR, Rn III 313 mwN.
71 BVerfGE 109, 13 (28f) = NJW 2004, 141 (144).

Eine Abweichung von diesem Grundsatz wird für den Fall schwerer Menschenrechtsverletzungen im Zusammenhang mit der Festnahme diskutiert[72]. Die Umstände des vorliegenden Falles sind anders gelagert: M wurde zwar mittels einer Täuschung zur Reise nach Deutschland bewegt. Er war aber keinerlei Gewalt oder sonstigen Zwängen ausgesetzt. Er konnte frei über die Reise entscheiden. Mit der Täuschung hatten die deutschen Behörden zudem nichts zu tun.

Wenn also das Völkerrecht selbst bei einem direkten Eingriff in die Gebietshoheit regelmäßig weder ein Strafverfolgungs- noch ein Auslieferungshindernis begründet, so ist auch für die hier bestehende Konstellation nicht von einer ein Auslieferungshindernis begründenden allgemeinen Regel des Völkerrechts auszugehen. Dieses Ergebnis wird weitgehend von der Staatenpraxis bestätigt, nach der in Fällen wie dem vorliegenden regelmäßig ausgeliefert wird. In jüngster Zeit gibt es sogar Ansätze, den mit dem Einsatz von List möglicherweise einhergehenden Eingriff in die Souveränität des Territorialstaates mit der Schwere des Strafvorwurfs und Verhältnismäßigkeitserwägungen zu rechtfertigen[73].

Ein weiterer Grund für Zweifel an der Rechtmäßigkeit der Auslieferung könnte sich im Blick auf das weitere Schicksal des M ergeben. Deutsche Gerichte haben nach ständiger Rechtsprechung des BVerfG in Auslieferungsverfahren zu prüfen, ob die Auslieferung mit dem nach Art 25 GG in der Bundesrepublik Deutschland verbindlichen völkerrechtlichen Mindeststandard und mit den unabdingbaren verfassungsrechtlichen Grundsätzen ihrer öffentlichen Ordnung, dh ua grundlegende menschenrechtliche Garantien, vereinbar ist[74]. Auch der EGMR hat im Fall Soering klargestellt, dass bei der Entscheidung über eine Auslieferung das Schicksal des Betroffenen im um die Auslieferung ersuchenden Staat zu berücksichtigen ist und in diesem Fall eine Auslieferung an die USA im Hinblick auf das sog *death-row-phenomenon* als Verstoß gegen Art 3 EMRK gewertet[75]. Vorliegend erwartet den M in den USA nicht die Todesstrafe. Zu denken ist aber an Art 6

---

72 BVerfGE 109, 13 (29) = NJW 2004, 141 (144) mwN.
73 BVerfGE 109, 13 (29–32) = NJW 2004, 141 (144f) mwN.
74 S nur BVerfGE 59, 280; 63, 332.
75 EGMR, ECTHR Rep, Ser A, No 161 = NJW 1990, 2183 ff – *Soering v United Kingdom*; zu dieser Entscheidung s ua *D. Blumenwitz*, Konventionswidrigkeit der Auslieferung an die USA bei drohender Todesstrafe und in Anbetracht der Haftbedingungen in der Todeszelle/Fall Soering, EuGRZ 16 (1989), 314 ff; *Dahm/Delbrück/Wolfrum*, VR I/2, § 102, S 177–179.

Fall 10: Der 11. September und danach

EMRK, weil Zweifel an der Rechtsstaatlichkeit des Verfahrens in den USA bestehen. Angesichts der Zusicherung der USA hinsichtlich des weiteren Verfahrens führt dies aber nicht weiter[76]. Zudem ist nach neuerer Rechtsprechung des BVerfG im Auslieferungsverkehr, insbesondere soweit er wie vorliegend auf völkervertraglicher Basis durchgeführt wird, dem um Auslieferung ersuchenden Staat im Hinblick auf die Grundsätze der Rechtsstaatlichkeit und des Menschenrechtsschutzes grundsätzlich Vertrauen entgegenzubringen. Dieser Grundsatz soll solange Geltung beanspruchen, wie er nicht durch entgegenstehende Tatsachen erschüttert wird.[77]

Der Auslieferung von M an die USA stehen also keine völkerrechtlichen Bedenken entgegen.

---

[76] Zu den Anforderungen an eine solche Zusicherung s *Kunig*, in: v. Münch/Kunig, GGK III, Art 102, Rn 15.
[77] BVerfGE 109, 13 (35) = NJW 2004, 141 (145) unter Hinweis auf BVerfGE 108, 129 (140–142) = NVwZ 2003, 1499; kritisch ua zu diesem Ergebnis der Entscheidung die Anm von *A. Dickersbach*, Auslieferung eines durch List aus seinem Heimatstaat Gelockten, StV 2004, 435.

Fall 11: Happy Cola

Sachverhalt

Die Happy Cola AG produziert und vertreibt Erfrischungsgetränke. Sie ist nach österreichischem Recht gegründet worden und hat ihren Sitz in Wien. Ihre Aktien befinden sich vollständig in deutscher Hand. Anfang der achtziger Jahre möchte sie den Markt des zentralasiatischen Staates Abistan erobern und errichtet dazu einen Abfüllbetrieb in Abistan. Sie schließt mit dem abistanischen Wirtschaftsministerium einen Vertrag, demzufolge sie in Abistan von jeder direkten Besteuerung befreit wird. Die Vertragsparteien vereinbaren, alle Streitigkeiten durch abistanische Gerichte entscheiden zu lassen. Die Happy Cola AG verzichtet auf jede andere Form der Rechtsdurchsetzung.

Seit Mitte der neunziger Jahre verstärkt sich in Abistan eine antiwestliche und speziell antiamerikanische Stimmung. Die Steuergesetzgebung wird dahingehend geändert, dass alle Vergünstigungen für ausländische Investoren entfallen. Die Happy Cola AG wird daraufhin unter anderem zur Körperschaftssteuer veranlagt. Rechtsbehelfe, mit denen sie sich gegen die Steuerfestsetzung wehrt, bleiben erfolglos, da die Akte des Gesetzgebers in Abistan jeder gerichtlichen Kontrolle entzogen sind. 2000 kommt es zu Demonstrationen vor dem abistanischen Werk der Happy Cola AG. Obwohl die Situation zunehmend bedrohlich wird, bleibt die abistanische Regierung untätig. Eines Abends stürmen Demonstranten das Werk und zerstören die Abfüllanlagen. Die Happy Cola AG stellt ihre Tätigkeit in Abistan daraufhin ein und verklagt die abistanische Regierung auf Schadensersatz. Das zuständige abistanische Gericht betreibt das Verfahren erkennbar schleppend. Ein für Anfang 2002 anberaumter Termin zur mündlichen Verhandlung wird auf Antrag der beklagten Regierung aufgehoben, ohne dass ein neuer Termin festgesetzt würde. 2003 wird ein Antrag der Happy Cola AG auf Terminierung unter Hinweis auf die chronische Überlastung der abistanischen Justiz abgelehnt. 2004 wird eine Sachstandsanfrage der AG dahingehend beantwortet, dass die beklagte Regierung weitere Zeit zur Vorbereitung der Sache benötige, die ihr gewährt werden müsse. Als auch 2005 kein Fortgang abzusehen ist, wendet sich die Happy Cola AG an die Regierungen in Wien und Bonn.

Können Österreich und Deutschland von Abistan Schadensersatz für den Wegfall der Steuervergünstigungen und wegen der Zerstörung der Werksanlagen verlangen?

Bearbeitungsvermerk: Fragen des WTO-Rechts sind nicht zu prüfen.

Fall 11: Happy Cola

Lösung
A. Ansprüche Österreichs
I. Besondere Voraussetzungen des diplomatischen Schutzes[1]

Da Österreich nicht unmittelbar, sondern allenfalls mittelbar durch die Schädigung der Happy Cola AG verletzt ist, unterliegt die Geltendmachung etwaiger Ansprüche den besonderen Anforderungen des diplomatischen Schutzes, wie sie auch in Art 44 des ILC-Entwurfs zur Staatenverantwortlichkeit angedeutet werden[2].

1. Staatszugehörigkeit

Diplomatischer Schutz kann nur zugunsten eigener Staatsangehöriger ausgeübt werden. Dabei gilt das sog Kontinuitätsprinzip, dh die Staatsangehörigkeit muss sowohl im Zeitpunkt der Verletzungshandlung bestehen als auch dann, wenn der diplomatische Schutz ausgeübt wird[3]. Bei juristischen Personen wie der Happy Cola AG, die keine Staatsangehörigkeit im rechtstechnischen Sinn besitzen, ist auf die Staatszugehörigkeit abzustellen[4].

Wie der IGH im Barcelona-Traction-Fall festgestellt hat[5], bestimmt sich die Staatszugehörigkeit einer juristischen Person jedenfalls für die Zwecke des diplomatischen Schutzes[6] danach, wo sie ihren Sitz hat (sog Sitztheorie)

---

1 Die besonderen Voraussetzungen des diplomatischen Schutzes werden hier vor der normalen Prüfung der Staatenverantwortlichkeit erörtert. Es ist ebenso möglich, sie erst am Ende der Prüfung zu behandeln. Dann müsste allerdings schon beim Normverstoß geklärt werden, dass das verletzte Individuum, hier: die AG, im Zeitpunkt der Verletzungshandlung die Staatsangehörigkeit oder -zugehörigkeit des Staates besaß, der den Anspruch geltend macht.
2 Dazu allgem *Epping/Gloria*, in: Ipsen, VR, § 24 Rn 31–43; *Ipsen*, ebd, § 40 Rn 48–52; *Hailbronner*, in: Graf Vitzthum, VR, Rn III 110–115.
3 *Epping/Gloria*, in: Ipsen, VR, § 24 Rn 34; *Ipsen*, ebd, § 40 Rn 51; *I. Brownlie*, Principles of Public International Law, 6. Aufl, 2003, 59 ff, 460; *Oppenheim's* International Law, hrsg v R. Jennings/R. Watts, Bd I, 9. Aufl, 1992, § 150, S 512 ff.
4 *Verdross/Simma*, VR, § 1303; Entsprechendes gilt für Schiffe und Flugzeuge, s dazu *Berber*, VR I, 389.
5 IGH, ICJ Rep 1970, 4 (34 ff); dazu *Calfisch*, ZaöRV 31 (1971), 162 ff; allgem zur Staatszugehörigkeit juristischer Personen *Berber*, VR I, 388; *Epping/Gloria*, in: Ipsen, VR, § 24 Rn 21 ff; *Hailbronner*, in: Graf Vitzthum, VR, Rn III 109; *Dolzer*, ebd, Rn VI 54.
6 Daneben spielt die Staatszugehörigkeit etwa für das Internationale Privatrecht, aber auch im Kriegsrecht eine Rolle; s *Berber*, VR I, 388. Dabei können jeweils unter

und nach welchem Recht sie gegründet worden ist (sog Gründungstheorie)[7]. Beides weist die Happy Cola AG als eine österreichische Gesellschaft aus, und zwar sowohl im Zeitpunkt der Steuerrechtsänderung bzw der Zerstörung des Werkes und der Gerichtsverfahren wie auch im Zeitpunkt der Geltendmachung des diplomatischen Schutzes. Demgegenüber spielt die Frage, welche Staatsangehörigkeit die Anteilseigner und Organwalter besitzen (sog Kontrolltheorie) grundsätzlich keine Rolle[8]. Österreich ist mithin befugt, der Happy Cola AG diplomatischen Schutz zu gewähren.

2. Clean-hands-Regel

Nach der sog *clean-hands*-Regel darf die Gesellschaft, für die das Schutzrecht ausgeübt wird, nicht ihrerseits in grober Weise gegen das Recht verstoßen haben[9]. Es ist zweifelhaft, ob ein derartiger Ausschlussgrund völkergewohnheitsrechtlich nachgewiesen und wie eine Trennlinie zwischen „groben" und anderen Rechtsverstößen gezogen werden kann. Das bedarf aber vorliegend keiner näheren Erörterung, weil dieser Ausschlussgrund hier zweifellos nicht eingreifen könnte: Die Happy Cola AG hat sich, soweit erkennbar, rechtstreu verhalten.

3. Local-remedies-Regel

Grundsätzlich kann der Staat einen Anspruch im Wege des diplomatischen Schutzes erst geltend machen, wenn das betroffenen Individuum, hier die AG, den innerstaatlichen Rechtsweg erschöpft hat[10]. Hinsichtlich der Steuervergünstigungen ist das der Fall, da die AG die Steuerfestsetzungen

---

schiedliche Zuordnungskriterien maßgebend sein; s *Fatouros*, National Legal Persons in International Law, in: EPIL III (1997), 495 ff sowie u Fn 8.

7 Dabei wird in Common-Law-Staaten letztere bevorzugt angewandt, während sonst eher auf den Gesellschaftssitz abgestellt wird. S dazu sowie zu der Frage, ob der satzungsmäßige oder der tatsächliche Sitz maßgebend ist, *Fatouros* (Fn 6), EPIL III (1997), 495 (496).

8 Die Kontrolltheorie findet vor allem für die Beschlagnahme von Feindvermögen im Krieg Anwendung; s dazu *Berber*, VR II, 201; *Fatouros* (Fn 6), EPIL III (1997), 495 (496f).

9 S *Berber*, VR III, 22; *Verdross/Simma*, VR, § 1305; *Tomuschat/Himmelreich/Kuhl*, Übungshausarbeit: Die entführte Konferenzvertreterin, Jura 1988, 324 (327).

10 *Verdross/Simma*, VR, § 1306; *Brownlie* (Fn 3), 472 ff; im einzelnen *Herdegen*, Diplomatischer Schutz und die Erschöpfung von Rechtsbehelfen, in: G. Ress/T. Stein (Hrsg), Der diplomatische Schutz im Völker- und Europarecht, 1996, 63 ff.

vor abistanischen Gerichten erfolglos angegriffen hat. Hinsichtlich der Zerstörung der Abfüllanlagen ist der Rechtsweg indes nicht erschöpft.

Innerstaatliche Rechtsbehelfe müssen allerdings nur dann ausgeschöpft werden, wenn sie effektiv sind[11]. Daran fehlt es nicht nur, wenn die Rechtsbehelfe offensichtlich keinen Erfolg versprechen, sondern auch dann, wenn in zumutbarer Zeit überhaupt kein Rechtsschutz gewährt wird[12]. Welche Frist angemessen ist, hängt von den Umständen des Einzelfalles ab. Zu berücksichtigen sind vor allem Umfang und Schwierigkeit des Falles, seine Behandlung durch die staatlichen Stellen sowie das Verhalten des Klägers[13]. Es ist nicht ersichtlich, dass die Aufklärung des Sachverhalts durch Parteien und Gericht mehrere Jahre in Anspruch nimmt. Die Verzögerung beruht vielmehr maßgeblich auf der Untätigkeit des Gerichts. Soweit die abistanische Justiz überlastet ist, ist es Aufgabe des Staates, mehr Personal bereitzustellen oder die Verfahren auf andere Weise zu beschleunigen[14]. Eine vorübergehende nicht abwendbare Überlastung der Justiz infolge höherer Gewalt, die eine Verzögerung rechtfertigen könnte, ist nach dem Sachverhalt nicht gegeben. Auch ein objektives Bedürfnis, der Regierung vier Jahre nach Verfahrensbeginn weitere Vorbereitungszeit einzuräumen, ist angesichts der nachhaltigen Untätigkeit der staatlichen Stellen nicht erkennbar. Die Verfahrensdauer ist daher unzumutbar; diplomatischer Schutz kann schon vor Ende des innerstaatlichen Gerichtsverfahrens gewährt werden.

4. Problem der Verzichtsklausel

Es ließe sich erwägen, ob der vertragliche Verzicht der AG auf sonstige Mittel der Rechtsdurchsetzung die Ausübung des diplomatischen Schutzrechtes ausschließt. Lateinamerikanische Staaten haben dies durch sog Calvo-Klauseln versucht. Eine echte Calvo-Klausel liegt vor, wenn ein privater Vertragspartner gegenüber einem fremden Staat für den Fall zukünftiger Rechtsverletzungen oder -beeinträchtigungen ausdrücklich und im Voraus

---

11 Dazu *Frowein/Peukert*, EMRK, Art 26 Rn 8 ff.
12 *Oppenheim's* International Law (Fn 3), § 153, S 525 f.
13 Insoweit kann auf die umfangreiche Straßburger Spruchpraxis zum Begriff der angemessenen Verfahrensdauer nach Art 6 I EMRK zurückgegriffen werden; s dazu *Peukert*, in: Frowein/Peukert, EMRK, Art 6 Rn 143 ff und Art 26 Rn 40.
14 S EGMR, Series A Nr 100 = NJW 1989, 652 = EuGRZ 1988, 20 = HRLJ 7 (1986), 365 Rn 82 – Deumeland – und dazu *Kunig*, JK 89, EMRK Art 6 I/1; EGMR, EuZW 1997, 468 (469 f), Rn 63 f – Probstmeier – und dazu *Kunig*, JK 98, EMRK Art 6 I/2.

auf diplomatischen Schutz verzichtet[15]. Die völkerrechtliche Wirksamkeit einer derartigen Klausel ist umstritten[16]. Eine Lösung hat davon auszugehen, dass der Heimatstaat im Wege des diplomatischen Schutzes ein eigenes Recht auf angemessene Behandlung seines Staatsangehörigen geltend macht[17]. Auf dieses Recht des Staates kann das Individuum nicht völkerrechtlich wirksam verzichten[18]. Zudem enthält der Investitionsvertrag der Happy Cola AG keine echte Calvo-Klausel, sondern nur eine Unterwerfung unter die abistanische Gerichtsbarkeit. Angesichts dieser Klausel könnte es zwar treuwidrig erscheinen, wenn die AG von Österreich diplomatischen Schutz einfordert, bevor sie Rechtsschutz vor abistanischen Gerichten gesucht hat. Einem solchen Verhalten steht aber schon die *local remedies rule* entgegen[19]. Hat die AG jedoch den innerstaatlichen Rechtsweg erschöpft oder ist der innerstaatliche Rechtsschutz, wie hier, unzureichend, kann die Inanspruchnahme diplomatischen Schutzes nicht als treuwidrig gelten. Ein weitergehender Ausschluss des diplomatischen Schutzes lässt sich der hier verwandten Klausel nicht entnehmen.

II. Verletzung fremdenrechtlicher Normen durch Abistan[20]

Abistan müsste gegenüber Österreich Normen des Fremdenrechts verletzt haben. Das Fremdenrecht deckt sich von seinem Gegenstand her in weiten Teilen mit den Geboten des Menschenrechtsschutzes. Während aber Träger völkerrechtlicher Menschenrechte insbesondere auch das Individuum selbst ist, berechtigt das Fremdenrecht allein den Staat, dem ein Individuum oder eine juristische Person an- oder zugehört[21].

---

15 S *F. Oschmann*, Calvo-Doktrin und Calvo-Klauseln, 1993, 149, 156.
16 Bejahend etwa *García-Amador*, Calvo Doctrine, Calvo Clause, in: EPIL I (1992), 521 (522f); zum Meinungsstand *Oschmann* (Fn 15), 164ff.
17 *Ipsen*, in: ders, VR, § 40 Rn 49; *Verdross/Simma*, VR, § 1300; *Kimminich*, Der internationale Schutz des Einzelnen, AVR 15 (1971/72), 402 (404ff).
18 *Ipsen*, in: ders, VR, § 40 Rn 50; *Verdross/Simma*, VR, § 1301; *Brownlie* (Fn 3), 482.
19 Zu dieser Überlagerung einer Calvo-Klausel durch die *local remedies rule* s a *Ipsen*, in: ders, VR, § 40 Rn 50; ferner *Oschmann* (Fn 15), 173ff.
20 Logisch vorrangig muss auch hier vor dem Normverstoß die Völkerrechtssubjektivität der Beteiligten festgestellt werden. Allerdings wurde die Völkerrechtssubjektivität Österreichs unter A I 1 schon implizit bejaht. Einem Staat, der seinen Staatsangehörigen diplomatischen Schutz gewähren kann, können ohne weiteres auch Ansprüche aus Staatenverantwortlichkeit zustehen. Da die Staatsqualität Abistans ebenfalls unproblematisch ist, wird auf einen gesonderten Prüfungspunkt verzichtet.
21 S dazu *Kimminich* (Fn 17), AVR 15 (1971/72), 402 (404).

Fall 11: Happy Cola

1. Abschaffung der Steuervergünstigungen

Ein Recht auf Beibehaltung der Steuervergünstigung, das Abistan verletzt haben könnte, könnte sich zunächst aus dem Vertrag zwischen Abistan und der AG ergeben. Völkerrechtlicher Natur könnte dieses Recht nur sein, wenn die AG den Vertrag als Völkerrechtssubjekt geschlossen hätte. Juristische Personen des Privatrechts sind grundsätzlich keine Völkerrechtssubjekte. Zwar ist überlegt worden, ob ein Staat einen privaten Vertragspartner dadurch zum Völkerrechtssubjekt erheben kann, dass er mit ihm auf der Ebene völkerrechtlicher Gleichordnung einen Vertrag abschließt[22]. Der Investitionsvertrag der Happy Cola AG ist aber ausdrücklich der abistanischen Gerichtsbarkeit und damit der abistanischen Rechtsordnung unterstellt. Das zeigt deutlich, dass Abistan die AG nicht als Völkerrechtssubjekt behandeln wollte. Da die Vertragsbeziehung nicht aus der nationalen Rechtsordnung herausgehoben und so internationalisiert worden ist, kann es sich auch nicht um einen sog quasi-völkerrechtlichen Vertrag[23] handeln, für den eine völkerrechtsähnliche Bindung diskutiert werden könnte[24].

Unter diesen Umständen könnte der Entzug der Steuervergünstigungen nur als Enteignung[25] fremdenrechtlich relevant sein. Steuervergünstigun-

---

22 Dahingehend der TEXACO-Schiedsspruch, ILR 53 (1979), 389 (447 ff; 457 ff) sowie *K.-H. Böckstiegel*, Der Staat als Vertragspartner ausländischer Privatunternehmen, 1971, 177–312; *Fischer*, Bemerkungen zur Lehre von Alfred Verdross über den „quasi-völkerrechtlichen" Vertrag im Lichte der neuesten Entwicklung, in: FS A. Verdross, 1980, 379 (391 ff, 397); gegen derartige Begründungsversuche *Kipp*, Verträge zwischen staatlichen und nichtstaatlichen Partnern, BerDGVR 5 (1964), 133 (149 ff); *U. Kischel*, State Contracts, 1992, 233–281; *Stoll*, Rechtsnatur und Bestandsschutz von Vereinbarungen zwischen Staaten und ausländischen privaten Investoren, RIW 27 (1981), 808 (810).
23 Dazu grundlegend *Verdross*, Die Sicherung von ausländischen Privatrechten aus Abkommen zur wirtschaftlichen Entwicklung mit Schiedsklauseln, ZaöRV 18 (1957/58), 635 ff; *ders*, Gibt es Verträge, die weder dem innerstaatlichen Recht noch dem Völkerrecht unterliegen?, ZfRV 6 (1965), 129 ff; s a *Verdross/Simma*, VR, § 4; ferner *Bothe*, in: Graf Vitzthum, VR, Rn VI 58; *M. Herdegen*, Internationales Wirtschaftsrecht, 3. Aufl, 2002, § 18 (S 231 ff); zur Internationalisierung von Verträgen aus internationalprivatrechtlicher Sicht *Martiny*, in: C. Reithmann/D. Martiny (Hrsg), Internationales Vertragsrecht, 6. Aufl, 2004, Rn 70 ff.
24 *Verdross* selbst nahm an, dass ein quasi-völkerrechtlicher Vertrag einer von den Vertragsparteien geschaffenen, eigenen Rechtsordnung unterliege, der sog *lex contractus*; *Verdross* (Fn 23), ZaöRV 18 (1957/58), 635 (641); *ders* (Fn 23), ZfRV 6 (1965), 129 (130 f).
25 Zur Enteignung im Völkerrecht allgem *Gloria*, in: Ipsen, VR, § 47 Rn 13 ff; *Bothe*, in: Graf Vitzthum, VR, Rn VI 43 ff; *Herdegen* (Fn 23), § 17 (S 218 ff); *Verdross/Simma*, VR, §§ 1216 ff.

gen sind indessen keine völkerrechtlich geschützte Eigentumsposition[26]. Es ist auch nicht ersichtlich, dass Abistan die Happy Cola AG in einer Weise besteuern würde, die erdrosselnde Wirkung hätte und auf eine faktische Enteignung des Unternehmens hinausliefe[27].

Die Abschaffung der Steuervergünstigungen ist demnach nicht völkerrechtswidrig.

2. Zerstörung der Werksanlagen

Nach dem fremdenrechtlichen Mindeststandard ist ein Staat verpflichtet, Ausländer gegen Angriffe auf ihr Eigentum zu schützen[28]. Das heißt nicht, dass jede Eigentumsverletzung durch Private unterbunden werden müsste, denn derartiges könnte kein Staat sicherstellen. Vielmehr muss der Staat hinreichende Sicherungsmaßnahmen ergreifen. Es gilt der Maßstab der *due diligence*[29]. Angesichts der bedrohlichen Situation hätte Abistan hier zumindest irgendwelche geeigneten Schutzmaßnahmen ergreifen müssen. Die vollständige Untätigkeit war pflichtwidrig.

3. Ausgestaltung des Rechtsschutzes

Der Staat ist grundsätzlich verpflichtet, Ausländern den Rechtsweg offen zu halten[30]. Allerdings verlangt das Völkerrecht keine gerichtliche Kontrolle der Legislative. Soweit die abistanische Steuergesetzgebung innerstaatlich nicht überprüft werden kann, ist dies daher völkerrechtlich nicht zu beanstanden. Im Übrigen reicht es aber nicht, dass formal eine Klagemöglichkeit eingeräumt wird. Vielmehr müssen sich die Gerichte mit der Klage tatsächlich in angemessener Zeit befassen. Angesichts der mehrjährigen Untätigkeit, für die, wie oben zu A I 3 erörtert, kein sachlicher Grund erkennbar ist, ist ein Verstoß gegen diese fremdenrechtliche Pflicht anzunehmen.

---

[26] Zum völkerrechtlichen Eigentumsbegriff allgem *Peukert*, in: Frowein/Peukert, EMRK, Art 1 ZP I Rn 4ff; zu den enteignungsrechtlichen Grenzen legislativer Eingriffe in innerstaatliche Verträge s a *Brownlie* (Fn 3), 522ff.
[27] Zum fremdenrechtlichen Verbot konfiskatorischer Steuern BVerfGE 23, 288 (304f); *Verdross/Simma*, VR, § 1219.
[28] *Berber*, VR I, 408; *Brownlie* (Fn 3), 506ff; *Verdross/Simma*, VR, § 1213 Nr 6.
[29] S dazu auch Fall 1, S 31.
[30] BVerfGE 60, 253 (303f).

… Fall 11: Happy Cola

III. Rechtfertigungsgründe sind nicht ersichtlich.

IV. Verschulden

Wieweit die Staatenverantwortlichkeit verschuldensabhängig ist, bemisst sich nach der jeweils verletzten Norm. Hinsichtlich der Zerstörung des Werkes ist die *due diligence* als Fahrlässigkeitsmaßstab bereits bei der Normverletzung behandelt worden. Auch in die Bestimmung der angemessenen Verfahrensdauer sind Erwägungen eingeflossen, die im weiteren Sinn dem Verschulden zuzuordnen sind[31]. Im Übrigen sind keine Gründe ersichtlich, die ein Verschulden Abistans entfallen lassen könnten.

V. Schaden und Rechtsfolge

Das österreichische Schadensersatzverlangen ist nur begründet, soweit durch die Verletzung fremdenrechtlicher Normen ein Schaden entstanden ist. Das ist hinsichtlich der Zerstörung der Werksanlagen der Fall. Hingegen ist der Wegfall der Steuervergünstigungen nicht ersatzfähig, weil es insoweit an einem Völkerrechtsverstoß fehlt[32]. Die Verschleppung des Gerichtsverfahrens hat, soweit ersichtlich, nicht zu einem eigenständigen Schaden geführt.

Das Völkerrecht verlangt entsprechend Art 31 ILC-Entwurf vollständige Wiedergutmachung[33]. Zu ersetzen ist der Wert der zerstörten Anlagen. Auch entgangener Gewinn ist ausweislich Art 36 Abs 2 ILC-Entwurf grundsätzlich ersatzfähig[34]. Der Sachverhalt gibt dazu aber keine näheren Anhaltspunkte.

B. Ansprüche Deutschlands

Da die Happy Cola AG nach den Ausführungen zu A I 1 die deutsche Staatszugehörigkeit nicht besitzt, kann Deutschland Ansprüche nur dann geltend

---

[31] S o zu A II 3 iVm A I 3. So käme eine Überlastung der Justiz durch höhere Gewalt grundsätzlich als Entschuldigungsgrund in Betracht, vgl Art 23 des ILC-Entwurfs zur Staatenverantwortlichkeit. Hier würde eine solche Überlastung aber schon dazu führen, dass die Verfahrensdauer noch nicht als unangemessen im Sinne der Norm zu gelten hätte.
[32] Angesichts des o zu A II 1 gefundenen Ergebnisses muss dies nicht notwendigerweise erwähnt werden.
[33] Einl, S 28.
[34] S a *Verdross/Simma*, VR, § 1296.

machen, wenn der „Schleier der juristischen Person" gelüftet[35] und für die Zuordnung der Ansprüche auf die hinter der Gesellschaft stehenden deutschen Aktionäre abgestellt werden kann. Ein solches Vorgehen erwägt der IGH in der Sache Barcelona Traction für den Fall, dass die Gesellschaft erloschen oder der Heimatstaat nicht in der Lage ist, ihr diplomatischen Schutz zu gewähren[36]. Eine ähnliche Situation entsteht, wenn ein Staat auf eine Gesellschaft zugreift, die seiner eigenen Rechtsordnung untersteht, und dadurch mittelbar ausländische Aktionäre der Gesellschaft schädigt. So hielt es der IGH im ELSI-Fall für zulässig, dass die USA gegenüber Italien diplomatischen Schutz zugunsten der US-amerikanischen Aktionäre einer italienischen AG ausübten[37]. Eine derartige Konstellation ist hier jedoch nicht gegeben. Vielmehr kann Österreich nach dem oben Ausgeführten ohne weiteres diplomatischen Schutz gegenüber Abistan gewähren. Unter diesen Umständen kann Deutschland keine parallelen Ansprüche geltend machen.

---

35 So die Formulierung des IGH im Barcelona-Traction-Fall, ICJ Rep 1970, 4 (40): „lifting the corporate veil".
36 IGH, ICJ Rep 1970, 4 (41 ff).
37 ICJ Rep 1989, 15 ff = ILM 28 (1989), 1109 m Anm *Gill*, AJIL 84 (1990), 249 (255, 257 f); *Wengler*, NJW 1990, 619 f.

Fall 12: Freier Handel und Arkadien

Sachverhalt

Zwischen Cleanland, einem wirtschaftlich leistungsfähigen, hochindustrialisierten Staat mit hoher Bevölkerungszahl und dem in den Tropen liegenden, von landschaftlicher Schönheit geprägten, aber ein geringes Bruttosozialprodukt erwirtschaftenden Arkadien bestehen aus historischen Gründen enge Beziehungen, auch solche des Handels. Arkadiens Wirtschaft ist traditionell teils agrarisch ausgerichtet und im Übrigen auf die Nutzung lebender Meeresressourcen, die vor allem für Exportzwecke ausgebeutet werden. Zunehmend fassen cleanländische Staatsangehörige wirtschaftlich in Arkadien Fuß, vor allem mit Unternehmungen, welche in arkadischen Gewässern den Fang verschiedener Arten von Meerestieren betreiben und die Fänge vor Ort verarbeiten. Die dabei gewonnenen, sehr begehrten Produkte werden zu einem großen Teil nach Cleanland exportiert.

Arkadien plant jetzt die Errichtung eines großflächigen „Phantasy and Adventure Parc", der zu einer Touristenattraktion werden soll. Schon bisher besuchen zahlreiche cleanländische Touristen Arkadien. Es ist deshalb vorgesehen, die Managementebene des Parks überwiegend mit Cleanländern zu besetzen, aber auch sonstiges Personal – von Putzkräften und Servicepersonal abgesehen – im Wesentlichen aus Cleanland zu rekrutieren, „damit sich die Gäste heimisch fühlen".

Durch Medienberichte wird in Cleanland spektakulär bekannt, dass die erwähnte arkadische Fangpraxis angesichts ihrer Intensität mit einer erheblichen Wahrscheinlichkeit mittelfristig zur Erschöpfung der Regenerationsfähigkeit bestimmter Tierbestände führen wird. Zu dem Parkprojekt wird bekannt, dass es einen erheblichen Anteil desjenigen Areals von Arkadien in Anspruch nimmt, das bisher nahezu unberührt war. Es werden nachteilige Folgen für Flora und Fauna erwartet, ebenso – angesichts der aus Kostengründen gewählten Entsorgungswege – Gewässerverschmutzungen relevanten Ausmaßes außerhalb des Parks (allerdings, soweit absehbar, allein innerhalb der Staatsgrenzen Arkadiens).

Diese Informationen lösen erheblichen Wirbel in Cleanland aus. Ein Streit über Konsequenzen bestimmt die öffentliche Diskussion. Die arkadische Regierung will an ihrer bisherigen Politik festhalten und findet dafür auch Unterstützung in der dortigen Bevölkerung, weil man sich von der Fortsetzung des cleanländischen Engagements, namentlich auch durch das

Parkprojekt, einen wirtschaftlichen Aufschwung verspricht. In Cleanland wird teilweise verlangt, die Einfuhr der erwähnten Produkte gesetzlich zu verbieten sowie durch innerstaatliches Recht die in Arkadien tätigen Cleanländer in die Pflicht zu nehmen, bei der Ausbeutung der Meerestiere und im Rahmen des Parkprojekts nicht tätig zu werden. Ein des Weiteren geäußerter Vorschlag, nämlich eine Rechtsgrundlage dafür zu schaffen, dass Cleanländern, die nach Arkadien reisen wollen, das Verlassen des Landes untersagt werden könnte, wird wegen verfassungsrechtlicher Bedenken zurückgestellt.

Erörtern Sie die völkerrechtliche Zulässigkeit einer Verwirklichung der vorgenannten Maßnahmen Cleanlands.

Bearbeitervermerk: Cleanland und Arkadien sind an alle für die Lösung in Betracht kommenden multilateralen Verträge gebunden. Sie stehen allerdings außerhalb der europäischen Integrationsgemeinschaft. Bilaterale Verträge zwischen Arkadien und Cleanland sind für den vorliegenden Fall nicht einschlägig. Die Fangpraxis in Arkadien ist völkerrechtlich unbedenklich. Alle erwähnten Vorgänge in Arkadien sind mit dem dortigen Recht vereinbar, das dem Schutz der natürlichen Lebensbedingungen wenig Raum gibt.

Lösung

Vorbemerkung: Da umfassend nach der völkerrechtlichen Zulässigkeit einer Verwirklichung der im Sachverhalt angeführten Maßnahmen Cleanlands gefragt ist, darf sich die Bearbeitung nicht auf eine Untersuchung beschränken, ob eine Realisierung der Maßnahmen Rechte Arkadiens verletzt. Darüber hinaus kommt nämlich auch eine Verletzung von Menschenrechten in Betracht. Darauf mag auch hindeuten, dass im Sachverhalt „verfassungsrechtliche Bedenken" gegenüber dem Ausreiseverbot erwähnt werden.

Die Verwendung des Aufbaus zur Prüfung der völkerrechtlichen Verantwortlichkeit, wie ihn die Einleitung[1] erörtert, ist bei diesem Sachverhalt zwar möglich, aber nicht ratsam, weil unergiebig. Völkerrechtliche „Zulässigkeit" impliziert ohnehin die Merkmale „zurechenbarer Normverstoß" und „Rechtfertigung". Nach Ansprüchen aus Haftung ist nicht gefragt, so dass sich Fragen nach „Schäden" oder deren Kausalität nicht stellen.

---

[1] S 7 ff.

Für eine Klausurbearbeitung müsste das GATT (s u Fn 5) auszugsweise zur Verfügung stehen[2].

Alle drei Maßnahmen setzen die Schaffung innerstaatlicher Rechtsgrundlagen in Cleanland voraus. Nach dem Recht der Staatenverantwortlichkeit hat ein Staat für die Völkerrechtsmäßigkeit seiner innerstaatlichen Normsetzung einzustehen[3].

I. Das Einfuhrverbot

1. Völkervertragsrecht: GATT[4]

a) Verstoß gegen Art I GATT[5]

Das Einfuhrverbot könnte das in Art I GATT enthaltene Meistbegünstigungsprinzip verletzen. Danach ist jeder Vertragsstaat verpflichtet, alle Handelsvergünstigungen, die er einem anderen (nicht notwendig: Vertrags-) Staat gewährt, bedingungslos jedem anderen Vertragsstaat einzuräumen[6],

---

[2] Abgedruckt im *Sartorius* II Nr 510; ferner in ABl EG 1994 Nr L 336, 11 ff = ILM 33 (1994), 1125 ff sowie bei *W. Hummer/F. Weiss*, Vom GATT '47 zur WTO '94, 1997, 553 ff; weitere Dokumente bei *Hummer/Weiss* aaO und bei *Ph. Kunig/N. Lau/W. Meng*, International Economic Law, 2. Aufl, 1993.
[3] Es handelt sich um „*conduct*" iSv Art 2 des ILC-Entwurfs, s o S 13, 17 ff; vgl a *I. v. Münch*, Das völkerrechtliche Delikt in der modernen Entwicklung der Völkerrechtsgemeinschaft, 1963, 183 ff.
[4] Nach dem Bearbeitervermerk kommt, was das Wirtschaftsvölkerrecht anlangt, allein das GATT als vertraglicher Prüfungsmaßstab in Betracht. Für einen Überblick über das Wirtschaftsvölkerrecht s *Terhechte*, Einführung in das Wirtschaftsvölkerrecht, JuS 2004, 959 ff (Teil 1), 1054 ff (Teil 2); *Dolzer*, in: Graf Vitzthum, VR, Rn VI 1–121.
[5] Einführend zum General Agreement on Tariffs and Trade v 30.10.1947 (GATT; BGBl 1951 II, 173), zu seiner revidierten Fassung in Kraft getreten am 1.1.1995, sog GATT 1994, s die Bekanntmachung in BGBl 1995 II, 456) und dem Verhältnis zur Welthandelsorganisation WTO s *Dolzer*, in: Graf Vitzthum, VR, Rn VI 63 ff; *Beise*, Vom alten zum neuen GATT, in: Graf Vitzthum (Hrsg), Europäische und internationale Wirtschaftsordnung aus der Sicht der Bundesrepublik Deutschland, 1994, 179 ff; monographisch *W. Benedek*, Die Rechtsordnung des GATT aus völkerrechtlicher Sicht, 1990; zur WTO einführend *ders*, Die neue Welthandelsordnung (WTO) und ihre internationale Stellung, VN 1995, 13 ff; *Hilpold*, Die Fortentwicklung der WTO-Ordnung, RIW 1998, 90 ff; monographisch *Beise*, Die Welthandelsordnung (WTO), 2001.
[6] Hierzu und zu den Ausnahmen *M. Herdegen*, Internationales Wirtschaftsrecht, 4. Aufl, 2003, § 7 Rn 19 ff; *Dolzer*, in: Graf Vitzthum, VR, Rn VI 19–22.

also ausländische Waren untereinander gleich zu behandeln. Nach dem Sachverhalt ist aber nicht ersichtlich, dass Cleanland den Import von Produkten der in Rede stehenden Art durch einen anderen Staat als Arkadien gestatten würde. Ein Verstoß gegen das Meistbegünstigungsprinzip kann daher nicht angenommen werden.

b) Verstoß gegen Art III GATT

In Betracht kommt des Weiteren eine Verletzung des in Art III GATT enthaltenen Gebots der Inländerbehandlung[7]. Aus diesem Gebot ergibt sich das Verbot, ausländische gegenüber gleichartigen inländischen Waren schlechter zu stellen. Das gilt allerdings erst, sobald die ausländischen Waren Teil des inländischen Warenkreislaufs geworden sind[8]. Bereits an der letzteren Voraussetzung fehlt es hier, so dass es nicht darauf ankommt, ob den arkadischen Produkten vergleichbare Waren in Cleanland überhaupt hergestellt werden.

c) Verstoß gegen Art XI GATT

aa) Vorliegen einer mengenmäßigen Beschränkung iSv Art XI GATT

Das Importverbot könnte aber mit Art XI unvereinbar sein, welcher ein Verbot mengenmäßiger Beschränkungen[9] errichtet. Mengenmäßige Beschränkungen[10] sind solche staatlichen Akte, die den Import oder den Export einer Ware auf eine bestimmte Menge (oder auch eine Wertquote) begrenzen. Das ist hier der Fall. Auch ein Importverbot ist eine mengenmäßige Beschränkung, dies in der weitreichendsten Form.

---

[7] S dazu *Gloria*, in: Ipsen, VR, § 45 Rn 4; *Dolzer*, in: Graf Vitzthum, VR, Rn VI 23–25; zu den „fremdenrechtlichen" Wurzeln des Grundsatzes der Inländerbehandlung, der sich im allgemeinen Völkerrecht aber nicht durchsetzen konnte, *Gloria*, in: Ipsen VR, § 50 Rn 4; vgl zu den Nichtdiskriminierungsgrundsätzen des GATT: P. *Stoll/F. Schorkopf*, WTO – Welthandelsordnung und Welthandelsrecht, 2002, Rn 112 ff; *Weiß/Herrmann*, Welthandelsrecht, 2003, Rn 509 ff.
[8] Vgl *J. H. Jackson*, The World Trading System: Law and Policy of International Economic Relations, 1989, 133.
[9] S dazu *Gloria*, in: Ipsen, VR, § 45 Rn 5 f.
[10] Vgl a Art 30 EGV und die Definition des dort verwendeten Begriffs der mengenmäßigen Beschränkung in EuGH, Rs 2/73 – Gedda/Ente Nazionale Risi –, Slg 1973, 865 (879) sowie *R. Streinz*, Europarecht, 7. Aufl, 2005, Rn 860 ff.

Indes lässt Art XI Nr 2 GATT Ausnahmen vom Verbot der Nr 1 zu. Dabei geht es unter Buchst a um Ausfuhrbeschränkungen wegen einer Knappheit an Nahrungsmitteln, unter Buchst b um Beschränkungen im Zusammenhang mit Klassifizierungsnormen und der Einteilung von Waren in Güteklassen; beides ist im vorliegenden Fall nicht einschlägig. Art XI Nr 2 Buchst c behandelt Einfuhrbeschränkungen für Erzeugnisse der Landwirtschaft oder – wie hier – Fischerei unter bestimmten Umständen. Alle insofern in der Ausnahmebestimmung genannten Alternativen haben aber gemeinsam, dass es jeweils um den Schutz einheimischer Produkte geht, was nicht das Ziel des cleanländischen Gesetzes wäre.

bb) Rechtfertigung

Zu fragen ist, ob die festgestellte GATT-widrige Handelsbeschränkung gerechtfertigt werden kann. Dies ist anhand von Art XX GATT zu beurteilen.

Der Vorschrift vorangestellt sind zwei allgemeine Voraussetzungen. Danach setzt die Zulässigkeit von Handelsbeschränkungen zum einen voraus, dass diese nicht willkürlich einzelne Staaten ungleich behandeln. Zum anderen darf eine handelsbeschränkende Maßnahme sich nicht als „verschleierte Beschränkung" erweisen. Es wird allgemein davon ausgegangen, dass diese beiden Vorgaben, die sich wohl inhaltlich nicht strikt voneinander trennen lassen, für die in Art XX GATT des Weiteren aufgeführten Rechtfertigungsgründe systematisch eine Begrenzung bedeuten[11], also eine „Schranken-Schranke". Es ist also zunächst zu fragen, ob ein Rechtfertigungstatbestand greift.

Nach Art XX Buchst b GATT sind Maßnahmen erlaubt, die erforderlich sind, um Leben und Gesundheit von Menschen, Tieren und Pflanzen zu schützen[12]. Vorliegend geht es um die Erhaltung von Meereslebewesen, dies iS des Ressourcenschutzes. Dafür ist auch Art XX Buchst g GATT einschlägig. Soweit dort von „erschöpflichen natürlichen Ressourcen" die Rede ist, sind auch Tiere und Pflanzen einbezogen, obwohl diese zur Selbstrepro-

---

11 S zB *A. Diem*, Freihandel und Umweltschutz in GATT und WTO, 1996, 23.
12 Zum Umweltschutz iRv GATT und WTO s *Epiney*, Welthandel und Umwelt: Ein Beitrag zur Dogmatik der Art III, IX, XX GATT, DVBl 2000, 77; *Trüeb*, Umweltrecht in der WTO: staatliche Regulierungen im Kontext des internationalen Handelsrechts, 2001; *C. Godzierz*, Nationale Umweltpolitiken und internationaler Handel nach WTO und GATT: Analyse relevanter Entscheidungen der Panels und des Berufungsgremiums unter Berücksichtigung des Umweltvölkerrechts, 2000.

duktion in der Lage sind[13]. Nach Sinn und Zweck der Vorschrift wird es ausreichen, wenn lediglich die Möglichkeit der Ressourcenerschöpfung besteht[14].

Die Rechtfertigung nach Buchst b, g setzt voraus, dass die fraglichen Maßnahmen, hier das Importverbot, in Zusammenhang mit Beschränkungen einheimischer Produktion oder einheimischen Konsums ergriffen werden, also diesen zur Wirksamkeit verhelfen sollen. Das lässt sich dahingehend verstehen, dass es nicht genügt, wenn die ergriffenen Maßnahmen nur „Auswirkungen" auf die Ressourcenerhaltung haben; sie müssen vielmehr auf diese gerichtet sein. Darüber hinaus müssen auch einheimische Beschränkungen vorgesehen sein[15]. Von beidem kann hier ausgegangen werden.

Gegen die Rechtfertigung des Importverbots könnte allerdings sprechen, dass Cleanland damit ein Politikziel verfolgt, das auf den Ressourcenschutz außerhalb des eigenen Hoheitsgebiets gerichtet ist. In der bisherigen Praxis des GATT wird davon ausgegangen, dass es der Rechtfertigung von Handelsbeschränkungen nach Art XX Buchst b, g GATT entgegensteht, wenn diese Maßnahmen von dem Ziel geprägt sind, auf die (Umwelt-)Politik eines anderen Staates Einfluss zu nehmen. Dies wird mit der Besorgnis begründet, dass das System des Freihandels grundsätzlich in Frage gestellt werde, wenn – wie im vorliegenden Fall – einem wirtschaftlich leistungsfähigen Staat die Möglichkeit eingeräumt würde, von ihm definierte Umweltschutzvorstellungen auf Kosten wirtschaftlich weniger leistungsfähiger Staaten durchzusetzen[16].

---

13 Vgl dazu den Bericht des GATT-Panel U.S. Prohibition of Tuna and Tuna Products from Canada v 22. 2.1982, in: GATT (Hrsg), Basic Instruments and Selected Documents, 29th Suppl, 91 (108); zur Streitschlichtung im Panelverfahren s für einen Überblick *Leier*, Fortentwicklung und weitere Bewährung: Zur derzeitigen Überprüfung des Streitbeilegungsverfahrens in der WTO, EuZW 1999, 204ff; *Hilpold*: Aktuelle Rechtsfragen zum WTO-Streitbeilegungsverfahren, IStR 2002, 31 ff sowie ausf *A. Kopke*, Rechtsbeachtung und -durchsetzung in GATT und WTO, 1997; *Petersmann*, Towards the „Constitutionalization" of the Bretton Woods System Fifty Years after its Foundation, FS Bernhardt, 1995, 1987 ff; *ders*, The GATT/WTO Dispute Settlement System, 1997.
14 Vgl Bericht des Panel U.S.-Restrictions on Imports of Tuna, ILM 33 (1994), 839 (891).
15 Vgl dazu *Ginzky*, Umweltschutz und internationaler Handel mit Waren, ZUR 1997, 124 (128) mwN; *Hilf*, Freiheit des Welthandels contra Umweltschutz, NVwZ 2000, 481 ff.
16 So der in Fn 14 erwähnte Panel-Bericht, 839 (894, 898 f).

Fall 12: Freier Handel und Arkadien

Es lässt sich indessen auch argumentieren, die in den letzten Jahrzehnten – vor allem im sog Rio-Prozess[17] – herausgebildeten Vorstellungen über die Notwendigkeit des Schutzes der natürlichen Lebensgrundlagen als globale Güter legten eine differenzierende Lösung nahe. Jedenfalls solche globalen Güter wie das Klima, die Ozonschicht, die Reinhaltung der Meere sind anerkanntermaßen von einem solchen Gewicht, dass ihre Berücksichtigung iS einer im Rahmen des Art XX Buchst b, g GATT zu treffenden einzelfallbezogenen Abwägungsentscheidungen nicht fern liegt[18]. Das wird sich aber nicht für die hier in Rede stehenden, offenbar für die Region in und um Arkadien charakteristischen und in ihrem Vorkommen wohl auf diesen Raum beschränkten Meereslebewesen sagen lassen. Es fehlt an einem rechtlich greifbaren Bezug Cleanlands zu diesen Ressourcen, der nicht allein durch den Umstand vermittelt wird, dass jeglicher Eingriff in den Naturhaushalt irgendwelche Folgen für das globale Ökosystem nach sich zieht.

Das Importverbot stellt sich danach als verbotene mengenmäßige Beschränkung nach dem GATT dar.

2. Völkergewohnheitsrecht

Nach Völkergewohnheitsrecht sind die Staaten einander nicht zur Durchführung oder Ermöglichung wirtschaftlicher Beziehungen verpflichtet[19]. Allerdings ist anerkannt, dass der Einsatz wirtschaftlicher Druckmittel auf Grenzen aus dem allgemeinen Interventionsverbot trifft[20]. Dabei ist in den Einzelheiten umstritten, welche Schranken dem Einsatz wirtschaftlicher Maßnahmen mit dem Ziel der Einflussnahme auf einen anderen Staat gezogen sind. Überwiegender Auffassung entspricht es, das Mittel wirtschaft-

---

17 Vgl einordnend *Graf Vitzthum*, in: ders, VR, Rn V 104 ff; s ferner *Rest*, Die rechtliche Umsetzung der Rio-Vorgaben in der Staatenpraxis, AVR 34 (1996), 145 ff; *Schröder*, Sustainable Development – Ausgleich zwischen Umwelt und Entwicklung als Gestaltungsaufgabe der Staaten, AVR 34 (1996), 251 ff.
18 Vgl dazu die Überlegungen bei *Gramlich*, Chancen für eine neue Welthandelsordnung, AVR 33 (1994), 141 ff; *Schoenbaum*, International Trade and Protection of the Environment: The Continuing Search for Reconciliation, AJIL 91 (1997), 268 ff.
19 Vgl nur *Gloria*, in: Ipsen, VR, § 43 Rn 5.
20 S hierzu *Fischer*, in: Ipsen, VR, § 59 Rn 61–63 sowie § 43 Rn 13 f; eingehend *D. Chr. Dicke*, Die Intervention mit wirtschaftlichen Mitteln im Völkerrecht, 1978; *K. Bockslaff*, Das völkerrechtliche Interventionsverbot als Schranke außenpolitisch motivierter Handelsbeschränkungen, 1987; s a *Bryde*, Die Intervention mit wirtschaftlichen Mitteln, FS Schlochauer, 1981, 227 ff; allgem zum Nichteinmischungsprinzip Nachw bei Fall 20, S 261.

lichen Druckes nicht bereits für sich genommen als völkerrechtswidrig zu erachten, sondern im Einzelfall auf die mit seinem Einsatz verfolgten Interessen abzustellen.

Vorliegend wird im Interesse der Ressourcenerhaltung auf die umweltpolitische Entscheidungsfreiheit eines anderen Staates eingewirkt. Obwohl der Einsatz wirtschaftlicher Maßnahmen zur Beeinflussung fremder Innenpolitik auf den Souveränitätsbereich des betroffenen Staates, hier also Arkadiens, zielt, wird sich der Staatenpraxis kein den Anforderungen an den Nachweis von Völkergewohnheitsrecht genügendes Verbot entnehmen lassen, aufgrund dessen das Importverbot als Verstoß gegen allgemeines Völkerrecht qualifiziert werden könnte. Denn auch Cleanland kann sich auf ein berechtigtes Interesse berufen, nämlich dasjenige daran, unerwünschte Produkte von auf cleanländischem Staatsgebiet erfolgenden Marktbewegungen fernzuhalten. Die Maßstäbe des o bei 1 erörterten differenzierten (vertraglichen) Systems zum Schutz des Freihandels sind nicht etwa gewohnheitsrechtlich vorgegeben. Vielmehr bestätigt dessen Existenz eher das Fehlen entsprechenden Völkergewohnheitsrechts[21].

Ein Völkerrechtsverstoß könnte ungeachtet des genannten berechtigten Interesses allerdings möglicherweise dann angenommen werden, wenn der arkadischen Volkswirtschaft infolge des Importverbots gleichsam eine „Erdrosselung" drohen würde[22]. Davon kann hier nicht ausgegangen werden. Zwar werden die in Rede stehenden Produkte nach dem Sachverhalt bisher großenteils nach Cleanland geliefert, doch „lebt" Arkadien auch von Landwirtschaft und Tourismus und mag im Übrigen andere Absatzmärkte für seine Produkte finden. Die Staatenpraxis begrenzt den Einsatz wirtschaftlichen Druckes zur Verfolgung für sich genommen als legitim zu qualifizierender Ziele nur höchst ausnahmsweise.

---

21 Vgl zur Frage der Herausbildung von Völkergewohnheitsrecht aus völkerrechtlichen Verträgen allgem etwa *Hobe/Kimminich*, Einf, S 180, wo es heißt: „Vielmehr kann gerade die Tatsache, dass solche Verträge bestehen, darauf schließen lassen, dass noch keine allgemeine Rechtsüberzeugung vorhanden ist und die Parteien daher eine ausdrückliche vertragliche Regelung für notwendig halten. Mulitlaterale Verträge können dennoch die Grundlage für die Entwicklung eines entsprechenden Gewohnheitsrechts über den Kreis der Signatarstaaten hinaus bieten, denn sie geben bereits eine Rechtsauffassung einer größeren Zahl von Völkerrechtssubjekten wieder." S näher *Doehring*, Gewohnheitsrecht aus Verträgen, ZaöRV 36 (1976), 77 ff; eingehend *Baxter*, Treaties and Custom, RdC 129 (1970 I), 25 ff; *Heintschel von Heinegg*, in: Ipsen, VR § 16 Rn 22.
22 S *Meng*, Wirtschaftssanktionen und staatliche Jurisdiktion, ZaöRV 57 (1997), 269 (274): „bewußtes Aushungern eines Staates".

Fall 12: Freier Handel und Arkadien

II. Das Betätigungsverbot für Cleanländer in Arkadien

1. Rechtsverletzung Arkadiens

a) Verletzung arkadischer Territorialhoheit

Das genannte Verbot könnte sich als Verletzung der arkadischen Territorialhoheit wegen fehlender Regelungsbefugnis Cleanlands erweisen. Ist ein Staat völkerrechtlich an der Regelung eines Sachverhalts gehindert, weil dieser der Regelung eines anderen Staates vorbehalten ist, so verletzt er die Souveränität des letzteren. Es geht dabei vorliegend nicht um die Abgrenzung der den Staaten iS des völkerrechtlichen Gleichheitssatzes zustehenden Souveränität in räumlicher Hinsicht – Cleanland beabsichtigt nicht, einen Hoheitsakt auf dem Territorium Arkadiens zu setzen –, sondern um die Abgrenzung in sachlicher Hinsicht[23]: Darf ein Staat Sachverhalte regeln, die einen Bezug zum Ausland ausweisen,[24] seinen Staatsangehörigen also beispielsweise verbieten, an bestimmten Vorgängen in einem anderen Staat nicht mitzuwirken?

Wurde früher zuweilen vertreten, dass ein Staat von vornherein nur solche Sachverhalte regeln könne, die sich „auf seinem Gebiete ereignen"[25], so steht heute allerdings außer Streit, dass neben der Anknüpfung an das Staatsgebiet ua auch eine solche an die Staatsangehörigkeit (Personalitätsprinzip) erfolgen kann[26]. Das ist insbesondere im Bereich des Strafrechts deutlich, wo das Personalitätsprinzip an der Seite des Territorialitätsprinzips steht[27]. Zugleich erweist sich hier, dass es uU des Ausgleichs beider Prinzipien bedarf, denn ein Staat dürfte auch bei der Wahrnehmung der strafrechtlichen Jurisdiktionskompetenz für solche Taten, die im Ausland von Inländern begangen werden, Grenzen unterworfen sein. Jedenfalls begrenzen zahlreiche nationale Rechtsordnungen die Strafbarkeit der von Inländern im Ausland begangenen Taten, etwa durch das Erfordernis der Strafbarkeit auch am Tatort (wie § 7 Abs 2 StGB).

---

23 Die genannte Unterscheidung wird deutlich bereits in der Lotus-Entscheidung des StIGH herausgearbeitet, PCIJ Series A, No 10, S 18 ff = Entscheidungen des StIGH, hrsg v Institut für Internationales Recht in Kiel, Bd V (1927), 71 (90 ff); dazu *Kunig/Uerpmann*, Der Fall des Postschiffes Lotus, Jura 1994, 186 ff.
24 S zu dieser Problematik *Epping/Gloria*, in: Ipsen, VR, § 23 Rn 85–95 mwN.
25 S *Verdross/Simma*, VR, § 1167.
26 Zu den verschiedenen Anknüpfungskriterien s *Herdegen*, VR, § 26.
27 Vgl dazu *Hailbronner*, in: Graf Vitzthum, VR, Rn III 144; P. *Malanczuk*, Akehurst's Modern Introduction to International Law, 7. Aufl, 1997, 111; *Dahm/Delbrück/Wolfrum*, VR I/1, § 47 II 3, S 320–326 auch zu anderen Rechtsgebieten.

Das cleanländische Gesetzesvorhaben zielt allerdings wohl nicht auf Strafbarkeit, sondern auf ein verwaltungsrechtliches Betätigungsverbot im wirtschaftlichen Bereich. Auch insoweit ist eine ausreichende Beziehung zwischen dem Recht setzenden Staat und dem zu regelnden Sachverhalt zu fordern[28]. Dem Interesse Arkadiens an eigener Entscheidung über das dort angemessene Umweltschutzniveau (und damit auch die Prioritätensetzung im Bereich Wirtschaft und Entwicklung) steht die Ambition Cleanlands gegenüber, durch Einwirkung auf seine in Arkadien tätigen Staatsangehörigen[29] auf jene Entscheidung Einfluss zu nehmen, dies in Anknüpfung an mittelbare – also nicht selbst von diesen Staatsangehörigen verantwortete – Konsequenzen von deren Tätigkeit im Ausland. Konnte Cleanland dem Vorwurf einer Intervention in Ansehung des Importverbots entgehen – dort besteht ein Bezug zum Staatsgebiet, von dem die in missbilligter Weise gewonnenen Produkte ferngehalten werden sollen –, fehlt es hier an hinreichender Anknüpfung für ein Regelungsinteresse. Demzufolge ist Arkadien in dem auf seine Souveränität gründenden Anspruch, die umweltrechtlichen Rahmenbedingungen gewerblicher bzw arbeitnehmerischer Betätigung auf seinem Staatsgebiet eigenverantwortlich zu regeln, verletzt.

b) Rechfertigung

Da die in Arkadien (unter Beteiligung von Cleanländern) ausgeübte Fangpraxis nach dem Bearbeitervermerk völkerrechtlich unbedenklich ist, scheidet eine Rechtfertigung für das Betätigungsverbot jedenfalls insoweit aus.

Eine Rechtfertigung könnte andererseits angesichts der im Sachverhalt beschriebenen Folgen der Errichtung des „Phantasy and Adventure Parc" in Betracht kommen, soweit es um die Betätigung für das Parkprojekt geht. Denkbar ist, dass die Inanspruchnahme des bisher unberührten Teilgebiets Arkadiens, die Herbeiführung nachteiliger Folgen für Flora und Fauna sowie die Gewässerverschmutzungen ihrerseits völkerrechtswidrig sind. In diesem Falle wäre des Weiteren zu klären, ob Cleanland ggf aus einem derartigen Rechtsverstoß etwas für sich herleiten könnte.

Dass nach dem Sachverhalt die Durchführung des Parkprojekts mit dem arkadischen Recht vereinbar ist, besagt für die völkerrechtliche Beurteilung

---

28 Vgl *Meng* (Fn 22), ZaöRV 57 (1997), 269 (291), sowie eingehend *dens*, Extraterritoriale Jurisdiktion im öffentlichen Wirtschaftsrecht, 1994, 498 ff.
29 Von der „intendierten Persuasionswirkung im Ausland" spricht *Meng* (Fn 22), ZaöRV 57 (1997), 269 (290).

Fall 12: Freier Handel und Arkadien

noch nichts. Eine gewohnheitsrechtliche Pflicht zum Schutz des einem Staatsgebiet zugeordneten Umweltsektors in seiner Gesamtheit[30] besteht jedoch nicht, wäre im Übrigen aufgrund des hohen Abstraktionsgrades einer solchen Pflicht ohne steuernde Kraft[31]. Auch speziell der Landverbrauch und die Herbeiführung nachteiliger Folgen für Natur, Tier- und Pflanzenwelt auf eigenem Staatsgebiet sind nicht allgemein völkerrechtlich verboten. Schutzvorgaben und Verbote in diesen Bereichen ergeben sich im Einzelnen aus völkerrechtlichen Verträgen, wie zB der Konvention über die biologische Vielfalt[32]. Die Folgen des Parkprojekts lassen es nicht ausgeschlossen erscheinen, das Verhalten Arkadiens als Verstoß gegen die in der genannten Konvention und möglicherweise auch gegen weitere in dem Umweltschutz verpflichteten Verträgen enthaltene allgemeine Zielklauseln anzusehen (vgl Art 1 der Konvention über die biologische Vielfalt, wonach zu deren Zielen die Erhaltung biologischer Vielfalt und die nachhaltige Nutzung ihrer Komponenten gehören). Es ist aber zu beachten, dass diese Vorschriften sich grundsätzlich nicht als subsumtionsfähig für einzelne Fälle der Zielabweichung darstellen, sondern über ihre Funktion als Auslegungshilfe hinaus allenfalls geeignet sein können, systematische Zuwiderhandlungen als völkerrechtswidrig auszuweisen. Im Übrigen bemisst sich der Pflichtenkreis der Vertragsstaaten nach Einzelbestimmungen. Anhaltspunkte dafür, dass gegen konkrete vertragliche Verpflichtungen zum Schutz bestimmter Arten oder auch zur Erhaltung wertvoller Landschaftsgebiete verstoßen würde, bietet der Sachverhalt nicht.

Anderes könnte aber für die Gewässerverschmutzungen gelten. Allgemein und mit Tradition ist der völkerrechtliche Gewässerschutz intensiver

---

30 Vgl aber *A. Kiss*, Droit international de l'environment, 1981, 93.
31 Zum bestehenden Gewohnheitsrecht im Umweltbereich s *Heintschel von Heinegg*, in: Ipsen, VR, § 58, insb Rn 31, wo er betont, dass sich über das Verbot grenzüberschreitender Umweltbeeinträchtigungen hinaus keine bereits zu Völkergewohnheitsrecht verfestigten Regeln feststellen lassen.
32 V 5.6.1992, BGBl 1993 II, 1742 = *G. Hoog/A. Steinmetz*, International Conventions on Protection of Humanity and Environment, 1993; vgl. dazu *Heintschel von Heinegg*, in: Ipsen, VR, § 57 Rn 84–86; *Graf Vitzthum*, in: ders, VR, Rn V 166. Im Rahmen der Konvention über die biologische Vielfalt wurde am 29.01.2000 das Cartagena-Protokoll verabschiedet (ILM 39 [2002] 1027). Am 11.09.2003 in Kraft getreten, ist es das erste Übereinkommen über den grenzüberschreitenden Transport, die Handhabung und den Umgang mit gentechnisch veränderten Organismen. Es wurde von über 100 Staaten unterzeichnet und von fast 90 ratifiziert (Stand März 2004). Deutschland ist seit dem 18.2.2004 Partei [BGBl II 2003, S 1506].

ausgebildet als andere Teilbereiche des Umweltvölkerrechts[33]. Das gilt einerseits für Gewässer unter internationalem Regime, andererseits für solche, an deren Nutzung mehrere Staaten ein berechtigtes Interesse haben. Da der Sachverhalt aber deutlich macht, dass eine Verschmutzung von Gewässern außerhalb der Staatsgrenzen Arkadiens nicht absehbar ist, bedarf auch dieser Gesichtspunkt nicht der Vertiefung. Ein Staat ist nicht allgemein dazu verpflichtet, die Qualität solcher Gewässer zu wahren, die – als Oberflächengewässer oder Grundwasser – nicht das Staatsgebiet eines anderen Staates erreichen und auch nicht in das Meerwasser gelangen[34].

Danach ist keine Möglichkeit ersichtlich, das von Cleanland beabsichtigte Beschäftigungsverbot zu rechtfertigen.

2. Verletzung von Rechten der cleanländischen Staatsangehörigen

Menschenrechte der betroffenen Cleanländer würde das beabsichtigte Gesetz nicht verletzen. Der IPbpR verbürgt kein Menschenrecht auf eine bestimmte berufliche Betätigung, schon gar nicht im Ausland. Das Recht auf Arbeit ist als „wirtschaftliches" Menschenrecht zwar durch Art 6 des Internationalen Paktes über wirtschaftliche, soziale und kulturellen Rechte v 19.12.1966 verbürgt[35], doch ist diese Norm im Wesentlichen programmatisch angelegt[36]. Sie wird nicht dadurch verletzt, dass jemandem verboten wird, in einer bestimmten ausländischen Unternehmung mitzuwirken.

III. Das Ausreiseverbot

Das allgemeine Völkerrecht gibt den Staaten, hier Arkadien, keinen Anspruch dagegen, dass andere Staaten, hier Cleanland, ihre ausreisewilligen Staatsangehörigen am Zuzug hindern. Das liegt auch nicht etwa deswegen hier anders, weil mangels aus Cleanland zu rekrutierendem Personal das auf cleanländische Touristen zugeschnittene Parkprojekt nicht in der beabsichtigten Weise zu realisieren ist und also im Ergebnis die dortige Wirtschafts-

---

[33] Vgl *Graf Vitzthum,* in: ders, VR, Rn V 188 ff sowie die Nachw bei Fall 9, S 120 in Fn 16.
[34] S dazu etwa *Heintschel v. Heinegg,* in: Ipsen, VR, § 57 Rn 1 ff; zu neueren Entwicklungen *Brunnée/Toope,* Environmental Security and Freshwater Resources: Ecosystem Regime Building, AJIL 91 (1997), 26 ff.
[35] *Randelzhofer* Nr 20 = *Sartorius* II Nr 21.
[36] S *Ipsen* in: ders, VR, § 48 Rn 44.

und Infrastrukturplanung beeinträchtigt wird. Derartige „Chancen und Hoffnungen" als solche schützt das allgemeine Völkerrecht nicht.

Nach Art 12 Abs 2 IPbpR hat jeder Cleanländer das Recht, sein Land zu verlassen. Gesetzliche Einschränkungen dieses Rechts müssten gem Art 12 Abs 3 des Paktes der Umsetzung der dort genannten Schutzgüter dienen. Dies sind sämtlich inländische Schutzgüter. Cleanland geht es aber letztlich um den Schutz der arkadischen Umwelt. Zu beachten ist dabei allerdings, dass über das Schutzgut der öffentlichen Ordnung auch die (hier: cleanländische) Strafrechtsordnung erfasst ist. Soweit das nationale Strafrecht ausländischen Rechtsgütern dienen darf, kommt also der Sache nach eine Beschränkung der Ausreisefreiheit in Betracht. Eine solche Verknüpfbarkeit ist hier allerdings nicht ersichtlich. Im Übrigen sind an die Rechtfertigung von Eingriffen in die Ausreisefreiheit grundsätzlich strenge Anforderungen zu stellen[37]. Die Missbilligung aus dem Handeln von Staatsangehörigen im Ausland mittelbar erwachsender Umweltfolgen rechtfertigt ein Ausreiseverbot nicht.

Der festgestellte Menschenrechtsverstoß ist zugleich eine Verletzung der vertraglichen Rechte aller Mitgliedsstaaten des Paktes, damit auch Arkadiens.

IV. Ergebnis

Das beabsichtigte Importverbot wäre zwar mit allgemeinem Völkerrecht vereinbar, verstieße aber gegen die Verpflichtungen Cleanlands aus dem GATT. Das Verbot an Cleanländer, in Arkadien bestimmten Betätigungen nachzugehen, verletzt zwar keine völkerrechtlichen Rechtspositionen der Betroffenen, wohl aber die Souveränität Arkadiens. Für ein Ausreiseverbot gilt das umgekehrte Ergebnis.

---

37 Vgl *R. Hofmann*, Die Ausreisefreiheit nach Völkerrecht und staatlichem Recht, 1988, 44; *Uerpmann*, Die Ausreise von DDR-Bürgern aus Ungarn in völkerrechtlicher Sicht, Jura 1990, 12 (15); *Hailbronner*, in: Graf Vitzthum: VR, Rn III 273.

Fall 13: Die Ix-Indianer

Sachverhalt

In dem südamerikanischen Staat Solidar lebt auf einem Gebiet nahe der Grenze zum Nachbarstaat Nu das Volk der Vario, das sich ethnisch und kulturell von anderen Teilen der Bevölkerung deutlich absetzt. Es gehört zur Gruppe der Ix-Indianer, die über ganz Südamerika verteilt sind. In den Urwäldern des Siedlungsgebiets der Vario ist ein Baum heimisch, mit dessen Nutzung und Bestand deren Lebensweise wirtschaftlich und kulturell aufs engste verbunden ist. Zum Zwecke der Devisenerwirtschaftung forciert die Regierung von Solidar die Abholzung dieses Baumes. Dadurch geraten die Vario in wirtschaftliche Bedrängnis.

Als sich Widerstand gegen die Abholzung formiert, beginnt die solidarische Regierung mit einer massiven militärischen Repression, die unter den Vario zahlreiche Todesopfer fordert. Mit den Truppen wird die Cholera in das Gebiet eingeschleppt. Die Krankheit ist zwar bei hinreichender medizinischer Hilfeleistung kontrollierbar. Auch betreibt die Regierung ein Sonderprogramm zur Bekämpfung der Cholera in Solidar. Die Vario-Region nimmt sie von diesem Programm indessen ebenso aus wie von der Verteilung lebensnotwendiger Medikamente aus internationalen Hilfslieferungen, die nach Solidar erfolgt sind. In dieser Lage sehen die Vario nach Einschätzung internationaler Beobachter und zahlreicher Menschenrechtsorganisationen ihrem Untergang entgegen, sofern sie das von ihnen besiedelte Gebiet nicht sogleich verlassen, was im Übrigen angesichts der Infrastruktur schwierig wäre.

Die Staatengemeinschaft ist uneins über ein Vorgehen. Die südamerikanischen Staaten Nu und Ix möchten schnellstmöglich und ohne weiteres gemeinsam eine kleine, aber schlagkräftige militärische Eingreiftruppe nahe der Grenze in Nu stationieren, die zum Einsatz kommen soll, wenn Solidar sein Verhalten nicht ändert. Portugal, die frühere Kolonialmacht, setzt in Reaktion auf die Unterdrückung der Vario bilaterale völkervertragliche Abmachungen mit Solidar über einen Schuldenerlass aus. Arkadien möchte erreichen, dass der Internationale Gerichtshof gegenüber Solidar vorsorgliche Maßnahmen zum Schutz der Vario trifft.

Beurteilen Sie die Erfolgsaussichten des arkadischen Vorgehens und die Völkerrechtmäßigkeit der Maßnahme Portugals sowie der geplanten Maßnahmen von Nu und Ix.

Fall 13: Die Ix-Indianer

Bearbeitervermerk: Alle in dem Fall genannten Staaten sind Mitglieder der Vereinten Nationen. Außer Portugal und Ix sind sie auch Vertragsstaaten der Konvention über Verhütung und Bestrafung des Völkermordes vom 9.12.1948. Solidar hat, anders als Arkadien, eine Erklärung nach Art 36 Abs 2 IGH-Statut abgegeben. Sofern weitere multilaterale Verträge für die Lösung ergiebig sein sollten, kann von ihrer Geltung für sämtliche beteiligten Staaten ausgegangen werden.

Lösung

I. Vorsorgliche Maßnahmen des IGH

Nach Art 41 Abs 1 IGH-Statut[1] ist der Gerichtshof befugt, vorsorgliche Maßnahmen zu bezeichnen, die zur Sicherung der Rechte der Parteien getroffen werden müssen. Arkadien möchte beantragen, dass der IGH von dieser Befugnis Gebrauch macht. Ein entsprechender Antrag hat Erfolg, wenn er zulässig und begründet ist.

1. Zulässigkeit eines Antrages Arkadiens

a) Parteifähigkeit

Als Staat ist es nach Art 34 Abs 1 IGH-Statut berechtigt, als Partei vor dem Gerichtshof aufzutreten. Auch Solidar, demgegenüber die Maßnahmen zu ergreifen wären, ist parteifähig. Als Mitgliedern der Vereinten Nationen steht beiden Staaten der Zugang zum IGH ohne weiteres offen (vgl Art 93 Abs 1 CVN, Art 35 Abs 1 IGH-Statut)[2].

b) Zuständigkeit

Fraglich ist, ob der IGH für den Konflikt zuständig ist. Es ist nicht eindeutig, ob im Rahmen des Art 41 IGH-Statut die Zuständigkeit des Gerichtshofs feststehen muss. Dessen neuere Rechtsprechung lässt die Auffassung erkennen, dass jedenfalls eine gewisse Wahrscheinlichkeit für die Zuständigkeit in der Hauptsache Voraussetzung von Maßnahmen nach Art 41

---

1 *Randelzhofer* Nr 35 = *Sartorius* II Nr 2 = *Tomuschat* Nr 31.
2 Zu heute eher theoretischen Frage des Zugangs anderer Staaten s *Schröder*, in: Graf Vitzthum, VR, Rn VII 87.

IGH-Statut sein soll³. Die Frage müsste abschließend nur entschieden werden, wenn der IGH nicht jedenfalls unzuständig ist.

Art 36 IGH-Statut kann entnommen werden, dass die Zuständigkeit des Gerichtshofs auf vier verschiedene Arten begründet werden kann⁴. So können die Staaten die Zuständigkeit des Gerichtshofs für einen zwischen ihnen schwebenden Streit *ad hoc* vereinbaren. Dazu kann Arkadien Solidar nicht zwingen. Möglich ist des Weiteren, dass Arkadien sich an den IGH wendet und Solidar später seine Zustimmung zum Verfahren erteilt, sei es ausdrücklich, sei es stillschweigend (sog. *forum prorogatum*). Auch insoweit käme es also auf eine entsprechende Willensäußerung an. In Betracht kommt ferner eine Zuständigkeitsbegründung über Art 36 Abs 2 IGH-Statut, denn Solidar hat eine Unterwerfungserklärung abgegeben, die dieser Fakultativklausel entspricht. Indes hat Arkadien eine entsprechende Verpflichtung nicht übernommen, so dass keine Zuständigkeit des IGH aus der von Solidar abgegebenen Erklärung folgen kann⁵.

Es bleibt die Möglichkeit, dass sich eine sog kompromissarische Klausel findet, also die Vereinbarung der Zuständigkeit des IGH in einem Vertrag, welcher beide Staaten bindet. Insofern ist an die Völkermordkonvention von 1948⁶ zu denken, die sowohl Solidar als auch Arkadien verpflichtet. Ihr Art IX sieht die Zuständigkeit des IGH für Streitfälle zwischen den Vertragsparteien hinsichtlich der Auslegung, Anwendung oder Durchführung der Konvention vor einschließlich solcher, die sich auf die Verantwortlichkeiten eines Staates für Völkermord oder eine andere der in Art III der Konvention genannten Handlungen beziehen. Erforderlich ist also ein Streit zwischen Arkadien und Solidar darüber, ob Solidar gegen die Völkermord-

---

3 IGH, ICJ Rep 1993, 3 (12f), Rn 14 – Application of the Genocid Convention, Bosnia and Herzegovina v Yogoslavia; dazu *Oellers-Frahm*, Anmerkungen zur einstweiligen Anordnung des Internationalen Gerichtshofs im Fall *Bosnien-Herzegowina gegen Jugoslawien (Serbien und Montenegro)* vom 8. April 1993, ZaöRV 53 (1993), 638 (642); s a *Mosler*, in: Simma ua, Charta der VN, Art 92 Rn 125; *Fischer*, in: Ipsen, VR, § 62 Rn 46; zur Verbindlichkeit vorläufiger Maßnahmen IGH, Urteil v 27. 6. 2001, ILM 2001, 1069 – LaGrand Case (*Deutschland v United States of America*).
4 Dazu allgem *Fischer*, in: Ipsen, VR, § 62 Rn 44f; *Mosler*, in: Simma ua, Charta der VN, Art 92 Rn 71 ff.
5 Maßgeblich ist insofern der Zeitpunkt der Klageerhebung, so dass kein Anlass für Überlegungen ist, ob Arkadien eine korrespondierende Erklärung nachholen kann oder will. S dazu IGH, ICJ Rep 1984, 392, 419f – Military and paramilitary activities in and against Nicaragua.
6 BGBl 1954 II, 730 = *Randelzhofer* Nr 15 = *Sartorius* II Nr 48 – *Tomuschat* Nr 12.

Fall 13: Die Ix-Indianer

konvention verstoßen hat[7]. Das setzt zunächst voraus, dass Arkadien eine Verletzung der Völkermordkonvention durch Solidar ernsthaft behauptet. Wäre die Behauptung lediglich vorgeschoben, während es Arkadien tatsächlich um anderes ginge, würde es an einem Streit über die Konvention fehlen. Nach dem Sachverhalt ist aber nicht ersichtlich, dass sich Arkadien nur zum Schein auf die Völkermordkonvention berufen könnte. Ob ein behaupteter Konventionsverstoß hingegen tatsächlich besteht, ist für die Zulässigkeit des Antrages auf vorläufige Maßnahmen unerheblich[8].

Fraglich bleibt aber, ob Arkadien „eine der an dem Streitfall beteiligten Parteien" isd Art IX der Völkermordkonvention ist. Es wäre denkbar, dass damit nur ein Kreis von Vertragsparteien angesprochen ist, die über ihre Mitgliedschaft in der Konvention hinaus ein besonderes Interesse an dem Schutz des jeweils bedrohten Volkes geltend machen können. Das könnten solche Staaten sein, die ihrerseits in besonderen Beziehungen zu dem bedrohten Volk stehen, speziell solche, in denen Angehörige dieses Volkes ebenfalls vertreten sind, wie angesichts der Namenswahl nahe liegend der Staat Ix oder vielleicht auch, unter Berücksichtigung der kolonialen Vorgeschichte, Portugal. Ob Arkadien hierzu gehört, lässt der Sachverhalt offen.

Art IX formuliert eine entsprechende Einengung allerdings nicht. Vielmehr ist im ersten Teil der Norm ganz allgemein von Streitfällen zwischen den Vertragsschließenden Parteien die Rede. Das zeigt, dass eine „Beteiligung" an einem Streitfall schon dadurch entsteht, dass sich ein Vertragsstaat des Anliegens des möglicherweise in seiner Existenz bedrohten Volkes annimmt. Diese weite Auslegung entspricht zugleich dem Schutzzweck der Konvention. Hinzu kommt, dass auch unabhängig von der Konvention mittlerweile anerkannt ist, dass jeder Staat von jedem anderen Staat die Unterlassung von Völkermord rechtlich einfordern kann[9].

Soweit es um mögliche Verstöße Solidars gegen die Völkermordkonvention geht, ist also eine Zuständigkeit des IGH in der Hauptsache begründet.

---

[7] S a Fall 14, S 189 zum Begriff der Rechtsstreitigkeiten in Art 36 Abs 2 IGH-Statut.
[8] S a u bei Fn 14 zu entspr Erwägungen in der Begründetheit.
[9] Vgl *Verdross/Simma*, VR, § 1263; zur sog *erga omnes* Wirkung ua des Völkermordverbotes IGH, ICJ Rep 1970, 3 (32) – Barcelona Traction, Light and Power Co. (Belgium v. Spain) und dazu wiederum *Schröder*, in: Graf Vitzthum, VR, Rn VII 16–18 mwN; *Heintschel von Heinegg*, in: Ipsen, VR, § 15 Rn 55 ff.

c) Zwischenergebnis

Ein Antrag Arkadiens auf vorsorgliche Maßnahmen ist zulässig.

2. Begründetheit

Der Antrag ist begründet, wenn ohne vorsorgliche Maßnahmen die ernsthafte Gefahr von Völkermord besteht und damit ein irreparabler Schaden droht. Dafür muss der IGH nicht entscheiden, ob Solidar in der Vergangenheit tatsächlich gegen die Völkermordkonvention verstoßen hat. Diese Prüfung bleibt der Entscheidung in der Hauptsache vorbehalten[10]. Allerdings werden vorsorgliche Maßnahmen insbesondere dann erforderlich sein, wenn eine vorläufige Würdigung der Tatsachen ergibt, dass in Solidar gegenwärtig Tatbestände des Völkermords erfüllt werden.

Dafür müsste es sich bei den Vario zunächst um eine „nationale, ethnische, rassische oder religiöse Gruppe" handeln (vgl Art II der Konvention). Nach dem Sachverhalt unterscheidet sich diese Gruppe ethnisch und kulturell deutlich von anderen Teilen der solidarischen Bevölkerung. Dass der Sachverhalt die Vario als Teil der „Gruppe der Ix-Indianer" anspricht, die im Übrigen auch in anderen Staaten Südamerikas ansässig sind, steht nicht entgegen. Selbst wenn sich von den Ix-Indianern insgesamt als Volk sprechen ließe: Art II der Völkermordkonvention schützt ausdrücklich auch vor der „teilweisen" Zerstörung einer Gruppe.

Das Verhalten von Solidar unterfällt des Weiteren mindestens Art II Buchst b (Verursachung von schwerem körperlichen Schaden) und erfüllt damit die Definition des Völkermordes. Hinzu tritt, dass bereits der Versuch, Völkermord zu begehen, gem Art III Buchst d von der Konvention erfasst wird. Es bedarf angesichts dieses Zwischenergebnisses keiner Prüfung, ob – über das Verhalten von Solidar nach der Cholera-Ausbreitung hinaus – auch die Beeinträchtigung der wirtschaftlichen und kulturellen Existenz der Vario durch die Abholzungsmaßnahmen als Völkermord oder jedenfalls Vorstufe dazu qualifiziert werden kann[11].

---

10 Vgl IGH, ICJ Rep 1993, 3 (23), Rn 45f; *Mosler*, in: Simma ua, Charta der VN, Art 92 Rn 125.
11 Jedenfalls in einer Klausur erscheint diese Beschränkung zulässig, sofern zumindest – wie im Text – das Problem bezeichnet wird; zu den für eine Würdigung des genannten Verhaltens geltenden Maßstäben s *Jescheck*, Genocide, EPIL II (1995), 541f; ausf zu Fragen des Völkermords *W. Schabas*, Genocide in international law: the crimes of crimes, 2002.

Gem Art I der Konvention sind die Vertragsparteien verpflichtet, Völkermord zu verhüten und zu bestrafen. Hinsichtlich der in Art III neben den (begangenen) Völkermord gestellten weiteren Handlungen, hier also des Versuchs, Völkermord zu begehen, verpflichtet die Konvention allein zur Bestrafung. Arkadien und Solidar würden vor dem IGH sicher nicht in erster Linie über den Stand des Strafrechts in Solidar oder dessen Vollzug streiten, sondern über die rechtliche Würdigung des Gesamtverhaltens dieses Staates, das im Ergebnis den Untergang der Vario herbeizuführen droht. Dem Zusammenspiel der Art I bis III kann aber entnommen werden, dass die Konvention auch und gerade den Staaten die Rechtspflicht auferlegt, durch ihre Organe keinen Völkermord und die ihm gleichgestellten Handlungen zu begehen.

Findet demnach in Solidar gegenwärtig ein Völkermord statt, also eine schwerste Menschenrechtsverletzung, die die Präambel der Völkermordkonvention als eine „verabscheuungswürdige Geißel" qualifiziert[12], sind die Voraussetzungen erfüllt, unter denen der IGH vorsorgliche Maßnahmen anordnen kann. Bei der Wahl der geeigneten Maßnahmen unterliegt er nach Art 75 Abs 2 seiner Verfahrensordnung[13] keiner Bindung an etwaige Anträge[14].

II. Das Verhalten Portugals

Portugal[15] hat einen bilateralen völkerrechtlichen Vertrag mit Solidar ausgesetzt, also suspendiert. Art 60 Abs 1 WVK regelt dies allein für den Fall, dass die Suspendierung auf der Verletzung dieses Vertrages durch die andere Vertragspartei beruht[16]. Derartiges kann Solidar nicht vorgehalten werden. Es liegt somit ein Verstoß gegen den Grundsatz *pacta sunt servanda* vor.

12 S a die emphatische Formulierung in ICJ Rep 1993, 3 (24), Rn 49.
13 *Sartorius* II Nr 3.
14 S a IGH, ICJ Rep 1993, 3 (23), Rn 46; *Oellers-Frahm*, Interim Measures of Protection, EPIL II (1995), 1027.
15 Portugal steht Arkadien gegenüber wie jeder andere Staat. Der Umstand, dass Arkadien *früher* eine portugiesische Kolonie war, erweitert *heute* die Rechtsstellung Portugals gegenüber Arkadien nicht.
16 Für die Prüfung weiterer Suspendierungsgründe – etwa Art 57 WVK – oder auch die Annahme des Wegfalls der Geschäftsgrundlage – Art 62 WVK – gibt der Sachverhalt nichts her, da er keine Informationen über die „vertraglichen Abmachungen" zum Schuldenerlass enthält; auch beruft sich Portugal nicht hierauf. Eine Prüfung bliebe daher spekulativ. Zu den Gründen für den Wegfall einer Vertragsbindung s statt vieler *Heintschel von Heinegg*, in: Ipsen, VR, § 15.

Die in der Aussetzung des Vertrages über den Schuldenerlass liegende Rechtsverletzung könnte aber als Gegenmaßnahme iSv Art 22, 49 ff ILC-Entwurf[17] gerechtfertigt sein. Dann müsste das Verhalten gegenüber den Vario Rechte Portugals verletzen. Auf einen Verstoß gegen die Völkermordkonvention (s o) kann sich Portugal, das nicht Vertragsstaat dieser Konvention ist, nicht berufen. Es wurde in-des schon festgestellt, dass auch ein gewohnheitsrechtliches Verbot des Völkermords besteht[18]. Die hieraus folgenden Verpflichtungen gelten „*erga omnes*", also (jedenfalls) im Verhältnis aller Staaten zueinander. Angesichts dessen mag offen bleiben, ob Solidar zugleich Verbürgungen der Internationalen Pakte von 1966 zum Schutz der Menschenrechte verletzt hat und was daraus für das bilaterale Rechtsverhältnis folgt.

Dass Solidar Portugal gegenüber verpflichtet ist, Völkermord zu unterlassen, muss aber nicht notwendigerweise die Berechtigung Portugals zur Ergreifung einer Gegenmaßnahme hervorbringen. Es wäre denkbar, dass dieser Art bilateraler Durchsetzung gegenüber ein Vorrang kollektiver Durchsetzungsmechanismen besteht, der ein einseitiges Vorgehen eines Staates ausschließt. Ein derartiger Vorrang wird teilweise im Bereich der völkerrechtlichen Mechanismen zum Schutz der Menschenrechte angenommen[19]. Er besteht aber jedenfalls hinsichtlich des gewohnheitsrechtlichen Verbots des Völkermordes nicht für solche Maßnahmen, die unterhalb der Schwelle des Gewaltverbots verbleiben.

Sonstige Bedenken gegenüber der Rechtmäßigkeit der Gegenmaßnahme, eine vorangegangene „Abmahnung" unterstellt[20], bestehen nicht. Das Verhalten Portugals ist zulässig.

III. Die von Nu und Ix geplanten Maßnahmen

a) Normverstoß

Das Verhalten von Nu und Ix könnte gegen das Gewaltverbot in Art 2 Abs 4 CVN verstoßen. Zu unterscheiden ist hierbei die Zusammenstellung und Stationierung der Eingreiftruppe von deren potentiellem Einsatz. Soweit

17 S allgem o Einl, S 22 ff; zum Verhältnis des Rechts der Gegenmaßnahme zu Art 60 WVK s Fall 2, S 47.
18 S o bei und in Fn 9. – Wer dies in Teil I nicht angesprochen hat, müsste es an dieser Stelle erörtern.
19 S dazu o Fall 9, S 128 f sowie allgem *Frowein*, Die Verpflichtungen erga omnes im Völkerrecht und ihre Durchsetzung, FS Mosler, 1983, 241, 258 f; *Schröder*, in: *Graf Vitzthum*, VR, Rn VII 113; *Herdegen*, VR, § 39, Rn 4.
20 Vgl erneut o Einl, S 23.

Fall 13: Die Ix-Indianer

die Streitkräfte von Ix sich auf dem Staatsgebiet von Nu aufhalten und dies mit dessen Zustimmung, wird jedenfalls keine Gewalt angewendet.

Die Stationierung gerade in unmittelbarer Grenznähe könnte sich allerdings als unzulässige Androhung von Gewalt iS des Art 2 Nr 4 CVN darstellen. Diese Annahme setzt voraus, dass auch der angekündigte Einsatz der Truppen gegen das Gewaltverbot verstoßen würde[21]. Das Eindringen militärischer Gruppen in fremdes Staatsgebiet ist der klassische Fall eines Verstoßes gegen das Gewaltverbot. Somit stellt auch die Androhung eines solches Verhaltens eine Verletzung des Gewaltverbots dar.

b) Rechtfertigung

Eine Rechtfertigung des Verhaltens von Nu und Ix nach Art 51 CVN scheidet aus, weil von dem solidarischen Verhalten keine Bedrohung anderer Staaten im Sinne eines bewaffneten Angriffs[22] ausgeht. Auch eine Ermächtigung des Sicherheitsrats zur Ausübung von Gewalt nach Kap VII CVN liegt nicht vor[23], so dass es darauf ankommt, ob ungeschriebenes Völkerrecht hier einen Gewaltakt zu rechtfertigen vermag.

In Betracht kommt hier die seit langem diskutierte humanitäre Intervention.[24] Darunter versteht man die Androhung oder den Einsatz von Ge-

---

21 Vgl IGH, ICJ Rep 1986, 14 (118) – Military and paramilitary Activities in and against Nicaragua (Nicaragua v. USA); allgm zum Tatbestand des Gewaltverbots *Bothe*, in: Graf Vitzthum, VR, Rn VIII 9–17 sowie *Fischer*, in: Ipsen, VR, § 59 Rn 11–20.
22 Zum Verhältnis der Begriffe „Gewalt" in Art 2 Nr 4 CVN und „bewaffneter Angriff" in Art 51 CVN zueinander s *Randelzhofer*, in: Simma ua, Charta der VN, Art 51 Rn 4ff; zu den Voraussetzungen eines bewaffneten Angriffs s etwas Herdegen, VR, § 34, Rn 12ff.
23 Vgl dazu Fall 6, S 79ff.
24 Nach einer Entschließung des Europäischen Parlaments v 20.4.1994 „muß" das „derzeit geltende Völkerrecht der Anerkennung des Rechts auf humanitäre Intervention nicht im Weg stehen" und „kann" der Schutz der Menschenrechte „humanitäre Interventionen mit oder ohne Einsatz militärischer Gewalt rechtfertigen ..., wenn alle anderen Mittel versagt haben", s BT-Drucks 12/7513. Das Europäische Parlament hat an dieser Stelle auch Kriterien entwickelt, die im Zusammenhang mit humanitären Interventionen zu beachten sind. Abgedruckt bei *Herdegen*, VR, § 34, Rn 29. Überbl zum Meinungsstand mit der Unterscheidung verschiedener Konstellationen bei *Bothe*, in: Graf Vitzthum, VR, Rn VIII 22 mit ausführlichen Nachweisen, insbesondere auch zur Intervention der NATO-Staaten im Kosovo 1999; *Cassese*, A Follow-Up: Forcible Humanitarian Countermeasures and Opinio Necessitatis, EJIL 10 (1999), 791f; *M. Wellhausen*, Humanitäre Intervention: Probleme der Anerkennung des Rechtsinstituts unter besonderer Berücksichtigung des Kosovo-Konflikts, 2002.

walt gegenüber einem Staat zum Schutz einer von diesem bedrohten Bevölkerungsgruppe durch andere Staaten.[25] Vor allem für Fälle, bei denen – wie hier – offenbar planmäßig eine bestimmte Bevölkerungsgruppe existentiell bedroht ist, wird immer wieder die Notwendigkeit betont, einseitiges Einschreiten als *ultima ratio* zuzulassen. Andererseits ist die Missbrauchsgefahr offenkundig, solange keine normative Eingrenzung eines derartigen Eingriffstatbestandes gelingt. Die Staatenpraxis bleibt insoweit unsicher. Soweit vor der Gründung der Vereinten Nationen ein Recht auf humanitäre Intervention anerkannt gewesen sein sollte, hat es jedenfalls in deren Satzung keinen Widerhall gefunden. Diese begrenzt die Rechtfertigung zwischenstaatlicher Gewalt auf die Inanspruchnahme von Art 51 CVN bzw verlangt die Legitimation durch den Sicherheitsrat. Es müsste sich also erst späterhin und im Rahmen der Satzung durch Staatenpraxis eine Ermächtigung zu einseitiger Aktion zusätzlich herausgebildet haben. Zwar hat es in der Vergangenheit staatliche Maßnahmen gegeben, die ein Eingreifen im Sinne einer humanitären Intervention darstellen könnten. Allerdings haben die Staaten zur Rechtfertigung ihres Handelns bisher überwiegend nicht entscheidend auf die humanitäre Intervention abgestellt, sondern andere Rechtfertigungswege gesucht. Dies spricht gegen die Herausbildung einer von einer Rechtsüberzeugung getragenen Staatenpraxis, wie sie für die Entstehung von Völkergewohnheitsrecht Voraussetzung ist.[26] Unabhängig davon ist für den vorliegenden Fall zu berücksichtigen, dass friedliche Mittel zum Schutz der Vario nicht ausgeschöpft scheinen, eine humanitäre In-

---

25 *Herdegen*, VR, § 34, Rn 26. Von der humanitären Intervention zu unterscheiden ist der Einsatz von Gewalt zum Schutz eigener Staatsangehöriger. S dazu etwa *Herdegen*, VR, § 34, Rn 21 f; *Bothe*, in: Graf Vitzthum, VR, Rn VIII 21 mwN. Dieser Rechtfertigungsgrund wird insbesondere im Zusammenhang mit Geiselnahmen im Ausland diskutiert, wenn der jeweilige Territorialstaat an deren Befreiung nicht interessiert oder dazu nicht in der Lage ist, wie im Fall des israelischen Eingriffs zur Befreiung von Geiseln im Rahmen einer Flugzeugentführung in Entebbe/Uganda; s dazu *Reinhard*, Die gewaltsame Geiselbefreiung, JuS 1980, 436 ff. Zu den verschiedenen Sichtweisen *Umozurike*, The Israelis in Entebbe – Rescue or Aggression?, VRÜ 12 (1979), 383 ff; *Epping*, Die Evakuierung deutscher Staatsangehöriger im Ausland als neues Kapitel der Bundeswehrgeschichte ohne rechtliche Grundlage?, AöR 124 (1999), 423 ff; *Weinzierl*, Vorlesungsabschlussklausur – Völkerrecht: Geiselbefreiung im Ausland, Jus 2004, 602 ff.
26 *Bothe*, in: Graf Vitzthum, VR, Rn VIII 22; für eine Anerkennung des humanitären Intervention als Ausnahme vom Gewaltverbot *Herdegen*, VR, § 34, Rn 25 ff, der insbesondere auf ein gewandeltes Verständnis infolge des NATO-Einsatzes im Kosovo abstellt.

Fall 13: Die Ix-Indianer

tervention aber – anerkennt man einen entsprechenden Rechtfertigungsgrund – nur als „letztes Mittel" in Betracht kommen kann.

Abgesehen von den Wegen, die Arkadien und Portugal einschlagen: Es besteht die Möglichkeit eines Tätigwerdens des Sicherheitsrates, denn drohender Völkermord stellt sich als Bedrohung des Friedens und der internationalen Sicherheit iS von Art 39 CVN dar[27].

Angesichts des insoweit abschließenden Charakters des UNO-Systems kommt auch nicht in Betracht, unter Inanspruchnahme eines allgemeinen Rechtsgrundsatzes der Nothilfe ein Einschreiten zu rechtfertigen[28].

Nu und Ix dürften also nicht in Solidar intervenieren. Nach den eingangs getroffenen Feststellungen stellt sich danach auch die Stationierung der Truppen in Grenznähe als von Art 2 Nr 4 CVN bereits verbotene Gewaltandrohung dar[29].

---

27 Vgl zum Tatbestand des Art 39 CVN Fall 6, S 80.
28 ZB erwogen bei *Doehring*, Diskussionsbeitrag, in: BerDGVR 33 (1993), 277 ff; Überlegungen zur „Verwirkung" des Schutzes des Gewaltverbots im Einzelfall bei *Tomuschat*, Gewalt und Gewaltverbot als Bestimmungsfaktoren der Weltordnung, EA 36 (1981), 325 (332); dazu auch *Kokott*, Mißbrauch und Verwirkung von Souveränitätsrechten, in: FS Bernhardt, 1995, 135 (149f); zum Ganzen auch *Kimminich*, Der Mythos der humanitären Intervention, AVR 33 (1995), 430 ff u die Nachw bei *Hobe/Kimminich*, Einf, 331 ff sowie 339 ff.
29 Es sei nicht verschwiegen, dass diese Rechtslage insges vor allem deshalb als unbefriedigend erscheint, weil bedrohten Bevölkerungsgruppen kein Anspruch auf ein Einschreiten des Sicherheitrats zusteht – wofür dieser im Übrigen faktisch nicht gerüstet (sondern auf die Interventionsbereitschaft von Staaten angewiesen) ist.

Fall 14: Der Streit um die Vautourinseln

Sachverhalt

Die Vautourinseln sind kaum besiedelt und wirtschaftlich wenig attraktiv. Sie gehörten bis Mitte des 19. Jahrhunderts zu Alien und wurden dann von Belland erobert. 1985 gelang Alien in einer militärischen Blitzaktion die Besetzung der Vautourinseln. Offiziell verkündete es die „Wiederherstellung der rechtmäßigen Herrschaft über die Inseln." Belland protestierte hiergegen. Auch andere Staaten rügten das Vorgehen Aliens.

Daraufhin stellte die Fischfangflotte Tertiens, die bis 1985 in den Gewässern vor den Inseln gefischt hatte, ihre Fänge in dieser Region ein. 2004 schließt Tertien auf Drängen seiner Fischer mit Alien ein Abkommen über den Fischfang in der ausschließlichen Wirtschaftszone um die Inseln. Belland hält dies für völkerrechtswidrig.

Die drei Staaten sind Mitglieder der Vereinten Nationen und Vertragsparteien des Seerechtsübereinkommens von 1982 (SRÜ). Belland und Tertien haben in den fünfziger Jahren die Zuständigkeit des Internationalen Gerichtshofs (IGH) allgemein anerkannt. Bei der Ratifikation des Seerechtsübereinkommens hat Tertien nach dessen Art 287 den Internationalen Seegerichtshof als Streitschlichtungsmittel gewählt.

2005 erhebt Belland vor dem IGH Klage gegen Tertien mit dem Antrag festzustellen, dass Tertien durch den Abschluss eines Abkommens über den Fischfang in der ausschließlichen Wirtschaftszone um die Vautourinseln im Jahre 2004, bei dem Belland nicht Vertragspartei sei, Hoheitsrechte Bellands bezüglich der Vautourinseln verletzt habe. Tertien hält die Klage für unzulässig. Es fehle bereits an einer Streitigkeit im Sinne von Art 36 IGH-Statut, da Tertien die Souveränität Bellands über die Inseln anerkenne. Ein Streit bestehe nur zwischen Belland und Alien. Tertien gehe es demgegenüber ausschließlich darum, die wirtschaftliche Existenz seiner Fischer zu sichern. In Wahrheit wolle Belland die Rechtswidrigkeit der Inselbesetzung durch Alien feststellen lassen. Darüber dürfe der IGH jedoch nicht entscheiden, weil Alien die Zuständigkeit des IGH nicht anerkannt habe. Im Übrigen gehe es um die Auslegung und Anwendung von Art 62 Abs 2 SRÜ. Dafür sei Art 287 SRÜ lex specialis zu Art 36 IGH-Statut. Nach dem SRÜ sei eine Zuständigkeit des IGH aber nicht begründet.

Durfte Tertien das Abkommen mit Alien schließen? Wie wird der IGH entscheiden?

Lösung
A. Zulässigkeit des Vertragsschlusses

Durch den Vertragsschluss mit Alien könnte Tertien Hoheitsrechte Bellands verletzt haben. Die staatliche Souveränität umfasst das grundsätzliche Recht, andere Staaten und Private von der Nutzung des eigenen Hoheitsgebietes auszuschließen. Entsprechend steht es nur dem jeweiligen Staat zu, Vereinbarungen über die Nutzung von Gebieten zu treffen, die seiner Hoheitsgewalt unterstehen. Das gilt für das Staatsgebiet, aber auch für andere Gebiete, die seiner territorialen Hoheit unterstehen. Nach Art 55 SRÜ ist die ausschließliche Wirtschaftszone ein solches Gebiet, in dem der Küstenstaat Hoheitsbefugnisse besitzt. Art 62 Abs 2 S 2 SRÜ bestätigt das ausschließliche Recht des Küstenstaates, anderen Staaten durch Abkommen den Fischfang in seiner ausschließlichen Wirtschaftszone zu gestatten.

Das Abkommen Tertiens mit Alien ist daher nur dann mit dem Völkerrecht vereinbar, wenn Alien als Küstenstaat Inhaber der ausschließlichen Wirtschaftszone um die Vautourinseln ist, nicht aber dann, wenn allein Belland eine solche Zone und die damit verbundenen Hoheitsbefugnisse in Anspruch nehmen könnte. Alien ist Küstenstaat, wenn die Vautourinseln zu seinem Staatsgebiet gehören[1]. Bis Mitte des 19. Jahrhunderts war das der Fall. Mit der Eroberung könnte dann Belland die territoriale Souveränität über die Inseln erworben haben. Als Gebietserwerbstitel kommt eine Annexion[2] in Betracht. Zwar kennt das gegenwärtige Völkerrecht ein umfassendes Annexionsverbot als Konsequenz des völkerrechtlichen Gewaltverbots[3]. Ein Kriegsverbot hat sich im Völkerrecht aber erst in der ersten Hälfte des 20. Jahrhunderts entwickelt[4]. Die Ausdehnung zum allgemeinen Gewaltverbot vollzog dann Art 2 Nr 4 CVN[5]. Damit fehlte bis zum ersten Weltkrieg jede Grundlage für ein Annexionsverbot. Allgemeine Geltung konnte es erst nach dem zweiten Weltkrieg erlangen[6]. Die Wirksamkeit früherer

---

1 Ist, wie hier, die Frage nach der Zugehörigkeit eines bestimmten Gebietes zu beantworten, ist ein historischer Aufbau zwingend. Mögliche Gebietsübergänge sind in chronologischer Reihenfolge zu prüfen.
2 Dazu allgem *Dahm/Delbrück/Wolfrum*, VR I/1, § 55 (S 355 ff); *Epping/Gloria*, in: Ipsen, VR, § 23 Rn 37–49; *Hailbronner*, in: Graf Vitzthum, VR III 130.
3 *Dahm/Delbrück/Wolfrum*, VR I/1, § 55 III 3 (S 359 f); *Hobe/Kimminich*, Einf, S 85.
4 *Randelzhofer*, in: Simma ua, Charta der VN, Art 2 Ziff 4 Rn 3 ff.
5 *Bruha*, Gewaltverbot, in: Wolfrum, HdbVN, 234 (235), Rn 6.
6 *Epping/Gloria*, in: Ipsen, VR, § 23 Rn 43.

Annexionen wird dadurch nicht beeinträchtigt. Belland hat die Inseln mithin im 19. Jahrhundert rechtsgültig erworben. Hingegen war die Rückeroberung der Inseln durch Alien nicht geeignet, diese wieder im Rechtssinne dem Staatsgebiet Aliens einzuverleiben, da die Annexion 1985 kein gültiger Gebietserwerbstitel mehr war. Eine Veränderung der Rechtslage durch das Verhalten Bellands oder auch aufgrund des Grundsatzes der Effektivität kommt nach dem Sachverhalt nicht in Betracht; Belland hat gegen die Annexion protestiert; eine rechtserhebliche „Anpassung" an den faktischen Befund der Herrschaftsausübung Aliens auf den Inseln ist schon angesichts der zeitlichen Nähe nicht angezeigt. Zudem wäre es mit dem zwingenden Charakter des Gewaltverbots im heutigen Völkerrecht kaum zu vereinbaren, die Folgen eines erfolgreichen Verstoßes gegen dieses Verbot unter Hinweis auf seine Effektivität zu legalisieren[7].

Die Vautourinseln gehören somit zu Belland. Daraus folgt, dass allein Belland befugt ist, Abkommen über den Fischfang in einer ausschließlichen Wirtschaftszone um die Inseln zu schließen. Indem Tertien ein derartiges Abkommen mit Alien abgeschlossen hat, hat es die Ausschließlichkeit der Befugnis Bellands in Frage gestellt und damit dessen Hoheitsrechte verletzt.

B. Entscheidung des IGH

Der IGH wird der Klage Bellands stattgeben, wenn sie zulässig und begründet ist.

I. Zulässigkeit der Klage

Vorbemerkung: Es empfiehlt sich, die einzelnen Zulässigkeitsvoraussetzungen in der Reihenfolge zu prüfen, die das IGH-Statut[8] in Art 34–37 vorgibt.

1. Anforderungen an den Status der Beteiligten nach Art 34 und 35 IGH-Statut

Als Staaten sind Belland und Tertien vor dem IGH nach Art 34 Abs 1 IGH-Statut parteifähig. Der Zugang zum IGH steht nach Art 35 Abs 1 IGH-Statut in erster Linie den Vertragsparteien des Statuts offen. Als Mitglieder der

---

[7] *Dahm/Delbrück/Wolfrum*, VR I/1, § 55 III 4 (S 360f); *Epping/Gloria*, in: Ipsen, VR, § 23 Rn 47; *Krüger*, Das Prinzip der Effektivität, oder: Über die besondere Wirklichkeitsnähe des Völkerrechts, in: FS Spiropoulos, 1957, 265 (277f); *Verdross/Simma*, VR, § 1163.
[8] *Randelzhofer* Nr 35 = *Sartorius* II Nr 2.

Vereinten Nationen sind Belland und Tertien gemäß Art 93 Abs 1 CVN Vertragsparteien des Statuts.

2. Zuständigkeit des IGH nach Art 36 Abs 2 IGH-Statut

Die Zuständigkeit des IGH könnte nach Art 36 Abs 2 IGH-Statut begründet sein[9].

a) Unterwerfung Bellands und Tertiens

Übereinstimmende Unterwerfungserklärungen Bellands und Tertiens liegen vor.

b) Vorliegen einer Rechtsstreitigkeit

Nach Art 36 Abs 2 IGH-Statut bezieht sich die Zuständigkeit des IGH nur auf Rechtsstreitigkeiten. Darunter sind Meinungsverschiedenheiten über Rechtsfragen zu verstehen[10]. Hier besteht eine Meinungsverschiedenheit zwischen den Parteien über die Rechtsfrage, ob Tertien ein Fischereiabkommen hinsichtlich der Vautourinseln abschließen darf, an dem Belland nicht beteiligt ist. Im Streit steht damit eine Verletzung von Hoheitsrechten Bellands durch Tertien. Mag auch Tertien die Souveränität Bellands über die Inseln abstrakt anerkennen, kann der Abschluss des Fischereiabkommens dennoch konkret Rechte Bellands verletzen. Der Umstand, dass Belland mit Alien über die Rechtswidrigkeit der Inselbesetzung streitet, schließt nicht aus, dass auch Belland und Tertien über gegenseitige Rechte und Pflichten streiten. Belland macht eine Verletzung von Hoheitsrechten durch Tertien geltend, was dieses zurückweist. Damit liegt ein Rechtsstreit zwischen den beiden Parteien vor[11].

---

9 Zu den unterschiedlichen Möglichkeiten der Zuständigkeitsbegründung nach Art 36 IGH-Statut s schon o Fall 13, S 177 ff.
10 S IGH, ICJ Rep 1995, 90 (99 f) = ILM 34 (1995), 1581 – Osttimor; zu dieser Entscheidung – dem ihr zugrundeliegenden Sachverhalt ist der vorliegende Fall in Teilen nachgebildet – s a *Chinkin*, The East Timor Case (Portugal v Australia), ICLQ 45 (1996), 712 ff; *Fitzgerald*, Portugal v Australia: Deploying the Missiles of Sovereign Autonomy and Sovereign Community, HILJ 37 (1996), 260 ff; *Zimmermann*, Die Zuständigkeit des Internationalen Gerichtshofes zur Entscheidung über Ansprüche gegen am Verfahren nicht beteiligte Staaten, ZaöRV 55 (1995), 1051 ff sowie den Bericht von *Oellers-Frahm*, VN 1996, 67 ff.
11 Ähnlich der IGH im Osttimor-Fall, ICJ Rep 1995, 90 (100).

c) Folgen der fehlenden Unterwerfung Aliens

Die Klage könnte jedoch deshalb unzulässig sein, weil sich Alien der Gerichtsbarkeit des IGH nicht unterworfen hat. Formal ist Alien zwar nicht Streitpartei. Materiell hängt die Entscheidung aber maßgeblich von der Frage ab, ob die Vautourinseln Staatsgebiet Aliens geworden sind. Eine Sachentscheidung des IGH würde daher, auch wenn sie Alien nach Art 59 IGH-Statut formal-rechtlich nicht zu binden vermag, in ihren zentralen Aussagen ein Urteil über die rechtlichen Interessen Aliens sein. Bei einer formalen Betrachtung wird Alien zwar ausreichend dadurch geschützt, dass ihn ein Spruch des IGH nicht bindet. Die nationale Souveränität schützt einen Staat aber nicht nur davor, gegen seinen Willen rechtlich gebunden zu werden. Sie geht vielmehr so weit, dass sich ein internationales Rechtsprechungsorgan mit den Rechten und Pflichten eines Staates ohne dessen Zustimmung nicht befassen darf. Dem entspricht die Rechtsprechung des IGH, der sich in Fällen der vorliegenden Art an einer Sachentscheidung gehindert sieht, wenn der primär betroffene Staat nicht zustimmt[12]. Mangels Zustimmung Aliens ist die Klage Bellands daher unzulässig.

3. Ausschluss der Zuständigkeit durch das Seerechtsübereinkommen

Hilfsweise ist zu erörtern, ob die Zuständigkeit zusätzlich durch vorrangige Regelungen des SRÜ ausgeschlossen wird[13]. Als eine solche Vorschrift kommt Art 287 SRÜ in Betracht, der für Streitigkeiten über die Auslegung und Anwendung des SRÜ gilt.

Hier streiten die Parteien darum, welche Rechte Belland aus Art 62 SRÜ zustehen. Dabei geht es zwar inzident um Fragen des Gebietserwerbs, die sich nach gewohnheitsrechtlichen Normen außerhalb des Seerechts beurteilen. Das ändert aber nichts daran, dass die Anwendung von Art 62 SRÜ im Streit steht. In diesem Rahmen hat das nach Art 287 SRÜ zuständige

---

12 S die Entscheidungen des IGH im Monetary-Gold-Fall, ICJ Rep 1954, 19 (32f) sowie im Osttimor-Fall, ICJ Rep 1995, 90 (100ff); zur abweichenden Rechtslage im Gutachtenverfahren s. IGH, Gutachten zur Mauer in den besetzten Palästinensergebieten, ILM 43 (2004), 1009, Rn 46.
13 Allgem zu den Streitschlichtungszuständigkeiten nach dem SRÜ *Boyle*, Dispute Settlement and the Law of the Sea Convention: Problems of Fragmentation and Jurisdiction, ICLQ 46 (1997), 37ff.

Fall 14: Der Streit um die Vautourinseln

Organ gegebenenfalls auch Vorfragen aus anderen Rechtsgebieten zu beantworten[14].

Eine Zuständigkeitsbestimmung nach Art 287 SRÜ könnte durch Art 297 Abs 3 Buchst a SRÜ ausgeschlossen sein. Diese Vorschrift betrifft allerdings nur Klagen von Drittstaaten gegen den Küstenstaat, während hier Belland als vermeintlicher Küstenstaat gegen den Drittstaat Tertien vorgeht.

Art 287 SRÜ ist also grundsätzlich anwendbar. Da Tertien nach Art 287 Abs 1 Buchst a SRÜ den Internationalen Seegerichtshof als Streitschlichtungsmittel gewählt hat, während Belland keine diesbezügliche Erklärung abgegeben hat, wäre nach Art 287 Abs 3 und 5 SRÜ nur die Zuständigkeit eines Schiedsgerichts begründet.

Zu klären bleibt allerdings das Verhältnis von Art 287 SRÜ zu Art 36 IGH-Statut[15]. Nach Art 282 SRÜ sind die Streitschlichtungsverfahren des SRÜ subsidiär zu anderweit vereinbarten Verfahren der verbindlichen Streitbeilegung. An einer anderweitigen Vereinbarung könnte man hier zweifeln, da die Zuständigkeit des IGH nicht unmittelbar durch das IGH-Statut mit seinem Rang als multilateraler völkerrechtlicher Vertrag[16] begründet wird, sondern nur in Verbindung mit den beiden einseitigen Unterwerfungserklärungen. Art 282 SRÜ nennt aber neben den Übereinkünften ausdrücklich auch Vereinbarungen, die „auf andere Weise" getroffen worden sind. Sollten nur vertragliche Vereinbarungen im technischen Sinn erfasst werden, hätte es genügt, von Übereinkünften zu sprechen. Indem andere Vereinbarungen einbezogen werden, stellt das SRÜ klar, dass auch die Zuständigkeitsbegründung durch Erklärungen nach Art 36 Abs 2 IGH-Statut Vorrang vor den Zuständigkeitsregelungen des SRÜ hat[17].

Das SRÜ steht einer anderweit begründeten Zuständigkeit des IGH somit nicht entgegen.

---

14 *Boyle* (Fn 13), ICLQ 46 (1997), 37 (49).
15 Es wäre möglich, sogleich diese Frage anzusprechen, ohne zuvor zu prüfen, ob es sich um eine Streitigkeit im Sinne von Art 287 SRÜ handelt, ob Art 297 SRÜ die Anwendung von Art 287 ausschließt und welche Zuständigkeit Art 287 begründet. Im Interesse der Vollständigkeit des Gutachtens wird hier der umgekehrte Weg gewählt.
16 Vgl Art 92 CVN, wonach das Statut Bestandteil der CVN ist.
17 *M. H. Nordquist/Sh. Rosenne/L. B. Sohn* (Hrsg), United Nations Convention on the Law of the Sea 1982, A Commentary, Bd 5, 1989, § 282.3 (S 26 f); *Treves*, The Jurisdiction of the International Tribunal for the Law of the Sea, Indian Journal of International Law 37 (1997), 396 (407 f).

4. Ergebnis

Die Klage Bellands ist allein deshalb unzulässig, weil sich Alien als materiell Hauptstreitbeteiligter der Gerichtsbarkeit des IGH nicht unterworfen hat.

II. Hilfsgutachten[18]

Sollte sich der Gerichtshof abweichend von dem Ergebnis zu B I für zuständig halten, müsste er nach dem oben zu A Gesagten in der Sache feststellen, dass Tertien Hoheitsrechte Bellands verletzt hat, indem es mit einem dritten Staat ein Abkommen über den Fischfang in der ausschließlichen Wirtschaftszone um die Vautourinseln abgeschlossen hat.

---

[18] Da das Wesentliche zur Begründetheit im Rahmen der ersten Teilfrage behandelt worden ist, ist ein Hilfsgutachten hier nicht zwingend erforderlich. Entfällt es, mußss freilich auch „I." als Gliederungspunkt gestrichen werden.

Fall 15: Atomwaffen vor dem IGH

Sachverhalt

Die Weltgesundheitsorganisation (WHO), die von der Generalversammlung der Vereinten Nationen nach Art 96 Abs 2 CVN ordnungsgemäß dazu ermächtigt ist, fordert beim IGH ein Gutachten zu der Frage an, ob das Völkerrecht jede Form des Einsatzes von Atomwaffen zwischen Staaten verbiete. In der vorausgehenden Debatte innerhalb der WHO wurde insbesondere auf Art 2 Nr 4 CVN und Art 51 des 1. Zusatzprotokolls zu den Genfer Rotkreuzkonventionen hingewiesen. Ferner wurde die Parallele zum Verbot des Einsatzes chemischer und bakteriologischer Waffen nach dem Genfer Giftgasprotokoll vom 17.6.1925 betont und ein Verstoß gegen Art 6 und 7 des Internationalen Paktes über bürgerliche und politische Rechte geltend gemacht.

Da einige Staaten an der Zulässigkeit des Gutachtenantrags der WHO zweifeln, bringen sie einen inhaltsgleichen Gutachtenantrag als Entwurf in die Generalversammlung der Vereinten Nationen ein. Dort kommt es zu einer Aussprache, in der unter anderem die Rechtfertigung eines Atomschlages im Wege der Repressalie erörtert wird. Außerdem werden Bedenken erhoben, ob ein Atomwaffeneinsatz im Ausland überhaupt an Bestimmungen des Internationalen Paktes über bürgerliche und politische Rechte gemessen werden könne. Am Schluss der Debatte stellt die Präsidentin der Generalversammlung fest, dass über das Einholen des Gutachtens Übereinstimmung zu bestehen scheine. Als dem nicht widersprochen wird, erklärt sie den Antrag für angenommen. Später äußert der chinesische Vertreter gegenüber der Presse, dass der Gutachtenantrag politisch inopportun und juristisch unzulässig sei; er müsse als null und nichtig angesehen werden.

Wie wird der IGH zu den beiden Anträgen Stellung nehmen?

Auszug aus der Satzung der WHO vom 22.7.1946[1]:

Kapitel I. Ziel
Art 1. Ziel der Weltgesundheitsorganisation im (Folgenden als Organisation bezeichnet) ist die Erreichung eines möglichst guten Gesundheitszustands durch alle Völker.

---

[1] BGBl 1974 II, 43; letzte Änderung BGBl 1994 II, 3873.

Kapitel II. Aufgaben
Art 2. Zur Erreichung dieses Zieles hat die Organisation die Aufgabe,
a) als Leit- und Koordinierungsstelle für internationale Arbeiten im Gesundheitswesen tätig zu sein;
b) eine wirksame Zusammenarbeit mit den Vereinten Nationen, den Sonderorganisationen, den staatlichen Gesundheitsverwaltungen, den Berufsgruppen und allen sonstigen geeignet erscheinenden Organisationen herzustellen und zu unterhalten;
…;
d) geeignete fachliche Unterstützung und in Notfällen die erforderliche Hilfe zu leisten, wenn Regierungen darum ersuchen oder damit einverstanden sind;
…;
h) erforderlichenfalls in Zusammenarbeit mit anderen Sonderorganisationen die Verhütung von Unfallschäden zu fördern;
i) erforderlichenfalls in Zusammenarbeit mit anderen Sonderorganisationen die Verbesserung der Ernährung, der Wohnverhältnisse, der sanitären Einrichtungen, der Erholungsmöglichkeiten, der wirtschaftlichen Verhältnisse oder der Arbeitsbedingungen und anderer Aspekte der Umwelthygiene zu fördern;
…;
k) Übereinkommen, Abkommen und sonstige Vorschriften vorzuschlagen und Empfehlungen über internationale Gesundheitsfragen abzugeben sowie alle Aufgaben zu erfüllen, die der Organisation dadurch zufallen und mit ihrem Ziel vereinbar sind;
…;
n) Forschungsarbeiten auf dem Gebiet der Gesundheit anzuregen und durchzuführen;
…;
q) Auskünfte, Ratschläge und Unterstützung auf dem Gebiet der Gesundheit zur Verfügung zu stellen;
r) bei allen Völkern zur Aufklärung der Öffentlichkeit über Fragen der Gesundheit beizutragen;
…;
v) ganz allgemein alle erforderlichen Maßnahmen zu treffen, um das Ziel der Organisation zu erreichen.

Fall 15: Atomwaffen vor dem IGH

Lösung

Vorbemerkungen: 1. WHO und Generalversammlung (GV) haben ähnliche Gutachtenanträge tatsächlich gestellt. Mit Beschlüssen vom 8.7.1996 hat der IGH den Antrag der WHO als unzulässig abgelehnt[2] und aufgrund des Antrags der GV ein Rechtsgutachten erstattet[3].

2. Verfahrensrechtlich hat der IGH die Wahl, ob er die beiden Anträge getrennt behandelt oder die Verfahren nach Art 47 S 1, 102 Abs 2 S 1 VerfO-IGH[4] verbindet. Dementsprechend bieten sich verschiedene Aufbauvarianten an. Hält man mit dem IGH den Gutachtenantrag der WHO für unzulässig, den der GV für zulässig, wie es im folgenden vorgeschlagen wird, ist es gleichwertig, ob man beide Anträge vollkommen getrennt behandelt oder zunächst die Zulässigkeit beider Anträge erörtert. Hält man beide Anträge für zulässig, bietet es sich an, zunächst die Zulässigkeit beider Anträge zu behandeln, um die Gutachtenfrage dann nur einmal einheitlich zu beantworten. Zieht man es vor, die beiden Anträge getrennt zu prüfen, darf für die Antwort auf die Gutachtenfrage im zweiten Verfahren selbstverständlich nur noch nach oben verwiesen werden. Hält man beide Anträge für unzulässig, ist die Gutachtenfrage in einem Hilfsgutachten zu beantworten, am besten in einem einheitlichen Gutachten im Anschluss an die beiden Zulässigkeitsprüfungen.

---

2   ICJ Rep 1996, 66; deutsche Teilübersetzung EuGRZ 1997, 245.
3   ICJ Rep 1996, 226; deutsche Teilübersetzung EuGRZ 1997, 235; s zu den beiden Beschlüssen des IGH *Herbst*, JZ 1996, 1013; *Marauhn*, VN 1996, 179 ff; die inhaltliche Stellungnahme des IGH zum Atomwaffeneinsatz würdigen *Bothe*, Nuklearstrategien nach dem IGH-Gutachten?, Friedens-Warte 71 (1996), 249 ff; *ders*, in: Graf Vitzthum, VR, Rn VII 68 f; *Falk*, Nuclear Weapons, International Law and the World Court: An Historic Encounter, Friedens-Warte 71 (1996), 235 ff; *Grand*, Legality of the Threat or Use of Nuclear Weapons – A French Perspective on the ICJ Advisory Opinion, Friedens-Warte 71 (1996), 273 ff; *Matheson*, The Opinions of the International Court of Justice on the Threat or Use of Nuclear Weapons, AJIL 91 (1997), 417 ff; *Millet*, Les avis consultatifs de la Cour Internationale de Justice du 8 juillet 1996, RGDIP 101 (1997), 141 ff; *Müller*, Das Gutachten des IGH – ein Beitrag zum nuklearen Abrüstungsdiskurs, Friedens-Warte 71 (1996), 261 ff; s a *Marauhn/Oellers-Frahm*, EuGRZ 1997, 221 ff; zum Stand der Diskussion um die Völkerrechtskonformität von Atomwaffeneinsätzen vor dem IGH-Gutachten s im Überbl *Oeter*, in: Fleck, HdbHVR, Rn 427 ff; *Rauschning*, Nuclear Warfare and Weapons, in: EPIL III (1997), 730 ff; zum Gutachtenverfahren vor dem IGH s a die Übungsklausur von *Simma/Kahn*, Die Auflösung Balkaniens: Scheiden tut weh, Jura 1997, 203 (209).
4   *Sartorius* II Nr 3; zum Erlass der VerfO durch den IGH s Art 30 Abs 1 S 2 IGH-Statut (*Randelzhofer* Nr 35 = *Sartorius* II Nr 2).

A. Antrag der WHO

Die Zulässigkeit des WHO-Antrages beurteilt sich nach Art 96 Abs 2 CVN, Art 65 IGH-Statut. „Ermächtigte Einrichtungen" iSd Art 65 Abs 1 IGH-Statut sind wegen Art 96 Abs 2 CVN auch Sonderorganisationen, soweit sie durch die GV zur Antragstellung ermächtigt sind und es sich um eine Rechtsfrage handelt, die sich im Tätigkeitsbereich der jeweiligen Sonderorganisation stellt.

Die WHO ist eine Sonderorganisation im Sinne von Art 57 CVN und laut Sachverhalt von der GV ordnungsgemäß zum Einholen eines Gutachtens ermächtigt. Gegenstand des Gutachtenantrags muss eine Rechtsfrage sein. Hier geht es um die Vereinbarkeit eines bestimmten Verhaltens mit Normen des Völkerrechts. Dies ist eine rein rechtliche Frage, auch wenn einem Gutachten des IGH eine erhebliche politische Tragweite zukommen mag[5].

Zweifelhaft ist aber, ob sich die Gutachtenfrage im Tätigkeitsbereich der WHO stellt. Der Tätigkeitsbereich bestimmt sich nach Art 1 und 2 der WHO-Satzung. Dabei ist zunächst auf die in Art 2 Buchst a bis u konkret benannten Aufgaben abzustellen. Nach Art 2 Buchst d kann die Hilfeleistung nach einem Atomwaffeneinsatz zu den Aufgaben der WHO gehören. Dafür ist es jedoch unerheblich, ob der vorausgehende Einsatz mit dem Völkerrecht vereinbar ist oder nicht. Nach Art 2 Buchst k, n, q und r kann sich die Organisation in unterschiedlicher Weise mit Gesundheitsfragen[6] befassen. Kommt es zu einem Atomwaffeneinsatz, ist die Gesundheit vieler Menschen stark betroffen. Doch wird man in diesem Zusammenhang nicht jedes Verhalten, das zu einer Gesundheitsbeeinträchtigung führt, als „Gesundheitsfrage" iS der vorgenannten Bestimmung ansprechen können. Das belegt auch der systematische Kontext: Präventive Aktionen werden in Art 2 Buchst h und i angeführt. Wenn Art 2 Buchst h an Unfallschäden anknüpft, sind damit ungewollte Folgen menschlichen Verhaltens gemeint. Es geht hier insbesondere um den Arbeitsschutz, den die WHO in Zusammenarbeit mit der ILO fördern kann. Der gezielte Einsatz von Atomwaffen stellt jedoch

---

5 S dazu auch IGH, WHO-Gutachten, ICJ Rep 1996, 66 (73f), Rn 15–17 sowie das Gutachten zur Mauer in den besetzten Palästinensergebieten, ILM 43 (2004), 1009, Rn 41; *Mosler*, in: Simma ua, Charta der VN, Art 96 Rn 27.
6 Zum weiten Gesundheitsbegriff der WHO-Satzung im Vergleich mit demjenigen der körperlichen Unversehrtheit in Art 2 Abs 2 S 1 GG s *Kunig*, in: v. Münch/Kunig, GGK I, Art 2 Rn 62.

Fall 15: Atomwaffen vor dem IGH

keinen Unfall dar. Art 2 Buchst i erfasst die Prävention im wirtschaftlich-sozialen Bereich, nicht auf militärischem Gebiet.

Mangels einer speziellen Aufgabenzuweisung könnte aber die allgemeine Aufgabenzuweisung des Art 2 Buchst v iVm Art 1 WHO-Satzung eingreifen. Bei einem sehr weiten Wortverständnis lässt sich die Klärung der rechtlichen Zulässigkeit von Atomkriegen als Maßnahme zur Erreichung eines guten Gesundheitszustandes begreifen[7]. Nach Art 31 Abs 1 WVK ist die Aufgabenzuweisung allerdings im Lichte von Ziel und Zweck der WHO-Satzung auszulegen, wobei der Vertrag nach Art 31 Abs 3 Buchst c WVK im Zusammenhang der gesamten Völkerrechtsordnung zu sehen ist. Nach ihrem Art 4 findet die WVK auf die ältere WHO-Satzung zwar keine direkte Anwendung. Die genannten Regelungen des Art 31 können aber als Ausdruck parallelen Völkergewohnheitsrechts herangezogen werden[8]. Die Stellung der WHO wird durch ihre Funktion als Sonderorganisation der Vereinten Nationen bestimmt. Das System der Sonderorganisationen[9] hat seine Grundlage in Art 57 CVN. Die Vorschrift ist Teil von Kapitel IX CVN, das die Zusammenarbeit auf wirtschaftlichem und sozialem Gebiet regelt. Die WHO ist danach die Sonderorganisation auf dem Gebiet der Gesundheit[10]. Dem System der Sonderorganisationen, die gemäß Art 63 CVN über den Wirtschafts- und Sozialrat koordiniert werden, stellt die Satzung in den Kapiteln VI bis VIII die Friedenssicherung gegenüber, für die in Art 24 Abs 1 CVN dem Sicherheitsrat die Hauptverantwortung übertragen wird. Die Frage nach dem Einsatz von Atomwaffen ist der Friedenssicherung zugeordnet. Würde man die präventiven Aufgaben der WHO im Bereich der Gesundheitsfürsorge so weit fassen, dass auch die Ächtung der Atomrüstung darunterfällt, würde die Trennung der Bereiche, die die CVN vornimmt, überspielt[11].

---

[7] So *Titje*, Die Völkerrechtswidrigkeit des Einsatzes von Atomwaffen im bewaffneten Konflikt unter Umwelt- und Gesundheitsschutzaspekten – Zur Gutachtenfrage der WHO an den IGH, AVR 33 (1995), 266 (269f).
[8] *Brötel*, Die Auslegung völkerrechtlicher Verträge im Lichte der Wiener Vertragsrechtskonvention, Jura 1988, 343 (344); *Verdross/Simma*, VR, §§ 775, 777f; *Graf Vitzthum*, in: ders, VR, Rn I 123; auch der IGH zieht im WHO-Gutachten Art 31 WVK zur Auslegung der WHO-Satzung heran, ICJ Rep 1996, 66 (75), Rn 19.
[9] Dazu allgem *Seidl-Hohenveldern*, Sonderorganisationen, in: Wolfrum, HdbVN, 782ff; *Meng*, in: Simma ua, Charta der VN, Art 57 Rn 1ff.
[10] *Meng*, in: Simma ua, Charta der VN, Art 57 Rn 91.
[11] S a IGH, WHO-Gutachten, ICJ Rep 1996, 66 (79–81), Rn 26.

Für eine weite Auslegung könnte allerdings die Praxis der WHO sprechen, die sich seit längerer Zeit mit dem Problem von Atomwaffeneinsätzen unter Umwelt- und Gesundheitsschutzaspekten beschäftigt hat[12]. Nach Art 31 Abs 3 Buchst b WVK ist bei der Auslegung auch die Vertragspraxis zu berücksichtigen, soweit aus ihr die Übereinstimmung der Vertragsparteien über die Vertragsauslegung hervorgeht. In diesem Zusammenhang ist auch von Bedeutung, wie eine Internationale Organisation ihre Satzung selbst handhabt. Im Falle der WHO ist jedoch zu beachten, dass die USA und andere westliche Mitgliedstaaten der WHO eine Zuständigkeit hinsichtlich der rechtlichen Zulässigkeit von Atomwaffeneinsätzen absprechen[13]. Als Internationale Organisation ist die WHO ein funktional beschränktes Völkerrechtssubjekt[14]. Ihre Zuständigkeit reicht nur soweit, wie es die Gründungsstaaten in der Satzung bestimmt haben. Gegen den Willen einzelner Mitgliedstaaten kann die WHO diesen Zuständigkeitsbereich nicht eigenmächtig erweitern. Zudem steht die Auslegung von Art 57 CVN, der die WHO in das System der Vereinten Nationen eingliedert, und von Art 96 Abs 2 CVN, der auf dieser Aufgabenverteilung aufbaut, ohnehin nicht zur Disposition der WHO.

Art 1 und 2 WHO-Satzung sind daher im Lichte des Gesamtsystems der Vereinten Nationen so auszulegen, dass sie die Gutachtenfrage nicht erfassen. Der Gutachtenantrag der WHO ist unzulässig.

B. Antrag der Generalversammlung
I. Zulässigkeit

Die GV ist nach Art 96 Abs 1 CVN in dem Sinne privilegiert antragsberechtigt, dass sie über „jede Rechtsfrage" ein Gutachten des IGH anfordern kann. Ungeachtet des deutlichen Wortlautes des Art 96 Abs 1 CVN könnte jedoch zweifelhaft erscheinen, ob die GV auch solche Gutachtenfragen stellen darf, die sich eindeutig außerhalb ihres Zuständigkeitsbereichs bewegen. Dies bedürfte nur der Erörterung, wenn die GV im konkreten Fall unzuständig wäre. Nach Art 11 Abs 1 CVN erstreckt sich die Zuständigkeit der GV auf Fragen des Weltfriedens und der Abrüstung bzw Rüstungsregelung.

---

12 *Titje* (Fn 7), AVR 33 (1995), 266 (270); Klausurbearbeiter könnten diesen Punkt mangels Angaben im Sachverhalt kaum aufgreifen; zum Problem der Ergänzung von Klausursachverhalten um Fakten aus eigener Kenntnis s schon Fall 10, S 131, Fn 1.
13 *Titje* (Fn 7), AVR 33 (1995), 266 (268 f).
14 IGH, WHO-Gutachten, ICJ Rep 1996, 66 (78 f), Rn 25; allgem Einl, S 10 f.

Fall 15: Atomwaffen vor dem IGH

Dies schließt Fragen des Atomwaffeneinsatzes ein. Art 12 Abs 1 CVN entzieht der GV die Zuständigkeit für solche Streitigkeiten und Situationen, solange sich der Sicherheitsrat mit ihnen im Rahmen seiner chartagemäßen Aufgabenwahrnehmung befasst. Dabei geht es aber nur um konkrete Krisen, nicht um abstrakte Rechtsfragen[15] wie die hier gestellte. Damit ist die GV auf jeden Fall zuständig, die Gutachtenfrage zu stellen.

Fraglich ist allerdings, ob ein ordnungsgemäßer Antrag vorliegt. Daran würde es fehlen, wenn die GV keinen wirksamen Beschluss gefasst hätte. Das Beschlussverfahren regelt Art 18 CVN. Danach ist die einfache oder qualifizierte Mehrheit der anwesenden und abstimmenden Mitglieder erforderlich. Das könnte so zu verstehen sein, dass die CVN zwingend eine Abstimmung mit Stimmenauszählung verlangt und ein Verfahren wie das vorliegend praktizierte, das auf den fehlenden Widerspruch abstellt, ausschließt. Allerdings zwingt der Wortlaut nicht zu diesem Schluss. Vielmehr lässt sich der Umstand, dass kein Staat widersprochen hat, auch als einstimmige Zustimmung zu dem Beschlussantrag werten. In dieser Situation spielt entsprechend Art 31 Abs 3 Buchst b WVK[16] die Vertragspraxis eine wichtige Rolle für die Auslegung der CVN. Tatsächlich ist das sog Consensusverfahren[17] seit Jahren ständige Praxis der GV und wird von den Mitgliedstaaten grundsätzlich akzeptiert. Da nach dieser Praxis auf eine förmliche Abstimmung nur dann verzichtet werden kann, wenn kein Staat der Annahme durch Konsens widerspricht, wird das Ziel von Art 18 CVN, die Mitwirkung aller Staaten zu sichern und bei wichtigen Entscheidungen einer Minderheit von einem Drittel der Mitglieder ein Vetorecht zuzugestehen, nicht beeinträchtigt.

Die Annahme des Beschlusses ist somit ordnungsgemäß, wenn sie den Regeln des Consensusverfahrens entspricht. Daran könnte allenfalls die chinesische Erklärung zweifeln lassen. Allerdings muss ein Widerspruch vor der Annahme des Beschlusses innerhalb der GV erklärt werden. Nach Ende der Sitzung vermag die Erklärung eines Mitgliedstaates den einmal gefassten Beschluss nicht mehr in Frage zu stellen. Zudem wäre die Presse nicht der richtige Adressat für einen rechtserheblichen Widerspruch.

---

15 *Hailbronner/Klein*, in: Simma ua, Charta der VN, Art 12 Rn 6.
16 Dazu, dass die Vorschrift als Ausdruck parallelen Völkergewohnheitsrechts herangezogen werden kann, s schon o Fn 8.
17 Dazu *Schaefer*, in: Simma ua, Charta der VN, Art 21 Rn 73–81; *Wolfrum*, ebd, Art 18 Rn 28; *ders*, Konsens, in: ders, HdbVN, 529 ff; *Suy*, Consensus, in: EPIL I (1992), 759 ff.

Somit liegt ein ordnungsgemäßer und zulässiger Antrag vor. Damit kann der IGH nach Art 65 Abs 1 IGH-Statut ein Gutachten erstatten, ohne dazu nach dem Wortlaut der Vorschrift verpflichtet zu sein. Zwar könnte Art 96 Abs 1 CVN, der vom „Anfordern" eines Gutachtens spricht, auf einen Anspruch des Anfordernden hindeuten. Da das IGH-Statut nach Art 92 S 2 CVN Bestandteil der CVN ist, haben Art 65 des Statuts und Art 96 der Charta aber denselben Rang. Der erheblich deutlichere Art 65 IGH-Statut stellt klar, dass dem Recht, ein Gutachten anzufordern, keine absolute Verpflichtung des IGH entspricht, das Gutachten zu erstatten. Allerdings ist der IGH ein Rechtsprechungsorgan, dem grundsätzlich kein politisches Ermessen hinsichtlich der Opportunität eines an ihn gerichteten Antrages zukommt. Daher ist davon auszugehen, dass er einen zulässigen Gutachtenantrag nur aus zwingenden Gründen ablehnen kann[18]. Derartige Gründe sind hier nicht ersichtlich.

II. Antwort auf die Gutachtenfrage

Vorbemerkung: Wichtig ist, dass die einzelnen denkbaren Verbotsnormen nacheinander und die Rechtfertigungsmöglichkeiten im Anschluss an die jeweilige Norm erörtert werden. Nur bei dieser Zuordnung von Verbots- und Rechtfertigungsnorm ist es möglich, die unterschiedlichen Rechtfertigungsregime zu erfassen, worin ein wesentlicher Reiz der Aufgabe liegt. Es müssen auf jeden Fall die Verbotsnormen angesprochen werden, die der Sachverhalt nennt. Daneben können weitere Normen angesprochen werden, etwa Art 35 des 1. Zusatzprotokolls zu den Genfer Rotkreuzkonventionen (ZP I)[19] *sowie Völkergewohnheitsrecht*[20]*. In der Reihenfolge bestehen Spielräume. Im Zweifel empfiehlt sich die im Aufgabentext vorgegebene Reihenfolge. Sie ist jedenfalls nicht unzweckmäßig. Damit ergibt sich für Verbotsnormen und zugeordnete Rechtfertigungsgründe das folgende Tableau (siehe S 201).*

Natürlich ist auf Rechtfertigungsgründe nur einzugehen, soweit die jeweilige Verbotsnorm eingreift (beim Giftgasprotokoll fern liegend) und soweit bei Art 6 Abs 1, 7 IPbpR keine vorrangigen Rechtfertigungen eingreifen.

---

18 IGH, aaO (Fn 3), Rn 14 ff sowie Gutachten zur Mauer in den besetzten Palästinensergebieten (Fn 5), Rn 43 ff; *Mosler*, in: Simma ua, Charta der VN, Art 96 Rn 22 f.
19 *Randelzhofer* Nr 43 = *Sartorius* II Nr 54a.
20 Die nachfolgende Lösung behandelt nur die im Sachverhalt angesprochenen Normen. Zu der Frage, wieweit Umweltvölkerrecht einem Atomwaffeneinsatz entgegensteht, s *Tietje* (Fn 7), AVR 33 (1995), 266 (275 ff).

Fall 15: Atomwaffen vor dem IGH

Verbotsnorm	– Rechtfertigung		
Art 2 Nr 4 CVN	– Art 51 CVN		
Art 51 ZP I	– Art 51 Abs 6 ZP I		
Giftgasprotokoll	– allgem Repressalienrecht?		
Art 6 I IPbpR	– Art 6 Abs 1 S 3 IPbpR	– Art 4 IPbpR	– allgem Repressalienrecht?
Art 7 IPbpR	–	– Art 4 IPbpR	– allgem Repressalienrecht?

Da kein konkreter Atomwaffeneinsatz zu beurteilen ist, muss die gutachterliche Stellungnahme relativ abstrakt ausfallen. Soweit man nicht zu dem Ergebnis gelangt, dass ausnahmslos jeder Atomwaffeneinsatz verboten ist, lassen sich nicht alle denkbaren Fallgestaltungen durchspielen, sondern es können nur generelle Leitlinien entwickelt werden. Entsprechend verfährt der IGH in seinem Gutachten[21]. Auf diesem relativ abstrakten Niveau lässt sich die Gutachtenfrage ohne Spezialkenntnisse zur Wirkung von Atomwaffen beantworten.

1. Art 2 Nr 4 CVN[22]

Art 2 Nr 4 CVN verbietet jede Anwendung von Waffengewalt gegen Staaten, unabhängig von der Art der eingesetzten Waffen, und erfasst damit jeden zwischenstaatlichen Atomwaffeneinsatz.

Allerdings gestattet Art 51 CVN den Einsatz von Waffengewalt zur Verteidigung gegen einen bewaffneten Angriff. Dieses Recht beschränkt sich zunächst nicht auf die Anwendung bestimmter Waffenarten. Es ist jedoch anerkannt, dass die Selbstverteidigung nicht außer Verhältnis zum Angriff stehen darf[23]. Es ist zu erwägen, ob der Einsatz von Atomwaffen als Antwort auf einen nichtatomaren Angriff je verhältnismäßig sein kann. Bei der Ver-

---

21 IGH, aaO (Fn 3).
22 Es ist wichtig, die Frage nach Gewaltverbot und zulässiger Selbstverteidigung deutlich vom Verbot bestimmter Kampfmittel und -methoden durch das humanitäre Völkerrecht zu trennen; s dazu *Ipsen*, in: ders, VR, § 67 Rn 9f.
23 *Fischer*, in: Ipsen, VR, § 59 Rn 39; *Randelzhofer*, in: Simma ua, Charta der VN, Art 51 Rn 37; *E.-M. Schulze*, Selbstverteidigung, in: Wolfrum, HdbVN, 753 (758f), Rn 27; zur Verhältnismäßigkeit als allgem Anforderung an die Ausübung von Notrechten schon Einl, S 19f.

hältnismäßigkeit geht es um eine Zweck-Mittel-Relation. Ein wichtiges Element ist die Erforderlichkeit[24]. Ist ein Atomwaffeneinsatz das einzige Erfolg versprechende Verteidigungsmittel, wird man ihn nicht von vornherein als unverhältnismäßig ansehen können. Insbesondere lässt sich der sehr allgemeine Maßstab des Übermaßverbotes nicht zu einer Regel verdichten, derzufolge Selbstverteidigung waffentechnisch generell nur auf der Stufe ausgeübt werden dürfte, auf der der Angriff erfolgt[25]. Auch wenn es regelmäßig andere Verteidigungsmittel als den Einsatz von Atomwaffen geben wird, ist nicht gänzlich ausgeschlossen, dass einem Angriff mit konventionellen Waffen oder mit biologischen oder chemischen Kampfstoffen wirksam nur mit einem Atomwaffeneinsatz begegnet werden kann. Steht dabei das Überleben des Staates auf dem Spiel[26] oder geht es um einen Atomwaffeneinsatz mit eng beschränkten Auswirkungen[27], mag ein Einsatz zugleich ieS verhältnismäßig sein. Auch ein atomarer Erstschlag ist als Selbstverteidigung daher nicht in jedem Fall unverhältnismäßig und völkerrechtswidrig, doch ist jeder konkrete Einsatz am Maßstab der Verhältnismäßigkeit zu messen[28,29].

---

24 *Randelzhofer*, ebd (Fn 23).
25 *Randelzhofer*, ebd (Fn 23).
26 Diesen Aspekt betont der IGH, aaO (Fn 3), Rn 96 in Zusammenhang mit einer möglichen Rechtfertigung des Kernwaffeneinsatzes am Maßstab des humanitären Völkerrechts.
27 Dazu *Fischer*, in: Ipsen, VR, § 59 Rn 39.
28 Der IGH weist in seinem Gutachten (Fn 3), Rn 41–43 auf diese Einschränkung hin, ohne sie im Einzelnen festzulegen.
29 Hier geht es nur um den atomaren Erstschlag als Antwort auf einen Angriff mit konventionellen Waffen. Davon ist der sog Präventivschlag zu unterscheiden, der einem unmittelbar bevorstehenden bewaffneten Angriff iS von Art 51 CVN zuvorkommt. Ein Präventivschlag dürfte völkerrechtswidrig sein, gleich ob er mit konventionellen oder mit atomaren Waffen geführt wird; so *Bothe*, in: Graf Vitzthum, VR, Rn VIII 1; *Randelzhofer*, in: Simma, Charta der VN, Art 51 Rn 34 f; s a *H. Neuhold*, Internationale Konflikte – verbotene und erlaubte Mittel ihrer Austragung, 1977, 240–258, zu der Frage, ob am Verbot der präventiven Selbstverteidigung festgehalten werden könnte, wenn ein Staat, der Opfer eines atomaren Erstschlages würde, keine sog Zweitschlagskapazität mehr hätte. In den letzten Jahren mehren sich die Stimmen, die einen Präventivschlag jedenfalls gegen einen unmittelbar drohenden Angriff zulassen wollen; s nur den Bericht des Secretary-General's High-level Panel on Threats, Challenges and Change, UN-Doc A/59/565 v 2.11.2004, Rn 188.

2. Art 51 des 1. Zusatzprotokolls zu den Genfer Rotkreuzkonventionen (ZP I)

Ein Klausurbearbeiter, von dem Detailkenntnisse im humanitären Völkerrecht kaum zu erwarten sind, könnte die Vereinbarkeit eines Atomwaffeneinsatzes mit dem humanitären Völkerrecht nur anhand des Textes von Art 51 ZP I prüfen. Tatsächlich ist die Anwendbarkeit des ZP I zweifelhaft, ohne dass dies aus dem Normtext hervorginge. Daher werden hier anstelle einer Musterlösung ausnahmsweise nur Hinweise gegeben.

Art 51 ZP I verbietet namentlich in seinem Abs 4 unterschiedslose Angriffe, also solche, bei denen die grundlegende Unterscheidung zwischen Zivilbevölkerung und Kombattanten sowie zwischen zivilen Objekten und militärischen Zielen nach Art 48 ZP I nicht beachtet wird[30]. Verboten ist nach Art 51 Abs 4 Buchst c insbesondere der Einsatz von Waffen, deren Wirkungen nicht auf Kombattanten und militärische Ziele begrenzt werden kann. Es spricht viel dafür, dass der Einsatz von Atomwaffen nach dieser Vorschrift generell verboten ist[31]. Soweit Atomwaffeneinsätze gegen Art 51 ZP I verstoßen, können sie nach dessen Abs 6 auch nicht als Repressalie gerechtfertigt sein.

Gegen diese Lösung lässt sich einwenden, dass das ZP 1977 von Staaten abgeschlossen wurde, die teilweise Atomwaffen besaßen und besitzen und die eine Strategie der nuklearen Abschreckung verfolgten und dies immer noch tun. Es fragt sich, wieweit diese Staatenpraxis Einschränkungen des Art 51 Abs 4 ZP I gebieten kann, die im Text selbst nicht angelegt sind. Dabei sind auch die Erklärungen zu berücksichtigen, die einige Staaten bei der Unterzeichnung und der Ratifikation des ZP I abgegeben haben und die als Vorbehalte zu qualifizieren sein könnten[32].

Der IGH lässt die umstrittene Frage dahinstehen. Er weist darauf hin, dass das Protokoll ausweislich seines Art 1 Abs 2, der sog Martens'schen Klausel[33],

30 Dazu *Oeter*, in: Fleck, HdbHVR, Rn 404, 454.
31 S a *Ipsen*, in: ders, VR, § 69 Rn 7; *Kimminich*, Der Einfluß des humanitären Völkerrechts auf die Kernwaffenfrage, in: FS Schlochauer, 1981, 407 (415); ausf *H. Fischer*, Der Einsatz von Nuklearwaffen nach Art 51 des I. Zusatzprotokolls zu den Genfer Rotkreuzkonventionen von 1949, 1985, 183 ff.
32 Dazu *Bothe*, in: Graf Vitzthum, VR, Rn VIII 75; *Fischer* (Fn 31), 81 ff; 227 ff; *Forch/Harndt*, Neue Regeln für den Einsatz von Kernwaffen?, JR 1986, 45 ff; *Oeter*, in: Fleck, HdbHVR, Rn 430; *Pechstein*, Die Ratifizierung der Zusatzprotokolle zu den Genfer Rotkreuzkonventionen durch die Bundesrepublik Deutschland, AVR 30 (1992), 281 ff; *Stein/v. Buttlar*, VR, Rn 1265; die Erklärungen aus Anlass der Ratifikation sind abgedruckt in: BGBl 1991 II, 968 ff.
33 Dazu *Strebel*, Martens' Clause, in: EPIL III (1997), 326 f; *Greenwood*, in: Fleck, HdbHVR, Rn 129.

die ohnehin geltenden allgemeinen Regeln des humanitären Völkerrechts unberührt lässt[34]. *Diese Regeln erstreckten sich auf jede Art von Waffen einschließlich der Nuklearwaffen*[35]. *Zu diesen Regeln zählt der IGH das Verbot, Waffen einzusetzen, mit denen sich nicht zwischen zivilen und militärischen Zielen unterscheiden lasse*[36]. *Er stellt fest, dass der Einsatz von Atomwaffen mit diesem Prinzip kaum vereinbar erscheine, möchte aber nicht gänzlich ausschließen, dass der Einsatz im einzelnen Fall dennoch rechtmäßig sein könnte. Er verweist insofern auf extreme Fälle der Selbstverteidigung, in denen das Überleben des Staates selbst auf dem Spiel stehe*[37].

3. Genfer Giftgasprotokoll

Ein Einsatz von Atomwaffen könnte gegen das Genfer Giftgasprotokoll verstoßen. Das Protokoll verbietet zunächst den Einsatz von Giftgasen und bakteriologischen Kampfmitteln. Bei einer weiten Auslegung ließe sich der Begriff der „ähnlichen Stoffe oder Verfahrensarten" auch auf Atomwaffen beziehen. Allerdings gab es bei Abschluss des Genfer Giftgasprotokolls 1925 noch keine Atomwaffen; sie konnten also vom historischen Willen der Vertragsstaaten nicht erfasst sein. Gerade in dieser Lage spielt für die Auslegung die spätere Staatenpraxis eine wichtige Rolle. Die Praxis unterscheidet zwischen den drei Kategorien der atomaren, biologischen und chemischen Waffen. Während biologische und chemische Waffen durch das Genfer Giftgasprotokoll und andere Übereinkünfte ausdrücklich geächtet sind, gibt es für Atomwaffen eine Reihe von Beschränkungsabkommen[38]. Diese Abkommen bringen den Willen der Staaten zum Ausdruck, die Atomrüstung einzuschränken, zeigen aber zugleich deutlich, dass die Staaten nicht der Meinung sind, Atomwaffen seien ohnehin durch das Genfer Giftgasprotokoll vollständig geächtet[39]. Das Protokoll verbietet den Atomwaffeneinsatz also nicht.

34 IGH, aaO (Fn 3), Rn 84.
35 IGH, aaO (Fn 3), Rn 85f.
36 IGH, aaO (Fn 3), Rn 78, 95; dazu auch *Kimminich* (Fn 31), in: FS Schlochauer, 407 (415).
37 IGH, aaO (Fn 3), Rn 95–97.
38 Die Textsammlung von *Randelzhofer*, die in Klausuren regelmäßig vorliegen wird, enthält unter Nr 36–38 das Moskauer Atomteststopabkommen, den Vertrag über die Nichtverbreitung von Kernwaffen und das Abkommen zur Verhütung von Atomkriegen. Der *Sartorius* II führt unter Nr 59, 60 und 62 eine ähnliche Auswahl auf. S a den Überbl bei *Hobe/Kimminich*, Einf, S 527 ff.
39 S dazu auch die umfangreichen Erwägungen des IGH, aaO (Fn 3), Rn 53–63.

4. IPbpR

Der Einsatz von Atomwaffen könnte schließlich gegen Art 6 Abs 1 S 3 sowie Art 7 IPbpR verstoßen.

a) Geltungsbereich des Paktes

Fraglich ist, ob der Pakt auf Kampfhandlungen eines Staates auf fremdem Staatsgebiet überhaupt anwendbar ist[40]. Art 2 Abs 1 IPbpR könnte den Eindruck erwecken, als gelte der Pakt nur für Handlungen eines Staates gegen Personen, die sich auf seinem eigenen Staatsgebiet befinden. Der Einsatz von Atomwaffen gegen fremdes Staatsgebiet würde dann vom Pakt nicht erfasst. Liest man Art 2 Abs 1 IPbpR hingegen im Lichte der allgemeinen Regeln der Staatenverantwortlichkeit, lässt er sich als bloße Klarstellung verstehen, dass ein Vertragsstaat für das Verhalten fremder Organe auf fremdem Staatsgebiet nicht verantwortlich ist und dass ihn insoweit auch keine Pflicht zum aktiven Schutz der Betroffenen trifft, selbst wenn es sich um seine Staatsangehörigen handelt[41]. Das schließt aber nicht aus, dass der Staat für Handlungen außerhalb seines Staatsgebietes, die ihm nach allgemeinen Regeln zuzurechnen sind, auch nach dem IPbpR verantwortlich ist. Dafür spricht ebenfalls der systematische Zusammenhang mit Art 12 Abs 4 IPbpR. Diese Vorschrift, die ein Recht auf Einreise in den eigenen Staat gewährt, hätte keinen Anwendungsbereich, wenn sie nur für Personen gelten würde, die sich bereits im Inland befinden. Bei der Auslegung ist zudem die Vertragspraxis zu berücksichtigen. Der UN-Menschenrechtsausschuss, der nach Art 28 Abs 1 IPbpR eingesetzt ist, um die Einhaltung des Vertrages zu überwachen, nimmt eine territoriale Einschränkung des Geltungsbereichs nicht an[42]. In einer neueren Stellungnahme zu den von Israel besetzten Ge-

---

[40] Zum territorialen Geltungsbereich des Paktes allgem *T. Giegerich*, Grund- und Menschenrechte im globalen Zeitalter, EuGRZ 2004, 758 (765 f.); *D. McGoldrick*, Extraterritorial Application of the International Covenant on Civil and Political Rights, in: F. Coomans/M.T. Kamminga (Hrsg), Extraterritorial Application of Human Rights Treaties, Antwerpen/Oxford 2004, 41 ff; *M. Scheinin*, Extraterritorial Effect of the International Covenant on Civil and Political Rights, ebenda, 73 ff; speziell in Hinblick auf bewaffnete Konflikte *M. J. Dennis*, Application of Human Rights Treaties Extraterritorially in Times of Armed Conflict and Military Occupation, AJIL 99 (2005), 119 ff. Die Frage ist derzeit so umstritten, dass ohne weiteres unterschiedliche Ergebnisse vertretbar sind.
[41] *Nowak*, CCPR-Kommentar, Art 2 Rn 27.
[42] In der Sache Gueye ua gegen Frankreich wandte er den Pakt ohne weiteres auf

bieten verweist er ausdrücklich auf die Regeln der Staatenverantwortlichkeit[43]. Auch wenn der Ausschuss keine Kompetenz zur verbindlichen Entscheidung besitzt, sind seine Stellungnahmen jedenfalls dann, wenn sie, wie hier, von der Staatengemeinschaft akzeptiert werden, für die Auslegung des Paktes von großer Bedeutung[44]. Zweifel an dieser weiten Auslegung könnte die Entscheidung des EGMR im Fall Banković wecken[45]. Der EGMR hat den Begriff der Hoheitsgewalt in Art 1 EMRK eng verstanden und den Aspekt der Ausübung von Regelungskompetenzen betont, den die Worte *jurisdiction* und *juridiction* im Originaltext implizieren. Danach soll die rein faktische Ausübung von Hoheitsgewalt durch das Abwerfen von Bomben nicht in den Anwendungsbereich der EMRK fallen. Abgesehen von der Kritik, die die Entscheidung des EGMR erfahren hat[46], ist jedenfalls eine Übertragung auf den IPbpR zweifelhaft. Die EMRK verfasst einen europäischen Menschenrechtsraum, so dass es durchaus konsequent erscheinen mag, wenn die EMRK Vorgänge außerhalb dieses Raumes nicht erfasst. Der IPbpR ist dagegen nach seinem Art 48 auf universelle Geltung angelegt. Das spricht gegen eine Begrenzung seines Anwendungsbereichs *ratione loci*. Nach alledem ist davon auszugehen, dass der Pakt nicht aus territorialen Gründen unanwendbar ist.

Der Pakt regelt nicht ausdrücklich, ob er auch auf kriegerische Auseinandersetzungen Anwendung findet. Die Notstandsregelung des Art 4 IPbpR legt den Schluss nahe, dass der Pakt, von den darin aufgeführten Ausnahmen abgesehen, auf jeden Fall des Notstandes einschließlich kriegerischer

---

Militärrenten an, die Frankreich an Senegalesen zahlte, die früher in der französischen Armee gedient hatten und nun in Senegal lebten; Entsch v 3. 4. 1989, Mitteilung Nr 196/7985, zusammengefasst bei *Nowak*, UN-Human Rights Committee, Survey of decisions given up till July 1989, HRLJ 11 (1990), 139 (150 f); für ein weites Verständnis von Art 2 Abs 1 IPbpR auch UN-MRA, General Comment No 31 v 26. 5. 2004, UN-Doc CCPR/C/21/Rev.1/Add.13, Rn 10. Der IGH, aaO (Fn 3), Rn 24 f, hat an der grundsätzlichen Anwendbarkeit des Paktes auf Atomwaffeneinsätze gegen fremdes Gebiet gleichfalls keine Zweifel.
[43] UN-MRA, Concluding Observations v 21. 8. 2003, UN Doc. CCPR/CO/78/ISR, Rn 11.
[44] So stützt sich auch der IGH in seinem Gutachten zur Mauer in den besetzten Palästinensergebieten (Fn 5, Rn 109) auf die Spruchpraxis des UN-MRA.
[45] EGMR, Entsch v 12. 12. 2001, NJW 2003, 413, Rn 54 ff; dazu schon Fall 9, S 126 sowie *Uerpmann-Wittzack*, in Ehlers, EuGR, § 3 Rn 51.
[46] *Breuer*, Völkerrechtliche Implikationen des Falles Öcalan, EuGRZ 2003, 449 (450 f); *Rüth/Trilsch*, Banković et al. v. Belgium (Admissibility), AJIL 97 (2003), 168 (171).

Auseinandersetzungen Anwendung findet[47]. Unmittelbar werden Kriegszeiten im 2. Fakultativprotokoll zum IPbpR[48] angesprochen, das die Todesstrafe abschafft. Art 2 Abs 1 des Fakultativprotokolls lässt in Hinblick auf Verbrechen in Kriegszeiten bestimmte Vorbehalte zu, macht damit aber deutlich, dass das Protokoll im Übrigen ebenso wie der Pakt auch in Kriegszeiten anwendbar ist[49].

b) Art 6 Abs 1 S 3 IPbpR

Art 6 Abs 1 S 3 IPbpR verbietet willkürliche Tötungen. Jeder Atomwaffeneinsatz führt zur Tötung von Menschen. Der Willkürbegriff verweist auf geschriebene oder ungeschriebene Maßstäbe außerhalb des Paktes; auch Art 20 Abs 2, 46 IPbpR vermögen zu seiner Auslegung beizutragen. Für den Einsatz von Kampfmitteln stellt das humanitäre Völkerrecht spezielle Maßstäbe bereit[50]. Nur anhand der Regelungen des humanitären Völkerrechts lässt sich deshalb beantworten, ob der Einsatz von Atomwaffen willkürlich ist. Art 6 Abs 1 S 3 IPbpR verbietet Atomwaffeneinsätze also in dem Umfang, wie sie dem humanitären Völkerrecht widersprechen. Insoweit kann auf die vorangehenden Ausführungen zu B II 2 und 3 verwiesen werden.

c) Art 7 IPbpR

Der Einsatz von Atomwaffen könnte gegen das Verbot der Folter nach Art 7 S 1 IPbpR verstoßen. Der Folter wohnt ausweislich der Definition in Art 1 Abs 1 S 1 des UN-Übereinkommens gegen Folter und andere grausame, unmenschliche oder erniedrigende Behandlung oder Strafe ein finales Element inne[51]. Es geht darum, dass einem konkreten Individuum Leid zuge-

---

[47] Dahingehend IGH, aaO (Fn 3), Rn 25.
[48] 2. FP v 15.12.1989, *Randelzhofer* Nr 19b = *Sartorius* II Nr 20b.
[49] Zur Fortgeltung von Menschenrechtsabkommen in Kriegen und bewaffneten Konflikten s a *Greenwood*, in: Fleck, HdbHVR, Rn 201.3.
[50] Der IGH, aaO (Fn 3), Rn 25, bezeichnet das humanitäre Völkerrecht ausdrücklich als „lex specialis". Der Ausdruck ist etwas missverständlich, soweit er den Eindruck erwecken könnte, die Regelungen des IPbpR würden durch das humanitäre Völkerrecht verdrängt. Tatsächlich finden IPbpR und humanitäres Völkerrecht nebeneinander Anwendung (so auch der UN-MRA in seinem General Comment No 31 (Fn 42), Rn 11. Das humanitäre Völkerrecht ist nur insoweit spezieller, als es den unbestimmten Rechtsbegriff der Willkür iS von Art 6 Abs 1 S 3 IPbpR für den Bereich der kriegerischen Auseinandersetzungen zu konkretisieren vermag.
[51] Die UN-Folterkonvention vom 10.12.1984 (*Randelzhofer* Nr 21 = *Sartorius* II Nr 22) verstärkt, präzisiert und ergänzt das ältere Folterverbot des Art 7 IPbpR und

fügt wird, um dadurch auf den Willen des Opfers oder eines Dritten Einfluss auszuüben. Soweit Atomwaffen den Opfern Qualen zufügen, fehlt es an diesem finalen Element.

Art 7 IPbpR verbietet jedoch auch andere grausame oder unmenschliche Behandlungen. Die Adjektive grausam und unmenschlich setzen wiederum eine Wertung voraus, die hier nur mit Hilfe der speziellen Maßstäbe des humanitären Völkerrechts getroffen werden kann. Insoweit gilt das oben zu Art 6 Abs 1 S 3 IPbpR Gesagte entsprechend.

sichert es durch ein eigenes internationales Überwachungsverfahren ab (Art 17 ff Folterkonvention). Rechtstechnisch stehen die beiden Abkommen unabhängig nebeneinander. Die Folterdefinition kann aber nach dem Rechtsgedanken des Art 31 Abs 3 Buchst c WVK auch zur Auslegung von Art 7 IPbpR herangezogen werden; so auch *Nowak*, CCPR-Kommentar, Art 7 Rn 6.

Fall 16: Cicero & Töchter

Sachverhalt

Rechtsanwältin Cicero ist Seniorpartnerin der Sozietät „Cicero & Töchter" und engagiertes Mitglied der Regenbogenliste, einer kommunalen Wählervereinigung. Sie wirkt auch in deren „Arbeitskreis Steuergerechtigkeit" mit. Zudem stellt sie der Regenbogenliste ihre Kanzleianschrift als Postadresse zur Verfügung. Daneben besitzt die Wählervereinigung nur ein Postfach.

Der Spitzensportler S ist wegen Steuerhinterziehung angeklagt und befindet sich in Untersuchungshaft. Einige Wochen nach Beginn der Aufsehen erregenden Hauptverhandlung hebt die Strafkammer den Haftbefehl gegen S mit der Begründung auf, dass kein dringender Tatverdacht mehr vorliege. Daraufhin erhält V, der Vorsitzende der Strafkammer, ein Telefax, in dem er als „Sklave der Sport- und Finanzmafia" bezeichnet und ihm Rechtsbeugung vorgeworfen wird. Für den Fall, dass S freigesprochen werde, heißt es in dem Schreiben weiter, werde man dafür sorgen, dass V die Freude an seinem neuen Eigenheim vergehe. Unterzeichnet ist das Telefax mit dem Namen Konrad Wenig. Der Verfasser erklärt, im Namen des Arbeitskreises Steuergerechtigkeit der Regenbogenliste zu handeln. Als Adresse ist nur das Postfach der Regenbogenliste angegeben.

Auf Antrag der Staatsanwaltschaft erlässt das Amtsgericht einen Durchsuchungsbefehl, mit dem die Kanzlei Cicero & Töchter durchsucht wird. Die Staatsanwälte und Polizisten blättern im Beisein der Kanzleimitarbeiter einige Mandantenakten durch, die unter „W" abgelegt sind, ferner zwei Aktenordner mit der Aufschrift „Arbeitskreis Steuergerechtigkeit". Als sich die Identität von Konrad Wenig weder auf diese noch auf andere Weise klären lässt, werden die Ermittlungen eingestellt.

Cicero & Töchter wehren sich gegen die Durchsuchung mit strafprozessualen Rechtsbehelfen, die am 6.12.2004 endgültig zurückgewiesen werden. Eine daraufhin eingelegte Verfassungsbeschwerde wird vom Bundesverfassungsgericht durch Beschluss vom 4.4.2005, zugestellt am 24.4.2005, nicht zur Entscheidung angenommen. Am 14.10.2005 erheben Cicero & Töchter Beschwerde zum Europäischen Gerichtshof für Menschenrechte (EGMR).

War die Durchsuchung völkerrechtswidrig? Wie wird der EGMR entscheiden?

Lösung

Vorbemerkung: Der Fall ist der Niemietz-Entscheidung des EGMR[1] nachgebildet. Er zeigt exemplarisch die hoch entwickelte Schrankensystematik der Art 8–11 EMRK. Auch wenn besondere Vorkenntnisse einschlägiger Straßburger Spruchpraxis nicht vorhanden sind, ist es möglich, etwa ausgehend von der deutschen Grundrechtsdogmatik[2] die Schutzbereichsebene in Art 8 Abs 1 von der Schrankenebene in Art 8 Abs 2 EMRK zu trennen und darüber hinaus den qualifizierten Gesetzesvorbehalt in Art 8 Abs 2 EMRK in sinnvoller Strukturierung zu prüfen.

A. Vereinbarkeit der Durchsuchung mit dem Völkerrecht

I. Schutz des Privatlebens nach Art 8 EMRK

1. Eingriff in den Schutzbereich

Die Mandantenakten und die Aktenordner, die im Rahmen der Durchsuchung durchgesehen wurden, könnten als Teil des Privatlebens der Anwältinnen durch Art 8 Abs 1 EMRK geschützt sein. Vom Wortlaut her lässt sich die Garantie unterschiedlich weit verstehen. Sieht man das Privatleben als Gegensatz zum Berufs- und Geschäftsleben an, wären die Akten dem beruflichen Bereich zuzuordnen und nicht dem Privatleben. Denkbar ist es aber auch, das Privatleben in einem weiteren Sinn vom öffentlich-staatlichen Leben abzugrenzen. Die Berufsausübung der Rechtsanwältinnen wäre dann dem nichtstaatlich-privaten Bereich zuzuordnen.

Nach Art 31 Abs 1 WVK, der auf die ältere EMRK nach Art 4 WVK zwar nicht direkt, aber als Ausdruck parallelen Gewohnheitsrechts Anwendung findet[3], ist für die Auslegung auch der Zusammenhang der Garantie zu berücksichtigen. Das Privatleben steht in Art 8 Abs 1 EMRK als einer von vier Schutzbereichen ua neben dem Schutz der Korrespondenz. Bei der Korrespondenz ist geschäftlicher Briefverkehr ohne weiteres miterfasst.

---

[1] Series A Nr 215-B = EuGRZ 1993, 65 = NJW 1993, 718; dazu *Kunig*, JK 93, EMRK Art 8/1.
[2] Dazu *v. Münch*, in: ders/Kunig, GGK I, Rn 48 ff vor Art 1–19; *Höfling*, Grundrechtstatbestand – Grundrechtsschranken – Grundrechtsschrankenschranken, Jura 1994, 169 ff.
[3] EGMR, Series A Nr 18 = EuGRZ 1975, 91 (93), Rn 29 – Golder.

Geht man davon aus, dass Familienleben, Wohnung und Korrespondenz jeweils besondere Ausprägungen des privaten Bereichs sind, den Art 8 Abs 1 EMRK umfassend schützen will, ergibt sich, dass auch solche geschäftlichen Unterlagen, die nicht als Korrespondenz geschützt sind, in den Schutzbereich des Privatlebens fallen. Zudem macht die Garantie der Korrespondenz deutlich, dass es Art 8 Abs 1 EMRK nicht nur um den Schutz eines inneren Bereiches menschlichen Daseins geht, sondern auch um die Beziehungen zu anderen Menschen. Derartige Kontakte zur Außenwelt ergeben sich für viele Menschen gerade auch im Berufs- und Geschäftsleben. Zudem ist fraglich, ob der beruflich-geschäftliche Bereich von dem ieS privaten Bereich überhaupt sinnvoll getrennt werden könnte. Denn jedenfalls bei einem freien Beruf, wie ihn der Rechtsanwalt ausübt, ist beides häufig ineinander verwoben. Nach alledem ist ein weites Verständnis vorzuziehen, bei dem das Privatleben das Berufs- und Geschäftsleben umfasst und den Gegensatz zum staatlichen Bereich bildet. Die Akten gehören damit dem Privatleben an, ihre Durchsicht bedeutet einen Eingriff.

2. Schranken

Art 8 Abs 2 EMRK unterstellt die Garantie des Privatlebens nach Art 8 Abs 1 EMRK einem qualifizierten Gesetzesvorbehalt.

a) Eingriff gesetzlich vorgesehen

Der Eingriff muss zunächst überhaupt gesetzlich vorgesehen sein[4]. Die Vorschriften der StPO, namentlich § 103 StPO, stellen eine gesetzliche Eingriffsgrundlage dar. Ähnlich wie im innerstaatlichen Recht ein Grundrecht schon dann verletzt ist, wenn ein staatlicher Eingriff gegen Normen des einfachen Rechts verstößt und damit nicht Ausdruck der Grundrechtsschranken ist[5], führt bei Art 8 EMRK jeder Verstoß gegen die innerstaatliche Eingriffsgrundlage zu einer Konventionsverletzung[6]. Allerdings obliegt die Prüfung, ob die Eingriffsvoraussetzungen des nationalen Gesetzes im konkreten Fall erfüllt sind, in erster Linie den nationalen Gerichten. Das bedeutet, dass der Straßburger Gerichtshof nur überprüfen, ob nationale Organe das nationale Recht in einer unvertretbaren, willkürlichen Weise angewandt

---

4 Dazu im einzelnen *Frowein*, in: Frowein/Peukert, EMRK, Rn 2–10 vor Art 8–11.
5 S dazu *B. Pieroth/B. Schlink*, Grundrechte/Staatsrecht II, 20. Aufl, 2004, Rn 1172 f.
6 S dazu für die parallele Konstellation bei Art 5 EMRK BGHZ 122, 268 (270) und dazu *Kunig*, JK 94, EMRK Art 5 V/1; ferner OLG Köln, NVwZ 1997, 518.

haben[7]. Hier geht es jedoch nicht nur darum, die Entscheidung des EGMR vorzubereiten. Vielmehr ist die Vereinbarkeit der Durchsuchung mit der EMRK umfassend zu würdigen. Dazu gehört auch die Vereinbarkeit mit dem nationalen Recht, auf das Art 8 Abs 2 EMRK verweist. Allerdings ist im konkreten Fall nicht ersichtlich, dass die Durchsicht der Akten im Rahmen der Durchsuchung von §§ 103, 105 StPO nicht gedeckt wäre und dass die deutschen Gerichte diese Normen falsch angewandt hätten.

b) Legitimer Zweck

Mit dem Eingriff muss einer der in Art 8 Abs 2 genannten Eingriffszwecke verfolgt werden[8]. Hier geht es um den Schutz der Rechte anderer, nämlich der Ehre des Richters V. Zudem gehört es zur „Verteidigung der Ordnung", wenn die Rechtspflege vor Druck und Einflussnahme geschützt wird[9].

c) „Notwendigkeit in einer demokratischen Gesellschaft"

Schließlich muss der Eingriff „in einer demokratischen Gesellschaft notwendig" sein[10]. Nach der Rechtsprechung des EGMR ist dafür ein „dringendes soziales Bedürfnis" erforderlich. Den nationalen Stellen steht insoweit

---

7 S dazu *Frowein*, in: Frowein/Peukert, EMRK, Rn 8 f vor Art 8–11; *Kunig*, JK 93, EMRK Art 1/1. Diese Einschränkung findet ihre Entsprechung im deutschen Verfassungsprozeßrecht, wo sich das BVerfG auf die Prüfung der Verletzung „spezifischen Verfassungsrechts" beschränkt; s dazu *Erichsen*, Die Verfassungsbeschwerde, Jura 1992, 142 (148); *Pieroth/Schlink* (Fn 5), Rn 1172 ff.

8 Dazu allgem *Frowein*, in: Frowein/Peukert, EMRK, Rn 11–13 vor Art 8–11.

9 Der EGMR führte im Fall Niemietz, aaO (Fn 1), Rn 36, statt der Verteidigung der Ordnung die Verhinderung strafbarer Handlungen an. Das ist problematisch, weil die StPO Durchsuchungen allein zum Zwecke der Strafverfolgung gestattet, nicht aber zur Abwehr weiterer Straftaten; s *L. Meyer-Goßner*, StPO, 47. Aufl, 2004, Rn 4 vor § 94. Der EGMR mag daran denken, dass eine Verurteilung der Täter, die nach der StPO vorbereitet wird, ihrerseits präventive Wirkung entfalten kann und soll. Bei einem derart weiten Präventionsverständnis würde allerdings der Begriff der „Verhinderung von strafbaren Handlungen" konturlos. Zudem zeigt auch Art 5 Abs 1 Buchst c EMRK, dass die Konvention die Strafverfolgung als repressive Maßnahme der Prävention gegenüberstellt. In dieser Bestimmung wird zwischen Untersuchungshaft infolge einer Straftat und Vorbeugegewahrsam zur Verhütung von Straftaten unterschieden. Dabei rechtfertigen nur konkret bevorstehende, hinreichend bestimmte Straftaten die Präventivhaft, während allgemeine Präventionserwägungen, wie sie mit der Verhängung von Strafe verbunden sind, nicht ausreichen; s dazu *Peukert*, in: Frowein/Peukert, EMRK, Art 5 Rn 81.

10 Dazu im einzelnen *Frowein*, in: Frowein/Peukert, EMRK, Rn 14–17 vor Art 8–11; für den vorliegenden Fall EGMR, aaO (Fn 1), Rn 37.

Fall 16: Cicero & Töchter

ein gewisser Beurteilungsspielraum zu. Dessen Ausübung unterliegt jedoch der Kontrolle am Maßstab der Verhältnismäßigkeit[11].

Die Durchsicht der Mandantenakten und der Aktenordner zum Arbeitskreis Steuergerechtigkeit war bei der gebotenen *ex-ante*-Betrachtung nicht offensichtlich ungeeignet, die Identität von Konrad Wenig zu klären und damit eine Strafverfolgung zu ermöglichen. Weniger beeinträchtigende Ermittlungsalternativen gab es offenbar nicht, da die Ermittlungen schließlich trotz aller Bemühungen erfolglos blieben.

Für die Verhältnismäßigkeit ieS ist die Bedeutung des verfolgten Zweckes gegen die Schwere des Eingriffs abzuwägen. Das Ermittlungsinteresse ist durchaus gewichtig, da neben der Beleidigung auch eine versuchte Nötigung in Rede steht und nach den Ankündigungen des Telefax-Verfassers Folgestraftaten nicht ausgeschlossen werden können. Wird, wie hier, versucht, richterliche Entscheidungen durch Drohungen zu beeinflussen, ist letztlich die Funktionsfähigkeit der Justiz an sich bedroht.

Auf der anderen Seite sind gerade Anwaltskanzleien in besonderem Maße schutzbedürftig. Könnten die Strafverfolgungsbehörden ohne weiteres Zugriff auf die Unterlagen eines Rechtsanwaltes nehmen, wäre eine ordnungsgemäße Strafverteidigung, die nach Art 6 Abs 1 und 3 Buchst c EMRK auch im Rahmen der Konvention einen hohen Stellenwert besitzt, in Frage gestellt. Es kommt hinzu, dass die Ausführung der Durchsuchung nicht durch besondere Verfahrensgarantien, wie die Zuziehung eines unabhängigen Beobachters, abgesichert war. Wird schließlich bekannt, dass in der Kanzlei Akten durchgesehen wurden, kann dies das Vertrauensverhältnis der Mandanten zu ihren Rechtsanwältinnen beeinträchtigen. Dabei tritt der Vertrauensverlust nicht erst dann ein, wenn Mandantenakten durchgesehen werden, wie hier die unter „W" abgelegten, sondern schon dann, wenn Staatsorgane überhaupt Zugriff auf Unterlagen in der Kanzlei nehmen, wie hier auf die Aktenordner zum Arbeitskreiskreis Steuergerechtigkeit.

Unter diesen Umständen sind die Anforderungen an die Rechtfertigung eines Eingriffs sehr hoch anzusetzen. Auch wenn das Ermittlungsinteresse ebenfalls gewichtig ist, muss in die Abwägung der Grad an Wahrscheinlichkeit miteinfließen, dass die Durchsicht der Akten weiterführende Ermittlungsergebnisse zeitigt. Dabei ist zu berücksichtigen, dass das Telefax, das der Unbekannte gesandt hatte, keinen Hinweis auf die Kanzlei enthielt. Ein Zusammenhang wird nur dadurch hergestellt, dass der Täter vorgab, im

---

11 Grundlegend EGMR, Series A Nr 24 = EuGRZ 1977, 38, Rn 47 ff – Handyside.

Namen eines Arbeitskreises einer Vereinigung zu handeln, der die Anwältin Cicero ihre Postanschrift zur Verfügung stellt und in der sie mitwirkt. Ein Aufschluss über die Person des Täters ließ sich von den gesichteten Akten nur erwarten, wenn der Täter Mitglied des Arbeitskreises Steuergerechtigkeit war oder mit diesem zumindest in Kontakt stand. Da ein Straftäter seine Identität kaum dergestalt offenbaren wird, lag dies keineswegs nahe.

In dieser Situation erscheint die Durchsicht von Akten in der Kanzlei als übermäßiger Eingriff[12]. Das Recht auf Achtung des Privatlebens ist verletzt.

II. Schutz der Wohnung nach Art 8 EMRK

1. Eingriff in den Schutzbereich

Darüber hinaus könnte die Durchsuchung der Kanzlei in das gleichfalls durch Art 8 Abs 1 EMRK garantiere Recht auf Achtung der Wohnung eingreifen. Dann müsste die Kanzlei eine Wohnung iS dieser Norm darstellen. Die Auslegung hat, wie schon beim Begriff des Privatlebens, vom Wortlaut auszugehen, wobei allein der authentische englische und französische Text maßgebend sind. Der französische Begriff „domicile" lässt sich ohne weiteres auf Geschäftslokale beziehen, während der englische Begriff „home" enger ist und etwa dem deutschen Begriff „Wohnung" entspricht. Auch dieser Begriff – und ebenso das englische Pendant – ist aber einer weiten Auslegung zugänglich, wie die Rechtsprechung des Bundesverfassungsgerichts zur weiten Auslegung des Wohnungsbegriffs in Art 13 GG zeigt[13]. Hinzu kommt, wie beim Privatleben, das systematische Argument angesichts des umfassend verbürgten Schutzes der Korrespondenz. Schließlich können Geschäftsräume auch zu anderen als geschäftlichen Zwecken genutzt werden, während geschäftliche Tätigkeit auch in anderen als Geschäftsräumen stattfinden kann, so dass eine klare Trennung – erneut: wie schon beim Privatleben – ausscheidet. Im Ergebnis ist die Kanzlei damit als Wohnung im Konventionssinn anzusehen[14]. Die Durchsuchung stellt einen Eingriff dar.

---

[12] Der Lösungsvorschlag folgt im Ergebnis der Niemietz-Entscheidung des EGMR. Die Lösung ist weitgehend offen, ein anderes Ergebnis mit entspr Begründung gleichfalls vertretbar.

[13] BVerfGE 32, 54 (68 ff); dazu *Kunig*, Grundrechtlicher Schutz der Wohnung, Jura 1992, 476 (478); Kritik etwa bei *E. Stein/G. Frank*, Staatsrecht, 19. Aufl, 2004, § 34 II 1, S 288 f; zur Rechtsvergleichung als Methode der Konventionsauslegung s *Ganshof van der Meersch*, Reliance, in the Case-Law of the European Court of Human Rights, on the Domestic Law of the States, HRLJ 1 (1980), 13 ff.

[14] So auch EGMR, aaO (Fn 1), Rn 30–33; enger noch EuGH, Slg 1989, 2859, Rn 18 – Hoechst; dazu *Kunig* JK 90, EWGV Art 173/2; mittlerweile zeichnet sich ab, dass der

2. Schranken

Für eine mögliche Rechtfertigung des Eingriffs nach Art 8 Abs 2 EMRK gilt im Wesentlichen das oben zum Privatleben Gesagte entsprechend. Die Durchsuchung findet ihre durch Art 8 Abs 2 EMRK geforderte gesetzliche Grundlage in den Vorschriften der StPO und dient den o zu A I 2b genannten legitimen Zwecken. Sie müsste jedoch überdies in einer demokratischen Gesellschaft notwendig, also insbesondere verhältnismäßig sein. Oben zu A I 2c wurde festgestellt, dass die Durchsicht der Akten zum Zwecke der Strafverfolgung einen übermäßigen Eingriff in die Rechte der Anwältinnen darstellt. Bei der Durchsuchung ging es allein darum, derartige Akten zu finden. Daraus folgt, dass die Durchsuchung ihrerseits unverhältnismäßig ist, weil die Suche nach Akten, die nicht durchgesehen werden dürfen, keinen wirksamen Beitrag zur Strafverfolgung zu leisten vermag.

Die Durchsuchung verletzt mithin das Recht auf Achtung der Wohnung nach Art 8 EMRK.

III. Art 17 Abs 1 IPbpR

Die Durchsuchung der Kanzlei könnte zudem gegen Art 17 Abs 1 IPbpR verstoßen. Auch diese Bestimmung schützt vor Eingriffen in Privatleben und Wohnung. Es besteht kein Anlass, die Begriffe hier anders auszulegen als in Art 8 Abs 1 EMRK[15]. Die Vorschrift verbietet Eingriffe aber, anders als Art 8 EMRK, nur, soweit sie rechtswidrig oder willkürlich sind. Mit dem Begriff der Rechtswidrigkeit verweist der Pakt, ähnlich wie Art 8 EMRK mit dem Erfordernis der gesetzlichen Grundlage[16], auf das nationale Recht. Ver-

---

EuGH den weiten Wohnungsbegriff des EGMR übernehmen wird, s. *H.-W. Rengeling/P. Szczekalla*, Grundrechte in der Europäischen Union, 2004, Rn 657–659.

[15] *Nowak*, CCPR-Kommentar, Art 17 Rn 15 für den Begriff des Privatlebens. In methodischer Hinsicht ist zu beachten, dass die gleiche Wortwahl in Verträgen zwischen unterschiedlichen Vertragsparteien keineswegs immer auf eine übereinstimmende Bedeutung schließen lässt. Vielmehr sind stets der Wille der jeweiligen Vertragsparteien und das rechtliche Umfeld zu berücksichtigen, in den ein Vertrag eingebettet ist. So lässt die große Homogenität der Europaratsstaaten mit ihrer gemeinsamen, europäischen Grundrechtskultur schon seit mehreren Jahrzehnten eine extensive, teilweise „dynamische" Auslegung zu, die den Konventionsrechten eine hohe Wirksamkeit verleiht; s dazu *Frowein*, in: Frowein/Peukert, EMRK, Einf Rn 7ff. Für den IPbpR, dem lange Zeit Staaten aus entgegengesetzten ideologischen Lagern und noch heute Staaten aus unterschiedlichen Kulturkreisen angehören, gilt das nicht in demselben Maße.

[16] S schon o S 211f, bei und in Fn 6f.

stöße gegen die StPO sind hier, wie oben festgestellt[17], nicht erkennbar. Auch für einen sonstigen Fall der Willkür besteht kein Anhalt. Art 17 Abs 1 IPbpR ist somit nicht verletzt.

B. Entscheidung des EGMR
I. Zulässigkeit

Vorbemerkung: Die Reihenfolge, in der die einzelnen Zulässigkeitsvoraussetzungen geprüft werden, ist nicht zwingend vorgegeben. Allerdings sollten die Voraussetzungen des Art 34 auf jeden Fall vor Rechtswegerschöpfung und Frist (Art 35 Abs 1) behandelt werden und die Frage nach einer offensichtlichen Unbegründetheit, die gemäß Art 35 Abs 3 EMRK zur Zulässigkeit gehört, erst ganz am Ende gestellt werden. Der folgende Aufbauvorschlag, der nebenstehend schematisch zusammengefasst ist, lehnt sich an die als bekannt vorauszusetzenden Kategorien des deutschen Verfassungsprozessrechts an[18] und empfiehlt sich daher für Klausuren. Zu beachten ist aber, dass die EMRK die Zulässigkeitsvoraussetzungen etwas anders systematisiert[19].

Zulässigkeit der EMRK-Beschwerde

1. **Beteiligte** (Zuständigkeit *ratione personae*; Art 34 S 1 EMRK)
   a) Beschwerdeführer
   b) Beschwerdegegner
2. **Beschwerdegegenstand**
3. **Beschwerdebefugnis**
   • Recht, das in der Konvention garantiert ist
     (Zuständigkeit *ratione materiae*; Art 35 Abs 3 EMRK)
   • Selbstbetroffenheit/Opfereigenschaft (Art 34 S 1 EMRK)
4. **Rechtswegerschöpfung** (Art 35 Abs 1 EMRK)
5. **6-Monatsfrist** (Art 35 Abs 1 EMRK)
6. **Keine offensichtliche Unbegründetheit** (Art 35 Abs 3 EMRK)

Anmerkung: Das Schema strukturiert nur die Zulässigkeitsvoraussetzungen, die stets zu behandeln sind. Auf die weiteren in Art 35 EMRK genannten Voraussetzungen ist einzugehen, wenn der Fall dazu Anlass gibt.

---

17 S 212.
18 S a den Aufbauvorschlag von *Ehlers*, in: ders, EuGR, § 2 Rn 55–65, der noch stärker der Verfassungsbeschwerde folgt.
19 S dazu *Grabenwarter*, EMRK, § 13 Rn 2ff (S 51ff); *M. E. Villiger*, Handbuch der

Fall 16: Cicero & Töchter

1. Beteiligte[20]

Die Soziae von Cicero & Töchter sind als Personengruppe nach Art 34 S 1 EMRK beschwerdefähig.
Deutschland ist als Vertragsstaat der EMRK tauglicher Beschwerdegegner.

2. Beschwerdegegenstand

Gegenstand der Beschwerde muss ein Verhalten sein, das dem Beschwerdegegner Deutschland zuzurechnen ist[21]. Die Durchsuchung ist ein Akt der Landesstaatsgewalt. Völkerrechtlich hat die Bundesrepublik Deutschland auch für das Verhalten der Länder einzustehen[22].

3. Beschwerdebefugnis

Nach Art 35 Abs 3 EMRK darf die Beschwerde nicht unvereinbar mit der Konvention sein. Die Kommission ist demnach unzuständig *ratione materiae*, wenn ein Recht gerügt wird, das in der Konvention nicht enthalten ist. Hier wird jedoch mit Art 8 EMRK ein Konventionsrecht geltend gemacht[23].
Zudem müssen die Beschwerdeführerinnen nach Art 34 S 1 EMRK als „Opfer" anzusehen sein[24]. Daran fehlt es bei einer Popularbeschwerde. Hier sind die Beschwerdeführerinnen aber selbst betroffen.

Europäischen Menschenrechtskonvention, 2. Aufl, 1999, §§ 5 ff; allgem zur Zulässigkeit der EMRK-Beschwerde s a *A. Peters*, Einführung in die Europäische Menschenrechtskonvention, 2003, § 35 sowie die Kommentierung der Art 34, 35 von *J. Meyer-Ladewig*, Konvention zum Schutz der Menschenrechte und Grundfreiheiten, 2003.
20 Sog Zuständigkeit *ratione personae*.
21 Als ein Beispiel, wo diese Voraussetzung problematisch war, s EGMR, Series A Nr 240 = HRLJ 13 (1992), 445 (Drozd und Janousek) und dazu *Kunig*, JK 93, EMRK Art 1/1.
22 S dazu Einl, S 18 sowie Fall 4, S 60; speziell zur EMRK *Peukert*, in: Frowein/Peukert, Art 25 Rn 49.
23 Während im deutschen Prozessrecht an dieser Stelle weitergehend nach der „Möglichkeit" einer Rechtsverletzung gefragt würde, stellt der EGMR entspr Erwägungen eher unter dem Prüfungspunkt der „offensichtlichen Unbegründetheit" an.
24 Der authentische Text von Art 34 S 1 EMRK verwendet die Ausdrücke „victim"/„victime".

4. Rechtswegerschöpfung (Art 35 Abs 1 EMRK)

Die Beschwerdeführerinnen haben den innerstaatlichen Rechtsweg, zu dem auch die Verfassungsbeschwerde zählt[25], in Einklang mit Art 35 Abs 1 EMRK erschöpft.

5. Frist (Art 35 Abs 1 EMRK)

Die Beschwerdeführerinnen müssen die sechsmonatige Beschwerdefrist gewahrt haben. Es ist fraglich, wann die Frist zu laufen begann. Der Wortlaut des Art 35 Abs 1 EMRK könnte so zu verstehen sein, dass es auf das Datum der Beschlussfassung des BVerfG, also auf den 4. 4. 2005 ankommt[26]. Allerdings soll die Frist dem Betroffenen Gelegenheit geben zu überlegen, ob er sich gegen die Entscheidung wehren will. Diesen Zweck kann die Frist nur erfüllen, wenn sie erst mit der Bekanntgabe der Entscheidung gegenüber dem Betroffenen zu laufen beginnt. Der Wortlaut der Vorschrift lässt eine entsprechende Auslegung zu, wenn man zum Ergehen einer Entscheidung auch deren Bekanntgabe rechnet. Demnach ist für den Fristbeginn auf die Bekanntgabe der Entscheidung abzustellen, hier also auf den Tag der Zustellung[27]. Damit lief die Frist erst am 24.10.2005 ab, die Beschwerde ist mithin am 14.10. fristgerecht erhoben worden.

6. Keine offensichtliche Unbegründetheit (Art 35 Abs 3 EMRK)

Schließlich ist die Beschwerde nach Art 35 Abs 3 EMRK unzulässig, wenn sie offensichtlich unbegründet ist[28]. Nach dem oben in Teil A zum Verstoß gegen Art 8 EMRK Gesagten ist die Beschwerde nicht offensichtlich unbegründet[29].

---

25 *Peukert,* in: Frowein/Peukert, EMRK, Art 26 Rn 25. Da Cicero & Töchter zunächst Verfassungsbeschwerde erhoben hatten, muß dieser Punkt nicht weiter problematisiert werden.
26 Noch deutlicher als der deutsche Wortlaut ist insoweit die authentische englische und französische Fassung von Art 35 Abs 1 EMRK: „from the date on which the final decision was taken"/„à partir de la décision interne définitive".
27 S dazu *Grabenwarter,* EMRK, § 13 Rn 35f (S 68).
28 In diesem Punkt unterscheidet sich die EMRK deutlich vom deutschen Prozessrecht.
29 Auch wenn man, anders als der EGMR im Fall Niemietz, im Ergebnis keinen EMRK-Verstoß annimmt, wäre die Unbegründetheit jedenfalls nicht so offensichtlich, dass sie zur Unzulässigkeit führt.

7. Ergebnis

Die Beschwerde ist zulässig, was der EGMR nach Art 29 Abs 3 EMRK grundsätzlich in einer gesonderten Entscheidung feststellt.

II. Begründetheit und Endentscheidung des Gerichts

Die Beschwerde ist begründet, wenn die Beschwerdeführerinnen durch die Durchsuchung der Wohnung in ihren Rechten aus Art 8 EMRK verletzt sind. Das ist nach den Ausführungen zu A I der Fall. Der EGMR wird die Konventionsverletzung feststellen.

Darüber hinaus kann der EGMR den Beschwerdeführerinnen nach Art 41 EMRK eine Entschädigung zusprechen, die neben dem Ersatz materieller Schäden und einer etwaigen Genugtuung für erlittenes Unrecht auch die Verfahrenskosten der Beschwerdeführerinnen umfasst[30]. Ein materieller Schaden ist allerdings nicht ersichtlich. Verfahrenskosten werden anscheinend nicht geltend gemacht. Eine gewisse Genugtuung liegt bereits darin, dass der EGMR den deutschen Konventionsverstoß feststellt. Es ist nicht erkennbar, dass im vorliegenden Fall eine darüber hinausgehende Genugtuung in Form einer Geldzahlung erforderlich wäre.

---

[30] *Grabenwarter*, EMRK, § 15 (S 88 ff).

Fall 17: Straßburg v Luxemburg

Sachverhalt

1. Die EG-Kommission verhängt gegen die deutsche Unternehmerin U gemäß Art 23 Abs 2 der Verordnung Nr 1/2003 des Rates vom 16.12.2002[1] ein Bußgeld in Höhe von 50.000 €, weil U mit einem Konkurrenten eine nach Art 82 Abs 1 EG verbotene Preisabsprache getroffen hat. Kurz vor der Entscheidung der Kommission ist U zahlungsunfähig geworden. Ein Insolvenzverfahren wurde mangels Masse nicht eröffnet.

U möchte gegen die Entscheidung der Kommission vor dem Europäischen Gericht erster Instanz (EuG) Nichtigkeitsklage erheben. Da vor dem EuG nach Art 19 Abs 3, Art 53 Abs 1 Satzung des Gerichtshofs[2] Anwaltszwang besteht, stellt U einen Antrag auf Prozesskostenhilfe und Beiordnung eines Anwalts gemäß Art 94, 95 Verfahrensordnung des EuG[3]. Das EuG weist den Antrag ohne mündliche Verhandlung durch unanfechtbaren Beschluss zurück. Zur Begründung heißt es, U sei zwar bedürftig, doch sei die beabsichtigte Klage offensichtlich aussichtslos.

U fühlt sich dadurch in ihrem Recht aus Art 6 Abs 3 Buchst c EMRK verletzt, verzichtet aber aus Kostengründen auf eine Nichtigkeitsklage vor dem EuG. Stattdessen wendet sie sich vor deutschen Gerichten gegen die Entscheidung, mit der das Bundesministerium der Justiz (BMJ) gemäß Art 256 Abs 2 S 2 EG die Vollstreckungsklausel für die Kommissionsentscheidung erteilt. Ihre Rechtsbehelfe einschließlich einer Verfassungsbeschwerde bleiben erfolglos. Die deutschen Gerichte verweisen die U auf möglichen Rechtsschutz durch das EuG. Dass dieses keine Prozesskostenhilfe bewilligt habe, ändere nichts daran, dass die Vollstreckungsklausel nach Art 256 Abs 2 S 2 EG ohne jede inhaltliche Prüfung durch deutsche Stellen zu erteilen sei.

U erhebt daraufhin innerhalb der Frist nach Art 35 Abs 1 EMRK gegen die EG und gegen Deutschland Beschwerde zum Europäischen Gerichtshof für Menschenrechte (EGMR). Der Fall erregt öffentliches Aufsehen und lässt den Ruf lauter werden, den schon seit Jahren diskutierten Beitritt der EG zur EMRK zu vollziehen.

---

1 *Sartorius* II Nr 165.
2 *Sartorius* II Nr 245.
3 *Sartorius* II Nr 252.

Fall 17: Straßburg v Luxemburg

1. Wie wird der EGMR entscheiden?
2. Wieweit ist ein Beitritt der EG zur EMRK schon vor einem Inkrafttreten des Vertrages über eine Verfassung für Europa mit geltendem Völker- und Europarecht vereinbar?

Bearbeitungsvermerk: Art 17 des 14. ZP zur EMRK, das noch nicht in Kraft getreten ist, fügt in Art 59 EMRK den folgenden, neuen Abs 2 ein: „Die Europäische Union kann dieser Konvention beitreten."[4]

Lösung

1. Frage: Entscheidung des EGMR

Der EGMR wird den Beschwerden stattgeben, wenn sie zulässig und begründet sind[5].

A. Zulässigkeit der Beschwerde gegen die EG

Die Zulässigkeit der Beschwerde gegen die EG beurteilt sich nach Art 34 und 35 EMRK. Als Beschwerdegegner kommen nach Art 34 EMRK nur Vertragsparteien der EMRK in Betracht. Dazu gehört die EG nicht. Die Organe der EG könnten immerhin mittelbar an die Grundrechtsstandards der EMRK gebunden sein. Positivrechtlich ordnet Art 6 Abs 2 EUV eine gewisse Bindung an[6]. Diese Verpflichtung ist allerdings unionsrechtlicher Natur. Sie macht weder die EU als solche[7] noch die EG zur Vertragspartei der EMRK. Die EG ist damit nicht tauglicher Beschwerdegegner. Die gegen sie gerichtete Beschwerde ist unzulässig *ratione personae*[8]. Der EGMR wird sie zurückweisen.

---

[4] Originaltext: „The European Union may accede to this Convention."/„L'Union européenne peut adhérer à la présente Convention"; CETS No 194.
[5] Allgem zur Zulässigkeitsprüfung s schon Fall 16, S 216 ff.
[6] Zum Umfang der Bindung s *Ehlers*, in: ders, EuGR, § 14 Rn 10 f; *Kingreen*, in: C. Calliess/M. Ruffert (Hrsg), Kommentar zu EU-Vertrag und EG-Vertrag, 2. Aufl 2002, Art 6 Rn 33, 55; *Kokott*, Der Grundrechtsschutz im europäischen Gemeinschaftsrecht, AöR 121 (1996), 599 (601–604); *H.-W. Rengeling/P. Szczekalla*, Grundrechte in der Europäischen Union, 2004, Rn 167 ff; *Uerpmann*, in: v Bogdandy (Hrsg), Europäisches Verfassungsrecht, 2003, 339 (365 ff).
[7] Zum umstrittenen Rechtsstatus der Union s schon die Nachw o Fall 5, S 73 f, Fn 14 f.
[8] So auch EKMR, Decisions and Reports 13, 231 (235) = EuGRZ 1979, 431 – CFDT, m Anm *Fastenrath*, EuGRZ 1979, 534 ff zur Rechtslage vor dem EUV; s auch EGMR, Slg 1999-I, 251 = NJW 1999, 3107, Rn 32 – Matthews und dazu *Ehlers*, JK 99, EMRK, Art 3 1. ZP/2.

B. Zulässigkeit der Beschwerde gegen Deutschland

I. Beteiligte

Als natürliche Person ist U gemäß Art 34 EMRK taugliche Beschwerdeführerin. Deutschland ist als Vertragsstaat der EMRK tauglicher Beschwerdegegner.

II. Beschwerdegegenstand

1. Akte der deutschen Staatsgewalt

Die Entscheidung des BMJ und die nachfolgenden Entscheidungen deutscher Gerichte sind der Bundesrepublik Deutschland völkerrechtlich ohne weiteres zuzurechnen und stellen damit einen geeigneten Beschwerdegegenstand dar. Dass diese Akte teilweise auf Gemeinschaftsrecht beruhen, ändert nichts daran, dass es sich um deutsche Hoheitsakte handelt[9]. Nur darauf kommt es für den Beschwerdegegenstand an.

2. Europäische Hoheitsakte

Es lässt sich erwägen, ob Deutschland darüber hinaus unmittelbar für die Entscheidung des EuG verantwortlich ist. Das EuG ist ein Organ der EG. Sein Verhalten ist zunächst der EG als einer gegenüber Deutschland eigenständigen Rechtspersönlichkeit zuzurechnen. Fraglich ist allerdings, ob die EMRK die Rechtspersönlichkeit der EG anerkennt, solange diese nicht selbst der EMRK beigetreten ist. Sollte die EMRK die Rechtspersönlichkeit der EG nicht anerkennen, würde aus konventionsrechtlicher Sicht die EG als Zurechnungseinheit entfallen und das Verhalten der EG-Organe wäre den Mitgliedstaaten zuzurechnen, die die EG gegründet haben und tragen[10].

Für diesen Ansatz könnte Art 1 EMRK sprechen. Danach sichert Deutschland allen seiner Hoheitsgewalt unterstehenden Personen die Rechte der EMRK zu. Damit ist Deutschland konventionsrechtlich insbesondere gegenüber denjenigen Personen verantwortlich, die sich auf seinem

---

9 Ausf *Giegerich*, Luxemburg, Karlsruhe, Straßburg – Dreistufiger Grundrechtsschutz in Europa?, ZaöRV 50 (1990), 836 (844–846).
10 *Uerpmann* (Fn 6), 363; *Winkler*, Der Beitritt der Europäischen Gemeinschaften zur Europäischen Menschenrechtskonvention, 2000, 170.

Staatsgebiet aufhalten und die somit seiner Gebietshoheit unterstehen[11].
Der Anspruch der EMRK, einen einheitlich und umfassend geltenden Menschenrechtsstandard im Sinne eines *ordre public européen*[12] zu gewährleisten, würde ausgehöhlt, wenn Staaten nach einem Beitritt zur EMRK substanzielle Hoheitsrechte auf zwischenstaatliche Einrichtungen übertragen und so einer Kontrolle durch den EGMR am Maßstab der EMRK entziehen könnten.

Andererseits ist es nicht Sinn der EMRK, sinnvolle Formen zwischenstaatlicher Zusammenarbeit und Integration zu behindern. Es liefe jedoch auf eine wesentliche Behinderung der Integration hinaus, wenn sich einzelne Mitgliedstaaten vor dem EGMR für ein Verhalten von Gemeinschaftsorganen verantworten müssten, das ihrer Kontrolle weitgehend entzogen ist. Aus der Sicht der EMRK ist allein entscheidend, dass auch im Rahmen der EG ein hinreichender Menschenrechtsschutz gewährleistet wird. Dafür ist es nicht unbedingt erforderlich, die EG als Zurechnungseinheit zu ignorieren und jeden Einzelakt der Gemeinschaftsorgane den Mitgliedstaaten zuzurechnen. Jedenfalls hat sich eine solche Radikallösung bisher weder in der Auffassung der Mitgliedstaaten noch in der Spruchpraxis des EGMR durchgesetzt. Die Entscheidung des EuG kann Deutschland mithin jedenfalls beim derzeitigen Stand der EMRK-Entwicklung nicht zugerechnet werden.

Die Beschwerde der U ist unzulässig, soweit sie sich auch gegen die Entscheidung des EuG richtet.

III. Beschwerdebefugnis

Nach Art 35 Abs 3 EMRK darf die Beschwerde nicht unvereinbar mit der Konvention sein. Das bedeutet, dass U die Verletzung eines Rechts rügen muss, das in der Konvention enthalten ist. In Betracht kommt Art 6 EMRK. Die Vorschrift findet unter anderem bei strafrechtlichen Anklagen Anwendung.

1. Nach Art 23 Abs 5 VO Nr 1/2003 ist die gegen U verhängte Geldbuße nicht strafrechtlicher Art. Mit dem Begriff der strafrechtlichen Anklage verweist die EMRK aber nicht auf die jeweils unterschiedliche Zuordnung von

---

[11] Zur Gebietsbezogenheit der Konventionsgarantien s EGMR, Entsch v 12.12. 2001, NJW 2003, 413, Rn 59 ff – Banković; *Uerpmann-Wittzack*, in Ehlers, EuGR, § 3 Rn 51.
[12] S EGMR, Series A Nr 310 = HRLJ 16 (1995), 15, Rn 75 – Loizidou.

Sanktionen in den verschiedenen Mitgliedstaaten. Entsprechend ist auch die Qualifikation im Gemeinschaftsrecht für die EMRK nicht maßgebend. Vielmehr handelt es sich um einen sog autonomen Begriff[13] der Konvention, für dessen Bestimmung die Qualifikation im nationalen Recht nur ein Indiz ist. Daneben sind die Art des Vergehens sowie die Art und Schwere der angedrohten Sanktion von Bedeutung[14].

Abzugrenzen ist der autonome Strafrechtsbegriff zunächst vom Disziplinarrecht bestimmter Berufsgruppen, das Art 6 EMRK nicht erfasst. Das Kartellverbot richtet sich indes nicht an eine bestimmte Berufsgruppe, sondern an beliebige Unternehmen. Es handelt sich nicht um „Berufsrecht", sondern um allgemeines Wirtschaftsrecht. Sanktioniert wird der Verstoß mit einer Vermögenseinbuße, die general- und spezialpräventive Zwecke verfolgt. Für das nationale Bußgeldverfahren hat der EGMR im Fall Öztürk entschieden, dass die Entscheidung des Gesetzgebers, weniger schwere Verfehlungen aus seinem Strafrecht im formellen Sinn auszugliedern, nicht zu einem Verlust der Garantien aus Art 6 EMRK führen dürfe[15]. Entsprechend ist es unerheblich, wenn die hier in Rede stehende kartellrechtliche Buße aus Gründen der Kompetenzabgrenzung zwischen Mitgliedstaaten und EG dem Strafrecht im formellen Sinn entzogen wird[16].

2. Auch wenn man das kartellrechtliche Bußgeldverfahren an sich als Strafverfahren iSv Art 6 EMRK qualifiziert, ist zu berücksichtigen, dass die wesentlichen Entscheidungen hier nicht durch deutsche Stellen getroffen worden sind, sondern durch Gemeinschaftsorgane. Deutsche Stellen ermöglichen nur die Vollstreckung des einmal verhängten Bußgeldes in Deutschland. Die Einhaltung von Verfahrensgarantien ist damit vorrangig Aufgabe der Gemeinschaft, die aber nicht Vertragsstaat der EMRK ist und deren Verhalten der EGMR daher nicht unmittelbar überprüfen kann[17].

---

13 *Grabenwarter*, EMKR, § 5 Rn 9–11 (S 37 f).
14 *Peukert*, in: Frowein/Peukert, EMRK, Art 6 Rn 36.
15 EGMR, Series A Nr 73 = EuGRZ 1985, 62 = NJW 1985, 1273 = HRLJ 5 (1984), 293, Rn 53; dazu *Peukert*, in: Frowein/Peukert, EMRK, Art 6 Rn 39. Ein entspr materieller Strafrechtsbegriff, der das Ordnungswidrigkeitenrecht umfasst, liegt auch Art 74 Abs 1 Nr 1, 103 Abs 2 GG zugrunde; s dazu *Kunig*, in: v. Münch/Kunig, GGK III, Art 74 Rn 12, Art 103 Rn 19.
16 Ebenso *Giegerich* (Fn 9), ZaöRV 50 (1990), 836 (838 f); s a den Bericht der EKMR in der Sache Société Stenuit, wo ein französisches kartellrechtliches Bußgeldverfahren als Strafverfahren qualifiziert wurde, abgedruckt in: EGMR, Series A Nr 232-A, S 6 f, 10 ff. Die Sachen erledigte sich vor einer Entscheidung des EGMR.
17 S schon o zu A sowie B II 2.

Fall 17: Straßburg v Luxemburg

Die vorliegende Konstellation unterscheidet sich von den Fällen, in denen eine innerstaatliche Maßnahme, die auf Gemeinschaftsrecht beruht, möglicherweise als solche gegen die EMRK verstößt. Dabei könnte es sich beispielsweise um ein deutsches Gesetz handeln, das eine EG-Richtlinie umsetzt. Für diese Situation hat der EGMR angedeutet, dass der nationale Rechtsakt ungeachtet seiner gemeinschaftsrechtlichen Grundlage an der EMRK zu messen sei[18]. Hier ist jedoch das deutsche Verfahren der Klauselerteilung als solches einwandfrei. Wenn die Klauselerteilung gegen die EMRK verstößt, dann allenfalls deshalb, weil das zugrunde liegende gemeinschaftsrechtliche Bußgeldverfahren fehlerhaft sein könnte. Während bei der Richtlinienumsetzung die Richtlinie und das umsetzende Gesetz unter Umständen gleichermaßen unter demselben materiellen Fehler leiden oder sich der Fehler überhaupt nur auf den innerstaatlichen Umsetzungsakt beschränkt[19], kommt für die Klauselerteilung hier nur ein abgeleiteter Fehler in Betracht.

Es ist fraglich, wieweit der EGMR unter diesen Umständen die deutsche Mitwirkung am Gemeinschaftshandeln an der EMRK messen kann. Die EMRK verbietet es ihren Vertragsstaaten nicht, supranationalen Organisationen beizutreten und diesen Hoheitsaufgaben zu übertragen. Sie verpflichtet die Vertragsstaaten nach dem bereits zum Beschwerdegegenstand Dargelegten[20] aber auf einen menschenrechtlichen Standard, der nicht dadurch ausgehöhlt werden darf, dass sich die Vertragsstaaten aus einzelnen Hoheitsbereichen ganz oder teilweise zurückziehen und die Bewohner ihres Hoheitsgebietes insoweit der Hoheitsgewalt einer supranationalen Organisation aussetzen. Wie der EGMR im Fall Matthews festgestellt hat, lässt eine solche Kompetenzübertragung die konventionsrechtliche Verantwortung der Mitgliedstaaten nicht entfallen[21]. Das bedeutet, dass die Vertragsstaaten ihrer Verantwortung nach der EMRK nur gerecht werden, wenn sie zumin-

---

18 EGMR, Urt v 15.11.1996, HRLJ 1997, 441 (442), Rn 30 – Cantoni.
19 Das o Fn 18 zit EGMR-Urteil lässt offen, ob ein nationales Gesetz nur an der EMRK zu messen ist, soweit die EG-Richtlinie Umsetzungsspielräume lässt, oder auch, soweit das EG-Recht eine Regelung zwingend vorgibt.
20 O zu B II 2.
21 EGMR, Slg 1991-I, 251 = NJW 1999, 3107, Rn 32; die Tragweite der Entscheidung ist im Einzelnen umstritten; s dazu *Ehlers*, in: ders, EuGR, § 1 Rn 24; *Canor*, Primus inter pares. Who is the ultimate guardian of fundamental rights in Europe? European Law Review 25 (2000), 3 (9 ff); *Polakiewicz*, Europäischer Menschenrechtsschutz zwischen Europarat und Europäischer Union, in: Marauhn (Hrsg), Die Rechtsstellung des Menschen im Völkerrecht, 2003, 37 (43 f).

dest sicherstellen, dass die Organisation einen Menschenrechtsstandard wahrt, der der EMRK entspricht[22]. Die Anforderungen der EMRK ähneln denjenigen, die das Grundgesetz in Art 23 Abs 1, 24 Abs 1 an die Übertragung von Hoheitsrechten auf eine Internationale Organisation stellt: Es ist ein „im wesentlichen vergleichbarer" (so Art 23 Abs 1 S 1 GG) Schutz, also ein in diesem Sinne „gleichwertiger" Schutz zu gewährleisten[23].

Die Gleichwertigkeit des gemeinschaftsrechtlichen Menschenrechtsstandards hat einen materiellen und einen verfahrensrechtlichen Aspekt[24]. Dabei bedeutet materielle Gleichwertigkeit nicht, dass der Grundrechtsschutz durch die Internationale Organisation den Anforderungen der EMRK in allen Einzelheiten entsprechen müsste. Anderenfalls würde die an sich wünschenswerte zwischenstaatliche Integration zu stark behindert. Daher werden Abstriche bei einzelnen Gewährleistungen in Kauf genommen, solange der Wesensgehalt der Verbürgungen gewahrt und insgesamt ein im Wesentlichen vergleichbares Schutzniveau erreicht wird[25]. Hier wird die materielle Gleichwertigkeit durch Art 6 Abs 2 EUV gewährleistet, der die Gemeinschaftsorgane iVm Art 1 Abs 3 S 1 und Art 5 EUV auf die Achtung der EMRK verpflichtet[26]. Die Vorschrift bestätigt den Schutz der Grundrechte auf der Grundlage allgemeiner Grundsätze des Gemeinschaftsrechts, wie ihn der EuGH seit dem Urteil in der Rechtssache Nold 1974 herausgearbeitet hat[27]. Prozedural stellen der EuGH und das EuG die Einhaltung der Menschenrechte durch die Gemeinschaft sicher. Strukturelle Rechtsschutzlücken sind insoweit nicht zu erkennen.

Bedenklich ist allerdings die konkrete Entscheidung des EuG, der U keine Prozesskostenhilfe zu gewähren. Wie gesehen, stellt die Verhängung

---

22 EGMR, Urt v 30. 6. 2005 – Bosphorus Hava Yollari Turizm – Rn 155, abrufbar unter http://www.echr.coe.int/.
23 Zu den Anforderungen des GG an den gemeinschaftsrechtlichen Grundrechtsschutz s BVerfGE 73, 339 (374 ff) – Solange II; BVerfGE 102, 147 (164) – Bananen; *Rojahn*, in: v. Münch/Kunig, GGK II, Art 23 Rn 34 ff, Art 24 Rn 66 ff; *M. Schweitzer*, Staatsrecht III, 8. Aufl, 2004, Rn 70 ff.
24 EGMR (Fn 22), Rn 155.
25 So zum GG *Mosler*, Die Übertragung von Hoheitsgewalt, in: J. Isensee/P. Kirchhof (Hrsg), Handbuch des Staatsrechts, Bd VII, 1992, § 175 Rn 66; *Randelzhofer*, in: Th. Maunz/G. Dürig, Grundgesetz, Art 24 Rn 102 f; *Rojahn*, in: v. Münch/Kunig, GGK II, Art 24 Rn 66.
26 S o Fn 6.
27 EuGH, Slg 1974, 491, Rn 13; aus jüngerer Zeit zusammenfassend EuGH, Slg 2003, I-5659, Rn 71 – Schmidberger.

des Bußgeldes eine strafrechtliche Anklage iSv Art 6 EMRK dar. Damit hatte U nach dem Standard der EMRK einen Anspruch darauf, dass ein Gericht über ihren Fall entscheidet. Im Rahmen dieses Verfahrens war der bedürftigen U nach der Wertung des Art 6 Abs 3 Buchst c EMRK ein Pflichtverteidiger beizuordnen, soweit dies im Interesse der Rechtspflege lag. Im Interesse der Rechtspflege liegt die Beiordnung, wenn sich der Betroffene nicht ausreichend selbst verteidigen kann[28]. Hier konnte sich die U aus Rechtsgründen nicht ausreichend selbst verteidigen, weil vor dem EuG nach Art 17 Abs 3, Art 46 Abs 1 Satzung des Gerichtshofs der EWG Anwaltszwang besteht[29]. Daher war nach dem Standard der EMRK ein Pflichtverteidiger zu bestellen. Durch die Entscheidung des EuG werden die Justizgarantien der EMRK jedoch nicht in ihrem Kern in Frage gestellt. Zudem handelt es sich um eine Einzelfallentscheidung. Eine systematische Unterschreitung des EMRK-Standards ist nicht erkennbar. Unter diesen Umständen ist es unbedenklich, wenn Deutschland darauf verzichtet, Entscheidungen der EG eigenständig auf ihre Vereinbarkeit mit Menschenrechten zu überprüfen bzw gesetzliche Voraussetzungen dafür zu schaffen, dass einer etwaigen Unterschreitung menschenrechtlicher Standards im Verfahren über die Klauselerteilung Rechnung getragen werden kann.

Daher scheidet eine Konventionsverletzung durch deutsche Organe aus. Die Beschwerde, mit der in der Sache eine Unterschreitung des EMRK-Standards durch Organe der Gemeinschaft gerügt wird, ist unzulässig.

2. Frage: Beitritt der EG zur EMRK

A. Völkerrechtliche Fragen

I. Beitrittsfähigkeit der EG

Nach Art 59 Abs 1 EMRK steht die EMRK Mitgliedern des Europarates zum Beitritt offen. Die EG ist nicht Mitglied des Europarates. Dem Europarat können nach Art 4 seiner Satzung nur europäische Staaten beitreten. Da die EG kein Staat ist[30], kann sie nach geltendem Recht nicht dem Europarat

---

[28] *Peukert*, in: Frowein/Peukert, EMRK, Art 6 Rn 194.
[29] Anders als im deutschen Ordnungswidrigkeitenrecht, wo nach § 67 OWiG der Betroffene gegen einen Bußgeldbescheid in eigener Person Einspruch einlegen kann.
[30] Zur Rechtsnatur der EG als internationaler Organisation besonderer Art *R. Streinz*, Europarecht, 7. Aufl, 2005, Rn 118 ff; zur Völkerrechtsfähigkeit der EG ebd S 674 ff; s a *Klein*, in: Graf Vitzthum, VR, Rn IV 249; *Th. Oppermann*, Europarecht, 3. Aufl, 2005, § 12 Rn 15 ff.

und damit nach Art 59 Abs 1 EMRK auch nicht der EMRK beitreten. Art 17 14. ZP wird die Rechtslage insoweit ändern, als dann Art 59 Abs 2 EMRK nF ausdrücklich einen Beitritt der Europäischen Union vorsieht. Diese Vorschrift ist allerdings noch nicht in Kraft. Zudem erscheint vom Wortlaut her zweifelhaft, ob sie auch einen Beitritt der EG deckt. Die Vorschrift ist auf Art I-7 des Vertrages über eine Verfassung für Europa (VVE) abgestimmt, der der Union anstelle der bisherigen Gemeinschaft Rechtspersönlichkeit verleiht. Das könnte dafür sprechen, dass Art 59 Abs 2 EMRK nF sich nicht auf die bisherige EG bezieht. Allerdings stimmt die bisherige EG mit der künftigen EU nach dem VVE weitgehend überein. Auch wenn Art 59 Abs 2 EMRK nF mit Blick auf den VVE formuliert wurde, gibt es allerdings keinen Grund, warum ein Beitritt der EG vor dem Inkrafttreten des VVE ausgeschlossen sein soll. Aus völkerrechtlicher Perspektive kann die EG also der EMRK beitreten, sobald das 14. ZP in Kraft getreten ist.

II. Notwendige Folgeänderungen in der EMRK

Auch die sonstigen Vorschriften der EMRK und namentlich die Bestimmungen über die Zusammensetzung des EGMR sind darauf zu überprüfen, ob ein Beitritt der EG mit ihnen vereinbar wäre bzw sie unverändert bleiben könnten[31]. Nach Art 20, 22 EMRK würde der Gerichtshof um einen Richter ergänzt, der auf Vorschlag der EG zu wählen wäre. Rechtlich ist das unproblematisch[32].

Art 35 Abs 1 EMRK könnte dahingehend klargestellt werden, dass zu den innerstaatlichen Rechtsbehelfen, die vor einer Beschwerde zum EGMR er-

---

[31] S dazu allg den Bericht des Lenkungsausschusses für Menschenrechte des Europarates v 28. 6. 2002, DG-II(2002)006, S 9 ff sowie *Krüger/Polakiewicz*, Vorschläge für ein kohärentes System des Menschenrechtsschutzes in Europa, EuGRZ 2001, 92 (101 ff).
[32] Auf etwaige politische Vorbehalte von Drittstaaten, wenn die EG-Mitgliedstaaten nicht nur durch jeweils einen eigenen Richter, sondern zusätzlich durch einen EG-Richter „repräsentiert" werden, kommt es hier nicht an, da es sich nicht um eine Frage der „Vereinbarkeit" mit geltendem Recht handelt; s dazu *Jacqué*, L'Adhésion de la Communauté à la Convention Européenne des Droits de l'Homme, in: J. Iliopoulos-Strangas (Hrsg), Grundrechtsschutz im europäischen Raum, 1993, 302 (315 f); sowie *Leuprecht*, L'Adhésion de la Communauté à la Convention Européenne des Droits de l'Homme: Le point de vue du Conseil de l'Europe, ebd, S 373 (376) mit dem Hinweis auf die richterliche Unabhängigkeit, die es verbietet, von Repräsentanten zu sprechen. Das 32. Protokoll zum VVE (ABl EU 2004 Nr C 310, 378) fordert für einen Beitritt der zukünftigen EU zur EMRK einen Beitrittsvertrag, der die Frage der Vertretung der EU in den Konventionsorganen eigens regelt.

schöpft werden müssen, auch die innergemeinschaftlichen gehören, also Rechtsbehelfe vor dem EuGH und dem EuG. Daraus würde sich zugleich ergeben, dass EuGH und EuG keine sonstigen internationalen Untersuchungs- oder Vergleichsinstanzen im Sinne von Art 35 Abs 2 Buchst b sind, deren Befassung eine nachfolgende Beschwerde zum EGMR ausschließt. Beides ließe sich aber im Falle eines EMRK-Beitritts der EG auch im Wege der Auslegung aus Art 35 EMRK in der jetzigen Fassung entnehmen.

B. Europarechtliche Fragen
I. Zuständigkeit der EG

Aus der Sicht des Europarechts müsste die EG für einen Beitritt zur EMRK zuständig sein. Nach Art 5 Abs 1 EG gilt für die EG das Prinzip der begrenzten Einzelzuständigkeiten. Die Gemeinschaft hat nur die Kompetenzen, die ihr das Primärrecht, in erster Linie der EG-Vertrag, ausdrücklich oder implizit zuweist[33]. Eine spezielle Kompetenz zur Regelung von Menschenrechten oder zum Abschluss von Menschenrechtsabkommen besteht nicht[34]. In Betracht kommt allein die allgemeine Kompetenz nach Art 308 EG[35]. Sie ist nur einschlägig, wenn der Beitritt zur EMRK notwendig ist, um eines der Ziele der Gemeinschaft zu erfüllen. Die Ziele im Sinne von Art 308 EG sind in Art 2 bis 4 EG niedergelegt. Der Menschenrechtsschutz ist dort nicht genannt. Allerdings ist der Schutz der Menschenrechte eine Querschnittsaufgabe, die die Gemeinschaft kraft ihres Primärrechts bei jeder ihrer Tätigkeiten beachten muss. Sie ergibt sich ausdrücklich aus Art 6 Abs 2 EU[36]. Legt man Art 308 EG weit aus, ist damit auch der Schutz der Menschenrechte im Tätigkeitsbereich der Gemeinschaft als ein Ziel der Gemein-

---

[33] *M. Herdegen*, Europarecht, 6. Aufl, 2004, Rn 189ff; *Oppermann* (Fn 30), § 6 Rn 62ff; *Jarass*, Die Kompetenzverteilung zwischen der EG und den Mitgliedstaaten, AöR 121 (1996), 173ff; *Nettesheim*, Kompetenzen, in: v Bogdandy (Fn 6), 415ff; speziell zu den Außenkompetenzen *Lecheler*, Die Pflege der auswärtigen Beziehungen in der EU, AVR 32 (1994), 1 (7ff); *Dörr*, Die Entwicklung der ungeschriebenen Außenkompetenzen der EG, EuZW 1996, 39ff.
[34] Anders Art I-9 Abs 2 VVE, der einen Beitritt zur EMRK nicht nur zulässt, sondern sogar fordert; dazu *Uerpmann-Wittzack*, Doppelter Grundrechtsschutz für die zukünftige Europäische Union, DÖV 2005, 152 (154).
[35] Zur Auslegung dieser Bestimmung gerade auch in Hinblick auf einen Beitritt der EG zur EMRK s *Häde/Puttler*, Zur Abgrenzung des Art 235 EGV von der Vertragsänderung, EuZW 1997, 13ff.

schaft zu verstehen. Andererseits gebietet es der Schutz der Kompetenzen der Mitgliedstaaten, die Kompetenzen der Gemeinschaft nach Art 308 EG nicht uferlos weit zu ziehen. Zudem ist die allgemeine Gemeinschaftszuständigkeit nach Art 308 EGV abzugrenzen von der Vertragsänderung nach Art 48 EU[37]. Daraus folgt, dass solche Regelungen, die das institutionelle Gefüge der Gemeinschaft wesentlich verändern, nicht auf Art 308 EG gestützt werden können. Ein Beitritt der EG zur EMRK hätte zur Folge, dass der EuGH nicht mehr der alleinige letztinstanzliche Richter über das Gemeinschaftsrecht wäre. Vielmehr könnte die Auslegung und Anwendung des Gemeinschaftsrechts durch den EuGH partiell durch den EGMR am Maßstab der EMRK überprüft werden. Diese Veränderung des Rechtsschutzsystems hätte eine Tragweite, die der Zustimmung aller Mitgliedstaaten im Wege einer förmlichen Vertragsänderung bedarf. Sie ist daher von Art 308 EGV nicht gedeckt[38]. Somit fehlt der Gemeinschaft derzeit die Zuständigkeit für einen Beitritt zur EMRK.

II. Vereinbarkeit des Beitritts mit Art 220, 292 EG

Ein Beitritt der EG zur EMRK könnte zudem unabhängig von der Frage nach der Zuständigkeit der EG gegen die Bestimmungen des EG-Vertrages über den innergemeinschaftlichen Rechtsschutz verstoßen, namentlich gegen Art 220 und 292 EG. In seinem ersten EWR-Gutachten hat der EuGH die Autonomie des Gemeinschaftsrechts hervorgehoben, dessen Wahrung allein dem EuGH anvertraut sei[39]. Konkret wandte sich der EuGH gegen die Einsetzung eines EWR-Gerichtshofes, der mit seinen Entscheidungen unabhängig vom EuGH die Auslegung des Gemeinschaftsrechts hätte beeinflussen können[40]. Der EuGH deutete an, dass sich dieser Verstoß gegen Gemeinschaftsrecht nicht einmal durch eine Änderung des Primärrechts beheben ließe[41]. Anders als bei dem seinerzeit geplanten EWR-Gerichtshof geht es beim EGMR allerdings nicht um eine Einrichtung, die „neben" der EG steht und von außen Einfluss auf das Gemeinschaftsrecht nimmt, sondern um eine übergeordnete Kontrollinstanz, deren Mitglied die EG dann wäre. Wenn die Souveränität eines Staates den Beitritt zu einem Kontroll-

---

[37] BVerfGE 89, 155 (210) – Maastricht.
[38] So der EuGH in seinem EMRK-Gutachten, Slg 1996, I-1759 = EuGRZ 1996, 197 = EuZW 1996, 307 = JZ 1996, 623, Rn 34 f; m krit Anm *Ruffert*, JZ 1996, 624 ff.
[39] EuGH, Slg 1991, I-6079 = EuGRZ 1992, 67, Rn 35.
[40] EuGH, Slg 1991, I-6079 = EuGRZ 1992, 67, Rn 30 ff.
[41] EuGH, Slg 1991, I-6079 = EuGRZ 1992, 67, Rn 72.

Fall 17: Straßburg v Luxemburg

system wie dem der EMRK nicht ausschließt, kann für die Autonomie des Gemeinschaftsrechts, die jedenfalls nicht weiter geht als die Souveränität eines Staates, nichts anderes gelten. Was die Aufgaben und Kompetenzen des EGMR angeht, ist zu beachten, dass dieser nach Art 19 EMRK nur die Einhaltung der EMRK sicherzustellen hat. Ebenso wie es nach der Rechtsprechung des EGMR in erster Linie Aufgabe der nationalen Gerichte ist, das nationale Recht auszulegen und anzuwenden[42], bliebe die Auslegung und Anwendung des Gemeinschaftsrechts vorrangig Sache des EuGH. Was die Wirkungen der Entscheidungen des EGMR angeht, ist zu berücksichtigen, dass diese zwar nach Art 46 Abs 1 EMRK nF die jeweils betroffenen Vertragsparteien binden, aber im innerstaatlichen oder innergemeinschaftlichen Rechtsraum keine unmittelbare Wirkung entfalten. Insbesondere könnte eine Entscheidung des EGMR innergemeinschaftliche Rechtssätze oder -akte nicht aufheben[43]. Auch unter diesem Blickwinkel bleibt die Autonomie der Gemeinschaftsrechtsordnung unberührt. Ein weitergehender Schutz des EuGH vor einer nachfolgenden Kontrolle durch internationale Instanzen lässt sich Art 220 EG nicht entnehmen.

Ein Beitritt der EG zur EMRK könnte zudem gegen Art 292 EGV verstoßen, soweit Art 33 EMRK den Vertragsparteien die Möglichkeit einer Staatenbeschwerde zum EGMR eröffnet. Art 292 EG verpflichtet die Mitgliedstaaten, Streitigkeiten über die Auslegung und Anwendung des EG-Vertrages allein nach den Vorschriften dieses Vertrages zu regeln, vorrangig also vor dem EuGH. Damit wäre es nicht vereinbar, wenn ein Mitgliedstaat gegen die EG nach Art 33 EMRK den EGMR anruft. Art 33 EMRK verpflichtet andererseits keinen Vertragsstaat zur Staatenbeschwerde[44]. Er steht damit einer anderweitigen Verpflichtung der Vertragsstaaten, von der Möglichkeit der Staatenbeschwerde keinen Gebrauch zu machen, nicht entgegen. Ein Beitritt der EG zur EMRK ist daher mit Art 292 EG vereinbar, wobei die EG-Mitgliedstaaten kraft Art 292 EG gemeinschaftsrechtlich verpflichtet wären, von der Möglichkeit einer Staatenbeschwerde gegen die EG keinen Gebrauch zu machen.

---

42 S dazu *Peukert*, in: Frowein/Peukert, EMRK, Art 5 Rn 29 f; *Frowein*, ebd, Vorbem Art 8–11 Rn 8 f; *Kunig*, JK 93, EMRK Art 1/1.
43 *Bernhardt*, Probleme eines Beitritts der EG zur EMRK, in: FS Everling I, 1995, 103 (109); entspr für den innerstaatlichen Bereich *Frowein/Peukert*, EMRK, Art 53 Rn 3.
44 Tatsächlich sind Staatenbeschwerden sehr selten. In über 40 Jahren EMRK-Praxis sind nur 11 Verfahren anhängig gemacht worden; s *Frowein*, in: Frowein/Peukert, Art 24 Rn 2 f.

C. Ergebnis

Vor einem Beitritt der EG zur EMRK müsste das 14. ZP in Kraft treten oder Art 59 Abs 1 EMRK bzw Art 4 Satzung des Europarates anderweit geändert oder ergänzt werden. Zudem müsste in den EG-Vertrag im Wege der Vertragsänderung nach Art N EUV eine Zuständigkeit der EG für den Beitritt eingefügt werden.

Fall 18: Der deutsche Ladenschluss vor dem UN-Menschenrechtsausschuss

Sachverhalt

Deutschland hat bei der Ratifikation des Fakultativprotokolls vom 19.12. 1966 zum Internationalen Pakt über bürgerliche und politische Rechte (IPbpR) am 25.8.1993 den folgenden Vorbehalt angebracht[1]:
„Die Bundesrepublik Deutschland bringt einen Vorbehalt im Hinblick auf Artikel 5 Absatz 2 Buchstabe a dahingehend an, dass die Zuständigkeit des Ausschusses nicht für Mitteilungen gilt,
a) die bereits in einem anderen internationalen Untersuchungs- oder Streitregelungsverfahren geprüft wurden,
b) mit denen eine Rechtsverletzung gerügt wird, die in Ereignissen vor dem Inkrafttreten des Fakultativprotokolls für die Bundesrepublik Deutschland ihren Ursprung hat, oder
c) mit denen eine Verletzung des Artikels 26 des Internationalen Paktes über bürgerliche und politische Rechte gerügt wird, wenn und soweit sich die gerügte Verletzung auf andere als im vorgenannten Pakt garantierte Rechte bezieht."

E hat einen kleinen Gemischtwarenladen an einer befahrenen Straße in der Nähe einer Autobahnauffahrt. Die benachbarten Tankstellen dürfen an Sonn- und Feiertagen nach § 6 iVm § 2 Abs 2 Ladenschlussgesetz „Reisebedarf" verkaufen wie Zeitschriften, Tabakwaren, Filme sowie Lebens- und Genussmittel in kleineren Mengen[2] und erzielen damit erhebliche Einnahmen. Demgegenüber muss S ihren Laden an diesen Tagen nach dem Ladenschlussgesetz geschlossen halten. Rechtliche Schritte bis hin zum Bundesverfassungsgericht haben keinen Erfolg. Daraufhin rügt sie vor dem

---

[1] Fundstelle: BGBl 1994 II, 311.
[2] Der weite Begriff des Reisebedarfs wurde 1996 in Anlehnung an BVerwGE 94, 244 (250 ff) in §§ 2 Abs 2, 6 Abs 2 LSchlG aufgenommen; zu dieser Novellierung s *Schunder*, Ein Relikt beginnt zu bröckeln – längere Ladenöffnungszeiten im Einzelhandel, NJW 1996, 2962 ff. Zuvor war die Sonderregelung für Tankstellen teilweise erheblich enger verstanden worden, s OVG Münster, NJW 1991, 1374 = DÖV 1991, 653 und dazu *Kunig*, JK 91, LSchlG § 6 II/1; eher restriktiv auch BGH, NJW 1996, 2577 (2578); zur Verfassungsmäßigkeit der derzeitigen Regelung BVerfG, NJW 2004, 2363 und dazu *Schoch*, JK 04, GG Art 12 I/74.

Menschenrechtsausschuss der Vereinten Nationen eine Verletzung ihres Rechts aus Art 26 IPbpR.
1. Ist der Vorbehalt Deutschlands zulässig?
2. Unterstellt, der Vorbehalt zu Buchstabe c ist unzulässig: Wird der UN-Menschenrechtsausschuss die Mitteilung der E in der Sache prüfen?

Lösung
Frage 1: Zulässigkeit des Vorbehalts

Regeln über die Zulässigkeit von Vorbehalten enthält die WVK in Art 19ff[3]. Die 1980 in Kraft getretene WVK findet zwar nach ihrem Art 4 auf das – ältere – (erste) Fakultativprotokoll zum IPbpR v 19.12.1966[4] (FP) nicht direkt Anwendung. Sie kann jedoch herangezogen werden, soweit sie paralleles Völkergewohnheitsrecht widerspiegelt. Nach Art 19 WVK bestimmt sich die Zulässigkeit von Vorbehalten, die ein Staat bei der Unterzeichnung, der Ratifikation oder der anderweitigen verbindlichen Zustimmung zu einem Vertrag abgeben kann, vorrangig nach den Regeln des jeweiligen Vertrages. Soweit Spezialregelungen nicht vorhanden sind, kommt es nach Art 19 Buchst c WVK darauf an, ob der Vorbehalt mit Ziel und Zweck des jeweiligen Vertrages vereinbar ist. Diese Regelung entspricht Völkergewohnheitsrecht[5] und gilt auch für Menschenrechtsabkommen[6].

Das FP enthält ebenso wenig wie der IPbpR spezielle Regelungen über das Anbringen von Vorbehalten. Maßgebend ist somit, ob die drei von Deutschland angebrachten Erklärungen, soweit es sich tatsächlich um Vorbehalte handelt, mit Ziel und Zweck des FP vereinbar sind.

---

[3] Dazu allgem *Heintschel v. Heinegg*, Vorbehalte zu völkerrechtlichen Verträgen, Jura 1992, 457 ff; *Hilpold*, Das Vorbehaltsregime der WVK, AVR 34 (1996), 376 ff; *F. Horn*, Reservations and Interpretative Declarations to Multilateral Treaties, 1988; *P.-H. Imbert*, Les Réserves aux Traités multilateraux, 1979; *R. Kühner*, Vorbehalte zu multilateralen völkerrechtlichen Verträgen, 1986.
[4] *Randelzhofer* Nr 19a = *Sartorius* II Nr 20a.
[5] *Heintschel v. Heinegg*, in: Ipsen, VR, § 14 Rn 8.
[6] S speziell für den IPbpR den General Comment 24 (52) des UN-MRA v 2.11. 1994, HRLJ 15 (1994), 464, Rn 6; zu diesem Comment *Redgwell*, Reservations to Treaties on Human Rights – Committee General Comment No 24 (52), ICLQ 46 (1997), 390 ff; ferner *Nowak*, CCPR-Kommentar, Einf Rn 22.

1. Der Vorbehalt zu Buchstabe a

Bei der Erklärung zu Buchst a könnte man zweifeln, ob es sich um einen Vorbehalt im Sinne von Art 2 Abs 1 Buchst d WVK handelt oder lediglich um eine Wiederholung des Vertragstextes. Allerdings schließt Art 5 Abs 2 Buchst a FP die Zulässigkeit einer Mitteilung zum UN-MRA nur aus, wenn und solange die Sache von einem anderen internationalen Gremium geprüft wird. Anschließend wird das Verfahren nach dem FP wieder zulässig[7]. In den letztgenannten Fällen schließt die deutsche Erklärung die Zulässigkeit also über die Regelungen des FP hinaus aus[8].

Gegen derartige Vorbehalte ist eingewandt worden, es bedrohe die Universalität des UN-Menschenrechtssystems, wenn Fälle, die von regionalen Kontrollorganen wie denen der EMRK überprüft worden seien, nicht mehr Gegenstand eines Verfahrens auf der universellen Ebene sein könnten[9]. Immerhin nimmt der deutsche Vorbehalt potentiellen Beschwerdeführern aber nicht die Möglichkeit, sich statt an die EKMR an den UN-MRA zu wenden, auch wenn die Wahl regelmäßig zugunsten der EMRK mit ihrem effektiveren Kontrollmechanismus ausfallen wird. Verhindert wird vor allem eine Verfahrensverdopplung und damit eine zusätzliche Verlängerung der Rechtsschutzverfahren. Das erscheint nicht unangemessen. Wichtigstes Ziel des FP ist es, dass überhaupt eine unabhängige, internationale Kontrolle eröffnet wird[10]. Dieses Ziel wird erreicht. Der Vorbehalt ist daher als zulässig anzusehen[11].

---

[7] Anders Art 35 Abs 2 Buchst b EMRK.
[8] Derartige Vorbehalte sind gerade bei Europaratsstaaten häufig. Sie beruhen auf einer Empfehlung des Ministerkomitees des Europarates und verhindern, dass der UN-MRA zu einer „Superinstanz" wird, die Entscheidungen der Straßburger Organe nachprüfen könnte. S dazu *Nowak*, CCPR-Kommentar, Art 5 FP Rn 15f; *Peukert*, in: Frowein/Peukert, EMRK, Art 27 Rn 19; speziell zum deutschen Vorbehalt s a *Bartsch*, Die Entwicklung des internationalen Menschenrechtsschutzes 1991–1993, NJW 1994, 1321 (1323).
[9] *Cançado Trindade*, Analysis of the legal implications for States that intend to ratify both the European Convention on Human Rights and its protocols and the Convention on Human Rights of the Commonwealth of Independent States (CIS), HRLJ 17 (1996), 164 (176, Rn 84).
[10] S den General Comment 24 (52) des UN-MRA (Fn 6), Rn 14.
[11] Ebenso zu dem entspr spanischen Vorbehalt UN-MRA, Entsch v 16.7.1993, Mitteilung Nr 467/1991, HRLJ 17 (1996), 105, Rn 5.2.

2. Der Vorbehalt zu Buchstabe b

Die Erklärung zu Buchst b könnte problematisch erscheinen, soweit sie Ereignisse, die nach dem Inkrafttreten des IPbpR, aber vor dem Inkrafttreten des FP eingetreten sind, einer Prüfung durch den UN-MRA entzieht. Auch hier ist zweifelhaft, ob es sich überhaupt um einen Vorbehalt handelt. Die deutsche Erklärung vom 25. 8. 1993 ist ausdrücklich als Vorbehalt bezeichnet. Demgegenüber sprechen Frankreich, Malta und Slowenien in ähnlichen Erklärungen von einer Auslegung von Art 1 FP[12]. Die Qualifikation als Vorbehalt hängt allerdings ausweislich Art 2 Abs 1 Buchst d WVK nicht von der Bezeichnung ab, die der Staat seiner Erklärung gibt. Maßgebend ist vielmehr der Erklärungsinhalt. Verfolgt der Staat den Zweck, die Rechtsfolgen des Vertrages einzuschränken, liegt ein Vorbehalt vor. Geht es ihm lediglich um die Klarstellung, wie der Vertrag seiner Ansicht nach zu verstehen ist, handelt es sich um eine bloße Interpretationserklärung[13]. Daher ist zu prüfen, ob sich die deutsche Erklärung zu Buchst b im Rahmen einer möglichen Auslegung des Fakultativprotokolls hält oder diese Grenzen überschreitet. Als völkerrechtlicher Vertrag findet das Protokoll auf Deutschland ohnehin erst Anwendung, nachdem es für diesen Staat in Kraft getreten ist. Das bedeutet allerdings zunächst nur, dass ein Verfahren vor dem UN-MRA erst nach diesem Zeitpunkt eingeleitet werden kann. Verfahrensregeln, die es dem UN-MRA verwehren würden, nach dem Inkrafttreten des Protokolls Ereignisse am IPbpR zu überprüfen, die sich vor diesem Zeitpunkt zugetragen haben, enthält das Protokoll nicht[14]. Insoweit bemisst sich der zeitliche Prüfungsumfang nach dem materiellen Recht. Verfahren vor dem UN-MRA haben Verletzungen des IPbpR zum Gegenstand. Gegen den Pakt kann ein staatliches Verhalten schon dann verstoßen, wenn der Pakt für den jeweiligen Staat in Kraft getreten sind. Damit gestattet das Protokoll dem UN-MRA an sich, auch solchen Verstößen nachzugehen, die sich zwischen dem Inkrafttreten des IPbpR und des Protokolls für den be-

---

12 Fundstelle: BGBl 1994 II, 313 ff.
13 *Graf Vitzthum*, in: ders, VR, Rn I 121; *Heintschel v. Heinegg* (Fn 3), Jura 1992, 457 (459); *Verdross/Simma*, VR, § 736.
14 S demgegenüber die Beschwerdefrist von 6 Monaten nach Art 26 EMRK aF, die die EKMR vor der Reform des EMRK-Schutzsystems durch das 11. ZP hinderte, Sachverhalte zu überprüfen, die längere Zeit vor Abgabe der damals noch erforderlichen Unterwerfungserklärung nach Art 25 EMRK abgeschlossen waren; dazu *Peukert*, in: Frowein/Peukert, EMRK, Art 25 Rn 48.

treffenden Staat ereignet haben[15]. Da die deutsche Erklärung die Zuständigkeit des UN-MRA für diese Fälle ausschließt, handelt es sich um einen Vorbehalt[16].

Es ist vertreten worden, dass ein derartiger Vorbehalt Ziel und Zweck der Fakultativprotokolls widerspreche, weil er die Vertragstreue des betreffenden Staates in Frage stelle[17]. Die Kritik beruht auf der Erwägung, dass ein Staat mit dem Inkrafttreten des IPbpR verpflichtet ist, dessen materielle Garantien einzuhalten. Unterwirft sich der Staat später mit der Ratifikation des FP der Kontrolle durch den UN-MRA, ohne diese Kontrolle auch für die Zeit von Inkrafttreten des IPbpR bis zum Inkrafttreten des FP zu akzeptieren, könnte dies Zweifel an seiner Vertragstreue während dieser Zwischenzeit aufkommen lassen. Allerdings bestehen dieselben Zweifel auch dann, wenn der Staat das FP überhaupt nicht ratifiziert. Diese Möglichkeit, die materielle Verpflichtung von der internationalen Kontrolle zu trennen, ist in der Aufteilung des Regelungswerkes in den Pakt und das FP systematisch angelegt[18]. Ratifiziert ein Staat das FP später, kann er nicht gezwungen sein, die Zweifel an seiner Vertragstreue, die ursprünglich in Kauf genommen wurden, nun rückwirkend zu beseitigen. Deshalb ist dieser nicht unübliche Vorbehalt[19] als zulässig anzusehen[20].

3. Der Vorbehalt zu Buchstabe c

Vorbemerkung: Dieser nicht einfach zu verstehende Vorbehalt ist eine Reaktion Deutschlands auf eine Auslegungspraxis, die der UN-MRA im Fall Zwaan-de-Vries[21] begründet hat. In dieser Sache kam der UN-MRA zu dem

---

[15] So für die entspr Rechtslage nach Art 25 EMRK aF, wo die Unterwerfung unter das Individualbeschwerdeverfahren unter Umständen erst nach dem Inkrafttreten der EMRK ausgesprochen wird, *Peukert*, in: Frowein/Peukert, EMRK, Art 25 Rn 47 f.
[16] Dahingehend auch *L. Lijnzaad*, Reservations to UN-Human Rights Treaties, 1995, 220, während der UN-MRA nach seinem General Comment 24 (52), Rn 14 (Fn 6), „gewöhnlich" von einer rein deklaratorischen Wirkung entspr Erklärungen auszugehen scheint.
[17] So *Lijnzaad* (Fn 16), 220 f.
[18] Dazu aus der Sicht der Entstehungsgeschichte *Nowak*, CCPR-Kommentar, Präambel des FP, Rn 1 f.
[19] Neben Frankreich, Malta und Slowenien haben Chile und die UdSSR als Rechtsvorgänger Rußlands entspr Erklärungen abgegeben; s BGBl 1994 II, 313 ff.
[20] Dem entspricht die Praxis des UN-MRA, s dessen General Comment 24 (52) (Fn 6), Rn 14.
[21] Entsch v 9. 4. 1987, Mitteilung Nr 182/1984, HRJL 9 (1988), 256 (257 f) = EuGRZ 1989, 35, Rn 12 m krit Anm *Tomuschat*, EuGRZ 1989, 37.

Schluss, dass das Diskriminierungsverbot des Art 26 IPbpR, anders als Art 14 EMRK[22], *nicht akzessorisch sei, also keinen Eingriff in eine andere Gewährleistung des Paktes voraussetze*[23]. *Die Schweiz, die dem Pakt erst später beigetreten ist, hat die Entscheidung zum Anlass genommen, einen entsprechenden Vorbehalt zu Art 26 IPbpR anzubringen*[24]. *Deutschland, das damals schon Vertragsstaat war, war dieser Weg versperrt. Deshalb versucht man nun, den Vorbehalt bei der Ratifikation des FP „nachzuholen".*

Es ist zweifelhaft, ob Deutschland durch den Vorbehalt zu Buchst c die Kontrolle seiner Verpflichtungen nach Art 26 IPbpR einschränken kann. Schließt Deutschland eine Prüfung nicht-akzessorischer Gleichheitsverstöße aus, lässt das Zweifel an der deutschen Vertragstreue aufkommen[25]. Wie Art 2 Abs 1 Buchst d und 19 WVK zeigen, muss ein Vorbehalt spätestens bei der verbindlichen Zustimmung zu einem Vertrag erklärt werden. Mit späteren Erklärungen kann ein Staat die einmal eingetretene Bindung nicht mehr relativieren. Demnach kann Deutschland, nachdem es sich den materiellen Verpflichtungen des Art 26 IPbpR vorbehaltlos unterworfen hat, diese Bindung nicht mehr einschränken. Auch wenn der hier erklärte Vorbehalt zur Prüfungskompetenz die materiellrechtliche Bindung Deutschlands an Art 26 IPbpR formal unberührt lässt, entsteht der Eindruck, Deutschland wolle die Bindung an den Pakt insoweit nicht akzeptieren. Um Zweifel an der Vertragstreue ging es zwar auch bei dem Vorbehalt zu Buchst b, ohne dass sie dort zur Unzulässigkeit des Vorbehalts geführt hätten. Dort bezogen sich die Zweifel aber allein auf die Vergangenheit, während Deutschland hier auftritt, als wolle es Art 26 IPbpR auch in Zukunft und auf Dauer nicht mit der vollen Tragweite annehmen, die er in der Praxis des UN-MRA erhalten hat. Bei dem Vorbehalt zu Buchst b ging es allein um eine Einschränkung in zeitlicher Hinsicht. Während für die Vergangenheit jede Kontrolle ausgeschlossen wurde, blieb für die Zukunft eine volle Kontrolle möglich. Mit dem Vorbehalt zu Buchst c wird der Umfang der kontrollierbaren Verpflichtungen demgegenüber in der Sache modifiziert, indem Deutschland die materiell-rechtliche Verpflichtung, soweit sie nicht

---

22 Dazu *Uerpmann-Wittzack*, in: Ehlers, EuGR, § 3 Rn 67.
23 So auch der General Comment 18 (37) des UN-MRA v 21.11.1989, UN-Doc CCPR/C/21/Rev 1/Add 1, Rn 12; *Nowak*, CCPR-Kommentar, Art 26 Rn 12f.
24 BGBl 1993 II, 1998 (1999).
25 Dahingehend auch *Giegerich*, Vorbehalte zu Menschenrechtsabkommen: Zulässigkeit, Gültigkeit und Prüfungskompetenzen von Vertragsgremien, ZaöRV 55 (1995), 713 (720 mit Fn 30).

Fall 18: Ladenschluss vor dem UN-Menschenrechtsausschuss

genehm ist, von der Kontrolle ausnimmt. Dadurch stellt Deutschland die mit der Ratifikation des IPbpR vorbehaltlos eingegangene Verpflichtung nachträglich in Frage. Das ist nicht statthaft[26]. Der Vorbehalt ist unzulässig.

Zulässigkeit der Mitteilung zum UN-Menschenrechtsausschuss

1. Beteiligte (Zuständigkeit *ratione personae*; Art 1 FP)
   a) Mitteilungsführer
   b) Mitteilungsgegner
2. Mitteilungsgegenstand
3. Mitteilungsbefugnis (Art 1, 3 FP)
   • Recht, das im IPbpR garantiert ist
     (Zuständigkeit *ratione materiae*)
   • Selbstbetroffenheit/Opfereigenschaft
4. Rechtswegerschöpfung (Art 2, 5 Abs 2 Buchst b FP)

Anmerkung: Das Schema ist dem der EMRK-Beschwerde nachgebildet. Es strukturiert nur die Zulässigkeitsvoraussetzungen, die stets zu behandeln sind. Auf die weiteren in Art 3, 5 Abs 2 FP genannten Voraussetzungen ist einzugehen, wenn der Fall dazu Anlass gibt.

Frage 2: Prüfung der Mitteilung durch den UN-MRA

Der UN-MRA wird die Mitteilung der E in der Sache prüfen, wenn sie nach den Vorschriften des FP zulässig ist[27].

Nach Art 1 S 1 FP ist E als Einzelperson taugliche Beschwerdeführerin, Deutschland als Vertragspartei des FP tauglicher Beschwerdegegner. Das Ladenschlussgesetz ist als deutscher Hoheitsakt ein tauglicher Beschwerdegegenstand. Zudem hat E in Einklang mit Art 2, 5 Abs 2 Buchst b FP alle innerstaatlichen Rechtsbehelfe erschöpft.

---

[26] Auch der UN-MRA geht in seinem General Comment 24 (52), aaO (Fn 6), Rn 13, von der Unzulässigkeit derartiger Vorbehalte aus. Der EGMR hat in einer ähnlichen Situation für die EMRK darauf abgestellt, dass sich die Vertragsstaaten durch Vorbehalte zum Kontrollverfahren nicht jeweils unterschiedliche Überwachungsregime schaffen könnten (Series A Nr 310 = HRLJ 16 (1995), 15, Rn 75 – Loizidou).
[27] Der Aufbau der Zulässigkeitsprüfung entspricht im Wesentlichen dem einer EMRK-Beschwerde (s Fall 16). Allerdings ist die Mitteilung zum UN-MRA nicht fristgebunden und es gibt kein Unzulässigkeit wegen offensichtlicher Unbegründetheit. S das obenstehende Schema.

Zweifel an der Zulässigkeit bestehen nur unter dem Gesichtspunkt der Beschwerdebefugnis. Berufsfreiheit und allgemeine Handlungsfreiheit, auf die E sich berufen könnte, sind im IPbpR nicht gewährleistet. Die Beschwerdebefugnis könnte sich allein aus dem Diskriminierungsverbot des Art 26 IPbpR ergeben. Durch die Regelungen des Ladenschlussgesetzes wird E im Verhältnis zu Tankstellenbesitzern ungleich behandelt. Als selbständiges Diskriminierungsverbot, das nicht davon abhängt, dass der Staat in ein anderes im Pakt verbürgtes Recht eingreift, wäre Art 26 IPbpR damit an sich einschlägig[28]. Einer Prüfung durch den UN-MRA könnte aber der Vorbehalt Deutschlands entgegenstehen, der sich auf Fälle der hier vorliegenden Art bezieht. Es kommt mithin darauf an, welche Rechtswirkungen der unzulässige Vorbehalt entfaltet.

1. Relevanz des Verhaltens anderer Vertragsstaaten

Art 20 und 21 WVK legen nahe, dass die Rechtsfolgen des unzulässigen Vorbehalts davon abhängen, wie die anderen Vertragsstaaten auf ihn reagiert haben. Die Vorschriften passen allerdings nicht, soweit sie eine bilaterale Erfüllungsstruktur voraussetzen[29]. Würde man Art 20 Abs 4 und Art 21 in der vorliegenden Konstellation anwenden, könnte dies je nach dem Verhalten der übrigen Vertragsstaaten dazu führen, dass der UN-MRA für gegen Deutschland gerichtete Mitteilungen im Verhältnis zu einigen, widersprechenden Drittstaaten generell unzuständig wäre, weil diese nach Art 20 Abs 4 Buchst b WVK dem Inkrafttreten des FP im Verhältnis zu Deutschland widersprochen hätten, während der UN-MRA für Mitteilungen gegen Deutschland im Verhältnis zu anderen Staaten grundsätzlich zuständig wäre. Eine derartige Relativierung der Zuständigkeit ist ausgeschlossen. Der UN-MRA kann für eine Mitteilung nur entweder zuständig oder unzuständig sein. Eher lässt sich eine Parallele zu Art 20 Abs 3 WVK ziehen. Der IPbpR und das FP gründen zwar keine internationale Organisation, sie setzen aber ein internationales Kontrollorgan ein. Dieses Organ ist zwar nicht zuständig, verbindlich über die Zulässigkeit von Vorbehalten zu befinden. Es hat aber als unabhängiges Expertengremium die Einhaltung der verbürgten Rechte als Elemente einer objektiven Ordnung[30] zu überwachen

---

28 Zur Auslegung von Art 26 IPbpR s schon o bei Fn 21 ff; zur Möglichkeit eines Gleichheitsverstoßes durch die Tankstellensonderregelung s aus der Sicht von Art 3 Abs 1 GG *Schunder* (Fn 2), NJW 1996, 2962 (2963).
29 S den General Comment 24 (52) des UN-MRA (Fn 6), Rn 17.
30 Dazu *Giegerich* (Fn 25), ZaöRV 55 (1995), 713 (753–755).

Fall 18: Ladenschluss vor dem UN-Menschenrechtsausschuss

und kann zur Zulässigkeit von Vorbehalten Stellung nehmen[31]. Das lässt es als richtig erscheinen, die Rechtsfolgen des unzulässigen Vorbehaltes nach objektiven Kriterien zu bestimmen, unabhängig vom Verhalten der anderen Vertragsstaaten.

2. Objektive Bestimmung der Vorbehaltsfolgen

Zur Wirkung des Vorbehalts lassen sich drei Positionen vertreten. Denkbar ist, dass der unzulässige Vorbehalt entfällt mit der Folge, dass die deutsche Unterwerfung ohne den Vorbehalt zu Buchstabe c gilt. Diese Lösung, die für Menschenrechtsabkommen namentlich von den EMRK-Organen[32], aber auch vom UN-MRA in seinem General Comment 24 (52)[33] vertreten wird, ist schwer vereinbar mit dem Grundsatz, dass ein Staat nur den vertraglichen Bindungen unterliegt, denen er selbst zugestimmt hat[34]. Diesen Bedenken trägt die zweite Auffassung Rechnung, derzufolge der unzulässige Vorbehalt zur Unwirksamkeit der gesamten Ratifikation führt. Folge wäre, dass Deutschland dem Individualbeschwerdeverfahren nach dem FP überhaupt nicht unterworfen wäre. Diese Lösung widerspricht dem Ziel der Menschenrechtsabkommen, möglichst viele Staaten möglichst weitgehend internationalen Beschwerdeverfahren zu unterwerfen. Dem trägt die vermittelnde dritte Auffassung Rechnung, derzufolge die Erklärung wirksam ist, soweit sich der Staat unterwerfen wollte. Eine entsprechende Lösung findet sich in Art 21 Abs 3 WVK für Verträge mit bilateraler Erfüllungsstruktur. Sie führt zu einer weitgehenden Wirksamkeit der Unterwerfung bei Wahrung der staatlichen Souveränität. Ihr Nachteil ist, dass das Verbot von Vorbehalten leer läuft. Ein Staat könnte die Prüfungskompetenz des UN-MRA durch unzulässige Vorbehalte beliebig beschränken. Das erscheint inakzeptabel. Unter diesen Umständen spricht viel dafür, der erstgenannten Auffassung zu folgen. Entfällt der unzulässige Vorbehalt, wird der Schutzzweck von Menschenrechtsabkommen weitgehend verwirklicht. Die mit dieser Lösung verbundene Souveränitätsbeschränkung entspricht dem

---

31 S den General Comment 24 (52) des UN-MRA (Fn 6), Rn 18 sowie *Giegerich* (Fn 25), ZaöRV 55 (1995), 713 (758–760, 766–769).
32 EGMR, Series A Nr 132 = EuGRZ 1989, 21 = ZaöRV 48 (1988), 522, Rn 60 – Belilos; EGMR, Series A Nr 310 = HRLJ 16 (1995), 15, Rn 90 ff – Loizidou; EKMR, HRLJ 12 (1991), 113 (123), Rn 43 ff – Chrysostomos.
33 AaO (Fn 6), Rn 18 aE.
34 Dazu allgem *Kunig/Uerpmann*, Die klassische Entscheidung: Der Fall des Postschiffes Lotus, JURA 1994, 186 (188 ff).

Charakter des Kontrollverfahrens als Element einer objektiven Ordnung[35]. Dieses objektive Element ist im Menschenrechtsbereich erheblich weiter entwickelt als auf anderen Feldern des Völkerrechts[36]. Die Auffassung lässt sich in ihrer Strenge zudem abschwächen, indem man auf den mutmaßlichen Willen des Vertragsstaates abstellt. Regelmäßig wird anzunehmen sein, dass ein „menschenrechtsfreundlicher" Staat, wenn er die Nichtigkeit seines Vorbehalts gekannt hätte, die Erklärung vorbehaltlos abgegeben hätte. Damit behält der Staat die Möglichkeit, die Unterwerfung ausdrücklich von der Wirksamkeit des Vorbehaltes abhängig zu machen, wenn er eine vorbehaltlose Bindung ausschließen möchte[37].

Deutschland bekennt sich allgemein zur Wahrung der Menschenrechte. Art 1 Abs 1 S 2 GG stellt das Bekenntnis zu „unverletzlichen und unveräußerlichen Menschenrechten als Grundlage jeder menschlichen Gemeinschaft" an die Spitze der Verfassung[38]. In amtlichen Äußerungen sieht es die Bundesregierung als ihren Auftrag an, die Menschenrechte weltweit zu fördern und zu stärken[39]. Sie weist in diesem Zusammenhang darauf hin, dass Menschenrechtspolitik im eigenen Land anfange, weil sie nur so glaubwürdig sei[40], und spricht sich für eine Verbesserung internationaler Kontrollmechanismen aus[41]. Unter diesen Umständen darf unterstellt werden, dass Deutschland das FP im Zweifel auch ohne den unzulässigen Vorbehalt zu Buchst c ratifiziert hätte. Damit ist Deutschland der Zuständigkeit des UN-MRA ohne diesen Vorbehalt unterworfen. Der unzulässige Vorbehalt steht der Mitteilung der E nicht entgegen. Der UN-MRA wird sie in der Sache prüfen.

Nachbemerkung: Ob die deutsche Regelung materiell mit dem Diskriminierungsverbot des Art 26 IPbpR vereinbar ist, ist nach der Fallfrage nicht zu

---

35 Dazu schon o bei Fn 30; s a zum entspr Charakter der EMRK EGMR, Series A Nr 25 = EuGRZ 1979, 149 (159), Rn 239 – Irland/Vereinigtes Königreich; EGMR, Series A Nr 310 = HRLJ 16 (1995), 15, Rn 70ff – Loizidou; EKMR, HRLJ 12 (1991), 113 (120f), Rn 20–22 – Chrysostomos; *Frowein*, Übernationale Menschenrechtsgewährleistungen und nationale Staatsgewalt, in: J. Isensee/P. Kirchhof (Hrsg), Handbuch des Staatsrechts, Bd VII, 1992, § 180 Rn 4.
36 S dazu *Giegerich* (Fn 25), ZaöRV 55 (1995), 713 (742ff).
37 *Giegerich* (Fn 25), ZaöRV 55 (1995), 713 (777).
38 S dazu *Kunig*, in: v. Münch/Kunig, GGK I, Art 1 Rn 37ff.
39 S den 3. Bericht der Bundesregierung über ihre Menschenrechtspolitik in den Auswärtigen Beziehungen v 12.12.1995, BT-Drucks 13/3312, 4.
40 AaO S 5.
41 AaO S 12.

Fall 18: Ladenschluss vor dem UN-Menschenrechtsausschuss

behandeln. Ähnlich wie bei Art 3 Abs 1 GG[42] *müsste die Prüfung zweistufig erfolgen. Diskriminierend ist danach eine Ungleichbehandlung, die nicht durch „vernünftige und objektive Kriterien" gerechtfertigt ist*[43]. *E ist ebenso wie die Tankstelleninhaber eine Händlerin. Indem sie, anders als die Tankstellen, an Sonn- und Feiertagen keinen Reisebedarf verkaufen kann, wird sie gegenüber den Tankstelleninhabern ungleich behandelt. Zur Rechtfertigung der Sonderregelung für Tankstellen wird auf die Bedürfnisse des Autoreiseverkehrs und auf die beim Publikum herrschenden Gewohnheiten sowie seine Erwartungshaltung verwiesen*[44]. *Allerdings ist der Begriff des Reisebedarfs in § 2 Abs 2 LSchlG in einer Weise definiert, dass er über die Bedürfnisse, die mit einer Autofahrt selbst verbunden sind, weit hinausgeht. Es ist nicht ersichtlich, warum ein Reisender derartige Bedürfnisse nur bei Gelegenheit des Tankens befriedigen sollte und nicht auch losgelöst davon in einem anderen Geschäft in Autobahnnähe, wie dem der E. Hinzu kommt, dass § 6 Abs 2 LSchlG, anders als § 9 LSchlG für Verkaufsstellen auf Flughäfen, die Abgabe von „Reisebedarf" nicht auf Reisende beschränkt. An der Tankstelle können also auch solche Personen ihren sonntäglichen Bedarf decken, die weder Auto fahren noch reisen wollen. Für die Privilegierung von Tankstellen könnte sprechen, dass diese an Sonn- und Feiertagen ohnehin zum Treibstoffverkauf geöffnet haben. Das Ladenschlussgesetz dient dem Schutz der Arbeitnehmer*[45]. *Unter diesem Gesichtspunkt ist es gleichgültig, ob eine Tankstelle an Sonn- und Feiertagen nur Kraftfahrzeugbetriebsstoffe oder nebenbei auch andere Gegenstände verkauft, da sie auf jeden Fall geöffnet und mit Arbeitnehmern besetzt ist. Allerdings setzt das Gesetz auch diese an sich sinnvolle Erwägung nicht konsequent um. Vielmehr gestattet es in den §§ 8 und 9, dass auf Bahnhöfen und Flughäfen Verkaufsstellen eigens für den Verkauf von Reisebedarf öffnen. Wenn unter diesen Umständen die E gezwungen wird, ihren Laden geschlossen zu halten, obwohl sie durch ihre Lage an einer Autobahnauffahrt für den Verkauf von Reisebedarf an Autoreisende ebenso in Betracht käme wie Tankstellen, lässt sich dies allen-*

---

42 Dazu *Gubelt*, in: v. Münch/Kunig, GGK I, Art 3 Rn 10f; *B. Pieroth/B. Schlink*, Grundrechte/Staatsrecht II, 20. Aufl, 2004, Rn 428ff.
43 UN-MRA, Entsch v 9.4.1987 – Zwaan de Vries (Fn 21), Rn 13; UN-MRA, Entsch v 19.7.1995, Mitteilung Nr 516/1992, HRLJ 17 (1996), 13 (17), Rn 11.5 – Simunek ua; UN-MRA, General Comment 18 (37) (Fn 23), Rn 13; *Nowak*, CCPR-Kommentar, Art 26 Rn 21.
44 S die Reg-Begr zur Neufassung von § 6 Abs 2 LSchlG, BT-Drucks 13/4245, 9.
45 BVerfGE 13, 237 (240); 59, 336 (352f); NJW 2004, 2363 (2365) und dazu *Schoch*, JK 04, GG Art 12 I/74; *R. Stober*, Ladenschlußgesetz, 4. Aufl, 2000, Einf Rn 37ff.

falls durch eine Typisierungskompetenz des Gesetzgebers rechtfertigen[46]. *Diese Typisierung würde darauf abstellen, dass Gemischtwarenläden aufgrund ihrer Lage Reisende regelmäßig weit weniger erreichen werden als Tankstellen. Allerdings könnte es unter diesen Umständen geboten sein, atypischen Fällen wie dem der E durch eine Ausnahmemöglichkeit Rechnung zu tragen*[47].

---

[46] Dazu aus der Sicht des GG *Gubelt*, in: v. Münch/Kunig, GGK I, Art 3 Rn 26; *Jarass*, in: H. D. Jarass/B. Pieroth, Grundgesetz, 7. Aufl, 2004, Art 3 Rn 30f.
[47] Das LSchlG enthält eine solche Ausnahmeregelung nicht. Insbes erfasst § 23 LSchlG den Fall der E nicht. Diese Vorschrift gestattet nur zeitlich befristete Ausnahmen zur Deckung eines vorübergehenden Bedürfnisses, während es der E um eine Dauerregelung geht. Zudem liegt eine Ausnahme hier nicht im „öffentlichen Interesse", sondern nur im „privatwirtschaftlichen Interesse" der E; s dazu BVerwG, GewArch 1980, 237f.

Fall 19: Das Konsulat im reinen Wohngebiet

Sachverhalt[1]

Abistan ist Eigentümer eines Villengrundstücks im Berliner Bezirk Steglitz-Zehlendorf und hat dort mit Zustimmung des Auswärtigen Amtes ein Konsulat errichtet. Das Grundstück befindet sich in einer ruhigen Nebenstraße in einem reinen Wohngebiet. Eine bauaufsichtliche Genehmigung für die Nutzung als Konsulat hat das Bezirksamt als zuständige Bauaufsichtsbehörde nicht erteilt.

Das Konsulat ist Anlaufstelle für eine Vielzahl abistanischer Flüchtlinge, die in der Stadt leben. An Werktagen bildet sich auf dem Bürgersteig vor dem Grundstück häufig eine Schlange mit über hundert Menschen, für die nicht einmal ein Toilettenhäuschen vorhanden ist. An Sonntagen finden regelmäßig Hochzeiten statt, bei denen hupende Autokorsos keine Seltenheit sind.

N, der Eigentümer eines Nachbargrundstücks, ist nicht bereit, die Belästigungen durch den Konsulatsbetrieb hinzunehmen. Briefe an das Konsulat, das Bezirksamt und das Auswärtige Amt haben jedoch keinen Erfolg. Das Auswärtige Amt bedauert die Belästigungen und betont, Deutschland sei an guten Beziehungen zu Abistan interessiert. Alternativstandorte für das Konsulat seien derzeit nicht vorhanden. Abistan plane aber seit längerem einen Neubau für seine Botschaft in Berlin-Mitte. Dort solle dann auch das Konsulat untergebracht werden. Zurzeit werde jedoch noch über den Ankauf eines Baugrundstücks verhandelt. Vor der Fertigstellung der neuen Vertretung sei Abistan zu einem Umzug nicht bereit. Das Auswärtige Amt fördere den Umzug nach Berlin-Mitte und bemühe sich in Gesprächen mit Abistan, den Konsulatsbetrieb in Zehlendorf bis dahin möglichst nachbarschaftsverträglich zu gestalten.

N meint, der Konsulatsbetrieb in Zehlendorf müsse umgehend beendet werden, und reicht 2005 mehrere Klagen ein.

1. Vor den ordentlichen Gerichten verklagt er Abistan auf Einstellung des Konsularbetriebes. Abistan lässt sogleich erklären, die deutsche Gerichtsbarkeit nicht anzuerkennen.

---

1 Die Anregung zu diesem Fall gaben nachbarrechtliche Streitigkeiten um die Nutzung der bosnischen Botschaft in Berlin-Zehlendorf im Jahre 1996; s dazu Der Tagesspiegel v 14. 5. 1996 sowie v 11. 9. 1996.

2. Vor dem Verwaltungsgericht klagt er gegen das Land Berlin auf den Erlass eines baurechtlichen Nutzungsverbots gegen Abistan.

3. Schließlich klagt er – ebenfalls vor dem Verwaltungsgericht – gegen die Bundesrepublik Deutschland mit dem Ziel, sie zu einem Einschreiten gegen den Konsulatsbetrieb auf diplomatischem Wege zu veranlassen.

Verstößt Abistan gegen das deutsche Baurecht? Wie werden die Gerichte entscheiden? Könnte das Bezirksamt von sich aus ein Nutzungsverbot erlassen und vollstrecken?

Bearbeitervermerk: 1. Abistan und Deutschland sind Vertragsstaaten des Wiener Übereinkommens über konsularische Beziehungen vom 24. 4. 1963.

2. Die Berliner Bezirke sind keine Gemeinden, sondern Organe der Verwaltung Berlins (das zugleich Land und Stadt ist), an der sie nach den Grundsätzen der Selbstverwaltung zu beteiligen sind. Die Bezirksämter sind die Verwaltungsbehörden der Bezirke und bestehen aus Bürgermeistern und Stadträten (vgl Art 1 Abs 1, 66 Abs 2, 74 Verfassung von Berlin). Im verwaltungsgerichtlichen Verfahren sind Berliner Behörden nicht nach § 61 Nr 3 VwGO beteiligtenfähig.

3. Auszug aus der Bauordnung für Berlin (BauO Berlin)[2]:

§ 55 Genehmigungsbedürftige Vorhaben. (1) Die Errichtung, die Änderung, die Nutzungsänderung und der Abbruch baulicher Anlagen bedürfen der Baugenehmigung ...

§ 62 Baugenehmigung und Baubeginn. (1) Die Baugenehmigung ist zu erteilen, wenn das Vorhaben den öffentlich-rechtlichen Vorschriften entspricht. ...

§ 70 Beseitigung baulicher Anlagen. (1) Werden bauliche Anlagen im Widerspruch zu öffentlich-rechtlichen Vorschriften errichtet oder geändert, so kann die Bauaufsichtsbehörde die teilweise oder vollständige Beseitigung der baulichen Anlagen anordnen, wenn nicht auf andere Weise rechtmäßige Zustände hergestellt werden können. Werden bauliche Anlagen im Widerspruch zu öffentlich-rechtlichen Vorschriften benutzt, so kann diese Benutzung untersagt werden.

---

[2] GVBl 1997, 421.

Fall 19: Das Konsulat im reinen Wohngebiet

Lösung
A. Verstoß gegen das deutsche Baurecht

Die Nutzung des Gebäudes als Konsulat könnte formell und materiell baurechtswidrig sein. Das setzt voraus, dass Abistan hinsichtlich seines Konsulats dem deutschen Baurecht unterworfen ist. Das deutsche Baurecht, namentlich die BauO Berlin und das BauGB, enthalten keine Vorschriften, die ausländische Konsulate von ihrer Geltung ausnehmen würden. Eine Freistellung könnte sich aber aus Art 31 Abs 1 WÜK ergeben.

Das WÜK gilt kraft des deutschen Zustimmungsgesetzes nach Art 59 Abs 2 S 1 GG innerstaatlich mit dem Rang eines einfachen Bundesgesetzes[3] und ist damit von den deutschen Gerichten zu beachten. Fraglich ist, ob die Unverletzlichkeit der Räume so weit zu verstehen ist, dass sie auch die Anwendung baurechtlicher Vorschriften verhindert. Wie Art 31 Abs 2 bis 4 WÜK zeigt, sollen die Räume vor einem Betreten, aber auch vor Beschädigung und Entzug geschützt werden. Es geht darum, einen räumlichen Bereich zu sichern, in dem sich die konsularische Tätigkeit ungestört entfalten kann. Das bedeutet nicht, dass das Recht des Empfangsstaates in und für die Räume keine Wirkung entfalten könnte. Vielmehr ist das konsularische Personal nach Art 55 WÜK verpflichtet, die Gesetze des Empfangsstaates zu beachten. Das gilt nicht nur für das persönliche Verhalten der Bediensteten, sondern auch für das Verhalten der Vertretung als solcher. Von den Behinderungen der konsularischen Tätigkeit, vor denen Art 31 WÜK schützen soll, unterscheiden sich die baurechtlichen Anforderungen dadurch, dass sie bereits vor der Einrichtung des Konsulats bestehen. Der Entsendestaat hätte diese Vorschriften schon bei der Planung des Konsulats beachten müssen und damit zu einer Zeit, als der Schutz aus Art 31 WÜK noch nicht bestand[4]. Eben weil die baurechtlichen Anforderungen der Aufnahme der konsularischen Tätigkeit vorgeordnet sind, steht Art 31 WÜK ihrer Anwendung nicht entgegen[5]. Das bedeutet, dass Abistan jedenfalls das materielle deutsche Baurecht zu beachten hatte und hat[6].

---

[3] Dazu *Kunig*, in: Graf Vitzthum, VR, Rn II Rn 110 ff; *Rojahn*, in: v. Münch/Kunig, GGK II, Art 59 Rn 32 ff.
[4] Zu der Frage, in welchem Zeitpunkt der Schutz aus Art 31 WÜK bzw dem entspr Art 22 WÜD beginnt, s im einzelnen *E. Denza*, Diplomatic Law, 2. Auflage 1998, 146 f; *J. Salmon*, Manuel de Droit diplomatique, 1994, § 287.
[5] Für eine Veränderung der baurechtlichen Anforderungen nach der Einrichtung des Konsulats gibt der Sachverhalt keinen Anhalt. Zudem genösse das Konsulat dann schon nach innerstaatlichem Recht Bestandsschutz; vgl § 77 BauO Berlin.
[6] Entspr zur Geltung des Baurechts für diplomatische Vertretungen *Salmon* (Fn 4),

Eine davon zu unterscheidende Frage ist es, ob Abistan eine Baugenehmigung einzuholen hatte. Ausgangspunkt ist wiederum die Verpflichtung zur Beachtung deutscher Rechtsvorschriften, hier von § 55 Abs 1 BauO Berlin. Die Unverletzlichkeit der Konsulatsräume wird dadurch nicht berührt, weil die Genehmigung schon einzuholen ist, bevor die Nutzung aufgenommen wird, und weil die Genehmigung oder Nichtgenehmigung keine unmittelbaren Auswirkungen auf die tatsächliche Durchführung des Konsulatsbetriebes hat[7]. Die Nutzung der Villa als Konsulat ist somit formell und materiell am deutschen Baurecht zu messen.

Da eine Nutzungsänderung nach § 55 Abs 1 BauO Berlin genehmigungsbedürftig ist, Abistan aber keine Baugenehmigung eingeholt hatte, ist das Konsulat formell baurechtswidrig eingerichtet worden. Die Nutzung könnte zudem materiell gegen Vorschriften des Bauplanungsrechts verstoßen, die nach § 29 S 1 BauGB Anwendung finden. Die planungsrechtliche Zulässigkeit eines Konsulats beurteilt sich im beplanten Bereich nach § 30 BauGB iVm den Festsetzungen des Bebauungsplanes und der Baunutzungsverordnung. Im reinen Wohngebiet, um das es hier geht, sind nach § 3 Abs 2 BauNVO nur Wohngebäude zulässig, zu denen ein Konsulat nicht gehört. Der Vergleich mit dem allgemeinen Wohngebiet, wo ein Konsulat als Verwaltungsgebäude nach § 4 Abs 3 Nr 3 BauNVO ausnahmsweise zugelassen werden kann[8], bestätigt, dass eine konsularische Nutzung im reinen Wohngebiet stets unzulässig ist. Die Nutzung der Villa als Konsulat ist daher auch materiell baurechtswidrig.

---

§ 273 Nr 5; ferner *Grams/Pitschas*, Bindung ausländischer Staaten bei der Grundstücksnutzung an das öffentliche (Bau-)Recht, ZfBR 1996, 75 (78); allgem dazu, dass aus der Staatenimmunität keine Befreiung von der materiellen Rechtsordnung folgt, *H. Damian*, Staatenimmunität und Gerichtszwang, 1985, 72 f.
7 Etwaige Zwangsmaßnahmen gegen einen nicht genehmigten Konsulatsbetrieb wären gesondert auf ihre konsularrechtliche Zulässigkeit zu untersuchen; dazu u C.
8 *H. C. Fickert/H. Fieseler*, Baunutzungsverordnung, 10. Aufl, 2002, § 4 Rn 12; *Grams/Pitschas* (Fn 6), ZfBR 1996, 75 (79). S a *Salmon* (Fn 4), § 273 Nr 5, zur entspr Gleichstellung von Vertretungen fremder Staaten mit Gebäuden der nationalen Verwaltung in Belgien.

Fall 19: Das Konsulat im reinen Wohngebiet

B. Entscheidungen der Gerichte
I. Die Klage gegen Abistan

Die Klage gegen Abistan kann nur zulässig sein, wenn der Fall der deutschen Gerichtsbarkeit unterliegt[9]. Das geschriebene deutsche Prozessrecht enthält keine Bestimmungen, die Abistan hinsichtlich seiner konsularischen Tätigkeit in Deutschland von der deutschen Gerichtsbarkeit befreien würde. § 19 GVG betrifft nur die Befreiung der Mitglieder der konsularischen Vertretungen, also deren Status. Hier geht es hingegen um Fragen der Staatenimmunität[10]. Der Ausschluss der deutschen Gerichtsbarkeit könnte sich aber aus Art 25 GG ergeben, wonach allgemeine Regeln des Völkerrechts Bestandteil des Bundesrechts sind und den Gesetzen, also auch den Prozessordnungen, vorgehen[11]. Zu den allgemeinen Regeln im Sinne von Art 25 GG gehören insbesondere Regeln des allgemeinen Völkergewohnheitsrechts[12]. Danach genießen Staaten Immunität für sog *acta iure imperii*, also Hoheitsakte[13]. In der Immunität kommt der völkerrechtliche Grundsatz der souveränen Gleichheit[14] zum Ausdruck; hinter ihr steht der Rechtsgedanke *„par in parem non habet iudicium"*[15]. Die konsularische Tätigkeit, gegen die sich N wendet, ist eine typisch hoheitliche Tätigkeit, auf die sich die gewohnheitsrechtliche Immunität erstreckt.

---

9 Zu dieser allgemeinen Sachentscheidungsvoraussetzung allgem *Erichsen*, Die Zulässigkeit einer Klage vor dem Verwaltungsgericht, Jura 1994, 418 (419); *Schlosser*, JK 79, GG Art 25/1.
10 S dazu *Salmon/Sucharitkul*, Les missions diplomatiques entre deux chaises: immunité diplomatique ou immunité d'Etat?, AFDI 33 (1987), 163 ff; auch BVerfGE 96, 68 (85) betont die Trennung der beiden Rechtsinstitute.
11 Dazu *Kunig*, Die Quellen des Völkerrechts aus der Sicht des Grundgesetzes, Jura 1989, 667 (669 f); *ders*, in: Graf Vitzthum, VR, Rn II 131 ff; *Rojahn*, in: v. Münch/Kunig, GGK II, Art 25 Rn 6 ff.
12 BVerfGE 15, 25 (32 f); 23, 288 (317).
13 BVerfGE 16, 27 (33 ff) – Iranische Botschaft; *R. Geiger*, Grundgesetz und Völkerrecht, 3. Aufl, 2002, § 59 II 1 (S 328 f); *Hailbronner*, in: Graf Vitzthum, VR, Rn III 77 f; *M. Schweitzer*, Staatsrecht III, 8. Aufl, 2004, Rn 606; zur Abgrenzung von *acta iure imperii* und sog *acta iure gestionis* s a Damian (Fn 6), 98 ff; *Trooboff*, Foreign State Immunity: Emerging Consensus on Principles, RdC 200 (1986 V), 235 (275 ff).
14 Vgl Art 2 Nr 1 CVN.
15 *Epping*, in: Ipsen, VR, § 26 Rn 17; *Hailbronner*, in: Graf Vitzthum, VR, Rn III 89; *Sucharitkul*, Immunities of Foreign States before National Authorities, RdC 149 (1976 I), 87 (117–119).

Ein Staat kann auf seine Immunität gegenüber einem anderen Staat im Einzelfall verzichten, indem er sich dessen Gerichtsbarkeit unterwirft[16]. Dies kann ausdrücklich geschehen[17], aber auch konkludent, etwa dadurch, dass der Staat in einem Verfahren rügelos zur Sache verhandelt[18]. Hier hat Abistan jedoch klargestellt, dass es auf seine Immunität nicht verzichten will.

Damit steht die völkergewohnheitsrechtliche Immunität einem Prozess gegen Abistan entgegen. Dies hat das deutsche Gericht nach Art 25 GG zu beachten. Es wird die Klage des N daher als unzulässig abweisen.

II. Die Klage gegen das Land Berlin

Im zweiten Verfahren ist Beklagter nicht Abistan sondern das Land Berlin. Insoweit besteht die deutsche Gerichtsbarkeit.

Die Zulässigkeit könnte allerdings daran scheitern, dass Abistan als notwendiger weiterer Beteiligter Staatenimmunität genießt. Insoweit ist fraglich, ob Abistan nach § 65 Abs 2 VwGO notwendig beizuladen ist, ob die Staatenimmunität einer Beiladung entgegensteht und ob eine Klage unzulässig ist, wenn eine notwendige Beiladung aus Rechtsgründen nicht erfolgen kann.

1. Notwendigkeit einer Beiladung nach § 65 Abs 2 VwGO

Abistan ist nach § 65 Abs 2 VwGO notwendig beizuladen, wenn die Entscheidung über den Erlass eines Nutzungsverbots auch ihm gegenüber nur einheitlich ergehen kann. Das ist der Fall, wenn durch ein Urteil des Verwaltungsgerichts unmittelbar Rechte Abistans gestaltet, bestätigt, festgestellt, verändert oder aufgehoben würden[19]. Demgegenüber reicht es nicht aus, wenn eine einheitliche Entscheidung rein faktisch notwendig erscheint[20]. Sinn der Beiladung ist es, den Beizuladenden zum Verfahrens-

---

[16] *Verdross/Simma*, VR, § 1174.
[17] Vgl Art 2 Buchst c des Europäischen Übk über Staatenimmunität v 16.5.1972, BGBl 1990 II, 35.
[18] *Damian* (Fn 6), 39f; s a Art 3 Abs 1 S 1 des Übk v 16.5.1972 (Fn 17).
[19] S *F. Hufen*, Verwaltungsprozessrecht, 6. Aufl, 2005, § 12 Rn 7; *F. O. Kopp/W.-R. Schenke*, Verwaltungsgerichtsordnung, 14. Aufl, 2005, § 65 Rn 14; *v. Mutius*, Die Beiladung im Verwaltungsprozeß, Jura 1988, 273ff; *W.-R. Schenke*, Verwaltungsprozessrecht, 10. Aufl, 2005, Rn 470; *W. Schmitt Glaeser/H.D. Horn*, Verwaltungsprozessrecht, 15. Aufl, 2000, Rn 85.
[20] *Kopp* (Fn 19), § 65 Rn 15.

Fall 19: Das Konsulat im reinen Wohngebiet

beteiligten im Sinne von § 63 VwGO zu machen und so die Rechtskraft der ergehenden Entscheidung nach § 121 Nr 1 VwGO auf ihn zu erstrecken. Notwendig ist die Beiladung, wenn das Rechtsschutzziel ohne diese Rechtskrafterstreckung nicht erreicht werden kann[21]. Klagegegenstand ist hier der Erlass eines Nutzungsverbotes gegenüber Abistan. N erstrebt also einen Verwaltungsakt, der in die Rechtsstellung Abistans eingreift. Würde das Land Berlin zum Erlass eines Nutzungsverbots verurteilt, ohne dass Abistan an dem Verfahren beteiligt würde, könnte der Staat anschließend mit Widerspruch und Anfechtungsklage gegen das Nutzungsverbot vorgehen. Da Abistan auf seine Staatenimmunität verzichten kann[22], wäre eine entsprechende Klage Abistans zulässig. Mangels Rechtskrafterstreckung könnte das Gericht in dem zweiten Verfahren inhaltlich anders entscheiden als in dem ersten. Es wäre also denkbar, dass das Land Berlin durch das erste Urteil verpflichtet wird, ein Nutzungsverbot gegenüber Abistan auszusprechen, während ihm ein zweites Urteil ebendies verbietet. Der Gefahr derart divergierender Entscheidungen trägt das Institut der notwendigen Beiladung Rechnung. Da hier die Zulässigkeit eines Nutzungsverbots nur einheitlich gegenüber N und Abistan festgestellt werden kann, liegt ein Fall der notwendigen Beiladung vor.

2. Vereinbarkeit der Beiladung mit der Staatenimmunität

Es ist zweifelhaft, ob eine Beiladung mit der Staatenimmunität Abistans vereinbar ist. Wie oben zu B I dargelegt, genießt Abistan für die konsularische Nutzung des Gebäudes kraft Völkergewohnheitsrechts Immunität von der deutschen Gerichtsbarkeit, die von den deutschen Gerichten nach Art 25 GG zu beachten ist. Die Immunität hängt nicht davon ab, ob sich Abistan formal in der Rolle des Beklagten befindet. Vielmehr zeigt § 121 Nr 1 VwGO, wonach das Urteil für alle Beteiligten gleichermaßen verbindlich ist, dass der Beigeladene der deutschen Gerichtsbarkeit ebenso unterworfen ist wie der Beklagte. Dieser Unterwerfung steht die Staatenimmunität entgegen[23]. Da Abistan auf diese derzeit nicht verzichten will, ist die Beiladung mithin unzulässig.

---

[21] *Schenke* (Fn 19), Rn 470.
[22] S schon o bei Fn 16 ff.
[23] Ebenso *Dörr*, Staatliche Immunität auf dem Rückzug?, AVR 41 (2003), 201 (204).

3. Unzulässigkeit der Klage mangels Beiladungsmöglichkeit

Schließlich bleibt zu klären, ob die Unzulässigkeit einer Beiladung Abistans zur Unzulässigkeit der Klage führt. Unterbleibt eine notwendige Beiladung, bedeutet dies grundsätzlich einen schweren Verfahrensfehler[24]. Ein Urteil würde auch zwischen den übrigen Beteiligten nicht in materieller Rechtskraft erwachsen[25]. Einen solchen Verfahrensfehler darf das Gericht nicht herbeiführen. Scheidet eine an sich notwendige Beiladung aus völkerrechtlichen Gründen, die nach Art 25 GG Vorrang vor dem nationalen Prozessrecht beanspruchen, aus, bedeutet das, dass das Verfahren insgesamt unzulässig ist. Das Verwaltungsgericht wird die Klage des N daher abweisen.

III. Die Klage gegen den Bund

1. Zulässigkeit

a) Deutsche Gerichtsbarkeit

Die Zuständigkeit deutscher Gerichte ist hier unproblematisch, da es nicht um eine Unterwerfung Abistans unter die deutsche Rechtsordnung geht. Erstrebt wird vielmehr ausschließlich ein Vorgehen deutscher Stellen gegen Abistan auf der zwischenstaatlichen Ebene.

b) Verwaltungsrechtsweg

Fraglich ist, ob dafür der Verwaltungsrechtsweg nach § 40 Abs 1 S 1 VwGO eröffnet ist. Dann müsste das Begehren des N öffentlich-rechtlicher Natur sein[26]. Die Subordinationstheorie versagt, weil die begehrten Maßnahmen nicht in einem Über- und Unterordnungsverhältnis ergehen würden, sondern auf der völkerrechtlichen Ebene der Gleichordnung[27]. Nach der Son-

---

24 *Kopp* (Fn 19), § 65 Rn 42; *v. Mutius* (Fn 19), Jura 1988, 273 (276); *Schmitt Glaeser/Horn* (Fn 19), Rn 87.
25 *Kopp* (Fn 19), § 65 Rn 43; besonders deutlich werden die Folgen einer unterbliebenen Beiladung bei der Anfechtungsklage. Wird eine Baugenehmigung aufgrund einer Nachbarklage aufgehoben, ohne dass der Bauherr beigeladen wird, kann die Aufhebung ihm gegenüber keine Wirkung entfalten. Eine Genehmigungsaufhebung, die den Genehmigungsinhaber nicht bindet, ist aber schlechthin unwirksam.
26 Dazu allgem *Erichsen* (Fn 9), Jura 1994, 418 (420–422); *R. Uerpmann*, Examens-Repetitorium Allgemeines Verwaltungsrecht mit Verwaltungsprozessrecht, 2003, Rn 5 ff.
27 Das führt aber nicht etwa zu einer Qualifizierung als „zivilrechtlich", weil die Subordinationstheorie eine Konstellation wie die vorliegende ersichtlich nicht im Blick hat.

Fall 19: Das Konsulat im reinen Wohngebiet

derrechtstheorie ist auf die Rechtsgrundlage der begehrten Handlungen abzustellen. Fachrechtliche Anspruchsgrundlagen sind nicht ersichtlich. Insbesondere betrifft § 70 BauO Berlin nur verwaltungsrechtliche Maßnahmen der Bauaufsichtsbehörde, hier des Bezirksamts, nicht aber völkerrechtliche Maßnahmen des Bundes. In Betracht kommt damit nur ein Anspruch aus Grundrechten oder sonstigem Verfassungsrecht. Dieses ist allerdings, soweit es die Staatsorgane zu einem bestimmten Verhalten verpflichtet, ebenfalls öffentlich-rechtlicher Natur.

Die Streitigkeit dürfte zudem nicht verfassungsrechtlicher Art sein[28]. Da N kein Verfassungsorgan, sondern Privater ist, handelt es sich trotz der verfassungsrechtlichen Anspruchsgrundlage nicht um eine verfassungsrechtliche Streitigkeit. Damit ist der Verwaltungsrechtsweg eröffnet.

c) Statthafte Klageart

Eine Verpflichtungsklage gemäß § 42 Abs 1 VwGO käme nur in Betracht, wenn die begehrten Maßnahmen gegenüber Abistan als Verwaltungsakt zu qualifizieren wären. Ein Über- und Unterordnungsverhältnis nach deutschem Verwaltungsrecht, in dem ein Verwaltungsakt ergehen könnte, besteht aber nicht. Es geht nicht um Maßnahmen des Bundes aufgrund innerstaatlichen Rechts, sondern um völkerrechtliche Schritte gegenüber Abistan. Dafür ist die allgemeine Leistungsklage die richtige Klageart.

d) Klagebefugnis

Für die allgemeine Leistungsklage ist analog § 42 Abs 2 VwGO eine Klagebefugnis erforderlich[29]. Ein Anspruch des N muss zumindest möglich erscheinen. Hier ist an einen Anspruch auf diplomatischen Schutz zu denken. Ein solcher Anspruch wird heute weitgehend angenommen, allerdings soll der Exekutive ein weites außenpolitisches Ermessen zukommen[30]. Als Rechtsgrundlage für diesen Anspruch werden zumeist das staatsbürgerliche

---

28 Dazu allgem *Erichsen* (Fn 9), Jura 1994, 418 (422); *Hufen* (Fn 19), § 11 Rn 69 ff.
29 BVerwGE 36, 192 (199); 62, 6 (14); *Bethge/Detterbeck*, Examensklausur: Das folgenschwere Bardepot, Jura 1991, 550 (551 f); *H. Sodan*, in: ders/J. Ziekow, Nomos-Kommentar zur VwGO, § 42 Rn 362; *Uerpmann* (Fn 26), Rn 64 ff, 223 f; dogmatisch anders zB *Erichsen*, Die Zulässigkeit einer Klage vor dem Verwaltungsgericht, Jura 1994, 476 (482).
30 BVerfGE 55, 349 (364 f) – Heß; *Rojahn*, in: v. Münch/Kunig, GGK II, Art 32 Rn 20; s a die Übungshausarbeit von *Dauster*, Der Anspruch des Staatsangehörigen auf Schutz gegenüber dem Ausland, Jura 1990, 262 (264 ff).

Grundverhältnis und die Verfassungstradition genannt[31]. Beim heutigen Stand der Verfassungs- und insbesondere der Grundrechtsdogmatik kann eine Ableitung aus allgemeinen, ungeschriebenen Grundsätzen nicht befriedigen. Vielmehr ist der Schutzanspruch aus Grundrechten herzuleiten[32]. Damit stellt sich für den vorliegenden Fall die Frage, ob durch die Vorgänge am abistanischen Konsulat die Schutzbereiche der Grundrechte des N aus Art 2 Abs 2 S 1 und Art 14 Abs 1 GG berührt sind. Art 2 Abs 2 S 1 GG erfasst die hier gegebene Belästigung nur bei einem sehr weiten Verständnis, das über die biologisch-physiologische Unversehrtheit hinaus auch das psychische Wohlbefinden umfasst. Immerhin hat das Bundesverwaltungsgericht den Schutzbereich in einer neueren Entscheidung derart weit gefasst[33]. Für Art 14 Abs 1 GG wäre hier mangels eines unmittelbaren Eingriffs der deutschen Staatsgewalt eine dauerhafte Veränderung der Grundstückssituation erforderlich, die den N schwer und unerträglich trifft[34]. Auch das ist zweifelhaft. Für die Klagebefugnis genügt es jedoch, dass ein Anspruch nicht von vornherein ausgeschlossen erscheint[35].

Der Anspruch wäre allerdings jedenfalls dann ausgeschlossen, wenn er auf eine unmögliche Leistung gerichtet wäre. Das wäre der Fall, wenn der Bundesrepublik Deutschland jedes Einschreiten gegen den Konsulatsbe-

---

31 S aus neuerer Zeit etwa *Geiger* (Fn 13), § 50 II (S 289); *Trevinanus*, Nochmals: Diplomatischer Schutz und grundrechtliche Schutzpflicht, DÖV 1979, 35 (36f); dahingehend auch *Hobe/Kimminich*, Einf, S 157: ungeschriebene Verfassungsregel; grundlegend *K. Doehring*, Die Pflicht des Staates zur Gewährung diplomatischen Schutzes, 1959; *Geck*, Der Anspruch des Staatsbürgers auf Schutz gegenüber dem Ausland nach deutschem Recht, ZaöRV 17 (1956/57), 476ff.
32 Dazu *E. Klein*, Diplomatischer Schutz und grundrechtliche Schutzpflicht, DÖV 1977, 704ff; s a *dens*, Anspruch auf diplomatischen Schutz?, in: G. Ress/T. Stein (Hrsg), Der diplomatische Schutz im Völker- und Europarecht, 1996, 125 (128ff); in BVerfGE 55, 349 (364); BVerwG, NJW 1989, 2208f wird ebenfalls auf Grundrechte abgestellt.
33 BVerwG, NJW 1995, 2648 (2649) – Breker-Statuen; dazu *Kunig*, JK 96, Art 5 III/17; in BVerfGE 56, 54 (73ff) – Fluglärm – ist die Frage ausdrücklich offengeblieben; enger *Kunig*, in: v. Münch/Kunig, GGK I, Art 2 Rn 63: psychische Beeinträchtigungen müssen körperlichem Schmerz jedenfalls nahekommen.
34 Zu diesem Kriterium *Wendt*, in: M. Sachs, Grundgesetz, 3. Aufl, 2003, Art 14 Rn 53.
35 Dazu allgem *Wahl/Schütz*, in: F. Schoch/E. Schmidt-Aßmann/R. Pietzner, VwGO, Stand 2004, § 42 Abs 2 Rn 67, 71; zur Abgrenzung der Klagebefugnis von der Prüfung der Rechtsverletzung auf der Begründetheitsstufe s a *Kunig*, JK 95, VwGO § 47/21.

Fall 19: Das Konsulat im reinen Wohngebiet

trieb von Völkerrechts wegen verwehrt wäre. Indessen ist die Aufnahme konsularischer Beziehungen nach Art 2 Abs 1 WÜK von einem gegenseitigen Einvernehmen abhängig, und eine konsularische Vertretung kann nach Art 4 Abs 1 WÜK nur mit Zustimmung des Empfangsstaates errichtet werden. Einvernehmen und Zustimmung sind jederzeit widerrufbar. Damit können die konsularischen Beziehungen, wie diplomatische Beziehungen[36], sogar ohne weiteres beendet oder eingeschränkt werden. Außerdem käme in Betracht, Abistan gegenüber zumindest mit dem Ziel einer Verlegung des Konsulatsbetriebs vorstellig zu werden. Das bedeutet, dass der Bundesrepublik Deutschland ein Einschreiten nicht unmöglich ist.

Da der geltend gemachte Anspruch nicht von vornherein ausgeschlossen erscheint, ist die Klage zulässig.

2. Begründetheit

Die Klage ist begründet, soweit ein Anspruch auf Schutz besteht. Aus Grundrechten oder sonstigem Verfassungsrecht ergibt sich allenfalls ein Anspruch auf ermessensfehlerfreie Entscheidung über die Schutzgewähr. Das Ermessen ist gerade im außenpolitischen Bereich sehr weit. Die Entscheidung des Auswärtigen Amtes, derzeit nicht einzuschreiten, kann gerichtlich nur auf Ermessensfehler überprüft werden (§ 114 S 1 VwGO). Das Auswärtige Amt hat erkannt, dass ihm Ermessen eingeräumt ist, und entsprechende Erwägungen angestellt. Soweit das Auswärtige Amt das außenpolitische Interesse Deutschlands an guten Beziehungen zu Abistan anführt, ist dies ein sachbezogenes Argument. Dasselbe gilt für den Hinweis auf den in einigen Jahren zu erwartenden Umzug des Konsulats. Der weite außenpolitische Ermessensspielraum führt dazu, dass die Interessenabwägung, die das Auswärtige Amt vorgenommen hat, nur auf eine grob fehlerhafte Gewichtung überprüft werden kann. Dabei spricht hier vor allem der Übergangscharakter der Konsulatsnutzung gegen eine grobe Fehlgewichtung. Jede Verlegung des Konsulats ist zeit- und kostenaufwendig. Da in wenigen Jahren ohnehin ein Umzug absehbar ist, kann es für angemessen gehalten werden, von Zwischenlösungen an einem dritten Standort abzusehen. Das gilt umso mehr, als sich das Auswärtige Amt um einen baldigen Umzug nach Berlin-Mitte und um eine zwischenzeitliche Verbesserung der Zustände in Zehlendorf bemüht. Unter diesen Umständen lässt seine Entscheidung Ermessensfehler nicht erkennen. Daher ist die Klage unbegründet.

---

[36] Dazu Fall 2.

C. Vorgehen des Bezirksamts
I. Nutzungsverbot

Möglicherweise kann die Bauaufsichtsbehörde von sich aus nach § 70 Abs 1 S 2 BauO Berlin ein Nutzungsverbot gegen Abistan erlassen. Aus der oben zu B I festgestellten Immunität von der deutschen Gerichtsbarkeit folgt nicht ohne weiteres, dass Abistan auch Immunität gegenüber der deutschen Verwaltung genösse. Vielmehr ergibt sich aus Art 55 WÜK, wie unter A erörtert, dass der Entsendestaat die für den Konsulatsbetrieb nach deutschem Recht erforderlichen Genehmigungen bei der Verwaltungsbehörde einholen muss. Allerdings ist ein Nutzungsverbot, anders als eine Genehmigung, ein typischer Subordinationsakt. Zwischen Entsende- und Empfangsstaat besteht jedoch kein Subordinationsverhältnis. Es kann von dem Empfangsstaat auch nicht einseitig begründet werden. Vielmehr stehen die Staaten zueinander in einem Verhältnis der souveränen Gleichheit. Auf dieser Gleichheit beruht die Staatenimmunität[37]. Verbietet das Bezirksamt die Konsulatsnutzung, fällt es eine rechtsverbindliche Entscheidung über die Vereinbarkeit der ausländischen Hoheitstätigkeit mit deutschem Recht und maßt sich damit eine hoheitliche Position in einem Verhältnis der Über- und Unterordnung an. Die Entscheidung ähnelt in ihren Wirkungen einem gerichtlichen Verbot, das nach den Ausführungen zu B I die Staatenimmunität verletzen würde. Zwar ist das Bezirksamt ein Organ der Exekutive und nicht Teil der rechtsprechenden Gewalt. Für die völkerrechtlichen Regeln der Staatenimmunität kommt es aber nicht darauf an, wie ein Staat seine Staatsfunktionen intern ausdifferenziert. Maßgebend ist vielmehr der Inhalt der Entscheidung[38]. Daher ist davon auszugehen, dass ein behördliches Verbot ebenso wie ein inhaltsgleiches gerichtliches Verbot der Konsulatsnutzung an der Immunität Abistans scheitert. Das Bezirksamt darf kein Nutzungsverbot erlassen[39].

---

37 S o Fn 15.
38 S a The American Law Institute, Restatement of the Law Third, Bd I, 1987, § 401, wo nicht nach Entscheidungsorganen, sondern nach Entscheidungsinhalten unterschieden wird zwischen *„jurisdiction to prescribe", „to adjudicate"* und *„to enforce"*.
39 Bei dieser Teilfrage kann sich ein Bearbeiter am wenigsten auf gefestigte Ansichten stützen, weil Rspr und Schrifttum die Immunität gegenüber Verwaltungsentscheidungen kaum behandeln; wie hier nun *Dörr* (Fn 23), 204; s a die Erwägungen bei *Grams/Pitschas* (Fn 6), ZfBR 1996, 75 (77).

II. Vollstreckung

Eine Vollstreckung scheidet nach dem soeben Gesagten schon deshalb aus, weil das Bezirksamt keine Grundverfügung erlassen darf. Zudem genießt das Konsulat nach Art 31 WÜK eine weitgehende Vollstreckungsimmunität. Danach ist jede Vollstreckungsmaßnahme, die den Betrieb des Konsulats beeinträchtigt, unzulässig. Schon die bloße Zwangsmittelandrohung nach § 13 VwVfG ist unstatthaft[40].

---

40 S a das BMI-Rdschr betr Diplomaten ua bevorrechtigte Personen v 17. 8. 1993, GMBl 591 (596), Abschn V A Nr 3.

Fall 20: Für ein freies Padanien!

Sachverhalt[1]

Am 15. 9. 1996 proklamierte der Vorsitzende der Lega Nord, Umberto Bossi, in Venedig die Unabhängigkeit der „Bundesrepublik Padanien", wofür er die nördlichen Regionen Italiens in Anspruch nahm. Zugleich setzte die Lega Nord, die damals im italienischen Parlament als Oppositionspartei vertreten ist, eine provisorische Regierung ein. Die italienische Regierung und die zuständigen Stellen der betroffenen Regionen wiesen die Unabhängigkeitserklärung einhellig zurück, ohne jedoch mit rechtlichen Mitteln gegen die Lega Nord vorzugehen.
Unterstellen wir:
1. Die Regierung von Arkadien erkennt Padanien als Staat an und schlägt seiner Regierung die Aufnahme diplomatischer Beziehungen vor.
2. Bei einem Deutschlandbesuch wird Bossi in seiner Eigenschaft als italienischer Oppositionspolitiker von einem Minister der Bundesregierung empfangen. Über den Inhalt der Gespräche geben beide Seiten nichts bekannt.
3. Anschließend hält Bossi auf einer Veranstaltung der deutschen P-Partei eine flammende Rede für die Unabhängigkeit Padaniens.
4. In Sachsen wird ein „Solidaritätskomitee für ein freies Padanien" gegründet, dessen Mitglieder überwiegend Deutsche sind, und das vom Amtsgericht antragsgemäß in das Vereinsregister eingetragen wird. Nach der Satzung besteht der Vereinszweck darin, die Unabhängigkeit Padaniens mit allen friedlichen Mitteln zu unterstützen. Das sächsische Innenministerium erklärt, ein Verbot des Vereins sei unzulässig.
5. Mitarbeitern der arkadischen Botschaft in Rom gelingt es, mehrere Mailänder für die Gründung des Vereins „Pro Padania" zu gewinnen. Der Verein, der von der arkadischen Botschaft finanziert wird, gibt ua die Zeitung „Il Padano Libero" heraus, die sich als Stimme des freien Padaniens versteht.
Wie sind die Vorgänge völkerrechtlich zu beurteilen?

1 Die einleitende Schilderung entspricht weitgehend der Wirklichkeit; die nachfolgenden Varianten sind frei erfunden. Die Lega Nord verfolgt bis heute separatistische Ziele. Zurzeit bildet sie mit Berlusconis Partei Forza Italia die Regierungskoalition.

Fall 20: Für ein freies Padanien!

Lösung

Vorbemerkung: Nachfolgend wird keine Fallbearbeitung nach Art eines klausurmäßigen Gutachtens gegeben, also anders als bei den vorangegangenen Fällen dieses Übungsbuches. Vielmehr soll ein Eindruck von den Anforderungen in einem Examensgespräch vermittelt werden. Dabei wird darauf verzichtet, den denkbaren Ablauf eines solchen Gesprächs in Rede und Gegenrede gleichsam zu protokollieren. Stattdessen werden Erwägungen skizziert, die ein Examenskandidat oder eine Examenskandidatin auf die oben wiedergegebenen „Fallfragen" hin vortragen könnte. Das simuliert eine Situation, wie sie im Examen oft vorkommt, wenn Tagesaktualitäten zum Anlass genommen werden, zu völkerrechtlichen Grundfragen hinzuführen. Es ist dann auch Aufgabe der Gefragten, die jeweils einschlägigen, diskussionsbedürftigen Fragen, die ein solches Sachverhaltssegment aufwirft, zunächst selbst zu erkennen, die Probleme also „auf den Punkt" zu bringen.

Es versteht sich von selbst, dass die hier behandelten Fragen, obwohl sie zum völkerrechtlichen Grundwissen gehören, vorrangig im Wahlfachbereich angesiedelt sind, wobei der Schwierigkeitsgrad hier eher unterdurchschnittlich ist. Soweit Schnittstellen des deutschen Recht zum Völkerrecht angesprochen werden, sei darauf hingewiesen, dass die Bezüge des Grundgesetzes zum Völkerrecht auch zum Pflichtfachbereich gehören.

1. Anerkennung Padaniens und Aufnahme diplomatischer Beziehungen

Wenn die Regierung von Arkadien Padanien anerkennt, so liegt hierin in den Kategorien der völkerrechtlichen Handlungsformenlehre ein einseitiges Rechtsgeschäft[2], mit dem Arkadien zum Ausdruck bringt, es halte Padanien für einen Staat im Sinne des Völkerrechts. Das wird bekräftigt durch den Vorschlag der Aufnahme diplomatischer Beziehungen. Denn solche werden zwischen Staaten gepflogen (vgl Art 2 WÜD). Es fragt sich, welche Rechtsfolgen dieser Akt bewirkt und ob er mit dem Völkerrecht im Einklang steht, insbesondere Rechte anderer, hier Italiens, verletzt.

Das Völkerrecht kennt verschiedene Varianten der Anerkennung[3]. Eine solche kann sich auf den Status eines Akteurs der internationalen Politik, auf Tatsachen, aber auch auf Rechtsfragen, namentlich im Zusammenhang

---

2 Dazu *Graf Vitzthum*, in: ders, VR, Rn I 149; *Heintschel von Heinegg*, in: Ipsen, VR, § 18.
3 Dazu *Hobe/Kimminich*, Einf, S 70 ff sowie S 168 ff.

mit Territorien, deren völkerrechtliche Zuordnung zweifelhaft ist, beziehen. Eine Anerkennung kann – wie hier – ausdrücklich erklärt werden, sich aber auch aus Stillschweigen ergeben. Sie kann sich als endgültig und vollständig darstellen (Anerkennung *de iure*) oder auf vorläufige Rechtswirkungen zielen und dann ggf wieder zurückgenommen werden (Anerkennung *de facto*). Hier steht offenbar eine Anerkennung Padaniens *de iure* als Staat in Rede.

Erkennt ein Staat einen anderen als solchen an, so ergibt sich ab diesem Zeitpunkt, dh mit dem Zugang der Anerkennungserklärung bei ihrem Adressaten, die Verpflichtung des Anerkennenden, den Anerkannten auch weiterhin als Staat zu behandeln[4]. Die Anerkennung erzeugt damit die Verpflichtung Arkadiens, Padanien gegenüber das allgemeine Völkerrecht einzuhalten. Eine Verpflichtung zur Aufnahme diplomatischer Beziehungen ist damit nicht verbunden, denn diese erfolgt nach Art 2 WÜD im gegenseitigen Einvernehmen. Der bloße Vorschlag der Aufnahme diplomatischer Beziehungen bedeutet nicht die Abgabe einer entsprechenden Willenserklärung, die allein durch eine „Annahme" von Seiten Padaniens diplomatische Beziehungen hervorbrächte.

Die vorgenannte Wirkung tritt unabhängig davon ein, ob es sich bei Padanien „in Wahrheit", also objektiv gesehen, um einen Staat handelt – woran es hier erkennbar fehlt, denn die bloße Proklamation kann nicht mit der Ausübung effektiver Staatsgewalt in dem in Anspruch genommenen Gebiet und über die dort ansässige Bevölkerung gleichgesetzt werden, zumal die zuständigen Stellen Italiens die Unabhängigkeitserklärung zurückgewiesen haben; dass sie keinen Anlass sahen, mit rechtlichen Mitteln gegen die Lega Nord vorzugehen, ändert daran nichts. Die eingegangene Selbstverpflichtung Arkadiens ist in ihrem rechtlichen Bestand auch nicht davon abhängig, ob in der Erklärung bzw auch im hieran anknüpfenden künftigen Verhalten Arkadiens zugleich eine Verletzung der Rechte Dritter, hier Italiens, liegt.

Für andere Staaten ergeben sich aus der von Arkadien ausgesprochenen Anerkennung keinerlei unmittelbare Rechtswirkungen. Die Anerkennung selbst durch eine Mehrzahl von Staaten, ja – dieser Fall bleibt theoretisch – durch alle Staaten, bringt allein noch keinen neuen Staat hervor[5]. Rechtsdogmatisch wird die Anerkennung als deklaratorisch (im Gegensatz zu

---

4 *Hobe/Kimminich*, Einf, S 71.
5 Vgl BVerfGE 36, 1 (22) – Grundvertrag.

Fall 20: Für ein freies Padanien!

konstitutiv) beschrieben. Allerdings ist nicht zu verkennen, dass das Völkerrecht auch in diesem Bereich „wirklichkeitsnah"[6] dadurch bleibt, dass eine erhebliche Anzahl von Anerkennungen jedenfalls ein Indiz dafür bietet, dass sich „neue" Herrschaft dauerhaft etablieren und insofern objektiv die Staatsqualität erreicht werden konnte[7].

Das Verhalten Arkadiens könnte sich als Völkerrechtsverstoß zu Lasten Italiens darstellen. Das wäre der Fall, wenn ein Staat einen Anspruch darauf hätte, dass andere Staaten solche Kräfte nicht als Staat anerkennen, die sich auf Teilen des Staatsgebiets zu einem neuen Staatswesen formieren wollen. Eine entsprechende Verbotsnorm ist das Verbot der Einmischung in die Angelegenheiten eines anderen Staates. Es kann als Ausprägung des auch in Art 2 Nr 1 CVN angesprochenen Grundsatzes der souveränen Gleichheit der Staaten eingeordnet werden[8]. Indes ist gleichgültig, ob Arkadien – wie Italien – ein Mitglied der Vereinten Nationen ist. Denn der Grundsatz der souveränen Gleichheit und das seinem Schutz dienende Nichteinmischungsprinzip gelten völkergewohnheitsrechtlich. Der Rechtssatz von der souveränen Gleichheit der Staaten und das Prinzip der Nichteinmischung in – wie oft gesagt wird – „innere Angelegenheiten" eines anderen Staates sind bei zutreffender Ansicht noch nicht in dem Sinne einer Subsumtion zugänglich, dass einzelne Tatbestandsmerkmale gebildet und sodann im Blick auf einen Sachverhalt isoliert voneinander geprüft werden könnten[9]. Einer solchen Handhabung entzieht sich das Nichteinmischungsprinzip angesichts seines besonders hohen Abstraktionsgrades und seiner Passfähigkeit auf höchst unterschiedliche Formen und Bereiche zwischenstaatlicher Einwirkung. So dient es der Abgrenzung – etwa – der Jurisdiktionsbereiche der Staaten im Strafrecht[10] oder im Kartellrecht[11] ebenso, wie es als

---

6 Vgl dazu allgem die von *Krüger*, Das Prinzip der Effektivität, oder: Über die besondere Wirklichkeitsnähe des Völkerrechts, in: FS Spiropoulos, 1957, 265 ff angestellten Überlegungen.
7 S bei Fall 5, S 175 f.
8 Vgl zur normativen Ableitung und inhaltlichen Bestimmung dieses Prinzips etwa *Stein/von Buttlar*, VR, Rn 631 ff; *Bleckmann*, in: Simma ua, Charta der VN, Art 2 Nr 1, Rn 43 ff.
9 Ebenso *Graf Vitzthum*, in: ders, VR, Rn I 76. Anderes gilt im Ausgangspunkt etwa für das historisch und inhaltlich verwandte Gewaltverbot angesichts seiner Ausformulierung in Art 2 Nr 4 CVN.
10 Vgl den bei *Kunig*, Die Bedeutung des Nichteinmischungsprinzips für das internationale Strafrecht der Bundesrepublik Deutschland, JuS 1978, 594 ff erörterten Fall.
11 Vgl umfassend *W. Meng*, Extraterritoriale Jurisdiktion im öffentlichen Wirt-

Verhaltensmaßstab speziell in Bürgerkriegssituationen[12] oder allgemein in Ansehung innenpolitischer Vorgänge[13] in anderen Staaten herangezogen wird. Es kommt deshalb darauf an, ob sich hinsichtlich des jeweils in Rede stehenden Einzelbereichs zwischenstaatlicher Interaktion im Sinne der Anforderungen an die Herausbildung von Völkergewohnheitsrecht der Nachweis führen lässt, dass die Staaten ein bestimmtes Verhalten in Reaktion auf das Verhalten eines anderen Staates oder zu dessen Beeinflussung als völkerrechtswidrig erachten. Erst dabei kann sich zeigen, welche „Angelegenheiten" als „innere" und welche Einwirkungen hierauf als (verbotene) „Einmischung" zu qualifizieren sind[14]. Vorliegend kommt es also auf diejenigen spezifischen Regeln an, welchen die Staaten folgen, sofern innerhalb eines bestehenden staatlichen Gebildes separate Staatlichkeit erstrebt wird.

Nach der Staatenpraxis ist eindeutig, dass ein Verbot „vorzeitiger" Anerkennung in dem Sinne besteht, dass ein den Anforderungen der Staatlichkeit nicht genügendes, aber als Staat propagiertes Gebilde (wie Padanien) nicht anerkannt werden darf. Diese Verpflichtung besteht allerdings allein im Verhältnis zu dem betroffenen Staat, wirkt nicht *erga omnes*. Italien wird gut beraten sein, gegen das Verhalten Arkadiens förmlich zu protestieren[15]. Nach Lage der Dinge wäre dies allerdings zur Rechtswahrung nicht unbedingt erforderlich, da selbst aus einem Schweigen nicht der Schluss gezogen werden könnte, auch Italien gehe davon aus, dass es sich bei Padanien um einen Staat handele.

2. Der Empfang Bossis

Hier stellt sich zunächst die Frage, ob das Verhalten Deutschlands Rechtswirkungen gegenüber dem als Staat proklamierten Padanien hervorbringt. Diese Frage ist zu verneinen. Es handelt sich nicht etwa um eine stillschwei-

---

schaftsrecht, 1994; zu einem Einzelfall *Kunig*, Völkerrecht und Fusionskontrolle, WuW 1984, 700 ff.
12 S o Fall 5, S 70 ff.
13 S *Stein/v. Buttlar*, VR, Rn 637 ff.
14 Zu diesem „induktiven", von der Staatenpraxis ausgehenden Ansatz s *Ph. Kunig*, Das völkerrechtliche Nichteinmischungsprinzip, 1981, S 229 ff; s a die Systematisierung bei *Fischer*, in: Ipsen, VR, § 59 Rn 50 ff.
15 Zum Protest *Hobe/Kimminich*, Einf, S 202 ff; ausf *J. Breutz*, Der Protest im Völkerrecht, 1997.

Fall 20: Für ein freies Padanien!

gende Anerkennung (s o 1), denn Bossi wird von dem Minister als Oppositionspolitiker im italienischen Parlament, nicht aber als Regierungschef empfangen.

Es könnte aber ein Völkerrechtsverstoß gegenüber Italien vorliegen. Den Staaten ist es nicht allgemein verboten, durch Regierungsmitglieder Kontakt zu oppositionellen Politikern eines anderen Staates zu pflegen. Etwas anderes könnte vorliegend nur deshalb gelten, weil Bossi zuvor den Staat Padanien ausgerufen hat. Den Staaten ist, wie auch die Resolutionen der Generalversammlung der Vereinten Nationen, welche um Konkretisierung und Ausformung des o zu 1 angesprochenen Nichteinmischungsprinzips bemüht sind (und ungeachtet ihrer fehlenden Eigenschaft als verbindliche Rechtsquelle jedenfalls Rechtsüberzeugung als Voraussetzung der Gewohnheitsrechtsentstehung indizieren können[16]), anzeigen[17], im Verhältnis zu anderen Staaten verboten, politische Kräfte aktiv zu unterstützen, die dort auf Sezession, Separation oder Umsturz zielen. Es ist im Einzelnen unklar und anhand der Staatenpraxis auch nur schwer zu bestimmen, welche Verhaltensweisen insoweit die Schwelle zum völkerrechtlichen Unrecht überschreiten; jedenfalls der Empfang bzw das Gespräch mit einer derartigen politischen Kraft verbleibt unterhalb dieser Schwelle, dies insbes wenn diese Kraft von dem betroffenen Staat nicht strafrechtlich verfolgt wird, sondern als legale parlamentarische Opposition wirkt[18]. Da über den Inhalt der Gespräche zwischen Bossi und dem Minister nichts bekannt gegeben wurde – etwa derart, dass der Minister für das Anliegen Bossis „Verständnis zeige" oder es gar fördere –, kann in dem Verhalten Deutschlands keine Verletzung der Rechte Italiens gesehen werden.

3. Bossis Rede bei der P-Partei

Fraglich könnte sein, ob Deutschland deswegen ein Verstoß gegen das Völkerrecht anzulasten ist, weil die P-Partei Bossi auf ihrer Veranstaltung Gelegenheit zu der Rede für die Unabhängigkeit Padaniens gegeben hat bzw deutsche Behörden hiergegen nicht eingeschritten sind; in Betracht kommt

---

16 Vgl *Graf Vitzthum*, in: ders, VR, Rn I 138, 150.
17 Indizielle Maßstäbe bietet insbes die Deklaration der GV über „Friendly Relations" von 1970, s dazu Fall 10, S 139.
18 Der genannte Umstand bildet jedenfalls ein Indiz. Nicht gesagt werden soll, dass etwa eine entspr Kriminalisierung gleichsam automatisch die Rechtsmacht des Kriminalisierenden, Unterlassungen anderer Staaten einzufordern, vergrößern würde.

auch eine völkerrechtliche Verpflichtung, nunmehr nachträglich einzuschreiten, etwa gegen die Partei vorzugehen.

Politische Parteien sind aus dem Blickwinkel des Völkerrechts grundsätzlich Privatpersonen, dies ungeachtet eines ihnen in der jeweiligen innerstaatlichen Rechtsordnung über den privatrechtlichen Status hinaus zukommenden staatsrechtlichen Status[19]. Anlass dafür, aus faktischen Gründen eine Gleichstellung mit Staatsorganen im formellen Sinne vorzunehmen, besteht jedenfalls im Mehrparteiensystem nicht[20].

Ist die P-Partei im Sinne der haftungsrechtlichen Zurechnungskriterien eine Privatperson, so könnte eine Zurechnung ihres Verhaltens zum Völkerrechtssubjekt Deutschland in Betracht kommen, wenn die Partei die Veranstaltung auf Aufforderung der Bundesregierung oder auch anderer staatlicher Stellen durchgeführt hätte[21]. Darüber ist nichts bekannt. Völkerrechtlich verantwortlich für das Geschehen ist Deutschland daher nur dann, wenn eine Verpflichtung besteht, einen derartigen Vorgang zu unterbinden. Dafür gibt wiederum (s o 1) das Nichteinmischungsprinzip den Maßstab. Danach sind die Staaten gehalten, auf ihrem Staatsgebiet auch gegen dort vorbereitete Umsturzmaßnahmen in einem anderen Staat einzuschreiten. Es ist schon fraglich, ob und unter welchen Umständen öffentliche Rede derartige Verpflichtungen auslösen kann. Diese genießt innerstaatlich den (auch auf Ausländer erstreckten) Schutz des Grundrechts der Meinungsäußerungsfreiheit, Art 5 Abs 1 GG. Vorliegend tritt die zwar nicht Bossi, wohl aber der Partei zustehende Versammlungsfreiheit hinzu[22]. Zwar entbinden innerstaatliche Rechtsvorschriften nicht von der Einhaltung des Völkerrechts[23]. Doch kann davon ausgegangen werden, dass der hohe Rang der Meinungsäußerungsfreiheit im innerstaatlichen Recht – das deutsche Recht steht insoweit keineswegs vereinzelt da – auch der Herausbildung

---

19 Im deutschen Recht sind politische Parteien Vereine; es wird ihnen angesichts des in Art 21 Abs 1 GG verankerten Mitwirkungsrechts darüber hinaus aber in der Rspr des BVerfG eine organschaftliche Stellung mit verfassungsprozessrechtlichen Konsequenzen zugebilligt, s dazu *Kunig*, in: J. Isensee/P. Kirchhof (Hrsg), Handbuch des Staatsrechts, Bd II, 2. Aufl., 1998, § 33 Rn 81 ff.
20 Zum Einparteienstaat s Fall 7, S 99 f.
21 S allgem Einl, S 17 ff.
22 Art 8 Abs 1 iVm Art 19 Abs 3 GG; es ist nicht unumstritten, aber zu bejahen, dass eine politische Partei sich als Veranstalterin einer Versammlung auf Art 8 Abs 1 GG berufen kann, s *Kunig*, in: v. Münch/Kunig, GGK I, Art 8 Rn 10 f.
23 Diesen allgemeinen Satz bringt für das Völkervertragsrecht Art 27 WVK zum Ausdruck; vgl a *Kunig*, in: Graf Vitzthum, VR, Rn II 33, 43 f.

einer für die Entstehung des Völkergewohnheitsrechts vorausgesetzten Rechtsüberzeugung dahingehend entgegensteht, dass die Staaten um des Stabilitätsinteresses anderer Staaten willen gehalten wären, bereits gegen Meinungsäußerungen einzuschreiten, die auf Destabilisierung bzw grundlegende Veränderung des Status quo zielen. Das bestätigt sich auch durch den völkerrechtlichen Schutz der Meinungsfreiheit (vgl zB Art 19 IPbpR). Andererseits ist zu beachten, dass ein Verbot solcher Äußerungen, die zu Gewalt, etwa auch zu tätlichen Angriffen auf Repräsentanten fremder Staaten aufrufen, im Ergebnis die Gewährleistungen der Meinungsäußerungsfreiheit nicht verletzt. Aus diesem Grunde stehen etwa auch die §§ 102 ff StGB mit den grundrechtlichen Gewährleistungen des GG und des völkerrechtlichen Menschenrechtsschutzes in Einklang, stellen sich möglicherweise gänzlich oder in Teilen sogar als Umsetzung einer völkerrechtlich gebotenen Schutzverpflichtung dar. Auch ein polizeirechtlich bzw versammlungsrechtlich begründetes Einschreiten gegenüber auf gewaltsamen Umsturz in einem anderen Staat gerichtetem Verhalten kann völkerrechtlich geboten sein.

Indessen hat Bossi zwar „eine flammende Rede für die Unabhängigkeit" gehalten, damit aber nicht zu Gewaltmaßnahmen aufgerufen. Ein Plädoyer für das Ausscheiden einer Region aus einem bestehenden Staatsverband löst keine Verhaltenspflichten des Staates aus, in welchem ein solches Plädoyer gehalten wird. Im Übrigen würde sich Italien widersprüchlich verhalten, wenn es deutsche Schritte anlässlich der Veranstaltung oder danach einfordern würde: Italien hat selbst bisher keine rechtlichen Maßnahmen gegen die Lega Nord ergriffen. Diese setzt sich bekanntlich auch in Italien mit „flammenden Reden" für die Unabhängigkeit Padaniens ein.

4. Solidarität in Sachsen

Angesichts des o 3 zum Einstehenmüssen für das Verhalten einer politischen Partei Gesagten ist selbstverständlich, dass Deutschland für das Verhalten des „Solidaritätskomitees" als eines Vereins nicht verantwortlich ist. Es fragt sich, ob die Auskunft des sächsischen Innenministeriums, wonach ein Verbot des Vereins nicht möglich sei, zutreffend ist. Dabei ist zu beachten, dass eventuell einschlägige völkerrechtliche Verpflichtungen auch im Zuge der Anwendung des deutschen Vereinsrechts bedeutsam sein können.

Der Verein ist antragsgemäß in das Vereinsregister eingetragen worden. Das Amtsgericht wird der zuständigen Verwaltungsbehörde gem § 61 Abs 1 BGB die Zulassung der Anmeldung mitgeteilt haben. Diese Behörde wird nach § 61 Abs 2 BGB geprüft haben, ob der Verein nach dem öffentlichen Vereinsrecht verboten werden kann und hat dies offenbar verneint. Ein Vereinsverbot setzt gem § 3 Abs 1 S 1 VereinsG (vgl auch Art 9 Abs 2 GG) voraus, dass die Zwecke oder die Tätigkeit des Vereins den Strafgesetzen zuwiderlaufen oder dass er sich gegen die verfassungsmäßige Ordnung oder den Gedanken der Völkerverständigung richtet[24]. Sog Ausländervereine können gem § 14 Abs 1 VereinsG aus weiteren Gründen verboten werden. Das Solidaritätskomitee ist kein derartiger Ausländerverein, so dass allein die Gründe des § 3 Abs 1 S 1 VereinsG maßgeblich sind, hier der Gesichtspunkt der Völkerverständigung. Der Begriff der Völkerverständigung ist im Einklang mit dem namentlich in Art 1 Abs 2 GG und Art 26 GG auch verfassungsrechtlich ausgedrückten Anliegen zu verstehen, die Bundesrepublik Deutschland möge sich in Orientierung an den Menschenrechten friedvoll in die Völkerrechtsgemeinschaft einordnen[25]. Das bedeutet nicht, dass es generell als unerwünscht erscheint, wenn Privatpersonen auf deutschem Gebiet Aktivitäten entfalten, die die innere Ordnung eines anderen Staates betreffen. Zwar ist „Völkerverständigung" – entgegen dem Eindruck des Wortlauts, aber in Übereinstimmung mit dem deutschen Begriff „Völkerrecht" – nicht in erster Linie auf den unmittelbaren Umgang von „Völkern" miteinander bezogen, sondern auf „Verständigung" von Staaten. Daraus ergibt sich aber nicht gleichsam eine Loyalitätspflicht der innerstaatlichen Rechtssubjekte gegenüber Regierungen fremder Staaten.

Soweit ein Verein Aktivitäten entfaltet, denen gegenüber einzuschreiten Deutschland völkerrechtlich in der Pflicht stünde, wäre zu überlegen, ob der Begriff der Völkerverständigung in § 3 Abs 1 S 1 VereinsG dahingehend verstanden werden kann, dass bereits der genannte Umstand innerstaatlich ein Vereinsverbot erlaubt. Dem braucht jedoch nicht weiter nachgegangen zu werden, da die Satzung den Verein ausdrücklich auf eine Unterstützung mit friedlichen Mitteln festlegt. Auch angesichts des speziellen Grundrechtsschutzes aus Art 9 Abs 1 GG und der im Übrigen auch dem Verein gem Art 5 Abs 1 GG iVm Art 19 Abs 3 GG zustehenden Meinungsfreiheit gilt hier im Ergebnis nichts anderes als o zu 3 für die P-Partei festgestellt. Sofern sich in der Zukunft erweisen sollte, dass das Solidaritätskomitee entgegen der Festlegung in der Satzung durch die Unterstützung von Gewalt gegen den Gedanken der Völkerverständigung verstößt bzw entsprechendes

---

24 Vgl dazu *Kunig*, Vereinsverbot, Parteiverbot, Jura 1995, 384 ff.
25 Vgl dazu *Kunig*, in: Graf Vitzthum, VR, Rn II 15 mwN.

Verhalten von Mitgliedern gem § 3 Abs 5 VereinsG dem Komitee zurechenbar ist, kommt hingegen ein Vereinsverbot in Betracht.

5. Unterstützung in Rom

Es ist nicht erkennbar, dass die Gründung und die Betätigung des Vereins Pro Padania, namentlich auch die Herausgabe der Zeitung, gegen italienische Rechtsvorschriften verstießen. Das italienische Recht wird deshalb auch nicht die Finanzierung des Vereins verbieten, so dass Arkadien kein Verstoß gegen Art 41 Abs 1 S 1 WÜD anzulasten ist. Die Botschaftsangehörigen – als Personen, die Vorrechte und Immunitäten nach dem WÜD genießen, s dessen Art 31 ff – könnten sich durch das Betreiben der Gründung des Vereins und ihr weiteres Verhalten aber iS des Art 41 Abs 1 S 2 WÜD in die Angelegenheiten Italiens eingemischt haben[26]. Dieses spezielle gesandtschaftsrechtliche Einmischungsverbot ist in systematischer Auslegung an der Aufgabenzuweisung des Art 3 Abs 1 WÜD auszurichten. Die Aktivität der Botschaftsangehörigen lässt sich keiner der dort genannten Aufgaben einer diplomatischen Mission zuordnen. Allerdings ist die Aufgabenzuweisung nicht abschließend ausformuliert. Sie lässt aber nur – weitere – Aufgaben zu, die jedenfalls in einen Zusammenhang mit den klassischen Aufgaben der Diplomatie gebracht werden können, also: Repräsentanz der Interessen des Entsendestaates im Empfangsstaat, Anlaufstelle für dort befindliche eigene Staatsangehörige, zwischenstaatliche Kommunikation. Diplomaten dürfen im Empfangsstaat nur solche Interessen verfolgen und auf sie bezogene Aktivität entfalten, die unter Berücksichtigung der Interessen des Empfangsstaates im wohlverstandenen Interesse des Entsendestaates liegen. Die arkadischen Diplomaten verfolgen keine solchen Interessen. Sie haben sich demzufolge unzulässig in italienische Innenpolitik eingemischt.

Fraglich ist, ob eine völkerrechtliche Verantwortlichkeit Arkadiens auch für die Aktivitäten des Vereins besteht. Dass dieser gegen italienisches Recht verstieße, ist zwar – wie gesagt – nicht erkennbar. Unabhängig davon könnte indes ein Völkerrechtsverstoß Arkadiens sich daraus ergeben, dass der Verein Erklärungen abgibt und Bemühungen entfaltet, welche – würden sie von Hoheitsträgern Arkadiens vorgenommen – die bereits angesprochenen (s o 2) völkerrechtlichen Grenzen für Initiativen zu innenpolitischen Vorgängen in einem anderen Staat überschritten. Damit ist die Frage angesprochen, ob Arkadien durch seinen Beitrag zur Gründung und Förderung

---

26 Vgl dazu auch Fall 2, S 40 sowie Fall 7, S 94 f.

des Vereins und damit mittelbar zu dem von ihm herausgegebenen „Sprachrohr" der Unabhängigkeitsbewegung zu dem Verein eine Beziehung eingegangen ist, die eine Zurechnung erfordert. Davon ist hier iS der Kategorie des *de-facto*-Organs auszugehen[27]: Die Vereinsgründung geht ausschließlich auf das Betreiben Arkadiens zurück, der Verein wird – offenbar zu erheblichen Anteilen – von Arkadien finanziert, seine Tätigkeit besteht wesentlich in der Herausgabe des „Il Padano Libero". Arkadien hat sich damit ein Instrument geschaffen, um Aktivitäten zu entfalten, welche seinen Diplomaten (s o), aber auch seinen anderen staatlichen Organen zur eigenen Ausführung völkerrechtlich verwehrt sind. Gerade einer derartigen Umgehung wird durch die Gleichbehandlung von Organen im förmlichen Sinne mit materieller Organwalterschaft („*de facto*") vorgebeugt. Der hier erkennbare Steuerungsgrad der Vereinsaktivität durch Arkadien fordert eine solche Gleichbehandlung. Im Ergebnis folgt daraus, dass Arkadien die Unterstützung des Vereins einstellen muss und eine Wiedergutmachung für seine bisherige Betätigung schuldet.

---

27 S o Einl, S 19.

Fall 21: Prüfungsgespräch zur Internationalen Strafgerichtsbarkeit

Vorbemerkung: Das folgende Prüfungsgespräch berührt, ausgehend vom Internationalen Strafgerichtshof, Fragen aus unterschiedlichen Bereichen des Völkerrechts und namentlich aus dem Völkervertragsrecht. Thematisch entspricht das Prüfungsgespräch einer realen Prüfung. Es wird aber, wie schon in Fall 20, nicht der Versuch unternommen, ein echtes Gesprächsprotokoll nachzuahmen. Je nach Kenntnisstand und Fähigkeiten der Kandidaten werden Prüfer durch Nachfragen oder auch Hinweise in unterschiedlichem Umfang Hilfestellungen geben. Mit entsprechenden Hilfestellungen lässt sich das folgende Prüfungsgespräch sogar führen, falls Kandidaten sich in der Prüfung zum ersten Mal mit dem Römischen Statut des Internationalen Strafgerichtshofs (RSIStGH) befassen.

Was ist der Internationale Strafgerichtshof (IStGH)?

Der IStGH ist ein ständiges internationales Strafgericht. Er wurde durch das Römische Statut errichtet. Dabei handelt es sich um einen völkerrechtlichen Vertrag, der – ausweislich der Angaben in den einschlägigen Textsammlungen, die in der mündlichen Prüfung als Hilfsmittel zugelassen sind – am 10. Dezember 1998 unterzeichnet wurde. Für das Inkrafttreten bedurfte es nach Art 126 Abs 1 RSIStGH der Ratifikation des Statuts durch 60 Staaten. Danach konnte der IStGH im Jahr 2002 seine Arbeit aufnehmen.

Aufgabe des IStGH ist es nach Art 1 RSIStGH, bestimmte, schwerste Verbrechen abzuurteilen, die die internationale Gemeinschaft als ganzes berühren. Dabei handelt es sich gemäß Art 5 Abs 1 RSIStGH um Völkermord, Verbrechen gegen die Menschlichkeit sowie Kriegsverbrechen. Das Verbrechen der Aggression, also des Angriffskrieges, wird ebenfalls genannt, doch kann dieses Verbrechen nach Art 5 Abs 2 RSIStGH erst verfolgt werden, nachdem die Vertragsstaaten die Tatbestandsmerkmale dieses Verbrechens im Wege der Vertragsänderung definiert haben. Das ist noch nicht geschehen.

Seinen Sitz hat der IStGH, wie der IGH[1], in Den Haag (Art 3 Abs 1 RSIStGH).

---

[1] Art 22 Abs 1 Satz 1 IGH-Statut.

Lässt sich der IStGH als Internationale Organisation begreifen?

Eine allgemein anerkannte Definition der Internationalen Organisation gibt es noch nicht. Es herrscht jedoch weitgehend Einigkeit über die folgenden Mindestvoraussetzungen: In Abgrenzung zu sog non-governmental organizations (NGOs) muss eine Internationale Organisation auf einem völkerrechtlichen Vertrag zwischen mindestens zwei Staaten oder anderen Völkerrechtssubjekten beruhen. Außerdem muss sie mindestens ein Organ besitzen, das einen selbständigen Willen zu bilden und nach außen umzusetzen vermag[2]. Eine Internationale Organisation muss nicht unbedingt völkerrechtsfähig sein. Statten Staaten eine internationale Einrichtung jedoch mit völkerrechtlicher Handlungsfähigkeit aus, ist dies ein wichtiges Indiz für das Entstehen einer Internationalen Organisation.

Das RSIStGH steht nach seinem Art 125 nur Staaten zur Unterzeichnung, zur Ratifikation und zum Beitritt offen. Der IStGH wurde also durch Völkerrechtssubjekte gegründet. Das Römische Statut ist schon von seiner Form her eindeutig ein völkerrechtlicher Vertrag. Insbesondere handelt es sich nicht um ein privatrechtliches Instrument. Die Gründung eines internationalen Gerichts ist ein Hoheitsakt, den Staaten nur mit den Mitteln des internationalen öffentlichen Rechts, also des Völkerrechts vornehmen können.

Schwieriger ist die Frage nach einem Organ mit eigenständiger Willensbildung zu beantworten. Art 34 RSIStGH listet eine ganze Reihe von Organen des Gerichtshofs auf. Ins Auge fallen zunächst die Spruchkörper, die den Kern eines jeden Gerichts ausmachen. Art 34 Buchst b RSIStGH nennt die Berufungsabteilung, die Hauptverfahrensabteilung und die Vorverfahrensabteilung, in denen nach Art 39 Abs 2 RSIStGH jeweils Kammern zu bilden sind. Die Richter, die diese Kammern bilden, sind bei ihrer richterlichen Tätigkeit selbstverständlich unabhängig (Art 40 Abs 1 RSIStGH). Damit hat der IStGH die Fähigkeit, eigenständig gerichtliche Entscheidungen zu treffen, wie es von einem internationalen Gericht zu erwarten ist. Dies könnte dafür sprechen, die Kammern als Organe anzusehen, die zu einer eigenständigen Willensbildung in der Lage sind.

Dennoch bestehen Bedenken, ein internationales Gericht für sich genommen als internationale Organisationen anzusehen. Gerichtliche Spruch-

---

[2] *Herdegen*, VR, § 10 Rn 3; s a *Epping*, in: Ipsen, VR, § 6 Rn 2 ff; *Klein*, in: Graf Vitzthum, VR, Rn IV 12.

Fall 21: Prüfungsgespräch zur Internationalen Strafgerichtsbarkeit

körper wie die Kammern des IStGH sprechen Recht und stellen dabei die Rechtslage für den Einzelfall verbindlich fest. Ihre Aufgabe ist die Auslegung und Anwendung des Rechts, also die Rechtserkenntnis einschließlich der Rechtsfortbildung. Zur rechtlichen oder politischen Gestaltung von Situationen sind sie nicht berufen. Sie sind, anders als etwa der Sicherheitsrat und die Generalversammlung der Vereinten Nationen, keine Organe der politischen Willensbildung. Dementsprechend wird der EGMR, der als eigenständiges Organ neben dem Europarat steht[3], nicht als eine Internationale Organisation angesehen, sondern als Konventionsorgan. In ähnlicher Weise werden der UN-Menschenrechtsausschuss und andere internationale Überwachungsorgane, die aufgrund verschiedener Menschenrechtsabkommen geschaffen wurden, als Vertragsorgane bezeichnet. Daher lässt sich allein aus der Existenz gerichtlicher Spruchkörper nicht ableiten, dass es sich bei dem IStGH um eine Internationale Organisation handelt.

Das RSIStGH schafft aber in seinem Teil 11 mit der Versammlung der Vertragsstaaten ein weiteres Organ. Diese Versammlung kann nach Art 112 Abs 7 RSIStGH durch Konsens oder durch qualifizierte oder einfache Mehrheit entscheiden. Damit kann die Versammlung Beschlüsse gegen den Willen einzelner Vertragsstaaten fassen. Die Beschlüsse lassen sich also nicht als Verträge zwischen den in der Versammlung vertretenen Vertragsstaaten qualifizieren. Vielmehr handelt es sich um eine eigenständige Willensbildung des Organs, die nicht mit dem Willen aller Mitglieder gleichzusetzen ist. Damit wird der IStGH über seine Rechtsprechungstätigkeit hinaus international handlungsfähig. Nach Art 3 Abs 2 RSIStGH kann er beispielsweise durch seinen Präsidenten und mit Genehmigung der Versammlung der Vertragsstaaten ein Sitzabkommen schließen. Art 4 Abs 1 S 1 RSIStGH verleiht ihm ausdrücklich die dazu erforderliche Völkerrechtsfähigkeit. Der IStGH ist demnach als Internationale Organisation zu qualifizieren[4].

---

[3] Dazu im einzelnen *de Boer-Buquicchio*, Klarstellung zum Status des Europäischen Gerichtshofs für Menschenrechte und seiner Beziehung zum Europarat, EuGRZ 2003, 561 ff.
[4] Zum völkerrechtlichen Status des IStGH s im einzelnen *Gallant*, The International Criminal Court in the System of States and International Organizations, Leiden Journal of International Law 16 (2003), 553 ff, der den IStGH ohne weiteres als Internationale Organisation ansieht.

Unterscheidet er sich darin von den Internationalen Strafgerichten für das ehemalige Jugoslawien und für Rwanda?

Anders als der IStGH wurden die beiden Internationalen Strafgerichte für das ehemalige Jugoslawien und für Rwanda durch Resolutionen des Sicherheitsrats nach Kap VII CVN errichtet[5]. Diese beiden Strafgerichte sind also keine eigenständigen Internationalen Organisationen. Es handelt sich vielmehr um Unter- bzw Nebenorgane des Sicherheitsrats und damit der Organisationen der Vereinten Nationen. Art 7 Abs 2 CVN sieht solche Nebenorgane vor. Art 29 CVN ermächtigt den Sicherheitsrat, Nebenorgane in seinem Aufgabenbereich einzusetzen. Konkret handelt es sich um nichtmilitärische Maßnahmen zur Wiederherstellung des Weltfriedens und der internationalen Sicherheit nach Art 39, 41 CVN. Man mag sich fragen, ob diese Vorschriften auch die Errichtung eines Strafgerichtshofs decken. Für die Delegation von Aufgaben an ein Unterorgan gilt an sich der Grundsatz, dass niemand Befugnisse übertragen kann, die er selbst nicht besitzt: *Nemo plus iuris transferre potest quam ipse habet*. Es ist aber nicht notwendig, die Errichtung eines Nebenorgans ausnahmslos als Delegation eigener Befugnisse zu begreifen. Auch im nationalen Rahmen werden Gerichte stets durch Legislativ- und Exekutivorgane errichtet, die selbst keine richterlichen Aufgaben wahrnehmen können. Dementsprechend erscheint es möglich, dass der Sicherheitsrat als politisches Organ zur Wiederherstellung des Friedens auch ein gerichtliches Organ einsetzt. Spätestens seit der Berufungsentscheidung des Jugoslawien-Tribunals im Fall Tadić[6] hat sich dementsprechend die Ansicht durchgesetzt, dass die Errichtung der Gerichte von den Kompetenzen des Sicherheitsrats gedeckt war.

Wissen Sie, wer darüber entscheidet, ob eine Person vom IStGH verfolgt wird?

Ermittlungen der Anklagebehörde können nach Art 13 Buchst a und b RSIStGH entweder durch einen Vertragsstaat oder durch den Sicherheitsrat ausgelöst werden. Darüber hinaus hat der Ankläger gemäß Art 13 Buchst c RSIStGH die Möglichkeit, von Amts wegen ein Verfahren einzuleiten.

---

[5] S UN SR Res. 827 (1993) v 25.5.1993 zum Jugoslawientribunal sowie UN SR Res. 955 (1994) v 8.11.1994 zum Rwandatribunal.
[6] Entscheidung v 2.10.1995, HRLJ 1995, 437, Rn 32 ff; dazu *Kreß*, Friedenssicherungs- und Konflikt-Völkerrecht auf der Schwelle zur Postmoderne, EuGRZ 1996, 638 (640–642); ferner *Ipsen*, in: ders., VR, § 42 Rn 34.

Dürfte der IStGH Taten von US-Soldaten im Irak verfolgen, obwohl beide Staaten das Römische Statut nicht ratifiziert haben?

Die Ausübung der Gerichtsbarkeit wird durch Art 12 Abs 2 RSIStGH eingeschränkt. Danach kann eine Tat nur verfolgt werden, wenn entweder der Tatortstaat oder der Täterstaat das Statut ratifiziert hat. Tatortstaat iSv Art 12 Abs 2 Buchst a RSIStGH ist hier der Irak, Täterstaat iSv Art 12 Abs 2 Buchst b die USA, deren Staatsangehörigkeit die US-Soldaten haben. Da keiner der beiden Staaten Vertragspartei des Statuts ist, steht Art 12 Abs 2 RSIStGH einer Strafverfolgung entgegen.

Die Vorschrift kennt allerdings Ausnahmen. Nach dem Grundsatz *volenti non fit iniuria* steht es sowohl dem Tatort- als auch dem Täterstaat frei, die Gerichtsbarkeit des IStGH *ad hoc* für den konkreten Fall anzuerkennen. Dies regelt Art 12 Abs 3 RSIStGH. Allerdings legen die USA großen Wert darauf, ihre Soldaten nicht der Strafverfolgung durch den IStGH auszusetzen[7]. Es erscheint daher nahezu ausgeschlossen, dass sie die Gerichtsbarkeit des IStGH *ad hoc* anerkennen. Solange die irakische Regierung von der Unterstützung der USA abhängig ist und die US-Truppen im Land behalten möchte, wird sie ebenfalls von einer ad-hoc-Anerkennung absehen.

Die Einschränkung des Art 12 Abs 2 RSIStGH gilt allerdings von vornherein nur für die Fälle des Art 13 Buchst a und c RSIStGH. Erfasst werden also nur Ermittlungen, die von einem Vertragsstaat angestoßen werden oder die der Ankläger von Amts wegen aufnimmt. Macht hingegen der Sicherheitsrat von der Möglichkeit Gebrauch, dem IStGH eine Situation nach Art 13 Buchst b RSIStGH vorzulegen, ist es unerheblich, ob Täter- und Tatortstaat Vertragsparteien sind oder der Strafverfolgung *ad hoc* zustimmen. Durch eine Resolution nach Kap VII CVN kann sich der Sicherheitsrat über den Widerstand von Tatort- und Täterstaat hinwegsetzen.

Halten Sie es für wahrscheinlich, dass der Sicherheitsrat die Situation nach Art 13 Buchst b RSIStGH dem IStGH unterbreiten würde?

Das Vorgehen des Sicherheitsrats wird in materieller Hinsicht durch Kap VII CVN und in formeller Hinsicht durch Art 27 CVN bestimmt. Unabhängig davon, ob man die Verhältnisse im Irak und speziell das Verhalten

---

[7] *Zimmermann/Scheel*, Zwischen Konfrontation und Kooperation, VN 2002, 137 (141–143).

von US-Soldaten als Bedrohung des Friedens iSv Art 39 CVN werten könnte, sind jedenfalls die Abstimmungsmodalitäten zu beachten. Art 27 CVN unterscheidet zwischen Verfahrens- und Sachfragen. Während bei Verfahrensfragen nach Art 27 Abs 2 CVN eine Mehrheit von neuen Stimmen ausreicht, kommt bei Sachfragen nach Art 27 Abs 3 CVN das Vetorecht der fünf ständigen Mitglieder, zu denen auch die USA zählen, hinzu. Aus der Perspektive des IStGH wird man Art 13 Buchst b RSIStGH als Verfahrensregelung anzusehen haben. Für den Sicherheitsrat ist es jedoch eine Sachfrage, ob er eine Situation gestützt auf Art 39, 41 CVN dem IStGH unterbreitet. Damit findet Art 27 Abs 3 CVN Anwendung. Selbst wenn man die Einordnung als Sachfrage zweifelhaft fände, ist zu beachten, dass der Sicherheitsrat in Zweifelsfällen über die Einordnung als Sach- oder Verfahrensfrage im Verfahren nach Art 27 Abs 3 CVN entscheidet[8]. Damit haben es die USA auf jeden Fall in der Hand, eine Unterbreitung der Situation gemäß Art 13 Buchst b RSIStGH durch ihr Veto zu verhindern. Angesichts der bereits geschilderten Haltung der USA[9] liegt es auf der Hand, dass sie von diesem Veto zum Schutz ihrer Soldaten Gebrauch machen würden. Eine Resolution des Sicherheitsrats, die es dem IStGH ermöglichen würde, US-Soldaten zu verfolgen, erscheint also äußerst unwahrscheinlich.

Wie verhält es sich, wenn US-Soldaten beschuldigt werden, Verbrechen nach dem RSIStGH auf dem Gebiet eines Vertragsstaates des Statuts begangen zu haben?

Haben US-Soldaten auf dem Gebiet eines Vertragsstaats des RSIStGH gehandelt, kann der IStGH seine Gerichtsbarkeit in Einklang mit Art 12 Abs 2 Buchst a RSIStGH ausüben. Der Tatortstaat oder jeder andere Vertragsstaat kann dann die Situation, in der die US-Soldaten gehandelt haben, dem IStGH unterbreiten und auf diese Weise nach Art 13 Buchst a, Art 14 RSIStGH Ermittlungen auslösen. Ebenso kann der Ankläger in dieser Situation gemäß Art 13 Buchst c, Art 15 RSIStGH von Amts wegen ermitteln.

---

8 *Simma/Brunner*, in: Simma, Charta der VN, Art 27 Rn 35 ff.
9 Oben bei Fn 7.

Fall 21: Prüfungsgespräch zur Internationalen Strafgerichtsbarkeit 275

Könnte das RSIStGH insoweit einen unzulässigen Vertrag zu Lasten Dritter darstellen?

Art 34 WVK normiert in grundsätzlicher Übereinstimmung mit dem Völkergewohnheitsrecht[10] das Verbot von Verträgen zu Lasten Dritter. Danach können die Vertragsstaaten des Römischen Statuts die USA als Drittstaat ohne dessen Zustimmung nicht verpflichten[11]. Die Bestimmungen des RSIStGH eröffnen dem IStGH, wie gesehen, unter Umständen die Möglichkeit, US-Soldaten strafrechtlich zu belangen. Dieser Befugnis des IStGH entspricht jedoch keine Verpflichtung der USA. Namentlich werden die USA nicht verpflichtet, beschuldigte US-Soldaten, die sich auf ihrem Staatsgebiet befinden, festzunehmen und an den IStGH zu überstellen. Eine solche Verpflichtung normiert Art 89 Abs 1 Satz 2 RSIStGH nur für die Vertragsstaaten.

Allenfalls könnte man überlegen, ob das Statut die USA unter Verstoß gegen die *pacta-tertiis*-Regel verpflichtet, die Verfolgung eigener Staatsangehöriger zu dulden. In der Tat kann man die Strafverfolgung eines fremden Staatsangehörigen als Eingriff in die Personalhoheit des anderen Staates begreifen. Dasselbe Problem stellt sich allerdings, wenn staatliche Gerichte Straftaten mit Auslandsbezug verfolgen. Dementsprechend fordert das allgemeine Völkerrecht bei Straftaten mit Auslandsbezug eine sinnvolle Anknüpfung[12]. Als sinnvolle Anknüpfungen anerkannt ist neben der Staatsangehörigkeit des Täters (aktives Personalitätsprinzip) namentlich der inländische Tatort (Territorialitätsprinzip). Darüber hinaus gestattet das Völkerrecht, bei bestimmten Straftaten unabhängig von einer speziellen Anknüpfung jedem Staat die Strafverfolgung (Weltrechtsprinzip). Hier geht es allein um solche Straftaten von US-Soldaten, die auf dem Gebiet eines Vertragsstaates begangen worden sind. Solche Taten dürfte der jeweilige Vertragsstaat nach dem Territorialitätsprinzip verfolgen. Wenn aber die Vertragsstaaten Taten, die auf ihrem Staatsgebiet begangen worden sind, unabhängig von der Staatsangehörigkeit der Täter durch eigene, nationale Gerichte verfolgen dürfen, dann können sie ihre jeweilige Befugnis zur Strafverfolgung auch an ein gemeinsames, internationales Gericht delegie-

---

10 *Dahm/Delbrück/Wolfrum*, VR I/3, S 614; *Neuhold*, Völkerrechtlicher Vertrag und „Drittstaaten", BerDGVR 28 (1988), 51 (54).
11 S dazu im einzelnen *Gallant* (Fn 4), S 579 ff.
12 S im Überblick *Kunig/Uerpmann*, Der Fall des Postschiffes Lotus, JURA 1994, 186 (192).

ren[13]. Genau dies ist mit der Gründung des IStGH geschehen. Damit begegnet es nach dem Territorialitätsprinzip keinen Bedenken, wenn der IStGH US-Soldaten für Taten verfolgt, die auf dem Gebiet eines Vertragsstaates begangen wurden.

Darüber hinaus dürfte für Völkermord, Verbrechen gegen die Menschlichkeit und Kriegsverbrechen, über die der IStGH Gerichtsbarkeit hat, weitgehend das Weltrechtsprinzip gelten[14]. Für Kriegsverbrechen folgt dies besonders deutlich aus den Bestimmungen der Genfer Abkommen. Art 129 GAbk III und Art 146 des GAbk IV[15] sowie Art 86 des 1. Zusatzprotokolls vom 8. 6. 1977[16] verpflichten alle Vertragsparteien unabhängig von ihrer Beteiligung an dem jeweiligen Konflikt, Kriegsverbrechen effektiv zu ahnden. Soweit für die Straftatbestände des RSIStGH das Weltrechtsprinzip gilt, könnten die Vertragsstaaten den IStGH also über Art 12 Abs 2 RSIStGH hinaus ermächtigen, auch solche Taten zu verfolgen, die weder auf dem Staatsgebiet noch von einem Staatsangehörigen eines Vertragsstaates begangen wurden. Insoweit erscheint die Verfolgung von US-Soldaten noch unproblematischer.

Von US-amerikanischer Seite wird aber geltend gemacht, eine Übertragung nationaler Strafgewalt auf den IStGH entziehe den USA konsularische Schutzrechte, die gegenüber nationaler Strafjustiz bestünden.

In der Tat normiert Art 36 WÜK konsularische Schutzrechte für den Fall, dass ein Staatsangehöriger des Entsendestaates der konsularischen Vertre-

---

13   *Danilenko*, ICC Statute and Third States, in: A. Cassese/P. Gaeta/J.R.W.D. Jones (Hrsg), The Rome Statute of the International Criminal Court: A Commentary, 2002, Bd II, 1871 (1881 f); dahin gehend auch *Zimmermann*, Role and Function of International Criminal Law in the International System After the Entry into Force of the Rome Statute of the International Criminal Court, GYIL 45 (2002), 35 (46 f); aA *Casey/Rivkin*, The Limits of Legitimacy: The Rome Statute's Unlawful Application to Non-State Parties, Virginia Journal of International Law 44 (2003), 63 (85 ff) die hinreichende Präzedenzfälle für die Zulässigkeit einer solchen Delegation vermissen, ohne aber ausreichend darzulegen, warum die Delegationsbefugnis durch eine entsprechende völkerrechtliche Regelung eigens begründet werden müsste; zweifelnd auch *Wedgwood*, The International Criminal Court: An American View, EJIL 10 (1999), 93 (99).
14   *W.A. Schabas*, An Introduction to the International Criminal Court, 2. Aufl, 2004, 73 f; *Danilenko* (Fn 13), 1877 ff.
15   *Sartorius* II Nr 53 und 54.
16   *Randelzhofer* Nr 43 = *Sartorius* II Nr 54a = *Tomuschat* Nr 38a.

Fall 21: Prüfungsgespräch zur Internationalen Strafgerichtsbarkeit

tung im Empfangsstaat festgenommen oder in Untersuchungshaft genommen wird. Nach Art 36 Abs 1 Buchst b WÜK ist die konsularische Vertretung des Empfangsstaates unverzüglich über die Festnahme zu unterrichten und der Betroffene ist über seine Rechte nach der Konvention aufzuklären. Zudem haben Konsularbeamte nach Art 36 Abs 1 Buchst c WÜK das Recht, mit dem Untersuchungshäftling Kontakt aufzunehmen und für seine rechtliche Vertretung zu sorgen. Diese Bestimmungen beziehen sich ausweislich Art 2 Abs 1 WÜK nur auf zwischenstaatlichen Beziehungen. Im Verhältnis zu einer Internationalen Organisation und einem internationalen Strafgericht gelten sie nicht. Es trifft also zu, dass die USA konsularische Schutzrechte, die ihnen zustehen würden, wenn beispielsweise Deutschland einen US-Soldaten verfolgen würde[17], verlieren, wenn anstelle Deutschlands der IStGH tätig wird.

Art 36 Abs 1 WÜK stellt aber keine allgemeine Schranke für die Ausübung nationaler Strafgewalt dar. Die Vorschrift setzt vielmehr voraus, dass zwischen den betreffenden Staaten konsularische Beziehungen bestehen. Die Aufnahme konsularischer Beziehungen setzt nach Art 2 Abs 1 WÜK eine besondere Vereinbarung voraus. Ebenso wie diplomatische Beziehungen[18] können auch konsularische Beziehungen jederzeit durch einseitige Entscheidung abgebrochen werden. Die konsularischen Schutzrechte des Art 36 WÜK gelten nur, wenn und solange konsularische Beziehungen bestehen. Es gibt mithin keinen Anspruch auf konsularische Schutzrechte, der durch eine Übertragung der Gerichtsbarkeit auf ein internationales Organ entzogen würde

Könnte der IStGH nach den eben besprochenen Grundsätzen auch den Präsidenten der USA oder eines anderen Drittstaates verfolgen?

Einer Verfolgung von Staatsoberhäuptern könnte die völkergewohnheitsrechtliche Immunität[19] der höchsten Repräsentanten eines Staates entge-

---

17 Zu den eingeschränkten Möglichkeiten deutscher Gerichte, in Deutschland stationierte US-Soldaten strafrechtliche zu verfolgen, s allerdings Art VII des NATO-Truppenstatuts vom 19.6.1951 sowie Art 17ff des Zusatzabkommens zum NATO-Truppenstatut vom 3.8.1959 (*Sartorius* II Nr 66b und 66c).
18 Dazu Fall 2, S 43f.
19 Immunitätsfragen gehören zu den Bereichen des Völkerrechts, die in den letzten Jahren am stärksten diskutiert wurden; s im Überblick *Dörr*, Staatliche Immunität auf dem Rückzug?, AVR 41 (2003), 201ff.

genstehen. Es ist anerkannt, dass amtierende[20] Staatsoberhäupter vor den Gerichten anderer Staaten absolute Immunität genießen. Dies hat der IGH 2002 im Haftbefehl-Fall bestätigt[21]. So wäre beispielsweise ein deutsches Gericht zweifellos gehindert, einen ausländischen Staatspräsidenten zu verfolgen. Damit ist noch nicht gesagt, ob und wieweit diese Immunität auch gegenüber einem internationalen Strafgericht wie dem IStGH besteht. Art 27 RSIStGH schließt die Immunität ausdrücklich aus. Dieser Ausschluss gilt unproblematisch für alle Vertragsstaaten. Da das RSIStGH für Deutschland in Kraft ist, könnte beispielsweise ein höchster Repräsentant Deutschlands verfolgt werden. Unklar ist, ob die Immunitätsausnahme auch gegenüber Drittstaaten gilt. Dies wird teilweise mit Hinweis auf die IGH-Entscheidung im Haftbefehl-Fall bejaht[22]. Tatsächlich erwähnt der IGH eine Immunitätsausnahme für den IStGH[23]. Es bleibt aber offen, ob damit auch eine Immunitätsausnahme gegenüber Drittstaaten gemeint ist oder allein die unstreitige Ausnahme gegenüber Vertragsstaaten. Nach vertragsrechtlichen Grundsätzen konnten die Gründungsstaaten des IGH keine Immunitätsausnahme zu Lasten von Drittstaaten vorsehen[24]. Soweit nicht ein Staat der Immunitätsausnahme ausdrücklich zustimmt, lässt sich eine Geltung gegenüber Drittstaaten nur mit einem Satz des Völkergewohnheitsrechts begründen. Zur Herausbildung eines solchen Satzes bedarf es einer allgemeinen und einheitlichen Übung, die eine hinreichende Zeit andauert und die

---

20 Die Immunität ehemaliger Staatsoberhäupter wurde vor allem seit der Pinochet-Entscheidung des britischen House of Lords diskutiert; s dazu *Ruffert*, Pinochet Follow Up: The End of Sovereign Immunity?, Netherlands International Law Review 48 (2001), 171 ff; *Wirth*, Staatenimmunität für internationale Verbrechen – das zweite Pinochet-Urteil des House of Lords, JURA 2000, 70 ff; s a *G. Karl*, Völkerrechtliche Immunität im Bereich der Strafverfolgung schwerster Menschenrechtsverletzungen, 2003.
21 ICJ Rep 2002, 3, Rn 51; dazu *Kreß*, Der Internationale Gerichtshof im Spannungsfeld von Völkerstrafrecht und Immunitätsschutz, GA 150 (2003), 25 ff; *Wouters*, The Judgement of the International Court of Justice in the Arrest Warrant Case: Some Critical Remarks, Leiden Journal of International Law 16 (2003), 253 ff; *Zeichen/Hebenstreit*, Sind Außenminister vor Strafverfolgung völkerstrafrechtlicher Verbrechen immun?, AVR 41 (2003), 182 ff.
22 So in der Taylor-Entscheidung der Appeals Chamber des Special Court for Sierra Leone v 31.5.2004, SCSL 2003/01/I, Rn 50 ff, abrufbar unter http://www.sc-sl.org/.
23 ICJ Rep 2002, 3, Rn 61; zum Verständnis dieser Textstelle *Kreß* (Fn 21), 38 ff.
24 S *Akande*, International law Immunities and the International Criminal Court, AJIL 98 (2004), 407 (417 ff).

von einer entsprechenden Rechtsüberzeugung getragen wird[25]. Von einer solchen Übung wird man bislang nicht zuletzt angesichts der nachhaltigen Ablehnung des IStGH durch die USA[26] kaum ausgehen können.

Bisher ging es um Einschränkungen der Gerichtsbarkeit ratione personae. Wird die Gerichtsbarkeit auch ratione temporis eingeschränkt?

Nach Art 11 RSIStGH erstreckt sich die Gerichtsbarkeit des IStGH nur auf solche Taten, die nach dem Inkrafttreten des Statuts im Jahr 2002 begangen wurden. Diese Regelung ergänzt das materiell-rechtliche Rückwirkungsverbot des Art 24 RSIStGH.

Könnte ein Staat einen Vorbehalt dergestalt anbringen, dass Art 11 und 24 RSIStGH für Taten, die von seinen Staatsangehörigen oder auf seinem Staatsgebiet begangen worden sind, nicht gelten soll?

Ein Vorbehalt ist eine einseitige Erklärung, die ein Staat spätestens bei der Ratifikation eines völkerrechtlichen Vertrages abgibt und die darauf gerichtet ist, den Umfang der vertraglichen Verpflichtungen dieses Staates zu beschränken. Eine Definition findet sich in Art 2 Abs 1 Buchst d WVK. Art 19 ff WVK enthalten Regeln über die Zulässigkeit und Wirksamkeit von Vorbehalten.

Nach Art 2 Abs 1 Buchst d WVK bezweckt ein Staat mit einem Vorbehalt, die Rechtswirkung einzelner Vertragsbestimmungen in der Anwendung auf diesen Staat auszuschließen oder zu ändern. Bei einer formalen Betrachtung lässt sich der hier zu diskutierende Vorbehalt als Ausschluss der Rechtswirkung der Bestimmungen der Art 11 und 24 RSIStGH verstehen. Betrachtet man allerdings den Gesamtzusammenhang, stellt dieser Ausschluss keine Einschränkung des Vertrages dar, sondern eine Erweiterung. Entfallen Art 11 und 24 RSIStGH, erstreckt sich die Gerichtsbarkeit des IStGH auch auf Altfälle. Das Gericht wird für Fälle zuständig, die ihm die Vertragsstaaten nicht übertragen wollten. Die einseitige Erklärung eines Staates würde zu einem Mehr an Aufgaben und Befugnissen führen. Eine solche Vertragserweiterung widerspricht dem Rechtsinstitut des Vorbehalts.

---

25 S Einl S 15 f.
26 S o Fn 7.

Mit diesem Rechtsinstitut erhält ein Staat die Möglichkeit, einzelne vertragliche Verpflichtungen abzulehnen und seine Bindung an den Vertrag einzuschränken. Eine solche Einschränkung kann für die anderen Vertragsstaaten akzeptabel sein, zumal wenn ihre eigenen Verpflichtungen gegenüber dem Staat, der den Vorbehalt anbringt, nach Art 21 Abs 1 Buchst a WVK in demselben Umfang eingeschränkt werden. Ganz anders stellt sich die Interessenlage dar, wenn ein Staat den Umfang der vertraglichen Regelungen erweitert. Haben sich die Vertragsstaaten geeinigt, den IStGH keine Altfälle verfolgen zu lassen, kann ein einzelner Staat dem Gericht keine zusätzlichen Aufgaben zuweisen.

Diesen Standpunkt vertritt auch die ILC in ihren Draft Guidelines zum Recht der Vorbehalte. Mit diesen Guidelines versucht die ILC Unklarheiten im Recht der Vorbehalte, die die Regelungen der WVK lassen, zu beseitigen. Einseitige Erklärungen, mit denen einem Vertrag ein neues Element hinzugefügt wird, stellen danach keinen Vorbehalt dar, sondern einen Vorschlag zur Abänderung des Vertrages [27].

Nach alledem handelt es sich bei der angedachten Erklärung nicht um einen Vorbehalt. Vielmehr geht es um eine Erweiterung des Vertrages, die nur durch Vertragsänderung, nicht aber durch einseitige Erklärung erfolgen kann.

Selbst wenn es sich um einen Vorbehalt handeln sollte, wäre zu beachten, dass das Völkerrecht solche nur eingeschränkt zulässt. Nach Art 19 Buchst a WVK ist ein Vorbehalt insbesondere dann unzulässig, wenn der Vertrag Vorbehalte verbietet. Ein solches Verbot enthält Art 120 RSIStGH. Ob und welche Rechtswirkungen ein unzulässiger Vorbehalt hat, ist höchst umstritten [28]. Man wird jedenfalls kaum annehmen können, dass ein Staat einer Internationalen Organisation wie dem IStGH durch einen unzulässigen Vorbehalt zusätzliche Befugnisse verleihen kann.

Bedenken gegen einen solchen Vorbehalt könnten sich zudem aus dem allgemeinen strafrechtlichen Rückwirkungsverbot ergeben. Das strafrechtliche Rückwirkungsverbot gehört zum Kernbestand menschenrechtlicher Garantien. Es ist in Art 11 Abs 2 der Allgemeinen Erklärung der Menschenrechte vom 10.12.1948 [29] ebenso enthalten wie Art 15 IPbpR. Man wird

---

27 S. Draft Guideline 1.4.2., in: ILC Rep, 56th Session, UN Doc. A/59/10, S 251; eine Kenntnis der Draft Guidelines kann in der mündlichen Prüfung natürlich nicht erwartet werden. Möglich wäre es aber beispielsweise, Kandidaten in der mündlichen Prüfung mit einem Auszug aus den Draft Guidelines zu konfrontieren.
28 S. dazu Fall 19, S 240 ff.
29 *Randelzhofer* Nr 14 = *Sartorius* II Nr 19 = *Tomuschat* Nr 11.

Fall 21: Prüfungsgespräch zur Internationalen Strafgerichtsbarkeit

es als eine Norm des Völkergewohnheitsrechts anzusehen haben, die internationale Strafgerichte ebenso bindet wie Staaten. Die Normen fordern allerdings nicht, dass das Gericht bereits bestand, als die Tat begangen wurde. Es reicht aus, dass die Straftatbestände bereits bestanden[30]. Die Strafbarkeit der Verbrechen, über die der IStGH Gerichtsbarkeit hat, ergab sich jedenfalls ganz überwiegend schon vor dem Inkrafttreten des RSIStGH aus allgemeinem Völkergewohnheitsrecht[31]. Nur so ist es erklärlich, dass die Internationalen Strafgerichte für das ehemalige Jugoslawien und für Rwanda Kriegsverbrechen, Verbrechen des Völkermordes und Verbrechen gegen die Menschlichkeit aburteilen können, die schon vor ihrer Errichtung begangen wurden. Dementsprechend wäre es mit allgemeinem Völkergewohnheitsrecht durchaus vereinbar gewesen, die Gerichtsbarkeit des IStGH auf Taten zu erstrecken, die vor seinem Inkrafttreten begangen wurden.

---

30 S *Bourgon*, Jurisdiction *ratione temporis*, in: Cassese/Gaeta/Jones (Fn 13), Bd I, 543 (550).
31 *K.-M. König*, Die völkerrechtliche Legitimation der Strafgewalt internationaler Strafjustiz, 2003, 231 ff; s a *Zimmermann/Scheel* (Fn 7), 141.

Anhang I: Die ILC-Entwurfsartikel zur Staatenverantwortlichkeit von 2001

Die International Law Commission hat im August 2001 in ihrer 53. Sitzung die „Draft Articles on Responsibility of States for Internationally wrongful acts" endgültig angenommen[1]. Die Generalversammlung hat diese in ihrer 85. Plenarsitzung am 12. Dezember 2001 zur Kenntnis genommen und sie der Aufmerksamkeit der Regierungen empfohlen[2].

RESPONSIBILITY OF STATES FOR INTERNATIONALLY WRONGFUL ACTS[3]

PART ONE – THE INTERNATIONALLY WRONGFUL ACT OF A STATE

Chapter I – General principles

Article 1 – Responsibility of a State for its internationally wrongful acts
   Every internationally wrongful act of a State entails the international responsibility of that State.

Article 2 – Elements of an internationally wrongful act of a State
   There is an internationally wrongful act of a State when conduct consisting of an action or omission:
   (a) Is attributable to the State under international law; and
   (b) Constitutes a breach of an international obligation of the State.

---

1 Report of the International Law Commission on the work of its Fifty-third session, UN-Doc A/56/10, Chapter IV: http://www.un.org/law/ilc/reports/2001/2001report.htm.
2 Resolution 56/83: http://ods-dds-ny.un.org/doc/UNDOC/GEN/N01/477/97/PDF/N0147797.pdf?OpenElement.
3 Für die nichtamtliche Übersetzung durch den Deutschen Übersetzungsdienst der Vereinten Nationen s http://www.un.org/Depts/german/gv-56/band1/56bd-6.pdf. Der Deutsche Übersetzungsdienst der Vereinten Nationen wurde auf Grund einer Resolution der Generalversammlung eingerichtet (Resolution 3355 (XXIX) vom 18. Dezember 1974). Seit 1975 liegen alle Resolutionen und Beschlüsse der Generalversammlung und des Sicherheitsrats sowie zahlreiche weitere wichtige Dokumente der Vereinten Nationen in offizieller deutscher Übersetzung vor. Homepage: http://www.un.org/Depts/german/.

Article 3 – Characterization of an act of a State as internationally wrongful
The characterization of an act of a State as internationally wrongful is governed by international law. Such characterization is not affected by the characterization of the same act as lawful by internal law.

Chapter II – Attribution of conduct to a State

Article 4 – Conduct of organs of a State
1. The conduct of any State organ shall be considered an act of that State under international law, whether the organ exercises legislative, executive, judicial or any other functions, whatever position it holds in the organization of the State, and whatever its character as an organ of the central government or of a territorial unit of the State.
2. An organ includes any person or entity which has that status in accordance with the internal law of the State.

Article 5 – Conduct of persons or entities exercising elements of governmental authority
The conduct of a person or entity which is not an organ of the State under article 4 but which is empowered by the law of that State to exercise elements of the governmental authority shall be considered an act of the State under international law, provided the person or entity is acting in that capacity in the particular instance.

Article 6 – Conduct of organs placed at the disposal of a State by another State
The conduct of an organ placed at the disposal of a State by another State shall be considered an act of the former State under international law if the organ is acting in the exercise of elements of the governmental authority of the State at whose disposal it is placed.

Article 7 – Excess of authority or contravention of instructions
The conduct of an organ of a State or of a person or entity empowered to exercise elements of the governmental authority shall be considered an act of the State under international law if the organ, person or entity acts in that capacity, even if it exceeds its authority or contravenes instructions.

Article 8 – Conduct directed or controlled by a State
The conduct of a person or group of persons shall be considered an act of a State under international law if the person or group of persons is in fact acting on the instructions of, or under the direction or control of, that State in carrying out the conduct.

Article 9 – Conduct carried out in the absence or default of the official authorities
The conduct of a person or group of persons shall be considered an act of a State under international law if the person or group of persons is in fact exercising elements of the governmental authority in the absence or default of the official authorities and in circumstances such as to call for the exercise of those elements of authority.

Article 10 – Conduct of an insurrectional or other movement
1. The conduct of an insurrectional movement which becomes the new government of a State shall be considered an act of that State under international law.
2. The conduct of a movement, insurrectional or other, which succeeds in establishing a new State in part of the territory of a pre-existing State or in a territory under its administration shall be considered an act of the new State under international law.
3. This article is without prejudice to the attribution to a State of any conduct, however related to that of the movement concerned, which is to be considered an act of that State by virtue of articles 4 to 9.

Article 11 – Conduct acknowledged and adopted by a State as its own
Conduct which is not attributable to a State under the preceding articles shall nevertheless be considered an act of that State under international law if and to the extent that the State acknowledges and adopts the conduct in question as its own.

Chapter III – Breach of an international obligation

Article 12 – Existence of a breach of an international obligation
There is a breach of an international obligation by a State when an act of that State is not in conformity with what is required of it by that obligation, regardless of its origin or character.

Article 13 – International obligation in force for a State
An act of a State does not constitute a breach of an international obligation unless the State is bound by the obligation in question at the time the act occurs.

Article 14 – Extension in time of the breach of an international obligation
1. The breach of an international obligation by an act of a State not having a continuing character occurs at the moment when the act is performed, even if its effects continue.

2. The breach of an international obligation by an act of a State having a continuing character extends over the entire period during which the act continues and remains not in conformity with the international obligation.

3. The breach of an international obligation requiring a State to prevent a given event occurs when the event occurs and extends over the entire period during which the event continues and remains not in conformity with that obligation.

Article 15 – Breach consisting of a composite act

1. The breach of an international obligation by a State through a series of actions or omissions defined in aggregate as wrongful, occurs when the action or omission occurs which, taken with the other actions or omissions, is sufficient to constitute the wrongful act.

2. In such a case, the breach extends over the entire period starting with the first of the actions or omissions of the series and lasts for as long as these actions or omissions are repeated and remain not in conformity with the international obligation.

Chapter IV – Responsibility of a State in connection with the act of another State

Article 16 – Aid or assistance in the commission of an internationally wrongful act

A State which aids or assists another State in the commission of an internationally wrongful act by the latter is internationally responsible for doing so if:

(a) That State does so with knowledge of the circumstances of the internationally wrongful act; and

(b) The act would be internationally wrongful if committed by that State.

Article 17 – Direction and control exercised over the commission of an internationally wrongful act

A State which directs and controls another State in the commission of an internationally wrongful act by the latter is internationally responsible for that act if:

(a) That State does so with knowledge of the circumstances of the internationally wrongful act; and

(b) The act would be internationally wrongful if committed by that State.

Article 18 – Coercion of another State
A State which coerces another State to commit an act is internationally responsible for that act if:
(a) The act would, but for the coercion, be an internationally wrongful act of the coerced State; and
(b) The coercing State does so with knowledge of the circumstances of the act.

Article 19 – Effect of this chapter
This chapter is without prejudice to the international responsibility, under other provisions of these articles, of the State which commits the act in question, or of any other State.

Chapter V – Circumstances precluding wrongfulness

Article 20 – Consent
Valid consent by a State to the commission of a given act by another State precludes the wrongfulness of that act in relation to the former State to the extent that the act remains within the limits of that consent.

Article 21 – Self-defence
The wrongfulness of an act of a State is precluded if the act constitutes a lawful measure of self-defence taken in conformity with the Charter of the United Nations.

Article 22 – Countermeasures in respect of an internationally wrongful act
The wrongfulness of an act of a State not in conformity with an international obligation towards another State is precluded if and to the extent that the act constitutes a countermeasure taken against the latter State in accordance with chapter II of Part Three.

Article 23 – Force majeure
1. The wrongfulness of an act of a State not in conformity with an international obligation of that State is precluded if the act is due to *force majeure*, that is the occurrence of an irresistible force or of an unforeseen event, beyond the control of the State, making it materially impossible in the circumstances to perform the obligation.
2. Paragraph 1 does not apply if:
(a) The situation of *force majeure* is due, either alone or in combination with other factors, to the conduct of the State invoking it; or
(b) The State has assumed the risk of that situation occurring.

Article 24 – Distress

1. The wrongfulness of an act of a State not in conformity with an international obligation of that State is precluded if the author of the act in question has no other reasonable way, in a situation of distress, of saving the author.s life or the lives of other persons entrusted to the author.s care.

2. Paragraph 1 does not apply if:

(a) The situation of distress is due, either alone or in combination with other factors, to the conduct of the State invoking it; or

(b) The act in question is likely to create a comparable or greater peril.

Article 25 – Necessity

1. Necessity may not be invoked by a State as a ground for precluding the wrongfulness of an act not in conformity with an international obligation of that State unless the act:

(a) Is the only way for the State to safeguard an essential interest against a grave and imminent peril; and

(b) Does not seriously impair an essential interest of the State or States towards which the obligation exists, or of the international community as a whole.

2. In any case, necessity may not be invoked by a State as a ground for precluding wrongfulness if:

(a) The international obligation in question excludes the possibility of invoking necessity; or

(b) The State has contributed to the situation of necessity.

Article 26 – Compliance with peremptory norms

Nothing in this chapter precludes the wrongfulness of any act of a State which is not in conformity with an obligation arising under a peremptory norm of general international law.

Article 27 – Consequences of invoking a circumstance precluding wrongfulness

The invocation of a circumstance precluding wrongfulness in accordance with this chapter is without prejudice to:

(a) Compliance with the obligation in question, if and to the extent that the circumstance precluding wrongfulness no longer exists;

(b) The question of compensation for any material loss caused by the act in question.

PART TWO – CONTENT OF THE INTERNATIONAL RESPONSIBILITY OF A STATE

Chapter I – General principles

Article 28 – Legal consequences of an internationally wrongful act

The international responsibility of a State which is entailed by an internationally wrongful act in accordance with the provisions of Part One involves legal consequences as set out in this Part.

Article 29 – Continued duty of performance

The legal consequences of an internationally wrongful act under this Part do not affect the continued duty of the responsible State to perform the obligation breached.

Article 30 – Cessation and non-repetition

The State responsible for the internationally wrongful act is under an obligation:

(a) To cease that act, if it is continuing;

(b) To offer appropriate assurances and guarantees of non-repetition, if circumstances so require.

Article 31 – Reparation

1. The responsible State is under an obligation to make full reparation for the injury caused by the internationally wrongful act.

2. Injury includes any damage, whether material or moral, caused by the internationally wrongful act of a State.

Article 32 – Irrelevance of internal law

The responsible State may not rely on the provisions of its internal law as justification for failure to comply with its obligations under this Part.

Article 33 – Scope of international obligations set out in this Part

1. The obligations of the responsible State set out in this Part may be owed to another State, to several States, or to the international community as a whole, depending in particular on the character and content of the international obligation and on the circumstances of the breach.

2. This Part is without prejudice to any right, arising from the international responsibility of a State, which may accrue directly to any person or entity other than a State.

Chapter II – Reparation for injury

Article 34 – Forms of reparation

Full reparation for the injury caused by the internationally wrongful act shall take the form of restitution, compensation and satisfaction, either singly or in combination, in accordance with the provisions of this chapter.

Article 35 – Restitution

A State responsible for an internationally wrongful act is under an obligation to make restitution, that is, to re-establish the situation which existed before the wrongful act was committed, provided and to the extent that restitution:

(a) Is not materially impossible;

(b) Does not involve a burden out of all proportion to the benefit deriving from restitution instead of compensation.

Article 36 – Compensation

1. The State responsible for an internationally wrongful act is under an obligation to compensate for the damage caused thereby, insofar as such damage is not made good by restitution.

2. The compensation shall cover any financially assessable damage including loss of profits insofar as it is established.

Article 37 – Satisfaction

1. The State responsible for an internationally wrongful act is under an obligation to give satisfaction for the injury caused by that act insofar as it cannot be made good by restitution or compensation.

2. Satisfaction may consist in an acknowledgement of the breach, an expression of regret, a formal apology or another appropriate modality.

3. Satisfaction shall not be out of proportion to the injury and may not take a form humiliating to the responsible State.

Article 38 – Interest

1. Interest on any principal sum due under this chapter shall be payable when necessary in order to ensure full reparation. The interest rate and mode of calculation shall be set so as to achieve that result.

2. Interest runs from the date when the principal sum should have been paid until the date the obligation to pay is fulfilled.

Article 39 – Contribution to the injury

In the determination of reparation, account shall be taken of the contribution to the injury by wilful or negligent action or omission of the injured State or any person or entity in relation to whom reparation is sought.

Chapter III – Serious breaches of obligations under peremptory norms of general international law

Article 40 – Application of this chapter

1. This chapter applies to the international responsibility which is entailed by a serious breach by a State of an obligation arising under a peremptory norm of general international law.

2. A breach of such an obligation is serious if it involves a gross or systematic failure by the responsible State to fulfil the obligation.

Article 41 – Particular consequences of a serious breach of an obligation under this chapter

1. States shall cooperate to bring to an end through lawful means any serious breach within the meaning of article 40.

2. No State shall recognize as lawful a situation created by a serious breach within the meaning of article 40, nor render aid or assistance in maintaining that situation.

3. This article is without prejudice to the other consequences referred to in this Part and to such further consequences that a breach to which this chapter applies may entail under international law.

PART THREE – THE IMPLEMENTATION OF THE INTERNATIONAL RESPONSIBILITY OF A STATE

Chapter I – Invocation of the responsibility of a State

Article 42 – Invocation of responsibility by an injured State

A State is entitled as an injured State to invoke the responsibility of another State if the obligation breached is owed to:

(a) That State individually; or

(b) A group of States including that State, or the international community as a whole, and the breach of the obligation:

(i) Specially affects that State; or

(ii) Is of such a character as radically to change the position of all the other States to which the obligation is owed with respect to

the further performance of the obligation.

Article 43 – Notice of claim by an injured State

1. An injured State which invokes the responsibility of another State shall give notice of its claim to that State.

2. The injured State may specify in particular:

(a) The conduct that the responsible State should take in order to cease the wrongful act, if it is continuing;

(b) What form reparation should take in accordance with the provisions of Part Two.

Article 44 – Admissibility of claims

The responsibility of a State may not be invoked if:

(a) The claim is not brought in accordance with any applicable rule relating to the nationality of claims;

(b) The claim is one to which the rule of exhaustion of local remedies applies and any available and effective local remedy has not been exhausted.

Article 45 – Loss of the right to invoke responsibility

The responsibility of a State may not be invoked if:

(a) The injured State has validly waived the claim;

(b) The injured State is to be considered as having, by reason of its conduct, validly acquiesced in the lapse of the claim.

Article 46 – Plurality of injured States

Where several States are injured by the same internationally wrongful act, each injured State may separately invoke the responsibility of the State which has committed the internationally wrongful act.

Article 47 – Plurality of responsible States

1. Where several States are responsible for the same internationally wrongful act, the responsibility of each State may be invoked in relation to that act.

2. Paragraph 1:

(a) Does not permit any injured State to recover, by way of compensation, more than the damage it has suffered;

(b) Is without prejudice to any right of recourse against the other responsible States.

Article 48 – Invocation of responsibility by a State other than an injured State

1. Any State other than an injured State is entitled to invoke the responsibility of another State in accordance with paragraph 2 if:

(a) The obligation breached is owed to a group of States including that State, and is established for the protection of a collective interest of the group; or

(b) The obligation breached is owed to the international community as a whole.

2. Any State entitled to invoke responsibility under paragraph 1 may claim from the responsible State:

(a) Cessation of the internationally wrongful act, and assurances and guarantees of non-repetition in accordance with article 30; and

(b) Performance of the obligation of reparation in accordance with the preceding articles, in the interest of the injured State or of the beneficiaries of the obligation breached.

3. The requirements for the invocation of responsibility by an injured State under articles 43, 44 and 45 apply to an invocation of responsibility by a State entitled to do so under paragraph 1.

Chapter II – Countermeasures

Article 49 – Object and limits of countermeasures

1. An injured State may only take countermeasures against a State which is responsible for an internationally wrongful act in order to induce that State to comply with its obligations under Part Two.

2. Countermeasures are limited to the non-performance for the time being of international obligations of the State taking the measures towards the responsible State.

3. Countermeasures shall, as far as possible, be taken in such a way as to permit the resumption of performance of the obligations in question.

Article 50 – Obligations not affected by countermeasures

1. Countermeasures shall not affect:

(a) The obligation to refrain from the threat or use of force as embodied in the Charter of the United Nations;

(b) Obligations for the protection of fundamental human rights;

(c) Obligations of a humanitarian character prohibiting reprisals;

(d) Other obligations under peremptory norms of general international law.

2. A State taking countermeasures is not relieved from fulfilling its obligations:

(a) Under any dispute settlement procedure applicable between it and the responsible State;

(b) To respect the inviolability of diplomatic or consular agents, premises, archives and documents.

Article 51 – Proportionality

Countermeasures must be commensurate with the injury suffered, taking into account the gravity of the internationally wrongful act and the rights in question.

Article 52 – Conditions relating to resort to countermeasures

1. Before taking countermeasures, an injured State shall:

(a) Call on the responsible State, in accordance with article 43, to fulfil its obligations under Part Two;

(b) Notify the responsible State of any decision to take countermeasures and offer to negotiate with that State.

2. Notwithstanding paragraph 1 (b), the injured State may take such urgent countermeasures as are necessary to preserve its rights.

3. Countermeasures may not be taken, and if already taken must be suspended without undue delay if:

(a) The internationally wrongful act has ceased; and

(b) The dispute is pending before a court or tribunal which has the authority to make decisions binding on the parties.

4. Paragraph 3 does not apply if the responsible State fails to implement the dispute settlement procedures in good faith.

Article 53 – Termination of countermeasures

Countermeasures shall be terminated as soon as the responsible State has complied with its obligations under Part Two in relation to the internationally wrongful act.

Article 54 – Measures taken by States other than an injured State

This chapter does not prejudice the right of any State, entitled under article 48, paragraph 1 to invoke the responsibility of another State, to take lawful measures against that State to ensure cessation of the breach and reparation in the interest of the injured

State or of the beneficiaries of the obligation breached.

PART FOUR – GENERAL PROVISIONS

Article 55 – Lex specialis

These articles do not apply where and to the extent that the conditions for the existence of an internationally wrongful act or the content or implementation of the international responsibility of a State are governed by special rules of international law.

Article 56 – Questions of State responsibility not regulated by these articles
The applicable rules of international law continue to govern questions concerning the responsibility of a State for an internationally wrongful act to the extent that they are not regulated by these articles.

Article 57 – Responsibility of an international organization
These articles are without prejudice to any question of the responsibility under international law of an international organization, or of any State for the conduct of an international organization.

Article 58 – Individual responsibility
These articles are without prejudice to any question of the individual responsibility under international law of any person acting on behalf of a State.

Article 59 – Charter of the United Nations
These articles are without prejudice to the Charter of the United Nations.

Anhang II: Wichtige völkerrechtliche Judikatur

Vorbemerkung: Die nachfolgende Übersicht soll den Weg zu einigen Entscheidungen internationaler Spruchkörper weisen, die für das allgemeine Völkerrecht von Bedeutung sind. Die meisten von ihnen haben die nachfolgende Völkerrechtspraxis beeinflusst oder jedenfalls die Völkerrechtswissenschaft nachhaltig beschäftigt (bzw – bei neueren Entscheidungen – lassen dies erwarten). Unter den vergleichsweise wenigen Entscheidungen namentlich des IGH und seines Vorgängers, des StIGH[1], sind solche, deren jedenfalls passagenweise Lektüre das Studium des Völkerrechts bereichert. Den Bezeichnungen und Fundstellen der Entscheidungen sind – ohne Anspruch auf Vollständigkeit – Stichworte zu den Problemen beigefügt, hinsichtlich derer die Entscheidungen jeweils besonders ergiebig sind, weil sie über den zu beurteilenden Sachverhalt hinausweisen oder mindestens völkerrechtshistorisch bedeutsam bleiben. Auch einige Entscheidungen von Schiedsgerichten[2] wurden aufgenommen.

Sachverhalte der wichtigsten völkerrechtlichen Entscheidungen sowie jeweils eine Würdigung finden sich in der von *R. Bernhardt* herausgegebenen Encyclopedia of Public International Law (Bd I – IV, 1992 – 2000). Dieses Werk steht in einer gewissen Kontinuität zu dem von *H.-J. Schlochauer* herausgegebenen dreibändigen Wörterbuch des Völkerrechts (1960–1962; erschienen als 2. Aufl des Wörterbuchs des Völkerrechts und der Diplomatie, hrsg v *K. Strupp*, 1924 ff). Für die älteren Fälle kann das Wörterbuch des Völkerrechts auch heute noch mit großem Gewinn herangezogen werden. Den Zugang zur wissenschaftlichen Diskussion über die neueren Fälle vermitteln zumeist bereits die Lehrbücher des Völkerrechts, darüber hinaus die Jahresregister – etwa – von AJIL, AVR, EJIL, GYIL, ZaöRV.

I. Internationaler Gerichtshof

Entscheidungen des IGH werden in der amtlichen Sammlung „Reports of Judgements, Advisory Opinions and Orders" bzw. „Recueil des arrêts, avis consultatifs et ordonnances" veröffentlicht und mit Jahresangabe zitiert;

---

1 Vgl einführend *Steinberger*, Judicial Settlement of International Disputes, EPIL III (1997), 42 ff; *Schröder*, in: Graf Vitzthum, VR, Rn VII 48 ff; s auch *Kunig/Uerpmann*, Der Fall des Postschiffes Lotus, JURA 1996, 186 ff.
2 Zur internationalen Schiedsgerichtsbarkeit *Schröder*, in: Graf Vitzthum, VR, Rn VII 74 ff.

neuere Entscheidungen sind darüber hinaus auf der Website des IGH im Volltext verfügbar (http://www.icj-cij.org/)[3].

Asylum (1950) – s Haya de la Torre

Arrest Warrant of 11 April 2000 (2002), ICJ Reports 2002, 11
Immunität eines Außenministers – Einschränkbarkeit der Immunität wegen der Schwere der vorgeworfenen Taten.

Legal Consequences of the **Construction of a Wall in Palestine Territory** – Advisory Opinion (2004)
Ansiedlung israelischer Bürger in besetzten palästinensischen Gebieten verletzt das IV. Genfer Abkommen – Bau der Mauer mit dem geplanten Verlauf kommt de facto Annexion nahe – Verletzung des Selbstbestimmungsrechts des palästinensischen Volkes – Mauerbau verletzt Haager Landkriegsrecht, IV. Genfer Abkommen und IPbpR wegen seiner Folgen für palästinensische Siedler.

Barcelona Traction, Light and Power Company, Limited – Second Phase (1970), ICJ Rep 1970, 3–357
Diplomatischer Schutz juristischer Personen und von deren Anteilseignern – Erfordernis einer echten Verbindung (*„genuine link"*) für die im Rahmen des diplomatischen Schutzes anzuerkennende Staatszugehörigkeit juristischer Personen („Effektivitätsprinzip") – Bedeutung auch für andere Problembereiche (zB „Flaggenzugehörigkeit", s Art 91 SRÜ). S auch u „Nottebohm".

Certain Expenses of the United Nations – Advisory Opinion (1962), ICJ Rep 1962, 151–308
Auslegung der CVN – Bedeutung der Organ-Praxis für das Verständnis der CVN – Budgetrecht der Generalversammlung – Kosten von *peacekeeping operations* – Kompetenzen der Generalversammlung, auch im Blick auf das Verhältnis zum Sicherheitsrat.

Corfu Channel – Merits (1949), ICJ Rep 1949, 4–169
Erste Entscheidung einer zwischenstaatlichen Streitigkeit durch den IGH – Voraussetzungen der vereinbarten Zuständigkeit (*forum prorogatum*) – Pflicht zur Notifizierung vom eigenen Territorium ausgehender Gefährdun-

---

3 S. auch *O. Dörr*, Kompendium völkerrechtlicher Rechtsprechung, 2004; *J. Menzel/T. Pierlings/J. Hoffmann*, Völkerrechtsprechung, 2005; *W. Heintschel von Heinegg*, Casebook Völlkerrecht, 2005.

gen gegenüber fremden Staaten – Staatenverantwortlichkeit für bewußtes Dulden von gegen fremde Staaten gerichtete Aktivitäten auf eigenem Territorium – Recht der friedlichen Durchfahrt durch Meerengen – Genugtuung durch Feststellung der Völkerrechtsverletzung seitens des IGH.

East Timor (1995), ICJ Rep 1995, 90–106
Begriff der „Streitigkeit" – Frage der Beurteilung des Verhaltens eines nicht am Verfahren beteiligten dritten Staates – Rechte einer Verwaltungsmacht (Vertragsschluß, Ausbeutung von Ressourcen, Selbstbestimmungsrecht der Völker).

Anglo-Norwegian **Fisheries** (1951), ICJ Rep 1951, 116–206
Abgrenzung des Küstenmeeres anhand von geraden Basislinien.

Fisheries Jurisdiction – Merits (1974), ICJ Rep 1974, 3–173 (United Kingdom v Iceland) und 175–251 (Federal Republic of Germany v Iceland)
Verhandlungspflichten aus Treu und Glauben – Nutzungspräferenzen aufgrund besonderer Angewiesenheit und Bedeutung des Prinzips der Billigkeit („*equity*") bei der Lösung von Nutzungskonflikten – völkergewohnheitsrechtliche Verankerung der Inanspruchnahme einer 12-Seemeilen-Fischereizone (jetzt Art 3 SRÜ).

Frontier Dispute Burkina Faso v Republic of Mali (1986), ICJ Rep 1986, 554–663
Zur Geltung der *uti-possidetis*-Doktrin zugunsten der Unantastbarkeit kolonialer Grenzziehung nach Unabhängigkeit – Bedeutung der Billigkeit bei der Anwendung völkerrechtlicher Normen („*equity infra legem*") – Karten als Nachweis territorialer Titel.

Gabcíkovo-Nagymaros Projekt (25. 9. 1997)
Nutzungsrechte an Binnengewässern – Grundsatz nachhaltiger Entwicklung – Vertragsvölkerrecht (Rechtsfolgen der Nichteinhaltung, Reziprozität) – Voraussetzungen einer Repressalie – Staatennachfolge (Tschechoslowakei/Slowakei).

Application of the **Genocid Convention, Bosnia and Herzegovina v Yugoslavia (Serbia and Montenegro) I** Interim Protection (1993), ICJ Rep 1993, 3–27
Mitgliedschaft in den Vereinten Nationen (Föderative Republik Jugoslawien = Serbien und Montenegro) – Zuständigkeit des IGH gem Art 35 Abs 2 IGH-Statut iVm Art 9 der Völkermordkonvention – Begriff des Völkermordes – Vorläufige Maßnahmen.

Application of the **Genocid Convention, Bosnia and Herzegovina v Yugoslavia (Serbia and Montenegro) II** (1996), ICJ Rep 1996 (vgl den Bericht von *Oellers-Frahm*, VN 1996, 181 ff)

Zuständigkeit des IGH, Anforderungen an Unterwerfungserklärungen – Selbstbestimmungsrecht der Völker und Sezession – Staatennachfolge in humanitäre internationale Verträge – Kontinuitätsprinzip für Verträge, die im gesamten Staatsgebiet gelten – Verantwortlichkeit eines Staates für von einzelnen begangene Verbrechen – Völkermordkonvention – Internationalität eines Konflikts.

Haya de la Torre – Asylum (1950), ICJ Rep 1950, 266–389 (Judgment) und 395–404 (Interpretation), Haya de la Torre (1951), ICJ Rep 1951, 71–84

Bedeutung regionalen Völkergewohnheitsrechts – „diplomatisches Asyl" und allgemeines Völkergewohnheitsrecht – Auslieferung im Gewohnheits- und Vertragsrecht – Bedeutung von Konventionalregeln *(„comity")*.

Interhandel (1959), ICJ Rep 1959, 6–125

„Conally reservation" der amerikanischen Unterwerfungserklärung zum IGH-Statut – Reziprozität der Unterwerfungseinschränkung aufgrund einseitiger Vorbehalte – völkergewohnheitsrechtliche Verankerung des Gebots der Erschöpfung des innerstaatlichen Rechtsweges *(„local remedies rule")*.

La Grand (2001), *ICJ Rep 1999, 9ff und ICJ Reports 2001, 1ff*

Verbindlichkeit vorsorglicher Maßnahmen des IGH iSv Art 41 IGH-Statut – Art 36 Abs 1 WKK ist nicht nur Recht des Staates, sondern auch Individualrecht – als Individualrecht kann es aber nur vom Heimatstaat durchgesetzt werden.

Lockerbie (1992), ICJ Rep 1992, 3 und (1998), ICJ Reports 1998, 9

Keine Berufung auf vertragliche Bindungen gegenüber verbindlichen Resolutionen des Sicherheitsrates nach Kapitel VII CVN – Verhältnis zwischen Sicherheitsrat und IGH – Überprüfung der Rechtmäßigkeit einer Sicherheitsratsresolution durch den IGH?

Military and Paramilitary Activities in and against Nicaragua (1986), ICJ Rep 1986, 14–546

Kompetenz des IGH zur Feststellung der Reichweite seiner Jurisdiktion („Kompetenzkompetenz") – Voraussetzungen der Staatenverantwortlichkeit bei Handeln Privater (Zurechenbarkeit) – Verhältnis von Völkervertragsrecht und Völkergewohnheitsrecht gleichen Inhalts – Gewohnheitsrechtliches Gewaltverbot und Selbstverteidigungsrecht (im Verhältnis zu Art 2 Nr 4, Art 51 CVN) – Bedeutung der Resolutionen internationaler

Organisationen für den Nachweis der gewohnheitsrechtsbegründenden Rechtsüberzeugung – Beistandsersuchen als Voraussetzung der Inanspruchnahme des Rechts auf kollektive Selbstverteidigung – Ableitung und Inhalt des völkergewohnheitsrechtlichen Nichteinmischungsprinzips.

Namibia – s South West Africa

North Sea Continental Shelf (1969), ICJ Rep 1969, 3–257
Voraussetzungen der Entstehung von Völkergewohnheitsrecht, insbes aus vorgängigem Vertragsrecht – Bedeutung der Prinzipien von Äquidistanz, Kontiguität und Billigkeit bei der Abgrenzung des Festlandsockels – Verhandlungspflichten und Konsultationspflichten – Rechtsbindung aufgrund des *Estoppel*-Grundsatzes.

Nottebohm – Second Phase (1955), ICJ Rep 1955, 4–65
Recht des Staates zur Verleihung seiner Staatsangehörigkeit und zur Ausübung diplomatischen Schutzes – Erfordernis einer echten Verbindung (*„genuine link"*) für die Anerkennung der Staatsangehörigkeit als Voraussetzung für dieses Recht (Effektivitätsgrundsatz; s auch o Barcelona Traction) – Bedeutung innerstaatlichen Rechts für die Feststellung von Völkergewohnheitsrecht.

Nuclear Tests – Interim Protection (1973), ICJ Rep 1973, 99–133 (Australia v France) und 135–164 (New Zealand v France); Judgment (1974), ICJ Rep 1974, 253–455 (Australia v France) und 457–528 (New Zealand v France); s auch Request for an Examination of the Situation in Accordance with Paragraph 63 of the Court's Judgment of 20.12.1974 in the Nuclear Tests Case, ICJ Rep 1995, 288–308
Voraussetzungen einstweiliger Maßnahmen – Erledigung des Streitgegenstandes – Verbindlichkeit einseitiger Akte aufgrund Vertrauensschutzes – Freiheit der hohen See und militärische Nutzung.

Legality of the Threat or Use of **Nuclear Weapons** – Advisory Opinion (1996), ICJ Rep 1996, 226 ff
Vgl Fall 15.

Reparation for Injuries suffered in the Service of the United Nations – Advisory Opinion (1949), ICJ Rep 1949, 174–220
Völkerrechtssubjektivität internationaler Organisationen – Zweck- und Funktionsabhängigkeit – Recht der Vereinten Nationen auf Ausübung funktionalen Schutzes für UN-Angehörige – Völkerrechtliche Verantwortlichkeit gegenüber den Vereinten Nationen.

Right of Passage over Indian Territory (1960), ICJ Rep 1960, 6–144
Entstehungsvoraussetzungen und Wirkungen lokalen Völkergewohnheitsrechts – konkludente Anerkennung.

South West Africa, Namibia (1) – **International Status of South West Africa** – Advisory Opinion (1950), ICJ Rep 1950, 128–219
Annexionsverbot – fortdauernde Wirkungen eines Völkerbundsmandates und seine Überleitung in ein Treuhänderschaftsverhältnis gem Kap XII CVN – Grenzen der UN-Aufsicht.

Hinweis: Vier weitere Entscheidungen 1955–1966 befassen sich mit speziellen Problemen des Mandatsverhältnisses.

South West Africa, Namibia (2) – **Legal Consequences for States of the Continued Presence of South Africa in Namibia** – Advisory Opinion (1971), ICJ Rep 1971, 16–345
Annexionsverbot – Rechtsnatur von Mandatspflichten – einseitiges Widerrufsrecht der Vereinten Nationen hinsichtlich des Mandats – Pflicht der Mitgliedsstaaten zur Nichtanerkennung der Präsenz und Verwaltungstätigkeit Südafrikas in Namibia.

Temple of Preah Vihear (1962), ICJ Rep 1962, 6–146
Staatsgrenzen – Bedeutung geographischer Karten für die Grenzziehung – Wirkungen sog *Acquiescence.*

United States Diplomatic and Consular Staff in Tehran (1980), ICJ Rep 1980, 3–65
Staatsverantwortlichkeit für Handlungen Privater – Schutzpflichten aus Diplomatenrecht – Wiedergutmachung – vertragliches Diplomatenrecht als *self-contained régime* – Funktionsgefährdung der internationalen Gerichtsbarkeit bei anhängigem Verfahren durch die Durchführung einer humanitären Intervention.

Western Sahara – Advisory Opinion (1975), ICJ Rep 1975, 12–176
Begründung von Gebietshoheit – Dekolonisierung und Selbstbestimmungsrecht der Völker – Begriff des „Volkes" – Einsetzung eines *Ad-hoc*-Richters (Art 31 IGH-Statut) – Erfordernis der Einwilligung betroffener Staaten in die Erstellung eines Rechtsgutachtens.

II. Ständiger Internationaler Gerichtshof

Der StIGH gab bis 1930 seine Urteile in der Serie A der amtlichen Sammlung, seine Gutachten in Serie B heraus. Seit 1931 finden sich beide Entscheidungsarten in der einheitlichen Serie A/B.

Factory at Chorzów – Jurisdiction (1927), PCIJ Series A, No 9; Merits (1928), PCIJ Series A, No 17
   Wiedergutmachungspflicht bei Völkerrechtsverletzung – Gebot der Enteignungsentschädigung.

Jurisdiction of the **Courts of Danzig** – Advisory Opinion (1928), PCIJ Series B, No 15
   Ableitung von Individualrechten aus völkerrechtlichen Verträgen – Unmittelbare Anwendbarkeit der sie begründenden Normen durch innerstaatliche Gerichte („*self-executing treaty provisions*").

Legal Status of **Eastern Greenland** (1933), PCIJ Series A/B, No 53
   Voraussetzungen der Okkupation – Relativität der Anforderungen an die Effektivität von Gebietsherrschaft – Rechtswirksamkeit eines Verzichts – kompetenzwidriges Handeln eines Staatenvertreters („*Ihlen*-Erklärung") – Verbindlichkeit einer mündlichen Erklärung.

Free Zones of Upper Savoy and Gex (1932), PCIJ Series A/B, No 46
   Vertragliche Abmachungen zugunsten dritter Staaten – Staatsservituten und *erga-omnes*-Wirkung darauf beruhender Territorialrechte – Rechtsnachfolge in vertragliche Beschränkungen von Hoheitsrechten.

„Lotus" (1927), PCIJ Series A, No 10
   Strafgewalt als Ausfluß des Flaggenstaatsprinzips – Reichweite territorialer Jurisdiktion – Bedeutung des Protests für den Nachweis einer Rechtsüberzeugung bei der Feststellung von Völkergewohnheitsrecht – Freiheit der Meere.

III. Ständiger Internationaler Schiedshof

Island of Palmas (1949), RIAA 2 (1949), 829–890 (Der Streit wurde von dem Präsidenten des Haager Schiedshofes, *Max Huber*, als alleinigem Schiedsrichter entschieden.)
   Voraussetzungen originären Gebietserwerbs durch Okkupation und Ersitzung – Kontiguität im Verhältnis zu konkurrierenden Erwerbstiteln – staatliche Souveränität als „Unabhängigkeit" – Grundsätze intertemporalen Rechts (Beurteilung der Rechtsentstehung, aber auch des Fortbestandes

nach den jeweils geltenden Völkerrechtsregeln) – Rechtswirkungen unterlassenen Protests – Rechtsnachfolge in eine Beschränkungen unterworfene Gebietshoheit.

IV. Sonstige Schiedssprüche

„I'm Alone" (1935), RIAA 3 (1949), 1609–1618 (Über den Fall der Versenkung des Schiffes im Jahre 1929 entschied eine britisch-amerikanische Schiedskommission.)
  Voraussetzungen des Rechts auf Nacheile – Diplomatischer Schutz fremder Staatsangehöriger – Genugtuung durch finanzielle Leistung.

Lac Lanoux (1957), RIAA 12 (1963), 281–317 (französisch-spanisches Schiedsgericht)
  Konsultationspflichten im Nachbarschaftsverhältnis – Verbot einer erheblichen Beeinträchtigung von Nutzungsinteressen der Anliegerstaaten gemeinsamer Wasserressourcen – bindende Vertragsauslegung durch die Vertragsparteien.

„Neptune" (1797), La Pradelle/Politis, Recueil des arbitrages internationaux I, 137 ff (Es entschied eine aufgrund des Jay Treaty, 1794, eingesetzte britisch-amerikanische Gemischte Kommission, sog *Joint Commission*.)
  Ableitung allgemeiner Rechtsgrundsätze des Völkerrechts aus innerstaatlichem Recht – Notstandsrecht als allgemeiner Rechtsgrundsatz – Voraussetzungen der Inanspruchnahme des Notstandsrechts (*„necessity"*).

Rainbow Warrior (1986), ILM 26 (1987), 1346 (Schiedsspruch des UN-Generalsekretärs)
  Staatenverantwortlichkeit

Trail Smelter (1938 und 1941), RIAA 3 (1949), 1903–1982 (kanadisch-amerikanische Schiedskommission)
  Vgl Fall 9.